国家级教学团队
东北财经大学财务管理专业系列教材
国家级一流本科专业建设教材
省级精品课程教材

▲姜楠 王景升 主编

资产评估 第6版

Valuation

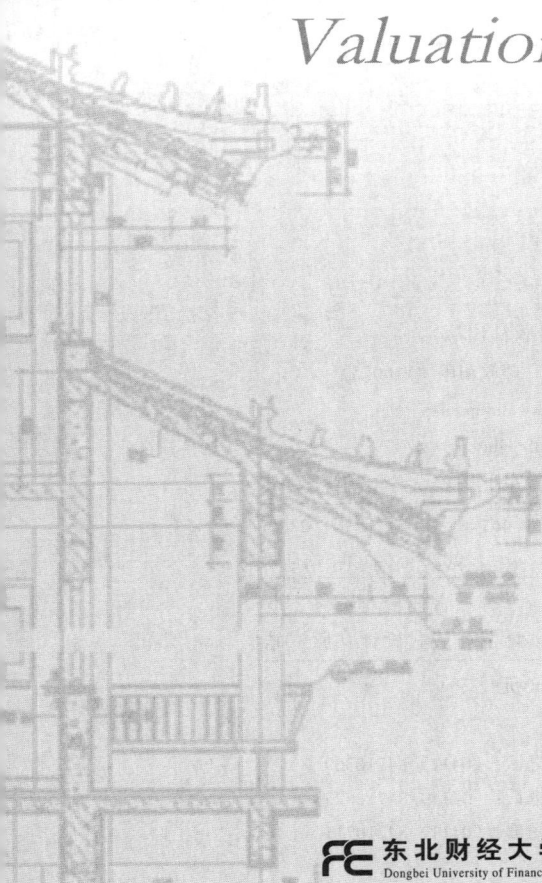

东北财经大学出版社
Dongbei University of Finance & Economics Press

大连

图书在版编目（CIP）数据

资产评估/姜楠，王景升主编. —6版. —大连：东北财经大学出版社，2023.3（2025.6重印）
（东北财经大学财务管理专业系列教材）
ISBN 978-7-5654-4793-8

Ⅰ.资…　Ⅱ.①姜…②王…　Ⅲ.资产评估-高等学校-教材　Ⅳ.F20

中国国家版本馆CIP数据核字（2023）第027429号

东北财经大学出版社出版
（大连市黑石礁尖山街217号　邮政编码　116025）
网　　址：http://www.dufep.cn
读者信箱：dufep@dufe.edu.cn
大连图腾彩色印刷有限公司印刷　东北财经大学出版社发行

幅面尺寸：170mm×240mm	字数：467千字	印张：23.25
2023年3月第6版		2025年6月第5次印刷
责任编辑：高　铭		责任校对：佟　欣
封面设计：冀贵收		版式设计：原　皓

定价：52.00元

东北财经大学财务管理专业系列教材编委会

总　序

随着知识经济和信息经济时代的到来，加之经济全球化趋势的日益凸显，社会对财务管理理论、财务管理实践和财务管理人才培养都提出了更高的要求。因此，高等院校必须为社会培养更多符合其特定要求的财务管理人才。自教育部于1998年设立"财务管理"本科专业以来，越来越多的普通高等院校设立了这一专业。在这种背景下，编写一系列理论融汇实际、符合中国国情的优秀的财务管理专业教材，对于培养财务管理人才的重要性是不言而喻的。为此，国家级教学团队——东北财经大学会计学院财务管理系于2005年组织骨干师资力量，由本团队资深教授担纲，编写并出版了本院第一套财务管理专业系列教材，包括《财务管理基础》《企业财务管理》《高级财务管理》《投资管理》《资产评估》等五部教材。

第一套财务管理专业系列教材一经推出，就得到了广大读者的厚爱，为许多高等院校所广泛选用，并针对本套教材的体系结构、知识组合和内容界定提出了许多富有建设性的意见。这也坚定了我们进一步完善财务管理专业系列教材的信心与决心。2006年以来，国内外的环境发生了显著的变化，尤其是新《企业会计准则》、新《企业财务通则》以及《企业内部控制基本规范》的颁布，使得原有教材的部分内容需要修改与更新。美国金融危机的爆发，也促使社会公众认识到风险管理尤其是金融衍生投资风险管理的重要性，财务管理教材需要与时俱进，及时反映这一时代背景的深刻变化。另外，东北财经大学会计学院2006年被列为首批资产评估全国教学建设基地院校，并于2006年在财务管理专业下设置了"资产评估专门化"方向，因此，原有的财务管理专业系列教材已经无法满足本科教学的需要，针对"资产评估专门化"方向的人才培养特点，非常有必要增加一些专业教材。

基于此，我们对原有的财务管理专业系列教材进行了全面修订，并以新版的形式呈现在读者面前，分别是《财务管理基础》《公司理财》《高级财务管理》《证券投资》《资产评估》等五部教材；同时，新编了《财务学》《资产评估原理》《企业价值评估》《房地产评估》等四部教材。

与第一套财务管理专业系列教材相比，本套教材呈现出以下几个特点：

1.体系更加完整。本套教材中，《财务管理基础》《公司理财》《资产评估》《企业价值评估》为财务管理专业（含"资产评估专门化"方向）通用专业教材；《资产评估原理》《房地产评估》是"资产评估专门化"方向所特有的专业教材；《高级财务管理》则作为非"资产评估专门化"方向的财务管理专业学生的选用教材；《财务学》是除财务管理专业之外的其他专业学生学习财务学相关知识的教材。这样的体系安排可满足不同方向、不同层次、不同专业学习财务管理相关知识的教学需要。

2.内容更加全面。依据《企业会计准则》《企业财务通则》《企业内部控制基本规范》等一系列最新规范制度，结合国内外实务的最新动态，吸收读者反馈的合理建议，在保持原系列教材基本体系、特色与优点的基础上，我们在新系列教材中尽可能地反映了财务管理、资产评估理论和实务的最新进展。

3.更加突出实务。鉴于目前我国高等院校的大部分财务管理专业本科毕业生均走向社会从事实务工作，因此，在教材中除了强调基本概念和基本原理以外，更重要的是培养学生的操作能力。本套教材更加强调理论结合实际，更加强调基本方法的运用和基本技能的掌握，穿插了大量真实的案例，突出案例教学。

4.体例更加合理。每一部教材不仅列出了本章学习目标、学习要点和主要概念，归纳和总结了主要知识点之间的相互联系，还配有大量的习题与案例，供教师教学和学生自学使用。

东北财经大学财务管理专业系列教材是国家级教学团队——东北财经大学会计学院财务管理系全体教师共同劳动的结晶，尤其凝聚了众多资深教授和专家多年的经验和心血。当然，由于我们的经验与人力有限，教材中难免存在不足乃至缺陷，恳请广大读者批评指正。

我们的工作尚处于一个开端处，本次再版修订推出的教材仅仅是一个新的起点，而不是终点。随着社会的进步、经济的发展和环境的变化，我们将适时修订，使东北财经大学财务管理专业系列教材不断地与时俱进，及时跟踪反映学科的最新进展。

东北财经大学财务管理专业系列教材编委会

第6版前言

随着我国市场经济的发展以及资产评估专业学历教育的普及，社会对估值理论和估值技术的需求更加广泛。社会中介行业、资产管理部门、金融机构、税务征管部门以及各类企业等都需要了解和掌握与资产评估相关的专业知识和技能。面对市场及社会对资产评估从业人员、资产经营管理人员、金融税务人员等素质要求的全面提升，培养资产评估及其相关领域高端人才的任务就变得较为紧迫。其中，在学历教育阶段培养资产评估及其相关领域储备人才的工作也就显得十分重要。围绕培养资产评估及其相关领域高端储备人才的目标，我们编写了本书，希望本书的出版，能在资产评估、财务管理及相关专业学历教育或系统教育环节，为培养潜在的资产评估及其相关领域高端储备人才方面贡献我们的绵薄之力。

在《中华人民共和国资产评估法》（全国人民代表大会常务委员会颁布）、《资产评估行业财政监督管理办法》（财政部制定）等法律法规颁布之后，中国资产评估协会陆续发布了一些新的资产评估准则和行业技术指引，对我国资产评估行业管理、执业理念、执业操守、评估实践产生了较大影响。更新版的《国际评估准则》、美国评估准则、欧洲评估准则等也给我国资产评估行业提供了新的借鉴。由于上述变化，《资产评估》第6版需要做出相应的修改和调整，以满足课堂教学与相关读者与时俱进的学习需求。本次教材内容修改主要集中在第4章、第9章、第10章、第11章和第12章，同时也对其他章节做了必要的补充与完善。

本版教材结合党的二十大精神，基本保留了原版教材中的内容结构，突出了资产评估基本理论、资产评估技术方法、资产评估程序、资产评估实务应用和资产评估管理等系统性教学内容，设置了"思政课堂"栏目，并在各章后设置了基本训练参考答案二维码，以便检验学习效果。本教材的内容体系和结构安排，完全可以作为资产评估专业、财务管理专业以及其他经济、管理类专业的专业基础课程用书。

本书以培养资产评估及其相关领域高端储备人才为目标，在借鉴已出版的资产评估教材的基础上，在继续突出资产评估教材理论性、实践性和实用性的同时，强化了资产评估基础理论的内容，尤其是突出了资产评估价值类型理论在全书中的地位。包括资产评估价值目标、价值定义、评估结论合理性指向与评估技术参数匹配等的资产评估价值类型理论的深入研究与发展，是我国资产评估理论与实践水平提高的重要体现。本书全面吸收了当今资产评估理论界关于资产评估价值类型理论的最新研究成果，力图为读者打下坚实的资产评估理论基础提供最新的研究成果。

本书共分12章，第1章至第3章全面介绍了资产评估基础理论、理念和技术方法；第4章介绍了资产评估程序和评估机构内部控制；第5章至第9章按照当前资产评估的主要对象，全面介绍了资产评估理论、理念和技术方法在各类资产评估中的应用；第10章介绍了资产评估报告、资产评估过程及资产评估结果的披露；第11章是关于资产评估行业管理以及资产评估管理体制方面的内容；第12章是资产评估管理制度的国际比较。

本书由姜楠和王景升担任主编。第1、2、3、8、9章由姜楠撰稿；第5、6、7章由王景升撰稿；第4章由赵振洋撰稿；第10章由胡景涛撰稿；第11章由常丽撰稿；第12章由朱荣撰稿。姜楠负责全书总纂并对各章进行了必要的修改、补充。

本书在编写过程中得到了资产评估理论界、实务界的许多同仁和朋友的大力支持和帮助，东北财经大学出版社的编辑提出了许多建设性的意见和建议。这些支持和帮助对本书的完成起到了重要的作用，也使得本书能够成为辽宁省精品课程教材之一。在本书再版之际，编者向所有对本书写作和出版提供帮助的人们表示衷心的感谢！同时，也诚恳地希望读者对本书的不当之处提出宝贵意见。

编　者
2022年11月（2023年12月修改）

目　录

第1章

总　论

1.1　资产评估概述

1.1.1　资产评估及其相关概念

资产评估是市场经济的产物，在交易对象的使用价值难以判断和把握，以及价格难以确定的情况下，交易当事人往往借助资产评估专业人员或机构为其做出专业判断。随着市场经济的不断发展，评估业务范围也在不断地扩大，评估业务范围已经从不动产、珠宝首饰、机器设备、无形资产转让等，扩展到企业产权转让、资源处置、融资抵押、保险理赔、财产纳税等经济行为。随着国际地缘政治和国际关系的不断变化、环境保护意识和措施的加强、各国政府经济政策的调整，以及疫情的持续等对世界经济的影响和冲击，资产评估的难度也随之不断提高。准确地理解与把握资产评估以及与之相关的若干概念和专业术语，熟悉资产评估的专业性特点，不仅是资产评估从业人员应当具备的基本专业知识，也是提升资产评估专业能力的基础。

1）资产评估

资产评估也称评估、估价或估值。一般意义上的评估是指专业人士根据所掌握的相关数据资料，对评估对象价值进行定性、定量的分析、评价和说明的过程及活动。资产评估作为一个词组，是我国对评估、估价或估值的一种习惯性表达方式。

我国资产评估界将资产评估表述为：资产评估是指资产评估机构及其资产评估专业人员根据委托及特定的评估目的，按照法律、行政法规和资产评估准则要求，依照规定程序，选择适当的价值类型，运用科学的评估方法，对评估基准日的资产价值进行评定、估算，并出具资产评估报告的专业服务行为。

估价、估值、价值评估在本质上都属于资产评估活动。

资产评估作为一种评价活动和过程，要经历若干评估步骤，同时也会涉及若干基本要素。资产评估基本的评估要素主要有：①评估主体，即从事资产评估的机构和人员，他们是资产评估工作的主导者。②评估客体，按照传统的理解即评估对象，它是资产评估的具体标的物（以各类资产为主）。③评估假设，即资产评估设定的前提条件及假定前提等。④评估目的，即资产业务引发的经济行为对资产评估结果的要求，或资产评估结果的具体用途。它直接或间接地决定和制约资产评估的条件，以及价值类型的选择。⑤评估准则，即资产评估的行为规范和技术规范，是调节评估当事人各方关系、处理评估业务的行为准则。⑥评估程序，即资产评估工作从开始准备到最后结束的工作顺序。⑦评估价值类型，即对评估结果按照其合理性指向所做的分类，它是对资产评估价值质的规定，对评估参数的选择具有约束性。⑧评估方法，即资产评估所运用的特定技术，是分析和判断资产评估价值的手段和途径。⑨资产评估基准日，即资产评估依据的时间基点和资产评估结论对应的时点。⑩资产评估结论，即资产评估结果，一般采用货币金额表示。

以上基本要素构成了资产评估活动的有机整体。

2）资产

资产作为评估客体及对象的主要构成，在资产评估中是一个非常重要的概念，而且资产在社会经济生活中又是一个多层面的概念。这里既有经济学中的资产概念，又有其他学科中的资产概念。全面了解资产多层面的含义是评估人员理解资产评估中的资产或评估对象的基础。

经济学中的资产泛指特定经济主体拥有或控制的，能够给特定经济主体带来经济利益的经济资源；也有将其表述为特定经济主体拥有或控制的，具有内在经济价值的实物及无形的权利。

会计学中的资产是指过去的交易或事项形成并由企业拥有或控制的资源，该资源预期会给企业带来经济利益。会计学中的资产主要是指企业中的资产。这是资产评估对象中的重要组成部分，但资产评估对象或资产评估中的资产并不完全局限于企业中的资产。

资产评估中的资产或作为资产评估对象的资产，其内涵更接近经济学中的资产，即特定权利主体拥有或控制的并能给特定权利主体带来未来经济利益的经济资源；而其外延则包括了具有内在经济价值和市场交换价值的所有实物及无形的权利。

作为资产评估客体及对象的资产具有以下基本特征：

（1）资产必须是经济主体拥有或者控制的。依法取得财产权利是经济主体拥有并支配资产的前提条件。由于市场经济的不断发展与深化，财产所有权基本权能形成不同的排列与组合不仅成为必要，而且成为可能。如果将这些排列与组合称为产权，那么，在资产评估中应了解被估资产的产权构成。例如，对于一些以特殊方式形成的资产，经济主体虽然对其不拥有完全的所有权，但依据合法程序能够实际控制的，如融资租入固定资产、土地使用权等，按照实质重于形式原则的要求，也应当将其作为经济主体的资产予以确认。

（2）资产是能够给经济主体带来经济利益的资源，即可望给经济主体带来现金流入的资源。也就是说，资产具有能够带来未来利益的潜在能力。如果被恰当使用，资产的获利潜力就能够实现，进而使资产具有使用价值和交换价值。具有使用价值和交换价值，并能给经济主体带来未来效益的经济资源，才能作为资产予以确认。

作为资产评估客体的资产，其存在形式是多种多样的。为了科学地进行资产评估，可对资产进行适当的分类：

（1）按存在形态分类，资产可以分为有形资产和无形资产。有形资产是指那些具有实物形态的资产，包括机器设备、房屋建筑物、流动资产等。由于这类资产具有不同的功能和特性，在评估时应分别进行。无形资产是指那些没有实物形态，但在很大程度上制约着企业物质产品生产能力和生产质量，直接影响企业经济效益的资产，主要包括专利权、商标权、非专利技术、土地使用权、商誉等。

（2）按构成和是否具有综合获利能力分类，资产可以分为单项资产和整体资产。单项资产是指单台、单件的资产；整体资产是指由一组单项资产组成的具有整体获利能力的资产综合体。

（3）按能否独立存在分类，资产可以分为可确指的资产和不可确指的资产。可确指的资产是指能独立存在的资产。前面所列示的有形资产和无形资产，除商誉以外都是可确指的资产。不可确指的资产是指不能脱离企业有形资产而单独存在的资产，如商誉。商誉是指企业基于地理位置优越、信誉卓著、生产经营出色、劳动效率高、历史悠久、经验丰富、技术先进等原因，所获得的投资收益率高于一般正常投资收益率所形成的超额收益资本化的结果。

（4）按与生产经营过程的关系分类，资产可以分为经营性资产和非经营性资产。经营性资产，是指处于生产经营过程中的资产，如企业中的机器设备、厂房、交通工具等。经营性资产又可按是否对营利产生贡献分为有效资产和无效资产。非经营性资产，是指处于生产经营过程以外的资产，如政府机关用房、办公设备等。

（5）按企业会计制度以及资产的流动性分类，资产可以分为流动资产、债权投资、其他债权投资、长期股权投资、固定资产、无形资产及其他资产等。

3）价格和价值

价格和价值是资产评估捕捉的目标或判断的目标，在资产评估中也具有重要的作用。从资产评估的角度来看，这里所说的价格是指在特定的交易行为中，特定的买方和/或卖方对商品或服务的交换价值的认可，以及提供或支付的货币数额。价格是一个历史数据或事实，是特定的交易行为中特定买方和卖方对商品或服务实际支付或收到的货币数额。

这里所说的价值是一个交换价值概念，它反映了可供交易的商品、服务与其买方、卖方之间的货币数量关系。资产评估中的价值不是一个历史数据或事实，而只是专业人士根据特定的价值定义在特定时间内对商品、服务价值的估计。但是，所有影响价格的因素都会影响评估价值的形成。所以，在本质上，资产评估中的价值属于价格范畴（不是市场价格本身）。

资产评估的工作目标就是要判断评估对象的价值而不是评估对象的实际成交价格。

资产评估还涉及许多其他评估要素，如评估主体、评估原则、评估程序、评估方法、评估依据、评估目的、评估假设、评估价值类型等等。这些评估要素将会在后面的章节中详细论述。

【相关链接1-1】   资产评估的表述

2016年12月1日正式实施的《中华人民共和国资产评估法》（以下简称《资产评估法》）基于评估对象的角度，对资产评估做了如下的表述：评估机构及其评估专业人员根据委托对不动产、动产、无形资产、企业价值、资产损失或者其他经济权益进行评定、估算，并出具评估报告的专业服务行为。

《资产评估法》对资产评估的全新表述大致能够反映两个情况：其一，反映了目前我国资产评估实践的发展也呈现了评估领域多元化与细化、传统评估领域与新兴评估领域交叉的局面；其二，表明了《资产评估法》规范资产评估活动的大致范围及执业领域。

1.1.2　资产评估的种类和特点

1）资产评估的种类

由于资产种类的多样化和资产业务的多样性，以及资产评估委托方及其相关当事人对资产评估内容及资产评估报告需求的多样性，资产评估也相应出现了多种类型。在世界范围内，从资产评估服务的对象、评估的内容和评估者承担的责任等方面来看，目前国际上的资产评估主要分为三类，即评估、评估复核和评估咨询。这种分类方法中的评估类似于我国目前广泛进行的为产权变动和交易服务的资产评估。它一般服务于产权变动主体，对评估对象的价值进行评估，评估人员及其机构要对评估结果的真实性和合理性负责。评估复核是指评估机构（评估师）对其他评估机构（评估师）出具的评估报告进行的评判分析和再评估。它服务于特定的当事人，对某个评估报告的真实性和合理性做出判断和评价，并对自己所提出的意见负责。评估咨询是一个较为宽泛的术语。它既可以是评估人员对特定资产的价值提出咨询意见，又可以是评估人员对评估标的物的利用价值、利用方式、利用效果的分析和研究，以及与此相关的市场分析、可行性研究等。评估咨询要求的主要是评估主体的信誉、专业水准和职业道德。评估咨询主体也要对其出具的咨询意见承担相应的责任。

从资产评估面临的条件、资产评估执业过程中遵循资产评估准则的程度以及对评估报告披露的要求的角度来看，资产评估又可分为完全资产评估和限制性资产评估。完全资产评估一般是指严格遵守资产评估准则，按照资产评估准则的各个条款的要求，在执业过程中没有违背资产评估准则的规定所进行的资产评估。限制性资产评估一般是指评估机构及其人员由于评估条件的限制不能完全按照资产评估准则的要求进行执业，或在允许的前提下未完全按照评估准则的规定进行的资产评估。完全资产评估和限制性资产评估对评估结果的披露的程度和要求是不同的。限制性资产评估需要作更为详尽的说明和披露。

从资产评估对象的构成和获利能力的角度来看，资产评估还可具体划分为单项资产评估和整体资产评估。以单项可确指的资产为对象的评估称为单项资产评估，例如机器设备评估、土地使用权评估、建筑物评估以及可确指无形资产评估等。对若干单项资产组成的资产综合体所具有的整体生产能力或获利能力的评估称为整体资产评估。最为典型的整体资产评估就是企业价值评估。单项资产评估和整体资产评估在评估的复杂程度和需考虑的相关因素等方面是有较大差别的。整体资产评估更为复杂，需考虑的因素更为全面。

2）资产评估的特点

理解和把握资产评估的特点，有利于进一步认识资产评估的实质，对于搞好资产评估工作、提高资产评估质量具有重要意义。一般来说，资产评估具有以下特点：

（1）市场性。资产评估是适应市场经济需求发展起来的专业中介服务活动。资产评估的整个运作过程就是通过模拟市场，由评估人员根据资产业务的性质和服务目标，对资产价值做出经得起市场检验的评估和报告。

（2）公正性。公正性是指资产评估行为服务于资产业务的需要，而不是服务于资产业务当事人的任何一方的需要。公正性的表现有两点：第一，资产评估按公允、法定的准则和规程进行，公允的行为规范和业务规范是公正性的技术基础；第二，评估人员是与资产业务没有利害关系的第三者，这是公正性的组织基础。

（3）专业性。资产评估是一种专业人员的活动。从事资产评估业务的机构应由一定数量和不同类型的专家及专业人士组成。一方面，这些资产评估机构进行专业化分工，使得评估活动专业化；另一方面，评估机构及其评估人员对资产价值的估计判断，也都是建立在专业技术知识和经验的基础之上的。

（4）咨询性。咨询性是指资产评估结论为资产业务提供专业化估价意见。该意见本身并无强制执行的效力。评估师只对结论本身是否合乎职业规范要求负责，而不对资产业务定价决策负责。事实上，资产评估为资产交易提供的估价往往由当事人作为要价和出价的参考，最终的成交价取决于当事人的决策动机、谈判地位和谈判技巧等综合因素。

1.1.3 资产评估的功能和作用

资产评估作为一种资产评价的手段和工具，有其自身的功能和作用。随着资产评估范围的不断扩大，以及开展资产评估活动的社会经济环境的改变，虽然资产评估的基本功能并未发生实质性改变，但其作用却呈现多样性的特点。

1）资产评估的功能

评价和评值是资产评估具有的最基本的内在功效和能力。资产评估源于人们希望了解和掌握在一定条件下资产的价值的需求。随着市场变化幅度的加大，加大了人们对各种条件下资产价值的认知难度，同时推动了资产评估需求的不断增加，资产评估的评价和评值的功能也得到更为充分的体现。资产评估的评价和评值功能是通过对评估客体的价值发现、价值衡量和价值揭示三个专业技术环节实现的。因此，也有学者将价值发现、价值衡量和价值揭示界定为资产评估的功能。资产评估正是通过价值发现、价值衡量和价值揭示为社会及各类权利主体提供与价值判断相关的专业服务。

当然，在不同的历史条件下，人们在充分利用资产评估的评价及评值功能的过程中，资产评估也会产生一系列作用，比如价值咨询、价值管理和价值鉴定等。

2）资产评估的基本作用

在不同的历史时期和不同的社会经济条件下，资产评估可能会发挥不同的作用。结合我国当前的社会经济条件，资产评估主要发挥以下基本作用：

（1）价值咨询。资产评估的价值咨询作用，是指资产评估结论是为资产业务提供专业化估价意见。该意见本身并无强制执行的效力，它只是给相关当事人提供的有关资产交换价值的专业判断或专家意见，资产评估不能也不应该取代资产交易当事人的交易决策。

（2）价值管理。资产评估的价值管理作用，是指在以公有制为基础的社会主义市场经济初级阶段，国家或政府在利用资产评估过程中所发挥的特殊作用。在社会主义市场经济初级阶段的某一历史时期，作为国有资产所有者代表的国家，不仅把资产评估视为提供专业服务的中介行业，而且将其作为维护国有资产、促使国有资产保值增值的工具和手段。在资产评估开展初期，国家通过制定申请立项、资产清查、评定估算和验证确认的国有资产评估管理程序，使得资产评估具有了管理的作用。但是，资产评估的管理作用并不是资产评估与生俱来的。它只是国有资产评估在特定历史时期的特定作用。它会随着国家在国有资产评估管理体制方面的变化而加强或弱化。

（3）价值鉴证。鉴证由鉴别和举证两个部分组成。鉴别是专家依据专业原则对经济活动及其结果做出的独立判断；而举证则是为该判断提供理论和事实支撑，使之做到言之有理，持之有据。这类行为一般具有独立、客观和专业的特征。基于市场经济需求的多样性，经济鉴证类专业服务行业又可因服务性质、背景知识和执业准则的不同形成行业亚分类。以注册会计师和注册评估师行业为例：在服务性质方面，前者对财务报告进行事实判断，后者对标的资产进行价值判断；在背景知识方面，前者以会计理论和核算技术为基础，后者以经济分析理论和专项资产价值识别技术为基础；在执业准则方面，前者接受国际和国内会计准则和审计准则的约束，后者接受国际和国内资产评估准则的约束。

我们不能简单否定资产评估的鉴证作用：一是资产评估的确要从事以专业鉴别和举证为主要内容的工作；二是资产评估行业的发展状况和水平在很大的程度上与资产评估在资产价值鉴证方面具备的整体能力相关；三是尽管资产评估这种鉴证活动一般不具有法律效力，但仍然是资产业务当事人各方进行决策的重要依据。因此，资产评估师也必须对自己的行为承担相应的专业责任、民事责任和刑事责任。需要强调的是，资产评估从事的是价值鉴证，而不是权属鉴证。

1.2 资产评估的目的

1.2.1 资产评估的一般目的和特定目的

通俗地讲，资产评估的目的就是资产评估所要达到的目标。无论从一般意义上讲，还是从具体的角度来看，委托方委托资产评估都是有目的和目标的。

资产评估的目的有资产评估的一般目的和特定目的之分。资产评估的一般目的泛指所有资产评估活动共同的目的或目标，即抽象掉所有个别引起资产评估经济事项的特殊性，抽象掉所有个别经济事项对资产评估的特殊条件要求，只保留进行资产评估所要实现的最基本的目标和要求。资产评估的特定目的是每一项资产评估所要实现的具体目标，是每一个引起资产评估的经济事项对资产评估的具体条件要求和目标要求。从这个意义上讲，资产评估的一般目的包含了资产评估的特定目的，而资产评估的特定目的则是一般目的的具体化。

资产评估的一般目的或资产评估的基本目标是由资产评估的性质及其基本功能决定的。资产评估作为一种专业人士对特定时点及特定条件约束下资产价值的估计和判断的社会中介活动，一经产生就具有了为委托人以及资产交易当事人提供合理的资产价值咨询意见的功能。在我国的资产评估理论研究和实践中，评估目的是一个十分重要的概念和评估专业术语。按照传统的解释，资产评估目的被认为是资产评估所要实现的目标，包括一般目的和特定目的。

资产评估的一般目的是站在客户总体的角度和立场上，认识和看待评估报告及评估结论的目的和用途。资产评估的一般目的应该被理解为：在符合法律法规、评估规范及社会公共利益的前提下，评估报告和评估结论应当满足客户进行经济事项对资产估值结论的用途需要和目标要求。

　　资产评估的特定目的是站在特定客户的角度和立场上，认识和看待评估报告及评估结论的目的和用途。资产评估的特定目的应该被理解为：在符合法律法规、评估规范及社会公共利益的前提下，评估报告和评估结论应当满足特定客户进行某个具体经济事项对资产估值结论的用途需要和目标要求。如果要很好地理解与把握个别客户使用评估报告及结论的特殊目的和具体用途，就需要从引起资产评估的经济事项入手。

　　由于资产评估活动都是具体的，在资产评估实践中直接发挥作用的主要是资产评估的特定目的。为了很好地理解资产评估的特定目的并能切实实现评估特定目的对评估全过程的约束和影响，就需要全面理解引起资产评估的经济行为或事项、评估报告及结论的预期用途和评估报告及结论的预期使用者三者间的关系及作用方式。

1.2.2　引起资产评估的经济事项

　　资产评估作为资产估价活动，总是为满足特定资产业务的需要而进行的。在这里，特定资产业务是指引起资产评估的经济行为。通常把特定资产业务对评估结果用途的具体要求称为资产评估的特定目的。从我国资产评估的实际情况来看，引起资产评估的特定资产业务主要有以下两类：其一是相关法律法规要求需要有资产评估鉴证或价值咨询意见才可以开展的经济活动或事项；其二是市场主体自主要求需要资产评估提供价值鉴证或咨询服务支持才能开展的经济活动或事项等。

　　我国资产评估实践表明，特定资产业务主要有：资产转让，企业兼并，企业出售，企业联营，股份经营，中外合资、合作，企业清算，担保，企业租赁以及债务重组等等。

　　（1）资产转让。资产转让是指资产拥有单位有偿转让其拥有的资产，通常是指转让非整体性资产的经济行为。

　　（2）企业兼并。企业兼并是指一个企业以承担债务、购买、股份化和控股等形式有偿接收其他企业的产权，使被兼并方丧失法人资格或改变法人实体的经济行为。

　　（3）企业出售。企业出售是指独立核算的企业或企业内部的分厂、车间及其他整体资产产权出售行为。

　　（4）企业联营。企业联营是指国内企业、单位之间以固定资产、流动资产、无形资产及其他资产投入组成各种形式的联合经营实体的行为。

　　（5）股份经营。股份经营是指资产占有单位实行股份制经营方式的行为，包括法人持股、内部职工持股、向社会发行不上市股票和上市股票等。

　　（6）中外合资、合作。中外合资、合作是指我国的企业和其他经济组织与外国企业和其他经济组织或个人在我国境内举办合资或合作经营企业的行为。

（7）企业清算。企业清算包括破产清算、终止清算和结业清算。

（8）担保。担保是指资产占有单位，以本企业的资产为其他单位的经济行为担保，并承担连带责任的行为。担保通常包括抵押、质押、保证等。

（9）企业租赁。企业租赁是指资产占有单位在一定期限内，以收取租金的形式，将企业全部或部分资产的经营使用权转让给其他经营使用者的行为。

（10）债务重组。债务重组是指债权人按照其与债务人达成的协议或法院的裁决同意债务人修改债务条件的事项。

1.2.3　资产评估报告的预期用途

资产评估报告的预期用途（intended use）首先泛指站在特定客户的角度和立场上，把特定资产业务（经济行为）对评估报告及评估结论的用途预期作为资产评估报告的预期用途。在资产评估实践中，资产评估报告的预期用途应该是指评估师及评估机构承接业务时，在考虑特定资产业务（经济行为）对评估报告及评估结论的用途预期要求并与客户充分沟通的基础上，通过评估业务委托合同所确定的评估报告的使用用途。

资产评估活动并不是评估人员可以随意或随机进行的。它通常是客户为进行某项经济活动需要相关的价值意见而委托评估专业人员提供的价值咨询服务。很显然，评估人员提供的价值咨询服务不仅应当具备良好的专业性，而且还必须要有极强的针对性，以满足客户为进行某项经济活动而需要的相关价值意见的要求。一般意义上的"引起资产评估的资产业务（经济事项）"，可以理解为客户拟进行的对评估价值意见有需求的经济活动。

资产评估作为一种资产价值判断活动，总是为满足特定资产业务的需要而进行的。引起资产评估的经济事项既是资产评估的起因和条件约定，同时又对资产评估报告和结论的预期用途具有极强的约束。引起资产评估的经济事项与因此而做的资产评估报告及结论的预期用途存在着十分紧密的联系。很多人把两者等同起来，即将引起资产评估的经济事项直接作为评估报告和评估结论预期用途的代名词。而评估实务界更愿意把引起资产评估的特定经济事项（资产业务）对资产评估报告和评估结论的条件约束和目标约束称为资产评估的特定目的。无论在理解上还是事实上，资产评估的特定目的既包含对资产评估条件的约束，又包含对评估报告和结论预期用途的约束。因此，在资产评估实务中，评估人员都十分关注资产评估的特定目的，即引起资产评估的经济事项（资产业务）对评估条件及评估结论预期用途的约束和要求。资产评估的特定目的是评估人员在进行资产评估时必须明确的基本事项之一。

1.2.4　评估报告预期使用者

评估报告预期使用者（intended user）首先泛指引起资产评估的特定资产业务

（经济行为）预期发生时涉及的直接或相关的当事人。在资产评估实践中，资产评估报告的预期使用者应该是指评估师及评估机构承接业务时，在考虑引起资产评估的特定资产业务（经济行为）预期发生时涉及的直接或相关的当事人的基础上，结合相关法律法规和制度的要求并与客户充分沟通的基础上，通过评估业务委托合同所确定的评估报告的使用者。

引起资产评估的特定资产业务或经济事项是多种多样的，其执行或操作主体也是各不相同的。因不同资产业务或经济事项引发的资产评估报告的预期使用者也是不同的。这些不同的评估报告预期使用者既有政府相关部门、法律执行机关或经济监管部门，也有企业组织或个人。由于评估报告预期使用者的地位及使用评估报告的目的不同，他们对评估活动本身及评估报告的要求等也存在着差异。这样一来，评估报告的预期使用者就不是简单的同质客户整体，需要根据引起资产评估的特定资产业务或经济事项相关的评估报告预期使用者的具体情况，考虑不同的评估报告预期使用者对于相应的评估项目，在评估过程、评估依据、价值类型和参数选择等方面的不同要求和规范。例如，因国有资产产权变动引起的资产评估，其评估报告及结论的预期使用者是国有资产管理部门。国有资产管理部门对于国有资产评估制定了一整套法规和规范，在这些法规和规范中对资产评估做出了一系列要求，如对国企改制评估要求选择市场价值类型，国有资产评估报告在格式及内容方面都必须满足国有资产管理的需要等。其他的评估报告使用者，如市场监督管理部门、证券、期货交易监管部门、金融监管部门、人民法院和司法主管部门等，也会通过相关法规和部门规章等对评估过程、评估依据、价值类型和参数选择等做出具体的要求和规范。

通过引起资产评估特定资产业务或经济事项明确评估报告及结论的具体用途，以及评估报告及结论的具体使用者，并根据以上要素明确具体评估项目的条件约束和目标约束，是评估人员在进行资产评估过程中必须做到的工作。

1.2.5　资产评估的特定目的在资产评估中的地位和作用

资产评估的特定目的包含了为什么要进行资产评估、资产评估报告和评估结论的具体用途，以及谁来使用评估报告和评估结论三个基本问题。所以，资产评估的特定目的在资产评估中具有极为重要的地位和作用。资产评估的特定目的对资产评估的条件和目标具有约定作用。特定经济行为（资产业务）对资产评估的条件约定和目标约定，对评估结果的性质、价值类型等具有直接或间接的影响。资产评估的特定目的不仅是某项具体资产评估活动的起点，同时它又是资产评估活动所要达到的目标。资产评估的特定目的贯穿着资产评估的全过程，影响着评估人员对评估对象界定、资产价值类型选择等。它是评估人员在进行具体资产评估时必须首先明确的基本事项之一。

资产评估的特定目的是界定评估对象的基础。任何一项资产业务，无论产权是否发生变动，它所涉及的资产范围必须接受资产业务本身的制约。资产评估委托方正是根据资产业务的需要确定资产评估的范围。评估人员不仅要对该范围内的资产权属予以说明，而且要对其价值做出判断。

资产评估的特定目的对于资产评估的价值类型选择具有约束作用。特定资产业务决定了资产的存续条件，资产价值受制于这些条件及其可能发生的变化。资产评估人员在进行具体资产评估时一定要根据具体的资产业务的特征选择与之相匹配的评估价值类型。按照资产业务的特征与评估结果的价值属性一致性原则进行评估，是保证资产评估趋于科学、合理的基本前提。

需要指出的是，在不同时期、地点及市场条件下，同一资产业务对资产评估结果的价值类型的要求也会有差别。这表明，引起资产评估的资产业务对评估结果的价值类型要求不是抽象的和绝对的。同一类资产业务因发生在不同的时间、地点和市场环境中，对资产评估结果的价值类型要求也很可能是不一样的。这就是说，资产业务本身的属性因时间、地点及市场环境的变化而变化。所以，把资产业务的属性绝对化，或者把资产业务与评估结果的价值类型关系固定化都是不可取的。资产评估结果的价值类型与评估的特定目的相匹配、相适应，是指在具体评估操作过程中，评估结果价值类型要与已经确定了的时间、地点、市场条件下的资产业务相匹配、相适应。任何事先划定的资产业务类型与评估结果的价值类型相匹配的固定关系或模型都可能偏离或违背客观存在的具体业务对评估结果价值类型的内在要求。换一句话说，资产的业务类型是影响甚至是决定评估结果价值类型的一个重要的因素，但是，它绝不是决定资产评估结果价值类型的唯一因素。评估的时间、地点，评估时的市场条件，资产业务各当事人的状况以及资产自身的状态等，都可能对资产评估结果的价值类型产生影响。

1.3 资产评估的假设与原则

1.3.1 资产评估的假设

由于认识客体的无限变化和认识主体有限能力的矛盾，人们不得不依据已掌握的数据资料对某一事物的某些特征或全部事实做出合乎逻辑的推断。这种依据有限事实，通过一系列推理，对所研究的事物做出合乎逻辑的假定说明就叫假设。假设必须依据充分的事实，运用已有的科学知识，通过推理（包括演绎、归纳和类比）而形成。当然，无论如何严密的假设都带有推测，甚至是主观猜想的成分。但是，只要假设是合乎逻辑、合乎情理的，它对科学研究就都是有重大意义的。资产评估与其他学科一样，其理论体系和方法体系的确立也是建立在一系列假设基础之上的，其中交易假设、公开市场假设、持续使用假设和清算假设是资产评估中使用频率较高的前提假设。

1）交易假设

交易假设是资产评估得以进行的一个最基本的前提假设。交易假设是假定所有待评资产已经处在交易过程中，评估师根据待评估资产的交易条件等模拟市场进行估价。众所周知，资产评估其实是在资产实施交易之前进行的一项专业服务活动，而资产评估的最终结果又属于资产的交换价值范畴。为了发挥资产评估在资产实际交易之前为委托人提供资产交易底价的专家判断的作用，同时又能够使资产评估得以进行，利用交易假设将被评估资产置于"交易"当中，模拟市场进行评估就是十分必要的。

交易假设一方面为资产评估得以进行"创造"了条件；另一方面它明确限定了资产评估外部环境，即资产是被置于市场交易之中的。资产评估不能脱离市场条件而孤立地进行。

2）公开市场假设

公开市场假设是对资产拟进入的市场的条件以及资产在这样的市场条件下接受何种影响的一种假定说明或限定。公开市场假设的关键在于认识和把握公开市场的实质和内涵。就资产评估而言，公开市场是指充分发达与完善的市场条件，指一个有自愿的买者和卖者的竞争性市场。在这个市场上，买者和卖者的地位是平等的，彼此都有获取足够市场信息的机会和时间；买卖双方的交易行为都是在自愿的、理智的，而非强制或不受限制的条件下进行的。事实上，现实中的市场条件未必真能达到上述公开市场的完善程度。公开市场假设就是假定那种较为完善的公开市场存在，被评估资产将要在这样一种公开市场中进行交易。当然，公开市场假设也是基于市场客观存在的现实，即以资产在市场上可以公开买卖这样一种客观事实为基础的。

由于公开市场假设假定市场是一个充分竞争的市场，资产在公开市场上实现的交换价值隐含着市场对该资产在当时条件下有效使用的社会认同。当然，在资产评估中，市场是有范围的。它可以是地区性市场，也可以是国内市场，还可以是国际市场。关于资产在公开市场上实现的交换价值所隐含的对资产效用有效发挥的社会认同也是有范围的。它可以是区域性的、全国性的或国际性的。

公开市场假设旨在说明一种充分竞争的市场条件。在这种条件下，资产的交换价值受市场机制的制约并由市场行情决定，而不是由个别交易决定。

公开市场假设是资产评估中的一个重要假设，其他假设都是以公开市场假设为基本参照的。公开市场假设也是资产评估中使用频率较高的一种假设。凡是能在公开市场上交易、用途较为广泛或通用性较强的资产，都可以考虑按公开市场假设前提进行评估。

3）持续使用假设

持续使用假设是对资产拟进入市场时存在状态的一种假定性描述或说明。该假设首先设定被评估资产处于正在使用的状态，包括正在使用中的资产和备用的资产；其次，根据有关数据和信息，推断这些处于使用状态的资产还将继续使用下去。持续使用假设既说明了被评估资产面临的市场条件或市场环境，同时着重说明了资产的存续状态。按照通行的说法，持续使用假设又细分为三种具体情况：一是在用续用，二是转用续用，三是移地续用。在用续用指的是处于使用中的被评估资产在产权发生变动或资产业务发生后，将按其现行正在使用的用途及方式继续使用下去。转用续用则是指被评估资产将在产权发生变动后或资产业务发生后，改变资产现时的使用用途，调换新的用途继续使用下去。移地续用则是说，被评估资产将在产权变动发生后或资产业务发生后，改变资产现在的空间位置，转移到其他空间位置上继续使用。

由于持续使用假设是在一定市场条件下对被评估资产使用状态的一种假定说明，在持续使用假设前提下的资产评估及其结果的适用范围常常是有限制的。在许多场合下，评估结果并没有充分考虑资产用途替换。它只对特定的买者和卖者是公平合理的。

持续使用假设也是资产评估中的一个非常重要的假设，尤其是在我国，经济体制处于转轨时期，市场发育尚未完善，资产评估活动大多与老企业的存量资产产权变动有关。因此，被评估对象经常处于或被推定在持续使用的假设前提之下。充分认识和掌握持续使用假设的内涵和实质，对于我国的资产评估来说具有重要意义。

4）清算假设

清算假设是对资产拟进入的市场条件的一种假定说明或限定。具体而言，它是对资产在非公开市场条件下被迫出售或快速变现条件的假定说明。清算假设首先是基于被评估资产面临清算或具有潜在的被清算的事实或可能性，再根据相应数据资料推定被评估资产处于被迫出售或快速变现的状态。由于清算假设假定被评估资产处于被迫出售或快速变现条件之下，被评估资产的评估值通常要低于在公开市场假设前提下或持续使用假设前提下同样资产的评估值。因此，在清算假设前提下的资产评估结果的适用范围是非常有限的。当然，清算假设本身的使用也是较为特殊的。

由于资产评估假设要完成对评估对象本身的条件和状况、利用的方式和状态，以及评估时面临的市场条件和交易条件等的设定，除了上述主要评估假设外，还有一些相对具体的评估假设，如最佳使用假设等。资产评估假设可以根据评估基准日时的真实情况进行设定，即运用真实性条件假设。资产评估假设也可以采用与评估基准日真实条件不一样的状况进行设定，但条件设定必须与评估对象在评估基准日时的情况是一种合乎逻辑的推断，即采取非真实性条件假设。所以，从另一个角度看，评估假设的条件设定可以采用真实性条件假设、非真实性条件假设和特别假设。

1.3.2 资产评估的原则

1）资产评估的工作原则

资产评估工作的性质决定了资产评估机构及其资产评估师在执业过程中应当遵循的符合市场规律、符合法律规范要求、符合资产评估工作性质以及得到客户及社会公众认可的规则，将这些规则条理化和高度概括就形成了资产评估工作原则，例如独立性原则、客观公正性原则和科学性原则等。

（1）独立性原则。资产评估中的独立性原则包含两层含义：其一是评估机构本身应该是一个独立的、不依附于他人的社会公正性中介组织（法人），在利益及利害关系上与资产业务各当事人没有任何联系。其二是评估机构及其评估人员在执业过程中应始终坚持独立的第三者地位，评估工作不受委托人及外界的意图及压力的影响，进行独立公正的评估。

（2）客观公正性原则。客观公正性原则有两层含义：其一是资产评估工作的基础；其二是资产评估机构和人员的工作态度。此原则的核心是要求资产评估工作要尊重客观实际（实事求是），并秉持不偏不倚的态度进行评估。资产评估机构及其评估人员在评估工作中必须以实际数据为基础，以现实情况及其符合事物发展内在规律的推理预测为依据（包括使用真实性条件假设或非真实性条件假设），以公正的态度实事求是地进行评估，而不能以自己的好恶或脱离事物发展规律的假想为依据进行评估。资产评估结果是评估人员以客观事实为基础，通过合乎逻辑的推理、分析得出的满足客观公正性要求的评估结论。

（3）科学性原则。科学性原则要求资产评估机构和评估人员必须尊重市场及其市场定价规律，在此基础上，依据公认的评估标准和严谨的评估程序，并采用适当的评估路径和可靠的评估技术方法进行资产评估。评估人员在评估技术应用上需要把主观评价与客观测算、静态分析与动态分析、定性分析与定量分析有机结合起来，使资产评估过程科学合理，评估结论真实可信。

2）资产评估的经济技术原则

资产评估的经济技术原则是对市场定价过程中适用的经济学原理、相关法则和定价思想的抽象和概括，理解资产评估的经济技术原则有助于评估人员在资产评估执业过程中更好地把握和执行资产评估的技术规范和业务准则。资产评估的经济技术原则主要包括：

（1）预期收益原则。预期收益原则是以技术原则的形式概括出资产及其资产价值的最基本的决定因素和影响因素。资产之所以有价值，是因为它能为其拥有者或控制者带来未来经济利益，资产价值的高低主要取决于它能为其所有者或控制者带来的预期收益量的多少。预期收益原则强调的是预期收益。预期收益是评估人员判断资产价值的一个最基本的依据。

（2）供求原则。供求原则是经济学中关于供求关系影响商品价格原理的概括。

假定在其他条件不变的前提下，商品的价格随着需求的增长而上升，随着供给的增加而下降。尽管商品价格随供求变化并不成固定比例变化，但变化的方向都带有规律性。供求规律对商品价格形成的作用力同样适用于资产价值的变化。供求原则强调供求关系对资产价值的形成具有重要影响。评估人员在评估资产价值时，应当充分考虑供求关系对资产评估价值的影响。

（3）贡献原则。从一定意义上讲，贡献原则是预期收益原则的一种衍生性原则，它是针对一项资产（整体资产）可以细化为若干要素资产而对其中的要素资产进行评估时需要遵循的技术原则，即要素资产价值的高低要由该要素资产对整体资产的贡献来决定。贡献原则强调了构成整体资产的各个要素资产的价值取决于其对整体资产的贡献程度。这个贡献程度也可以用整体资产缺少该项要素资产时将蒙受的损失来衡量。

（4）替代原则。作为一种市场规律，在同一市场上，具有相同及相近使用价值和质量的商品，应有大致相同的交换价值。如果具有相同及相近使用价值和质量的商品具有不同的交换价值或价格，买者会选择价格较低者。当然，作为卖者，如果可以将商品卖到更高的价格水平上，他将会在较高的价位上出售商品。替代原则反映的是市场中存在的替代商品及其比价关系，以及消费者和生产者的理性选择。资产评估中的替代原则强调的是，评估人员应当站在投资者的角度关注评估对象及其替代物的比价关系，合理选择评估参数确定评估结果。当然，替代原则还可以演化扩展到相关评估方法和评估数据的选择方面。在资产评估中也确实存在着评估数据、评估方法等的合理替代问题。正确运用替代原则是公正进行资产评估的重要保证。

（5）评估时点原则。市场是变化的，资产的价值会随着市场条件的变化而不断改变。为了使资产评估得以操作，同时，又能保证资产评估结果可以被市场检验，在资产评估时，必须将被评估资产价值固定在某一时点来衡量。这一时点就是评估基准日，或称估价日期。它为资产评估提供了一个时间基准。资产评估的评估时点原则要求资产评估必须有评估基准日，而且评估值就是评估基准日的资产价值。

1.4　资产评估与社会经济发展

1.4.1　国有资产产权变动与资产评估

我国资产评估是因国有资产产权变动，以及国有资产账面价值背离现值造成国有资产流失而由政府主导推行的（产生的）。伴随着国有资产管理体制改革的不断深入，资产评估在包括国有企业改制等重大改革实践中发挥着越来越重要的作用。

20世纪90年代初到21世纪初，资产评估大量服务于国有企业与外商合资合作、企业重组、国有企业股份制改革等国有资产产权变动活动。21世纪的前10年，"国退民进"成为国有企业改革的重头戏。为了保证"国退民进"的顺利进行并维护国家及相关当事方的合法权益，资产评估又发挥了其不可替代的作用。随着我国经济体制改革和国有企业体制改革的不断推进，国有企业改革步入深水区，中央企业混合所有制改革提上日程，资产评估又成为为央企混合所有制改革保驾护航的利器。伴随着我国产业结构调整进入实质性阶段，国有企业重大资产重组、产业重构、去产能化等正在或即将展开，资产评估仍然可以发挥其价值发现、价值衡量和价值揭示的功能，努力为新时期国有资产产权变动贡献力量。

自国有资产评估管理制度建立以来，经财政（国资）部门立项确认的国有资产评估项目累计达数百万项，国有资产评估价值累计达数十万亿元，不仅为国企改制、上市、兼并和资产重组以及中外合资合作等提供了不可缺少的中介服务，同时也有效地预防了在国企改革和经济结构调整过程中因故意不评、有意低评所造成的各类国有资产流失。党的二十大报告要求："深化国企改革，加快国有经济布局优化和结构调整，推动国有资本和国有企业做强做优做大，提升企业核心竞争力。"可以相信，资产评估会在新的深化国企改革过程中发挥更加积极的作用。随着我国社会主义市场经济体制的发展，我国资产评估管理的体制条件和形势背景也发生了很大变化。资产评估业务的深入发展，使得资产评估的范围已不限于国有资产评估领域，资产评估已经深入到国民经济的各个方面，成为社会主义市场经济发展过程中不可或缺的社会中介行业。

【思政课堂】　　　　资产评估助力建设具有中国特色的估值体系

党的"二十大"明确地指出，中国特色社会主义已经进入了新时代，强调了包括加快完善社会主义市场经济体制在内的新发展理念及其一系列基本方略。资本市场监管部门也就如何建设"中国特色资本市场"提出了"探索建立具有中国特色的估值体系，促进市场配置资源功能更好发挥"的倡议。具有中国特色的估值体系概念的提出，既隐含着对关系重大的大型国有上市公司估值水平需要重新审视的想法，又包含对中国特色资本市场更好地服务于实体经济，促进高水平科技企业及现代化产业发展的期盼。资产评估作为价值发现、价值衡量和价值揭示的有力工具，能够并可以为建设新时期的"中国特色资本市场"和"具有中国特色的估值体系"做出应有的贡献。

1.4.2　税制改革与资产评估

中共中央十六届三中全会在《中共中央关于完善社会主义市场经济体制若干问题的决定》中指出："实施城镇建设税费改革，条件具备时对不动产开征统一规范的物业税，相应取消有关收费。"由此，提出了我国物业税（房产税）改革的方向，也加快了地方税制改革的步伐。

物业税（房产税）与所得税、流转税相比，更适宜作为地方税体系的主体税种，其原因是该税种具有以下优点：（1）物业税（房产税）属于收益税，房地产价值往往与地方政府提供服务的程度密切相关，可以影响人们的消费动机；（2）物业税（房产税）的税基一般不容易流动，不会过多受到经济周期波动的影响；（3）物业税（房产税）的收入相对稳定，可以为地方政府提供稳定、可靠和充足的收入来源；（4）由于物业税（房产税）的地域性强，对不动产课税比较便于地方征管。正因为以上这些优点，目前世界上大多数国家都把不动产税作为地方主体税种。美国地方的财产税占地方财政总收入的29%左右，占地方税收总收入的75%左右。而我国目前房产税收入占地方税收入的比重仅为5%，远远低于世界平均水平及许多发展中国家水平。

我国讨论中的物业税（房产税）实际上是一种不动产保有税。不动产是以土地为核心的与土地有某种联系的财产的体系。土地的不可移动导致其地上定着物的不可移动，因此可以一并纳入不动产，同时又有许多本来可移动的财产已固定或服务于土地或房屋建筑物的也成为不动产。我国提出的物业税（房产税）是指对拥有不动产的业主开征的一种税。可见，我们所说的物业税（房产税）实际上就是国际上财产税中的不动产保有税。

作为一种面广量大的税种，其税基的确定恐难以完全采用现行市价方式，因为相当一部分房地产是没有经过市场交易的，或者说是无市无价可依。就是说，在很大程度上讲，不动产保有税的税基需要通过资产评估取得。不动产保有税的征纳是有时间要求的，在短时间内无法完成城乡各地所有的房地产的税基评估任务，因此批量评估可能是税基评估的必然选择。利用计算机批量评估税基应该是不动产保有税税基评估的基本方式和主导方式，批量评估是不动产保有税税基评估的显著特点之一。当然，任何事物都是一分为二的。批量评估在基本解决了税基评估中的效率问题之后，将面临税基评估中的公平问题。批量评估能否兼顾税基评估中的公平问题，可能是批量评估能否付诸实施的重要前提条件。

随着我国房产税改革试点的不断深入，以及物业税（房产税）改革的推进，不动产税收公平和税负公平与资产评估的联系越来越紧密。资产评估面临着在技术层面上满足不动产税负公平、税基批量评估合理等要求，税基评估技术规程建设已经被提上议事日程。

1.4.3 金融资产安全与资产评估

一个国家金融的发展、稳定与繁荣直接关系到该国社会和经济的发展、稳定与繁荣。在我们认识到金融行业在国民经济中占有举足轻重的地位和作用的同时，我们也应该看到，金融业也是一个具有较高风险的行业，金融资产安全、避免金融风险的出现是世界各国政府、国际金融组织以及金融机构本身十分注意的重大问题。在经历了20世纪80年代经济泡沫引发的金融风波的美国，经历了亚洲金融风暴洗礼的有关国家和地区，以及经历了2008年金融危机的全世界许多国家，都充分认识到了资产评估在防范和化解金融风险方面的重要作用。在全世界范围内，为银行抵质押贷款服务的资产评估，以及为金融不良资产处置提供参考意见的资产评估广泛开展，资产评估已经成为世界金融界防范和化解金融风险的重要手段。

我国金融改革正步入一个关键时期，金融企业股份制改革的开展，引起了金融企业价值评估的高潮；抵质押贷款作为工商企业融资的基本渠道，引发了为工商企业融资的资产评估活动日益增加；金融不良资产的处置引起了为处置金融不良资产的资产评估的开展。金融体制改革的方方面面都与资产评估有着千丝万缕的联系，金融体制改革和创新正在向资产评估行业不断地提出服务要求以及严峻的挑战。

金融创新是我国金融业迅速发展的重要方面，金融衍生工具的不断出现和交易的频繁发生，也给资产评估行业关于金融衍生工具的计价和估值提出了全新的课题，金融衍生工具的大量出现使得传统的评估技术遇到了前所未有的困难和挑战。党的二十大报告要求"守住不发生系统风险的底线"。客观地进行资产评估对一国的金融资产安全、避免金融风险是有积极作用的。

1.4.4 会计资产计价与资产评估

2006年2月15日，我国颁布的新的企业会计准则第一次全面地引入了公允价值，在投资性房地产、长期股权投资、交易性金融资产、债务重组、非货币性资产交换、非同一控制下企业合并、资产减值等具体准则中允许采用公允价值计量。

2014年1月26日，财政部又发布了《企业会计准则第39号——公允价值计量》，在技术层面上又为以财务报告为目的的评估提供了具体的技术指引。因此，以财务报告为目的的评估已经成为我国评估服务领域中的一项重要业务内容。伴随着新会计准则的实施，会计与资产评估的联系更加紧密，出现了相互依存、相互合作、相互支持和共同发展的局面。在今后相当长的一段时间里，会计资产计量需要寻求资产评估的技术支持。

本章小结

资产评估中的基本概念、基本假设、基本原则等是资产评估理论的重要组成内容。资产评估的性质、特点，以及评估目的、评估假设是资产评估理论体系和方法体系构建的基础，也是学习掌握资产评估理论及方法的基础。资产评估与社会经济发展之间的关系表明，资产评估与其他社会经济活动存在千丝万缕的联系。扎扎实实地掌握资产评估基础知识是学好资产评估课程的钥匙。

主要概念

资产评估　评估要素　评估目的　评估假设　评估原则

基本训练

一、单项选择题

1.资产评估交易假设设立的目的在于把被评估对象（　　）。

  A.与正在交易的情况相一致　　　　B.与拟交易的情况相一致

  C.与以后交易的情况相一致　　　　D.人为置于"交易中"

2.资产评估假设最基本的作用之一是（　　）。

  A.设定资产评估的作用　　　　　　B.设定资产评估面临的条件

  C.设定资产评估的性质　　　　　　D.设定资产评估的价值类型

3.将资产划分为可确指资产和不可确指资产的分类标准是（　　）。

  A.资产的存在形态　　　　　　　　B.资产的综合获利能力

  C.资产是否独立存在　　　　　　　D.资产的价值高低

4.资产评估中的完全资产评估和限制性资产评估是按（　　）标准划分的。

  A.评估时收集资料的数量

  B.评估人员的水平

  C.评估时遵守准则和报告披露的要求

  D.评估经历的时间

5.从理论上讲，资产评估最基本的作用是（　　）。

  A.管理　　　　　B.咨询　　　　　C.鉴定　　　　　D.定价

二、多项选择题

1.资产评估的特点主要有（　　）。

  A.市场性　　　　　　B.强制性　　　　　　C.公正性

  D.咨询性　　　　　　E.行政性

2.资产评估的市场性主要体现在（　　）。

  A.资产评估是市场经济的产物

  B.资产评估结论是市场上资产交易的价格

  C.资产评估的运作是评估人员模拟市场完成的

  D.被评估的资产最终要进入市场流通

  E.资产评估结果最终要能经得起市场的检验

3.持续使用假设的内容包括（　　）。

  A.拆零续用　　　　　B.在用续用　　　　　C.移地续用

  D.转用续用　　　　　E.出售续用

4.按资产的构成及获利能力划分，资产可分为（　　）。

  A.有形资产　　　　　B.无形资产　　　　　C.可确指资产

  D.单项资产　　　　　E.整体资产

5.资产评估的经济技术原则包括（　　）。

A.贡献原则　　　　　　B.预期收益原则　　　　　C.替代原则

D.供求原则　　　　　　E.独立性原则

三、判断题

1.资产评估通常是在资产产权发生变动时，由专门的人员对资产的交易价格进行确定的活动。　　　　　　　　　　　　　　　　　　　　　　　　　（　　）

2.公正性是资产评估存在和立足的根本。　　　　　　　　　　　　（　　）

3.资产评估是对资产特定时点及特定市场条件下的客观价值的估计和判断。

（　　）

4.资产评估结论是专家的专业判断和专家意见，因此具有强制执行的效力。资产评估结论应该直接成为资产交易的价格。　　　　　　　　　　　　（　　）

5.资产评估是指对资产一定时期内的价值进行的评定估算。　　　　（　　）

四、思考题

1.资产评估的基本构成要素有哪些？

2.资产评估目的在资产评估中发挥着什么样的作用？

3.评估假设在资产评估中怎样发挥其作用？

4.资产评估工作原则的本质是什么？

第1章基本训练参考答案

第2章

资产评估价值类型

2.1 价值类型理论与资产评估目的

2.1.1 资产评估目的对价值类型的约束

资产评估目的就是资产评估所要达到的目标，资产评估的目的有资产评估的一般目的和特定目的之分。资产评估的一般目的泛指所有资产评估活动共同的目的或目标，即给出与评估条件相匹配的恰当的评估结论，这也可以概括为评估出被评估资产的公平合理的价值。资产评估的特定目的是指符合特定经济行为（资产业务）及特定委托人对特定资产评估项目预期用途要求的评估结论。特定经济行为（资产业务）、特定委托人及其预期用途等，就构成了特定资产评估项目的条件约定和目标约定，它不仅会对资产评估所要实现的具体目标具有限定作用，而且也会对具体评估项目的评估结论有某种约定。从本质上讲，评估目的对评估结论价值定义及其类型的约束是由引起资产评估的具体经济事项及其特定委托人所形成的评估条件对评估结果具体价值表现形式的直接或间接约束。

1) 资产评估的一般目的对价值类型的约束

资产评估的一般目的或资产评估的基本目标是由资产评估的性质及其基本功能决定的。资产评估作为一种专业人士对特定时点及特定条件约束下资产价值的估计和判断的社会中介活动，一经产生就具有了为委托人以及资产交易当事人提供合理的资产价值咨询意见的功能。无论是资产评估的委托人，还是与资产交易有关的当事人，所需要的都是评估师对资产在一定时间及一定条件约束下资产公平合理价值的判断。也就是说，无论因何原因引起，无论是什么样的评估对象，就资产评估的一般目的而言，资产评估结果及其价值类型或价值表现形式必须是公允的。从资产评估的角度来看，公允价值是一种相对合理的评估价值，是一种相对于当事人各方的地位、资产的状况及资产面临的市场条件的合理的评估价值，是评估人员根据被评估资产自身的条件及其所面临的市场条件，对被评估资产客观交换价值的合理估计值。公允价值的一个显著特点是，它与相关当事人的地位、资产的状况及资产所面临的市场条件相吻合，且并没有损害各当事人的合法权益，也没有损害他人的利益。资产评估中的公允价值既包含了资产评估中正常市场条件下的合理评估结果，又包括了资产评估中非正常市场条件下的合理评估结果。因此，资产评估的一般目的对价值类型的约束是一种原则性的约束。简言之，就是所有的评估结果（价值类型）都要公允。

2）资产评估的特定目的对价值类型的约束

资产评估作为资产估价活动，总是为满足引起资产评估的特定资产业务的需要而进行的。人们通常把引起资产评估的资产业务（包括特定委托人）对评估结果用途的具体要求称为资产评估的特定目的。由于引起资产评估的资产业务各种各样，每种资产业务对资产评估都可能存在着条件约定和目标约定。这些约束条件对评估结果的具体用途和价值定义的要求也不尽统一。每种资产业务对评估结果用途的具体要求不但会在评估的价值量上有所体现，而且一定会表现为与这种具体要求相适应的评估结果价值类型。当然，不同的委托人对相同的资产业务也可能会有不同的条件要求和结论要求。下面列举的10种能引起资产评估的资产业务，对评估结果价值类型的要求就不完全相同，例如资产转让、企业兼并、企业出售、企业联营、股份经营、中外合资、合作、企业清算、担保、企业租赁以及债务重组等等。

（1）资产转让。资产转让是指资产拥有单位有偿转让其拥有的资产，通常是指转让非整体性资产的经济行为。如果没有特殊说明，资产转让对评估结果的价值类型并无特别要求，评估人员可根据项目具体情况选择评估结果的价值类型。

（2）企业兼并。企业兼并是指一个企业以承担债务、购买、股份化和控股等形式有偿接收其他企业的产权，使被兼并方丧失法人资格或改变法人实体的经济行为。企业兼并的种类比较多，情况比较复杂。有些企业兼并活动带有战略性，需要从兼并方的角度考虑被评估资产的价值类型。有些企业兼并活动具有被动性，需要从被兼并方的角度考虑评估结果的价值类型。有些企业兼并活动具有整合效应，评估时需要将整合因素考虑进去，来把握评估结果的价值类型等等。

（3）企业出售。企业出售是指独立核算的企业或企业内部的分厂、车间及其他整体资产产权出售行为。如果没有特殊说明，企业出售对评估结果的价值类型并无特别要求，评估人员可根据项目具体情况选择评估结果的价值类型。

（4）企业联营。企业联营是指国内企业、单位之间以固定资产、流动资产、无形资产及其他资产投入组成各种形式的联合经营实体的行为。企业联营的种类比较多，情况也比较复杂。有些企业联营活动带有战略性，需要从联营双方的角度考虑被评估资产的价值类型。有些企业联营活动具有整合效应，评估时需要将整合因素考虑进去，来把握评估结果的价值类型等等。

（5）股份经营。股份经营是指资产占有单位实行股份制经营方式的行为，包括法人持股、内部职工持股、向社会发行不上市股票和上市股票。如果没有特殊说明，股份经营对评估结果的价值类型并无特别要求，评估人员可根据项目具体情况选择评估结果的价值类型。

（6）中外合资、合作。中外合资、合作是指我国的企业和其他经济组织与外国企业和其他经济组织或个人在我国境内举办合资或合作经营企业的行为。如果没有特殊说明，中外合资、合作对评估结果的价值类型并无特别要求，评估人员可根据项目具体情况选择评估结果的价值类型。

（7）企业清算。企业清算包括破产清算、终止清算和结业清算。企业清算引起的资产评估，必须考虑市场条件不正常的因素对评估结果价值类型的影响。

（8）担保。担保是指资产占有单位以本企业的资产为其他单位的经济行为担保，并承担连带责任的行为。担保通常包括抵押、质押、保证等。担保引起的资产评估对评估时的市场条件的约束可以分为两种情况——正常市场条件和非正常市场条件。评估人员可根据项目的具体委托人及其相关要求，恰当地选择一种市场条件，并据此选择评估结果的价值类型。

（9）企业租赁。企业租赁是指资产占有单位在一定期限内，以收取租金的形式，将企业全部或部分资产的经营使用权转让给其他经营使用者的行为。如果没有特殊说明，企业租赁对评估结果的价值类型并无特别要求，评估人员可根据项目具体情况选择评估结果的价值类型。

（10）债务重组。债务重组是指债权人按照其与债务人达成的协议或法院的裁决同意债务人修改债务条件的事项。债务重组的种类比较多，情况也比较复杂。评估人员可根据项目的具体情况选择评估结果的价值类型。

【小资料2-1】　　　　　　　　资产评估的特定目的

资产评估的特定目的可能有多种解释，最直观的解释是指资产评估报告和评估结论的预期用途。从本质上认识资产评估的特定目的会对资产评估有进一步的理解。从本质上讲，资产评估的特定目的是资产评估的一种条件约束和目标约束，同一资产在不同的评估特定目的下可能会有不同的评估结果。这是由不同的资产评估特定目的对同一评估对象的评估条件约束和目标约束的差异所致。

2.1.2　价值类型理论与资产评估目的的实现

价值类型理论引入到资产评估中至少应满足或实现两个目标：①为资产评估确定公允价值提供坐标或标志；②资产评估是专业人士向非专业人士提供的专业服务，所以应当保证资产评估报告和评估结论能被评估报告使用人正确理解和使用。

资产评估的一般目的或基本目标就是要给出资产在各种条件下的合理价值或公允价值，因为资产的公允价值始终是一个相对的概念，即相对于评估时点评估对象自身的条件和市场条件而言是合理和公平的。对于一个相对的概念和指标如何把握呢？寻找一个坐标或标志是非常重要的。国际上通行或认可的"市场价值"，从其定义和满足定义的条件来看，是一个理想或正常市场条件下资产得到最佳使用或最有可能使用状态下的价值。毫无疑问，这是一种理想条件下的资产的公允价值，或者说是典型的公允价值。肯定了市场价值是理想条件下的公允价值或典型的公允价值，市场价值就可以作为公允价值的坐标或标志，人们就可以根据评估时的具体条件与市场价值成立的条件的比较来判断该种条件下的公允价值。如果没有市场价值作为公允价值的坐标或标志，各种具体条件下的资产的合理价值或资产评估的特定目的就无从把握和实现。资产评估力图判断资产的公允价值的基本目标或一般目的也就无从实现。资产评估价值类型理论就是要通过合理划分评估结果的价值类型来帮助评估人员合理把握资产评估中的公允价值。

　　资产评估是专业人士向非专业人士提供的专业服务，保证资产评估报告和评估结论被正确理解和使用是资产评估的最终目的。资产评估价值类型理论要告诫评估人员，什么样的价值表现形式是作为资产公允价值的典型标志或正常条件下的资产公允价值，在资产评估所依据的市场范围内会得到整体市场的认同，而其他的价值表现形式则是一定特殊条件下的资产公允价值，在资产评估所依据的市场范围内，其合理性只能得到局部市场认同。明确资产在不同条件下的公允价值表现形式以及其公允性得到市场的认同程度是有差别的事实是至关重要的。

【相关链接2-1】　　　　关于在资产评估中选择价值类型的要求

　　由中国资产评估协会颁布的《资产评估价值类型指导意见》对在资产评估过程中选择价值类型提出了如下要求：

　　第十三条　执行资产评估业务，选择和使用价值类型，应当充分考虑评估目的、市场条件、评估对象自身条件等因素。

　　第十四条　资产评估专业人员选择价值类型，应当考虑价值类型与评估假设的相关性。

2.2　资产评估的价值类型划分与选择

2.2.1　价值类型的划分标准

　　资产评估中的价值类型是指资产评估结果的价值属性及其表现形式的归类。不同的价值类型从不同的角度反映资产的评估价值及其特征。不同属性的价值类型所代表的资产评估价值不仅在性质上存在差别，在数量上往往也存在差异。资产评估的价值类型的形成，不仅与引起资产评估的特定经济行为（资产评估的特定目的）有关，而且与被评估对象的功能、状态、评估时的市场条件等因素具有密切的联系。根据资产评估的特定目的、被评估资产的功能状态以及评估时的各种条件合理地选择和确定资产评估的价值类型是每一位资产评估人员必须做好的工作。

由于所处的角度不同以及对资产评估价值类型理解方面的差异，人们对资产评估的价值类型主要有以下几种划分标准。

（1）以资产评估的估价标准形式表述的价值类型，具体包括：重置成本、收益现值、现行市价（或变现价值）和清算价格4种。

（2）从资产评估假设的角度来表述资产评估的价值类型，具体包括：继续使用价值、公开市场价值和清算价值等3种。

（3）从资产业务的性质即资产评估的特定目的来划分资产评估的价值类型，具体包括：抵押价值、保险价值、课税价值、投资价值、清算价值、转让价值、保全价值、交易价值、兼并价值、拍卖价值、租赁价值、补偿价值等。

（4）以资产评估时所依据的市场条件以及被评估资产的使用状态来划分资产评估结果的价值类型，具体包括市场价值和市场价值以外的价值。

2.2.2　不同价值类型划分标准的特点与选择

上述4种分类各有其自身的特点：

第一种划分标准基本上承袭了现代会计理论中关于资产计价标准的划分方法和标准，将资产评估与会计的资产计价紧密地联系在一起。

第二种划分标准有利于人们了解资产评估结果的假设前提条件，同时也强化了评估人员对评估假设前提条件的运用。

第三种划分标准强调资产业务的重要性，认为有什么样的资产业务就应有什么样的资产价值类型。

第四种划分标准不仅注重了资产评估结果适用范围与评估所依据的市场条件及资产使用状态的匹配，而且通过资产的市场价值概念的提出，树立了一个资产公允价值的坐标。资产的市场价值是资产公允价值的基本表现形式，而市场价值以外的价值则是资产公允价值的特殊表现形式。

从纯学术的角度来看，不同的价值类型划分并无优劣之分，只是划分标准和角度的差异，但是从资产评估的角度以及对资产评估实践具有理论指导意义和作用的角度来看，确实存在着是否适当以及最佳选择的问题。对资产价值进行合理分类主要基于两个目的：第一，为评估人员科学合理地进行资产评估提供指引；第二，使资产评估报告使用者能正确理解并恰当使用资产评估结果。从这个意义上讲，将资产评估价值划分为市场价值和市场价值以外的价值更有利于实现划分资产评估价值类型的目的。

2.2.3　关于资产评估中的市场价值与市场价值以外的价值

1）市场价值（market value）

市场价值是一个使用频率很高的概念，也是极易引起误解的一个概念。造成这一情况的主要原因是，市场价值是一个多含义的概念，既有习惯上的概念，又有专业上的概念。如果将这些概念加以归类，也可以将其划分为广义的市场价值和狭义的市场价值。广义的市场价值泛指经过市场条件下形成的价值的统称，或者是指利用市场价格衡量各种货物或服务的价值的总称。狭义的市场价值可能并无严格的定义，只是相对于广义的市场价值而言，是针对特定条件或在特定领域使用的有限制条件的价值概念。本节讨论的市场价值，即资产评估中的市场价值，属于狭义市场价值范畴，是一个专业术语，而不是广义的市场价值或泛指的市场价值。明确资产评估中的市场价值是一个狭义的市场价值，而且是一个专业术语，是非常重要的。资产评估人员以及资产评估相关当事人，在从事资产评估工作以及使用资产评估报告的过程中，应把市场价值作为一个专业术语或专有名词加以理解。

从目前可收集的资料来看，关于资产评估中的市场价值的概念的完整定义可以从国际评估准则理事会（IVSC[①]，原名"国际评估准则委员会"）于2007年发布的第八版《国际评估准则》（International Valuation Standards）"国际评估准则1"和"国际评估准则2"中找到。在国际评估准则中，市场价值定义如下："自愿买方与自愿卖方在评估基准日进行正常的市场营销之后，所达成的公平交易中某项资产应当进行交易的价值的估计数额，当事人双方应当各自精明、谨慎行事，不受任何强迫压制。"根据"国际评估准则1"关于对市场价值的其他补充说明，我们把资产评估中的市场价值定义整理如下："资产评估中的市场价值是指资产在评估基准日公开市场上正常使用即最佳使用或最有可能使用条件下所能实现的交换价值的估计值。"市场价值既是一种价值类型，同时也是一种具体价值表现形式。

市场价值作为评估结论的价值类型应当满足以下基本要求：

（1）评估对象是明确的，包括资产承载的权益；

（2）在整个评估过程中是以公开市场（假设）来设定资产评估所依据的市场条件；

（3）评估对象被设定为正常使用、最佳使用或最有可能使用状态，并达到正常使用水平和效益水平；

（4）资产评估过程中所使用的数据均来自于公开市场。

2）市场价值以外的价值（the value other than market value）

市场价值以外的价值也称非市场价值、其他价值。它是一个相对于狭义及资产评估专有的市场价值概念的专有名词。它并无独立的定义，而是泛指所有不符合市场价值定义条件的其他价值的统称。市场价值以外的价值或非市场价值中的"市场价值以外"或"非"字并不是否定评估结论与市场的联系，而是强调非市场价值是那些不满足、不具备资产评估中市场价值定义条件的价值。所以说，市场价值以外的价值或非市场价值是一个相对于市场价值的专有名词和专业术语。包括国际评估在内，也并没有直接定义市场价值以外的价值，而是指出凡不符合市场价值定义条件的资产价值都属于市场价值以外的价值。从市场价值以外的价值的表述来看，市

[①] 国际评估准则委员会（International Valuation Standards Committee）现已更名为国际评估准则理事会（International Valuation Standards Council），英文首字母缩写仍为IVSC。

场价值以外的价值不是一种具体的资产评估价值存在形式，而是一系列不符合资产市场价值定义条件的价值形式的总称或组合，包括在用价值、投资价值、持续经营价值、保险价值、清算价值、课税价值等一系列具体价值表现形式。对市场价值以外的价值的理解和把握不应仅仅局限在它与市场价值的区别上，而是要理解和把握市场价值以外的价值中的具体价值表现形式的确切定义。

在用价值是指作为企业或整体资产组成部分的特定资产，以其评估时点使用状况对其所属企业或整体资产可以或可能贡献的价值估计值，而并不考虑该资产可能存在的最佳用途或资产变现的情况。

投资价值是指资产对于具有明确投资目标的特定投资者或某一类投资者所具有的价值估计值。资产的投资价值与投资性资产价值是两个不同的概念。投资性资产价值是指特定主体以投资获利为目的而持有的资产在公开市场上按其最佳用途实现的市场价值。

持续经营价值是指企业或整体资产按照既定的经营用途和方式持续经营下去可以或可能实现的价值估计值。由于企业或整体资产的各个组成部分对该企业或整体资产的价值都有相应的贡献，可以将企业或整体资产总的持续经营价值分配给企业或整体资产的各个组成部分，即构成企业或整体资产持续经营的各局部资产的在用价值。

保险价值是指根据保险合同或协议中规定的价值（理赔）标准所确定的资产价值估计值。

清算价值是指资产处于清算、迫售或快速变现等非正常市场条件下所能实现的价值估计值。

课税价值是指根据税法中规定的与财产征税相关的价值（税基）标准所确定的资产价值估计值。

市场价值以外的价值是一个开放式的专业术语。除了上面提到的市场价值以外的价值的具体价值表现形式以外，肯定还有不符合或不满足市场价值定义条件的其他价值，例如残余价值、特殊价值等等。

【相关链接2-2】 **第八版《国际评估准则》**
关于资产评估价值类型的定义和阐释

国际评估准则委员会在第八版《国际评估准则》中，对一些资产评估中的重要概念和原则进行了说明。这些内容分布在《基本评估概念和原则》以及相应的准则和指南中，是理解《国际评估准则》及国外传统评估理论基础的重要出发点。

市场价值是各国资产评估行业中普遍使用的概念，各国资产评估理论和评估准则中关于市场价值的定义不尽相同，但大多只是措辞上的区别，其基本组成要件大致相同。《国际评估准则》将所有的评估业务分为两大类：市场价值评估和非市场价值评估。市场价值概念是《国际评估准则》中最重要的概念。《国际评估准则》给出了市场价值的严格定义，在此基础上形成了评估准则、应用指南和评估指南。

（1）市场价值

《国际评估准则》中市场价值的定义如下：

市场价值是自愿买方与自愿卖方在评估基准日进行正常的市场营销之后所达成的公平交易中，某项资产应当进行交易的价值估计数额，当事人双方应各自理性、谨慎行事，不受任何强迫压制。

根据市场价值的定义，市场价值具有以下要件：

第一，自愿买方：指具有购买动机，但并没有被强迫进行购买的一方当事人。该购买者会根据现行市场的真实状况和现行市场的期望值进行购买，不会特别急于购买，也不会在任何价格条件下都决定购买，即不会付出比市场价格更高的价格。

第二，自愿卖方：指既不准备以任何价格急于出售或被强迫出售，也不会因期望获得被现行市场视为不合理的价格而继续持有资产的一方当事人。自愿卖方期望在进行必要的市场营销之后，根据市场条件以公开市场所能达到的最高价格出售资产。

第三，评估基准日：指市场价值是某一特定日期的时点价值，仅反映了评估基准日的真实市场情况和条件，而不是评估基准日以前或以后的市场情况和条件。

第四，以货币单位表示：市场价值是在公平的市场交易中，以货币形式表示的为资产所支付的价格，通常表示为当地货币。

第五，公平交易：指在没有特定或特殊关系的当事人之间的交易，即假设在互无关系且独立行事的当事人之间的交易。

第六，资产在市场上有足够的展示时间：指资产应当以最恰当的方式在市场上予以展示。不同资产的具体展示时间应根据资产特点和市场条件而有所不同，但该展示时间应当使该资产能够引起足够数量的潜在购买者的注意。

第七，当事人双方各自精明，谨慎行事：指自愿买方和自愿卖方都合理地知道资产的性质和特点、实际用途、潜在用途以及评估基准日的市场状况，并假定当事人都根据上述知识为自身利益而决策，谨慎行事以争取在交易中为自己获得最好的价格。

第八，估计数额：指资产的价值是一个估计值，而不是预定的价值或真实的出售价格。它是在评估基准日，满足对市场价值定义的其他因素的条件进行交易的情况下资产最有可能实现的价格。

资产的市场价值反映了市场作为一个整体对其效用的认可，而并不仅仅反映其物理实体状况。某项资产对于某特定市场主体所具有的价值，可能不同于市场或特定行业对该资产价值的认同。市场价值反映了各市场主体组成的市场整体对被评估资产效用和价值的综合判断，不同于特定市场主体的判断。

（2）非市场价值

《国际评估准则》中并没有给出非市场价值的定义。非市场价值又称市场价值以外的价值或其他价值，是指所有不满足市场价值定义的价值类型。因此非市场价值不是个体概念，而是一个集合概念，指不满足市场价值定义的一系列价值类型的集合，主要包括在用价值、持续经营价值、投资价值、保险价值、纳税价值、剩余价值、清算价值、特殊价值等。

在用价值是指作为企业组成部分的特定资产对其所属企业能够带来的价值，而并不考虑该资产的最佳用途或资产变现所能实现的价值量。在用价值是特定资产在特定用途下对特定使用者的价值，因而是非市场性的。

投资价值是指资产对于具有明确投资目标的特定投资者或某一类投资者所具有的价值。这一主观概念将特定的资产与具有明确投资目标、标准的特定投资者或某一类投资者结合起来。

持续经营价值是指企业作为一个整体的价值。这一概念涉及对一个持续经营企业进行的评估。由于企业的各个组成部分对该企业的整体价值都有相应的贡献，可以将企业总的持续经营价值分配给企业的各个组成部分，但所有这些组成部分本身的价值并不构成市场价值。

保险价值是指根据保险合同或协议中规定的定义所确定的价值。计税、课税或征税价值是指根据有关资产计税、课税和征税法律中规定的定义所确定的价值。有的司法管辖当局可能会引用市场价值作为征税的基础，但所要求的评估方法可能会产生不同于市场价值定义的结果。

剩余价值是指假设在未进行特别修理或改进的情况下，将资产中所包含的各组成部分进行变卖处置的价值。剩余价值不是继续使用时的价值，且不包括土地价值在内。该价值中可能还需考虑总的处置成本或净处置成本。在后一种情况下，它可能等同于可变现净值。

清算价值或强制变卖价值是指在销售时间过短，达不到市场价值定义所要求的市场营销时间要求的情况下，变卖资产所能合理收到的价值数额。在某些国家，强制变卖价值还可能涉及非自愿买方和非自愿卖方，或买方在购买时知晓卖方不利处境的情况。

特殊价值是指资产价值量超出和高于其市场价值的部分。特殊价值是由于该资产与其他资产存在物理性、功能性或经济性组合而产生的，比如相邻资产。特殊价值是针对特定的资产所有者或使用者、未来特定所有者或使用者的资产价值升值，而不是针对整个市场，即这种价值升值是针对具有特殊兴趣的购买者。

2.3　关于价值类型选择与资产评估目的等相关条件的关系

价值类型不但是一个理论问题，还是一个实践问题。它不仅是对评估结论价值属性与评估条件相互关系规律的总结和归纳，同时它也指出按评估条件正确选择价值类型的要求。正确处理好价值类型与资产评估目的及其相关条件的关系，对于正确选择价值类型以及实现评估目的和目标是至关重要的。

关于价值类型的选择与资产评估目的等相关条件的关系，应该从两个方面来认识和把握：其一，要从正确选择价值类型的角度，而关注资产评估目的等相关条件对所选择价值类型的影响；其二，要从价值类型的选择对实现资产评估目的以及满足其他相关条件的角度，而关注价值类型的正确选择。

2.3.1 影响价值类型选择的资产评估条件

从纵向关系上看，资产评估中的价值类型是资产评估结论的属性及其表现形式。价值类型的选择本来就应该受到评估目的等相关条件的制约，或者说价值类型是在评估目的等相关条件的基础上形成的。有什么样的评估条件基础就应该有与之相适应的评估结论属性及其表现形式。可以说，资产评估目的等相关条件构成了资产评估的价值基础。除资产评估的特定目的外，构成资产评估价值基础的相关条件主要有两个方面：一是资产自身的功能、利用方式和使用状态；二是评估时的市场条件。

1）资产评估的特定目的

资产评估的特定目的作为资产评估价值基础的条件之一，是因为资产评估的特定目的不但决定着资产评估结论的具体用途，而且会直接或间接地在宏观层面上影响资产评估的过程及其运作条件，包括对评估对象的利用方式和使用状态的宏观约束以及对资产评估市场条件的宏观限定。相同的资产在不同的评估特定目的下可能会有不同的评估结论。资产评估目的对评估结论价值类型的影响，会通过评估目的对评估对象的使用方式、使用空间及使用状态体现出来。

2）评估标的条件

评估标的自身的功能、使用方式和利用状态，是资产自身的条件。这是影响资产评估价值的内因。从某种意义上讲，资产自身的条件对其评估价值具有决定性的影响。不同功能的资产会有不同的评估结论。使用方式和利用状态不同的相同资产也会有不同的评估结论。

在由中国资产评估协会组织编译的《国际资产评估标准》中有这样一段说明："从根本上说，资产的评估受资产的使用方式或（及）资产如何在市场上正常交易因素影响。对于一些资产，如果它们单个使用的话，可以得到最佳的效用。其他资产如果作为一组资产的一部分使用则可以有更大的效用。因此，必须明确资产的独立使用和作为资产组合整体中的一部分使用的区别。"[①]

早期的国际资产评估准则已明确说明资产的使用方式对资产效用的影响。对于一些资产而言，如果作为独立的资产单独使用可能或可以得到最佳的使用效果，而另一些资产只有当它们作为整体资产中的局部资产使用时，才能发挥其最佳效用。这就是说，对于不同类型的资产，其单独使用或作为局部资产使用将直接影响其效

---

① 中国资产评估协会. 国际资产评估标准（94卷、95卷）[M]. 北京：经济科学出版社，1995：85. 这里的《国际资产评估标准》实际上就是目前大家熟知的《国际评估准则》，只是翻译中"标准"与"准则"用词的差异。

用的发挥，当然也就直接影响其评估值和价值类型。因此，估价师必须熟悉各种类型使用方式对其效用的影响，以及不同使用方式对其效用水平发挥的影响程度。例如，当生产线上的配套设备被作为生产线的组成部分使用时，其效用会得到充分的发挥。如果把这些配套设备从生产线上撤下来而单独使用的话，这些设备几乎没有什么效用。相反，一个年产 50 万吨钢的钢铁企业购置一台年轧钢能力为 100 万吨的轧钢机，并把该轧钢机作为本企业整体资产的一分子。当然，无论如何，该轧钢机最多只能发挥出其效用的 50%。

资产的作用空间简单地解释就是资产发挥作用的场所或作用的范围。资产在一个什么样的范围内发挥作用，对其效用的发挥影响也是不容忽视的。例如，一台通用设备可以是某家企业中的资产，也可以是公开市场上待售的资产。作为前者，该设备的作用空间就局限于那家企业，而它能否充分发挥效用完全取决于那家企业的生产规模、资产匹配是否合理等由企业决定的各种因素。作为后者，待售资产的作用空间可以理解为社会和整个市场。作为待售资产，它的具体作用空间与作用方式都还属于未知数。对于未知因素只能依靠合理的假设加以限定。在通常情况下，对于在公开市场上的待售资产来说，一般是假定其作用空间是不受限制的。换句话说，其效用的发挥是不受限制的，即可以理解为其效用可以达到最佳状态。

资产的作用空间对资产效用的发挥的影响并不是绝对的。有些资产作用空间的大小与其效用发挥的水平是成正比的，例如无形资产，而有些有形资产的作用空间与其效用水平发挥的正相关关系就不是绝对的，即资产的效用并不随其作用空间的不断扩大而无限增加。熟悉各种资产的功能和属性以及它们作用空间对其效用发挥的影响，也是一名合格的评估师不可或缺的基础知识。

对于资产或评估标的作用方式和作用空间的分析判断，并不可以凭主观想象去抽象地设定。作为评估标的，它的作用方式与作用空间首先是由资产评估的特定目的和评估范围规范的。被评估标的是单项资产、整体资产或整体资产中的局部资产就基本限定了资产的作用方式，而被评估资产用于合资、合作，还是用于抵押担保，或用于公开出售，其本身就限定了被评估资产的作用空间。从这个意义上讲，资产评估的特定目的不仅是资产评估的起点，还规定着资产评估结果的具体用途，同时也在宏观上规范了被评估资产的作用空间。资产评估的特定目的对被评估资产的作用方式，尤其是作用空间的规范，具体是通过资产评估的基本前提假设体现出来的。公开市场假设可以把以公开出售为目的的评估标的的作用空间明确到公开市场上，而在用续用假设则可以把以联营、合资合作等目的的评估标的的作用空间限定在联营企业及合资合作企业之中等。

从上述分析中可以发现，被评估资产的作用方式和作用空间并不可以由评估人员随意设定。它是由资产评估的特定目的和评估范围基本限定的。当然，被评估资产自身的功能、属性等也会对其作用方式和作用空间产生影响。有些资产只能作为一个组合资产中的局部资产发挥作用而不能独立运作，而另一些资产既可以作为独立资产发挥作用，又可以成为一个组合资产中的一部分发挥作用。有些资产的作用空间可以是全社会，包括国内和国外。就其自身的功能而言，其作用空间是没有界限的，例如技术等无形资产；有些资产的作用空间受其自身功能及属性的限制具有明显的区域特征和企业特征，如码头和专用设备等。被评估资产的作用方式和作用空间直接关系到其效用水平的发挥以及评估值的高低。评估人员明确了资产评估的特定目的、评估范围以及评估假设与被评估资产作用方式和作用空间之间的关系后，可通过对资产评估的特定目的及评估范围的认真分析，并借助于评估假设恰当地反映被评估资产的作用方式和作用空间，以便给出一个相对科学合理的评估结果和价值类型。用来反映被评估资产的作用方式和作用空间的资产评估假设是持续使用假设，具体包括在用续用、转换续用和移地续用3种。

3）评估依据的市场条件

评估时所面临的市场条件及交易条件是资产评估的外部环境，是影响资产评估结果及其价值类型的外部因素。在不同的市场条件下或交易环境中，即使相同的资产也会有不同的评估结果和价值类型。

在资产评估实践中，资产评估依据的市场条件主要通过资产评估市场条件假设表现出来，其中最基本的市场条件假设有两个，它们是公开市场假设和清算假设。

（1）公开市场假设

公开市场假设是假设有一个有自愿的买者和卖者的竞争性市场。在这个市场上，买者和卖者的地位是平等的，彼此都有获取足够市场信息的机会和时间，买卖双方的交易行为都是在自愿的、理智的而非强制的条件下进行的。

由于公开市场假设假定市场是一个充分竞争的市场，资产在公开市场上实现的交换价值隐含着市场对该资产在当时条件下有效使用的社会认同。当然，在资产评估中要注意市场是有范围的。它可以是地区性市场，也可以是国内市场，还可以是国际市场。关于资产在公开市场上实现的交换价值所隐含的对资产效用有效发挥的社会认同也是有范围的。它可以是区域性的、全国性的或国际性的。

公开市场假设旨在说明一种充分竞争的市场条件。在这种条件下，资产的交换价值受市场机制的制约并由市场行情决定，而不是由个别交易决定。

公开市场假设也是资产评估中使用频率较高的一种假设。凡是能在公开市场上交易、用途较为广泛或通用性较强的资产，都可以考虑按公开市场假设前提进行评估。公开市场假设是构成资产评估市场价值的基础。

（2）清算假设

清算假设是对资产在非公开市场条件下被迫出售或快速变现条件的假定说明。清算假设首先是基于被评估资产面临清算或具有潜在的被清算的事实或可能性，再根据相应数据资料推定被评估资产处于被迫出售或快速变现的状态。由于清算假设假定被评估资产处于被迫出售或快速变现的条件之下，被评估资产的评估值通常要低于在公开市场假设前提下同样资产的评估值。因此，在清算假设前提下的资产评估结果的适用范围是非常有限的。当然，清算假设本身的使用也是较为特殊的。

笼统地讲，资产评估中的市场价值与公开市场假设和持续使用假设中的资产正常使用或最佳使用相联系；市场价值以外的价值的各种价值表现形式总是难以同时满足公开市场假设和持续使用假设中资产正常使用或最佳使用两个条件。

资产评估目的作为资产评估结果的具体用途和对资产评估运作条件起宏观约束的因素，与决定资产评估价值的内因和外因的评估标的自身条件，以及评估时的市场条件共同构成了资产评估的价值基础。这三大因素的不同排列组合，便构成了不同价值类型的形成基础。

【小资料2-2】　　　　　　　　资产评估中的前提假设

现在正在讨论的资产评估假设是资产评估中的前提假设，包括了资产评估时的条件假设、资产评估的市场条件前提假设和评估对象自身的条件和状态假设。交易假设就是资产评估时的条件假设，公开市场假设和清算假设属于资产评估的市场前提假设，而持续使用假设则属于评估对象自身条件和状态假设。在通常情况下，交易假设是进行资产评估的最基本的条件假设，是资产评估通用的条件假设。资产评估时的市场条件假设和评估对象的条件以及状态假设，同一类假设在某一具体评估项目中通常是不会并列的，如公开市场假设与清算假设一般是不会同时作为某一特定条件下资产评估的市场前提条件的。持续使用假设中的在用续用与转换续用及移地续用一般也不会同时作为某一具体评估对象的自身条件和状态的假设前提。

2.3.2　价值类型的合理选择是实现资产评估目的的重要手段

从逆向方面看，资产评估价值类型的合理选择也应该成为实现资产评估目的，以及满足资产评估相关条件的重要途径和手段。

资产评估目的有一般目的和特定目的之分。资产评估的一般目的是要对各种条件下"交易"中的资产的公允价值做出判断，并给出这些资产在各种条件下的公允价值，而资产评估的特定目的是一般目的的具体化，其实质是判断特定条件下或具体条件下资产的公允价值。

公允价值的相对性质主要是指它对于某一资产而言不是一个确定不变的值，而是一个相对值。当该资产处于正常使用及正常市场条件下时，有一个与此条件相对应的合理价值；当该资产处于非正常使用及非正常市场条件下时，也有一个与之相对应的合理价值。当然，这样的排列组合会很多，相应的合理价值也会很多。尽管对这个具体资产而言，不同条件下的合理价值各不相同，但是它们有一个共同的特点，即相对于它们各自面对的条件又都是合理和公允的。公允价值与评估条件的相对性和相关性决定了公允价值的相对性质；公允价值的相对性质又决定了公允价值具有抽象性质和高度概括性质。在资产评估实践过程中还需将其具体化。

正是由于资产评估的特定目的以及特定条件下资产公允价值的多样性、复杂性和难以把握性的存在，设计、选择并利用科学合理的资产评估价值类型就显得十分重要。市场价值和市场价值以外的价值的分类，以及该价值类型分类所包含的具体价值表现形式，不仅仅是根据资产评估目的等相关条件的被动选择。它们对于实现评估目的，特别是把握资产评估中的公允价值，具有极其重要的作用。这种作用突出表现在资产评估的市场价值上。由于市场价值与市场价值以外的价值之间的特殊关系，市场价值及其成立条件是这种价值类型分类的基准。确立了市场价值及其成立的条件，就等于明确了市场价值以外的价值及其成立条件。明确了市场价值在资产评估中的作用，也就很容易把握市场价值以外的价值及其具体价值形式在资产评估中的作用。市场价值在资产评估中主要发挥着公允价值的坐标的作用。

既然公允价值是资产评估的基本目标，那么市场价值在资产评估中还起什么作用呢？应该讲，资产评估中的公允价值与市场价值是两个不同层次的概念。资产评估中的公允价值是一个一般层次的概念。它包括了正常市场条件和非正常市场条件两种情况下的合理评估结果。资产评估中的市场价值只是在正常市场条件下资产处在最佳使用状态下的合理评估结果（而凡是不满足市场价值成立条件的其他合理评估结果都是另外一种价值类型——非市场价值）。对于公允价值和市场价值而言，市场价值更为具体，条件更为明确，在实践中评估人员更易把握。由于市场价值概念的明晰性和可把握性，资产评估中的市场价值能够成为资产评估公允价值的坐标和基本衡量尺度。市场价值自身优越的条件也确实能够起到这种作用。①市场价值是正常市场条件下的公允价值。正常市场条件容易理解，也容易把握。②市场价值是资产正常使用（最佳使用）状态下的价值。正常使用（最佳使用）也容易理解和把握。③资产评估结果只有两种价值类型——市场价值和市场价值以外的价值。明确了市场价值也就容易把握市场价值以外的价值，并根据评估对象自身的状况及使用方式和状态偏离资产正常使用（最佳使用）的程度以及评估时市场条件偏离正常市场条件的程度，去把握市场价值以外的价值的量及其具体价值形式。④市场价值是资产评估中最为典型的公允价值。市场价值的准确定位是准确把握市场价值以外的价值的基础，也是准确把握公允价值的基础。由于市场价值自身的特点，包括国际评估准则委员会在内的资产评估界广泛使用市场价值概念，并把资产评估中的市场价值作为衡量资产评估结果公允公正的基本尺度和标准。换一个角度来看，也正是定义了资产评估中的市场价值，才使得较为抽象的资产评估公允价值得以把握和衡量，公允价值也才能够成为可操作的资产评估的基本目标。我们之所以反复强调理解和把握资产评估市场价值的重要性，不仅因为它是一种重要的价值类型，更重要的是，它是我们认识、把握和衡量资产评估结果公允性的基本尺度和坐标。从理论研究的角度来看，人们可以根据不同的标准将资产评估结果划分为若干种价值类型。但是，从有助于评估人员理解和把握资产评估基本目标并很好地实现资产评估的目标的角度来看，将资产评估结果划分为市场价值和市场价值以外的价值是最有实际意义的。在资产评估基本准则中选择市场价值和市场价值以外的价值作为资产评估的基本价值类型正是对资产评估运作规律的一种抽象和概括。

资产评估的特定目的从本质上讲，就是要求评估人员评估特定条件下的资产公允价值，市场价值和市场价值以外的价值两大类型的划分及正确选择。这就为很好地实现评估目的提供了技术平台。也就是说，有了市场价值这个公允价值的坐标，以及能够涵盖各种特殊条件下的市场价值以外的价值的具体价值表现形式，就为实现评估目的提供了目标载体。

2.3.3　明确资产评估中的市场价值与市场价值以外价值的意义和作用

在众多资产价值类型中，选择资产的市场价值与市场价值以外的价值作为资产评估中最基本的资产价值类型具有重要意义。

资产评估作为一种专业中介性服务活动，它对客户和社会提供的服务是一种专家意见及专业咨询。无论是专家意见还是专业咨询，最重要的是这种意见或咨询能对客户的某些行为起指导作用。应防止和杜绝提交可能造成客户误解、误用或误导的资产评估报告。就一般情况而言，资产评估机构和评估人员主观上并不愿意提交可能会对客户及社会造成误解、误用或误导的资产评估报告，但在资产评估实践中，经常出现评估人员并不十分清楚所做的资产评估结果的性质、适用范围等，以致在资产评估报告中未给予充分的说明及使用限定的问题。由于客户或评估报告使用者绝大部分都是非专业人员，所以他们对评估结果的理解和认识基本上只来源于评估报告的内容。资产评估报告中任何概念的模糊或不合理，都会造成客户及社会对评估结果的误解。因此，资产评估结果价值类型的科学分类和解释具有重要的作用。关于资产的市场价值和市场价值以外的价值的概念及分类，正是从资产评估结果的适用范围和使用范围限定方面对资产评估结果进行分类的。因此，这种分类方法符合资产评估服务于客户和服务于社会的内在要求。其意义和作用具体体现在以下几个方面：

（1）这种分类方法和概念界定有利于评估人员对其评估结果性质的认识，便于评估人员在撰写评估报告时更清楚明了地说明其评估结果的确切含义。只有评估人员充分认清自己的评估结果的性质，才可能在评估报告中充分说明这个评估结果。当然，一份结果阐述明确的评估报告才能使客户受益。

（2）这种分类方法及概念界定便于评估人员划定其评估结果的适用范围和使用范围。资产评估结果的适用范围与评估目的所要求的评估结果用途的匹配和适应，是检验资产评估科学性和合理性的首要问题。把评估结果按资产的市场价值和市场价值以外的价值分类，可以从大的方面决定评估的适用范围，便于评估人员将其与评估的特定目的相对照。资产评估结果的使用范围关系到评估结果能否被正确使用或被误用的问题。对于大多数评估报告使用者来说，他们未必都十分了解不同价值类型的评估结果都有其使用范围的限定。限定评估结果的使用范围的责任应由评估人员承担。评估人员应在评估报告中将评估结果的使用范围给予明确的限定。

市场价值和市场价值以外的价值是以资产评估面临的市场条件和评估对象自身的条件为标准设定的。这种价值类型的划分实际上是以资产评估价值决定和影响的基本要素为依据的。市场价值和非市场价值的划分既考虑了资产自身的条件、利用方式和使用状态，也考虑了资产评估时的市场条件。也就是说，这种价值类型的划分既考虑了决定和影响资产评估价值的内因，同时也考虑了影响资产评估价值的外部因素。这至少能在理论上和宏观层面上为评估人员客观合理地评估资产价值以及清晰地披露评估结果提供帮助和依据。

一般而言，属于市场价值性质的资产评估结果主要适用于产权变动类资产业务，但并不排斥运用于非产权变动业务。在特定评估时点的公开市场上，资产的市场价值对于市场整体而言都是相对公允合理的或整体市场对它认同，即对整个市场上的潜在的买者或卖者来说都是相对公平合理的。属于市场价值以外的价值（或非市场价值）性质的评估结果，既适用于产权变动类资产业务，同时也适用于非产权变动类资产业务。在评估时点，资产的市场价值以外的价值只是一种局部市场认同或只在局部市场范围内是公允合理的，即只是对特定的市场主体来说是公平合理的。从大的方面讲，资产评估的市场价值和市场价值以外的价值都是资产公允价值的表现形式，但是两者公允的市场范围是有明显差异的。如果评估人员及其评估报告使用人明确了资产评估中市场价值和市场价值以外的价值公平合理的市场范围，那么，他们也就能很容易地把握评估结果的适用范围和使用范围。

总之，按市场价值和市场价值以外的价值将评估结果分为两大类，旨在合理和有效限定评估结果的适用范围和使用范围。因此，把评估结果分为市场价值和市场价值以外的价值两大类是相对合理和便于操作的。

本章小结

资产评估是一种价值判断的社会经济活动。评估价值不仅存在着数量方面的要求，而且存在价值属性和合理性指向方面的约束。价值类型理论在资产评估中具有举足轻重的地位和作用，尤其是在市场经济尚未充分完善的我国，将价值类型理论引入资产评估实践，将指引评估人员更准确地理解资产评估，准确地把握资产评估目标，为合理地实现评估目的提供目标载体。同时，价值类型的合理划分也为评估人员提高评估报告披露质量创造了条件和规范，对于保证评估报告使用人正确使用评估结论具有重要作用。

主要概念

价值定义　价值类型　价值基础　公允价值　市场价值　市场价值以外的价值　投资价值　在用价值

第2章 资产评估价值类型

基本训练

一、单项选择题

1.资产评估中的市场价值类型所适用的基本假设前提是（ ）。

    A.非用续用假设   B.公开市场假设   C.清算假设   D.会计主体假设

2.下列经济行为中，属于以产权变动为评估目的的经济行为是（ ）。

    A.资产抵押   B.财产纳税   C.企业兼并   D.财产担保

3.在下列事项中，影响资产评估结果价值类型的直接因素是（ ）。

    A.评估的特定目的   B.评估方法

    C.评估程序   D.评估基准日

4.资产评估是判断资产价值的经济活动，评估结果应该是被评估资产的（ ）。

    A.时期价值   B.时点价值   C.时区价值   D.阶段价值

5.机器设备、房屋建筑物或其他有形资产等的拆零变现价值估计数额通常被称作（ ）。

    A.市场价值   B.清算价值   C.投资价值   D.残余价值

二、多项选择题

1.以资产评估时所依据的市场条件、被评估资产的使用状态以及评估结论的适用范围来划分资产评估结果的价值类型，具体包括（ ）。

    A.继续使用价值   B.市场变现价值   C.市场价值价值

    D.市场价值以外的价值   E.清算价值

2.资产评估中的市场价值成立的基础条件包括（ ）。

    A.被评估资产处于最佳使用状态

    B.被评估资产只能够按照评估时正在使用的用途和方式继续使用

    C.市场条件是公开市场

    D.评估标的是整体资产中的构成要素资产

    E.假设评估标的清算

3.资产评估中的市场价值以外的价值包括（ ）。

    A.投资价值   B.最佳使用价值   C.在用价值

    D.保险价值   E.市场价值

4.按资产业务的性质来划分资产评估的价值类型，可以划分为（ ）。

    A.持续使用价值   B.拍卖价值   C.抵押价值

    D.非市场价值   E.租赁价值

5.从理论上讲，决定资产评估价值的基础条件包括（ ）。

    A.资产自身的功能、利用方式和使用状态

    B.资产的归属   C.评估师的种类

D.评估时的市场条件　　　　　　　　E.委托方的要求

三、判断题

1.对于同一资产而言，不同的价值类型的选择不会影响其评估价值。　（　　）

2.资产评估中的在用价值是市场价值以外的价值中的一种具体价值形式。
（　　）

3.在资产评估价值类型中，满足特定投资者特定投资要求的评估结论通常被称作投资价值。　（　　）

4.资产评估中的市场价值以外的价值是公允价值的某些表现形式的集合。
（　　）

5.资产评估价值类型完全是由资产评估目的决定的。　（　　）

四、思考题

1.明确资产评估价值合理性指向有什么意义？

2.价值类型在资产评估中起什么作用？

3.市场价值有哪些基本特征？

4.价值类型与评估目的及其相关条件的关系如何？

5.为什么说市场价值以外的价值也具有合理性？

6.资产的投资价值与投资性资产价值有什么区别？

第2章基本训练参考答案

资产评估途径与方法

众所周知，资产评估方法是实现评定估算资产价值的技术手段，但就资产评估中确定资产价值具体方法本身来讲，它并不是为资产评估所独有。事实上资产评估中所运用的许多具体技术方法，利用或借用了工程技术、经济核算、金融、统计、会计等学科中的技术方法，并根据相应定价理论和估值思路组合成的一整套资产评估的方法体系。尽管资产评估方法中有许多是借用或利用了其他学科中的技术方法，但是，资产评估方法与其他学科的技术方法又有区别，这个区别就是资产评估是将其他学科的技术方法按照资产定价理论的内在要求，用资产评估的技术思路加以重组，从而构成了以资产评估途径为主线条的资产评估方法体系。

资产评估途径是依据经济学估值理论所形成的判断资产价值的技术思路，以及实现该评估技术思路的各种评估技术方法的总称或集合。目前最具代表性的资产评估途径主要有三条，它们是市场途径、收益途径和成本途径。上述三大资产评估途径不仅有各自的定价理论基础和评估技术思路，以及实现该技术思路的具体评估方法，而且三大评估途径相互之间具有联系和替代的关系，从而构成了资产评估方法体系的基本架构。学习资产评估途径与方法，不但要掌握每一条资产评估途径及其方法的内涵、技术要求、适用条件，而且要全面掌握各个评估途径之间的内在逻辑关系、配合使用要领，以及资产评估途径与方法在资产评估中的作用。

3.1　市场途径

3.1.1　市场途径的基本含义

市场途径是指利用市场上同样或类似资产的近期交易价格或价值比率，经过直接比较或类比分析来估测评估对象价值的评估技术思路和实现该评估技术思路的各种评估技术方法的总称。

从市场途径的含义中可以发现，市场途径是建立在供求价值理论基础之上的一种资产评估技术路径。它是根据替代原则，采用比较和类比的思路及其方法判断资产价值的评估技术规程。因为任何一个正常的投资者在购置某项资产时，他所愿意支付的价格都不会高于市场上具有相同用途的替代品的现行市价。运用市场途径及其方法要求充分利用类似资产成交价格信息，并以此为基础判断和估测被评估资产的价值。运用已被市场检验了的结论来评估被评估对象，显然是容易被资产业务各当事人接受的。因此，市场途径是资产评估中最为直接、最具说服力的评估途径之一。当然，通过市场途径及其方法进行资产评估，尚需满足一些最基本的条件。

3.1.2　市场途径的基本前提

通过市场途径及其方法进行资产评估需要满足两个最基本的前提条件：一是要有一个活跃的公开市场；二是公开市场上要有可比的资产及其交易活动。

公开市场是一个充分竞争的市场，市场上有自愿的买者和卖者，他们之间进行平等理性的交易。这就排除了个别交易的偶然性，市场成交价格基本上可以反映市场行情。按市场行情估测被评估资产价值，评估结果会更贴近市场，更容易被资产交易各方接受。

资产及其交易的可比性是指选择的可比资产及其交易活动在近期公开市场上已经发生过，且与被评估资产及资产业务相同或相似。这些已经完成交易的资产就可以作为被评估资产的参照物，其交易数据是进行比较分析的主要依据。资产及其交易的可比性具体体现在以下几个方面：①参照物与评估标的在功能上具有可比性，包括用途、性能上的相同或相似；②参照物与被评估标的面临的市场条件具有可比性，包括市场供求关系、竞争状况和交易条件等；③参照物成交时间与评估基准日间隔时间不能过长，应在一个适度时间范围内。同时，这个时间因素对资产价值的影响是可以调整的。

参照物与评估标的的可比性是运用市场途径及其方法评估资产价值的重要前提。把握住参照物与评估标的功能上的一致性，可以避免张冠李戴；把握住参照物与评估标的所面临的市场条件，可以为明确评估结果的价值类型创造条件；选择近期交易的参照物可以减少调整时间因素对资产价值影响的难度。

3.1.3　市场途径的基本程序

通过市场途径及其方法进行资产评估大体上要经历以下程序：

1）选择参照物

无论评估标的是单项资产还是整体资产，运用市场途径及其方法评估资产时都需经历选择参照物这样一个程序。对参照物的要求关键是一个可比性问题，包括功能、市场条件及成交时间等，另外就是参照物的数量问题。无论参照物与评估标的如何相似，通常参照物应选择三个以上。因为运用市场途径及其方法评估资产价值，被评估资产的评估值高低在很大程度上取决于参照物成交价格水平，而参照物成交价又不仅仅是参照物功能自身的市场体现，它还受买卖双方交易地位、交易动机、交易时限等因素的影响。为了避免某个参照物个别交易中的特殊因素和偶然因素对成交价及评估值的影响，运用市场法评估资产时应尽可能选择多个参照物。

2）在评估标的与参照物之间选择比较因素

从大的方面讲，影响资产价值的基本因素大致相同，如资产性质、市场条件等，但具体到每一种资产时，影响资产价值的因素又各有侧重，如影响房地产价值的主要是地理位置因素，而技术水平则在机器设备评估中起主导作用。所以，应根据不同种类资产价值形成的特点，选择对资产价值形成影响较大的因素作为对比指标，在参照物与评估对象之间进行比较。

3）指标对比、量化差异

根据前面所选定的对比指标，在参照物及评估标的之间进行比较，并将两者的差异进行量化。例如，资产功能指标，尽管参照物与评估标的功能相同或相似，但在生产能力、产品质量，以及在资产运营过程中的能耗、料耗和工耗等方面都可能有不同程度的差异。运用市场法的一个重要环节就是将参照物与评估标的对比指标之间的上述差异数量化和货币化。

4）在各参照物成交价格的基础上调整已经量化的对比指标差异

市场途径及其方法是以参照物的成交价格作为评定估算评估标的价值的基础。在这个基础上将已经量化的参照物与评估标的对比指标差异进行调增或调减，就可以得到以每个参照物为基础的评估标的的初步评估结果。初步评估结果与所选择的参照物个数密切相关。

5）综合分析确定评估结果

按照一般要求，运用市场途径及其方法通常应选择三个以上的参照物。所以，在一般情况下，运用市场途径及其方法评估的初步结果也在三个以上。根据资产评估的一般惯例，正式的评估结果只能有一个，这就需要评估人员对若干评估初步结果进行综合分析，以确定最终的评估值。在这个环节上没有什么硬性规定，主要取决于评估人员对参照物的把握和对评估标的的认识。当然，如果参照物与评估标的可比性都很好，评估过程中没有明显的遗漏或疏忽，采用加权平均的办法或算术平均的办法将初步结果转换成最终评估结果也是可以的。

运用市场途径及其方法评估单项资产应考虑的可比因素主要有：

（1）资产的功能。资产的功能是资产使用价值的主体，是影响资产价值的重要因素之一。在资产评估中强调资产的使用价值或功能，并不是从纯粹抽象意义上去讲的，而是从资产的功能并结合社会需求，从资产实际发挥效用的角度来考虑的。也就是说，在社会需要的前提下，资产的功能越好，其价值越高，反之亦然。

（2）资产的实体特征和质量。资产的实体特征主要是指资产的外观、结构、役龄和规格型号等。资产的质量主要是指资产本身的建造或制造工艺水平。

（3）市场条件。主要是要考虑参照物成交时与评估时的市场条件及供求关系的变化情况。在一般情况下，供不应求时，价格偏高；供过于求时，价格偏低。市场条件上的差异对资产价值的影响应引起评估人员足够的关注。

（4）交易条件。交易条件主要包括交易批量、交易动机、交易时间等。交易批量不同，交易对象的价格就可能不同。交易动机也对资产交易价格有影响。在不同时间交易，资产的交易价格也会有差别。

如果评估企业价值或整体资产价值，运用市场途径及其方法还应考虑要素资产整合、企业经营管理水平等因素。

3.1.4　市场途径中涉及的相关因素

市场途径中涉及的相关因素主要有评估参照物及其可比指标。

评估参照物的存在是运用市场途径的必备条件，没有评估参照物就没有市场途径运用的基础和前提。即使有参照物的存在，也需要有参照物与评估标的之间良好的可比性和足够的参照物数量做保证。

评估参照物与评估标的的可比性是通过评估参照物与评估标的之间的可比指标体现出来的，即影响评估参照物及评估标的价值最重要的因素。由于评估标的的差异，评估参照物与评估标的之间的可比指标并不是一成不变的，它会随评估标的的不同而有不同的选择。例如，评估标的是不动产，运用市场途径时，评估参照物与评估标的的可比指标可以选择影响评估不动产价值的一般因素、区域因素和个别因素及其对应的经济技术参数和指标；如果评估标的是机器设备，运用市场途径时，评估参照物和评估标的的可比指标就应该选择机器设备的技术性能、规格型号、生产能力和生产效率及其对应的经济技术参数和指标等；如果评估标的是企业，运用市场途径时，评估参照物和评估标的的可比指标可以选择企业的持续生产能力、获利能力和管理水平及其对应的经济技术参数和指标等。

3.1.5　市场途径中的具体方法

市场途径实际上是指在一种评估思路下的若干具体评估方法的集合，它是由若干个具体评估方法组成的。这些具体评估方法按照评估参照物与评估标的的差异程度，以及需调整的范围又可以划分为直接比较法、类比调整法和价值比率法等。

1）直接比较法

直接比较法是指直接利用评估参照物价格或利用评估参照物的交易价格及评估参照物的某一基本特征直接与评估标的的同一基本特征进行比较而判断评估标的价值的各种具体评估技术方法。其基本数学表达式为：

评估标的价值＝参照物成交价格　　　　　　　　　　　　　　　　　　　　（3-1）

评估标的价值＝参照物成交价格×（评估标的 A 特征÷参照物 A 特征）　　　（3-2）

直接比较法直观简捷，便于操作，但通常对评估参照物与评估标的之间的可比要求较高。评估参照物与评估标的要达到相同或基本相同的程度，或评估参照物与评估标的的差异主要体现在某一明显的因素上，例如新旧程度或交易时间早晚等。

直接比较法主要包括：现行市价法、市价折扣法、功能价值类比法、价格指数调整法和成新率价格调整法等。

（1）现行市价法

当评估标的本身具有现行市场价格或与评估标的基本相同的评估参照物具有现行市场价格的时候，可以直接利用评估标的或评估参照物在评估基准日的现行市场价格作为评估标的的评估价值。例如，可上市流通的股票和债券可按其在评估基准日的收盘价作为评估价值；批量生产的设备、汽车等可按同品牌、同型号、同规格、同厂家、同批量的设备、汽车等的现行市场价格作为评估价值。

（2）市价折扣法

市价折扣法是以评估参照物成交价格为基础，考虑到评估标的在销售条件、销售时限等方面的不利因素，凭评估人员的经验或有关部门的规定，设定一个价格折扣率来估算评估标的的价值的方法。用数学式表达：

$$资产评估价值=评估参照物成交价格×（1-价格折扣率） \tag{3-3}$$

此方法一般只适用于评估标的与评估参照物之间仅存在交易条件方面差异的情况。

【例3-1】评估某拟快速变现资产，在评估时点与其完全相同资产的正常变现价为10万元，经评估师综合分析，认为快速变现的折扣率应为40%，因此，拟快速变现资产价值接近6万元。

$$资产评估价值=10×（1-40%）=6（万元）$$

（3）功能价值类比法

功能价值类比法是以评估参照物的成交价格为基础，考虑评估参照物与评估标的之间的功能差异进行调整来估算评估标的的价值的方法。根据资产的功能与其价值之间的线性关系和指数关系的区别，其计算公式分别为：

①资产价值与其功能呈线性关系的情况，通常被称作功能价值法：

$$资产评估价值=评估参照物成交价格×（评估标的的生产能力÷评估参照物生产能力） \tag{3-4}$$

当然，功能价值类比法不仅仅表现为资产的生产能力这一项指标上，它还可以通过对评估参照物与评估标的的其他功能指标的对比，利用评估参照物成交价格推算出评估标的的价值。

【例3-2】被评估资产年生产能力为90吨，评估参照资产的年生产能力为120吨，评估时点评估参照资产的市场价格为10万元，由此确定被评估资产价值接近7.5万元。

$$资产评估价值=10×90÷120=7.5（万元）$$

②资产价值与其功能呈指数关系的情况，通常被称作规模经济效益指数法：

$$资产评估价值=评估参照物成交价格×（评估标的的生产能力÷评估参照物生产能力）^x \tag{3-5}$$

式中：X——该类资产的功能价值指数。

【例3-3】被评估资产年生产能力为90吨，评估参照资产的年生产能力为120

吨，评估时点评估参照资产的市场价格为 10 万元，该类资产的功能价值指数为 0.7，由此确定被评估资产价值接近 8.18 万元。

资产评估价值=10×（90÷120）$^{0.7}$=8.18（万元）

（4）价格指数调整法

价格指数调整法是以评估参照物成交价格为基础，考虑评估参照物的成交时间与评估标的的评估基准日之间的时间间隔对资产价值的影响，利用价格指数调整估算评估标的价值的方法。其计算公式为：

资产评估价值=评估参照物成交价格×（1+物价变动指数）   (3-6)

资产评估价值=评估参照物成交价格×价格指数   (3-7)

此方法一般只运用于评估标的与评估参照物之间仅有时间因素存在差异的情况，且时间差异不能过长。当然，此方法稍做调整可作为市场售价类比法中估测时间差异系数或时间差异值的方法。

【例 3-4】与评估标的完全相同的评估参照资产 6 个月前的成交价格为 10 万元，半年间该类资产的价格上升了 5%，则：

资产评估价值=10×（1+5%）=10.5（万元）

（5）成新率价格调整法

成新率价格调整法是以评估参照物的成交价格为基础，考虑评估参照物与评估标的新旧程度上的差异，通过成新率调整估算出评估标的的价值。其计算公式为：

资产评估价值=评估参照物成交价格×（评估标的成新率÷评估参照物成新率）   (3-8)

资产的成新率=资产的尚可使用年限÷（资产的已使用年限+资产的尚可使用年限）   (3-9)

此方法一般只运用于评估标的与评估参照物之间仅有成新程度差异的情况。当然此方法略加改造也可以作为确定评估标的与评估参照物成新程度差异调整率和差异调整值的方法。

由于直接比较法对评估参照物与评估标的的可比性要求较高，在具体评估过程中寻找参照物可能会受到局限，因而，运用直接比较法直接评估出某项资产的价值相对会受到一定制约。在资产评估实践中，更多的情况是利用直接比较法估算评估标的与评估参照物在某一价值影响因素上的差异或差异系数（修正系数），再在评估参照物价格的基础上调整评估标的与评估参照物之间所有的差异，评估出评估标的的价值。

2）类比调整法

类比调整法是市场途径及其方法中最基本的评估方法。该法并不要求评估参照物与评估标的必须一样或者基本一样。只要评估参照物与评估标的在大的方面基本相同或相似，该法通过对比分析调整评估参照物与评估标的之间的差异，在评估参照物成交价格的基础上调整估算评估标的的价值。

类比调整法具有适用性强，应用广泛的特点，但该法对信息资料的数量和质量要求较高，而且要求评估人员要有较丰富的评估经验、市场阅历和评估技巧。因为类比调整法可能要对评估参照物与评估标的的若干可比因素进行对比分析和差异调整。没有足够的数据资料，以及对资产功能、市场行情的充分了解和把握，很难准确地评定估算出评估标的的价值。

在具体操作过程中，类比调整法主要表现为市场售价类比法。

市场售价类比法是以评估参照物的成交价格为基础，考虑评估参照物与评估标的在功能、市场条件和销售时间等方面的差异，通过对比分析和量化差异，调整估算出评估标的价值的各种方法，其基本数学表达式为：

资产评估价值=评估参照物售价+功能差异值+时间差异值+…+交易情况差异值　　　(3-10)

资产评估价值=评估参照物售价×功能差异修正系数×…×时间差异修正系数　　　(3-11)

【例3-5】

1）估价对象概况

待估地块为城市规划上属于住宅区的一块空地，面积为600平方米，地形为长方形。

2）评估要求

评估该地块2022年10月10日的市场价值。

3）评估过程

（1）选择评估方法

该种类型的土地有较多的交易实例，故采用市场途径及其方法进行评估。

（2）收集有关的评估资料

①收集待估土地资料。（略）

②收集交易实例资料。选择4个交易实例作为评估参照物，具体情况见表3-1。

表3-1　　　　　　　　　　　　　交易实例情况表

项目		交易实例A	交易实例B	交易实例C	交易实例D	估价对象
坐落位置		略	略	略	略	略
所处地区		临近	类似	类似	类似	一般市区
用地性质		住宅	住宅	住宅	住宅	住宅
土地类型		空地	空地	空地	空地	空地
交易日期		2022年4月	2022年3月	2021年10月	2021年12月	2022年10月
价格	总价	19.6万元	31.2万元	27.4万元	37.8万元	
	单价	870元/平方米	820元/平方米	855元/平方米	840元/平方米	
面积		225平方米	380平方米	320平方米	450平方米	600平方米
形状		长方形	长方形	长方形	近似于正方形	长方形

续表

地势	平坦	平坦	平坦	平坦	平坦
地质	普通	普通	普通	普通	普通
基础设施	较好	完备	较好	很好	很好
交通状况	很好	较好	较好	较好	很好
正面路宽	8m	6m	8m	8m	8m
容积率	6	5	6	6	6
剩余使用年限	35年	30年	35年	30年	30年

（3）进行交易情况修正

经分析，交易实例A、D为正常买卖，无须进行交易情况修正；交易实例B较正常买卖价格偏低2%；交易实例C较正常买卖价格偏低3%。

各交易实例的交易情况修正率为：

交易实例A——0；交易实例B——2%；交易实例C——3%；交易实例D——0。

（4）进行交易日期修正

根据调查，2021年10月以来土地价格平均每月上涨1%，则各参照物交易实例的交易日期修正率为：

交易实例A——6%；交易实例B——7%；交易实例C——12%；交易实例D——10%。

（5）进行区域因素修正

交易实例A与待估土地处于同一地区，无须进行区域因素修正。

交易实例B、C、D的区域因素修正情况可参照表3-2进行判断。本次评估设定待估地块的区域因素值为100，则根据表3-2各种区域因素的对比分析，经综合判定打分，交易实例B所属地区为88，交易实例C所属地区为108，交易实例D所属地区为100。

表3-2　　　　　　　　　区域因素比较表

区域因素＼类似地区	B	C	D
自然条件	相同（10）	相同（10）	相同（10）
社会环境	稍差（7）	相同（10）	相同（10）
街道条件	相同（10）	相同（10）	相同（10）
交通便捷度	稍差（8）	稍好（12）	相同（10）
离公交车站点距离	稍远（7）	稍近（12）	相同（10）

续表

类似地区 区域因素	B	C	D
离市中心距离	相同（10）	稍近（12）	相同（10）
基础设施状况	稍差（8）	相同（10）	稍好（12）
公共设施完备状况	相同（10）	稍好（12）	相同（10）
水、大气、噪声污染状况	相同（10）	相同（10）	相同（10）
周围环境及景观	稍差（8）	相同（10）	稍差（8）
综合打分	88	108	100

（6）进行个别因素修正

①经比较分析，待估土地的面积较大，有利于充分利用，另外环境条件也比较好，故判定比各交易实例土地价格高2%。

②土地使用年限因素的修正。交易实例B、D与待估土地的剩余使用年限相同，无须修正。交易实例A、C均需作使用年限因素的调整，其调整系数测算如下（假定折现率为8%）：

$$年限修正系数 = \left[1 - \frac{1}{(1+8\%)^{30}}\right] \div \left[1 - \frac{1}{(1+8\%)^{35}}\right]$$
$$= (1-0.0994) \div (1-0.0676)$$
$$= 0.9006 \div 0.9324$$
$$= 0.9659$$

（7）计算待估土地的初步价格

交易实例A修正后的单价为：

$$870 \times \frac{100}{100} \times \frac{106}{100} \times \frac{100}{100} \times \frac{102}{100} \times 0.9659 = 909（元/平方米）$$

交易实例B修正后的单价为：

$$820 \times \frac{100}{98} \times \frac{107}{100} \times \frac{100}{88} \times \frac{102}{100} = 1\,038（元/平方米）$$

交易实例C修正后的单价为：

$$855 \times \frac{100}{97} \times \frac{112}{100} \times \frac{100}{108} \times \frac{102}{100} \times 0.9659 = 901（元/平方米）$$

交易实例D修正后的单价为：

$$840 \times \frac{100}{100} \times \frac{110}{100} \times \frac{100}{100} \times \frac{102}{100} = 942（元/平方米）$$

（8）采用简单算术平均法求取评估结果

土地评估单价=（909+1 038+901+942）÷4=948（元/平方米）

土地评估总价=600×948=568 800（元）

3）价值比率法

价值比率通常是以上市公司的股价与其某一财务指标或工作量所做的倍数比较，例如，价格与收益额的倍数比较（市盈率）、价格与净资产的倍数比较（市净率）等。价值比率法是指通过对与被评估企业处于同一或类似行业的上市公司或并购案例企业的经营和财务数据进行分析，经必要的调整修正，在保持它们之间具有可比性的基础上，利用可比上市公司的价值比率或价值倍数乘以被评估企业相应财务指标或工作量，得出被评估企业价值的各种评估方法的总称。

价值比率法的测算思路可用公式表示如下：

$$V_1 = X_1 \cdot \frac{V_2}{X_2}$$

式中：V_1——被评估企业价值；

V_2——可比参照企业价值；

X_1——被评估企业与企业价值相关的可比财务或工作量指标；

X_2——可比参照企业与企业价值相关的可比财务或工作量指标。

$\frac{V_2}{X_2}$ 通常又称为可比价值倍数。式中 X 参数通常选用以下财务变量：①利息、折旧和税收前利润，即 EBIDT；②无负债的净现金流量；③净利润；④销售收入；⑤净资产（账面价值）。

（1）市净率乘数法

市净率是企业股票价格与企业账面净资产价值的比率。

市净率乘数法主要适用于整体企业的评估。市净率乘数法是以参照物（上市企业）的市净率作为乘数（倍数），以此乘数与被评估企业的净资产价值相乘估算被评估企业价值的方法。用数学式表达：

被评估企业价值=市净率×被评估企业同口径账面净资产价值 (3-12)

【例3-6】已知评估基准日同类上市企业的平均市净率为2，被评估企业的账面净资产为2 000万元，则被评估企业的评估价值接近4 000万元。

企业评估价值=2 000×2=4 000（万元）

（2）市盈率乘数法

市盈率乘数法主要适用于整体企业的评估。市盈率乘数法是以参照物（上市企业）的市盈率作为乘数（倍数），以此乘数与被评估企业的同口径收益额相乘估算被评估企业价值的方法。用数学式表达：

资产评估价值=被评估企业收益额×参照物（企业）市盈率 (3-13)

【例3-7】某被估企业的年净利润为1 000万元，评估时点资本市场上同类上市企业平均市盈率为20倍，则：

企业的评估价值=1 000×20=20 000（万元）

在上述各种具体评估方法中，许多具体评估方法既适用于直接评估单项资产的价值，也适用于在市场途径中估测评估标的与参照物之间某一种差异的调整系数或调整值。在现代市场经济条件下，单项资产和整体资产都可以作为交易对象进入市场流通，无论是单项资产还是整体资产的交易实例都可以为运用市场途径及其方法进行资产评估提供可资参照的评估依据和资料。当然，上述具体方法只是市场途径中的一些经常使用的方法，市场途径中具体方法还有许多。读者必须注意的是，以上具体方法还可能成为或可以成为成本途径的具体方法。但是，作为市场途径中的具体方法，它的使用前提必须满足两个最基本的条件；其一，利用参照物进行评估，且参照物与评估对象必须相同或相似，即具有可比性；其二，参照物的交易时间与评估基准日间隔不能过长。作为成本途径中的具体方法的使用前提可能会与作为市场途径的具体方法有所区别。

【小资料3-1】　　　　　　**市场途径中有多少具体方法**

关于市场途径中到底有多少具体方法并没有人去刻意统计。可以这样讲，凡是按照市场途径评估思路进行评估的所有评估具体方法都可以归类到市场途径中，也都可以称之为市场途径中的具体方法。刻意统计市场途径有多少具体评估方法是没有实际意义的。

3.2　收益途径

3.2.1　收益途径的基本含义

收益途径是指通过估测被评估资产的未来预期收益及其现值来判断资产价值的评估思路及其实现该评估思路的各种评估技术方法的总称。

收益途径是资产评估若干评估技术路径中的一种，它是根据将利求本的思路，采用资本化和折现的思路及其方法来判断和估算资产价值的评估技术规程。因为任何一个理智的投资者在购置或投资于某一资产时，他所愿意支付或投资的货币数额不会高于他所购置或投资的资产在未来能给他带来的回报，即收益额。收益途径正是利用投资回报和收益折现等技术手段，把评估对象的预期产出能力和获利能力作为估值核心要素来估测评估对象的价值。根据评估对象的预期收益来评估其价值，显然这个评估结果是容易被资产业务各方所接受的。所以，从理论上讲，收益途径依据的是效用价值论，它是资产评估中最为科学合理的评估途径之一。当然，运用收益途径评估尚需要满足一些基本条件。

3.2.2　收益途径的基本前提

收益途径及其方法是依据资产未来预期收益经折现或资本化处理来估测资产价值的，它涉及三个基本要素：一是被评估资产的预期收益；二是折现率或资本化率；三是被评估资产取得预期收益的持续时间。因此，能否清晰地把握上述三要素就成为能否恰当运用收益途径及其方法的基本前提。从这个意义上讲，应用收益途径必须具备的前提条件是：

（1）被评估资产的未来预期收益可以预测并可以用货币衡量；

（2）资产拥有者获得预期收益所承担的风险也可以预测并可以用货币衡量；

（3）被评估资产预期获利年限可以预测。

上述前提条件表明，首先，评估标的的预期收益必须能被较为合理地估测。这就要求被评估资产与其经营收益之间存在着较为稳定或具有某种规律的关系。同时，影响资产预期收益的主要因素，包括主观因素和客观因素也应是比较明确的或可推测的，评估人员可以据此分析和测算出被评估资产的预期收益。其次，被评估资产所具有的行业风险、地区风险及企业风险是可以通过比较获得或测算获得，这是测算折现率或资本化率的基本参数之一。评估标的所处的行业不同、地区不同和企业差别都会不同程度地体现在资产拥有者的获利风险上。对于投资者来说，风险大的投资，要求的回报率就高，投资风险小，其回报率也可以相应降低。最后，评估标的获利期限的长短能够预测或通过分析获得，即评估标的的寿命可以通过分析测试获得，获利年限也是影响其价值和评估值的重要因素之一。

3.2.3　收益途径的基本程序

采用收益途径进行评估，其基本程序如下：

（1）收集并验证与评估标的未来预期收益有关的数据资料，包括以往经营及收益情况、经营前景、财务状况、市场形势以及经营风险等；

（2）分析测算被评估标的未来预期收益；

（3）分析测算折现率或资本化率；

（4）用折现率或资本化率将评估标的未来预期收益折算成现值；

（5）分析确定评估结果。

3.2.4　收益途径的基本参数

运用收益途径进行评估涉及许多经济技术参数，其中最主要的参数有三个，它们是收益额、折现率（资本化率）和收益期限。

1）收益额

收益额是运用收益法评估资产价值的基本参数之一。在资产评估中，资产的收益额是指根据投资回报的原理，资产在正常情况下所能得到的归其产权主体的所得额。资产评估中的收益额有两个比较明确的特点：①收益额是资产未来预期收益额，而不是资产的历史收益额或现实收益额；②用于资产评估的预期收益额通常是资产的客观收益（剔除了偶然因素的收益），并不一定是资产的实际收益。收益额的上述两个特点是非常重要的，评估人员在执业过程中应切实注意收益额的特点，以便合理运用收益途径来估测资产的价值。因资产种类较多，不同种类资产的收益额表现形式亦不完全相同，如企业的收益额通常表现为净利润或净现金流量，而房地产则通常表现为纯收益等。关于收益额预测将在以后各章结合各类资产的具体情况分别介绍。

2）折现率

从本质上讲，折现率是一种期望投资报酬率，是投资者在投资风险一定的情况下，对投资所期望的回报率。折现率就其构成而言，它是由无风险报酬率和风险报酬率组成的。无风险报酬率一般可以参照国债利率或银行利率调整获得。风险报酬率是指对投资风险给予的风险补偿，即超过无风险报酬率部分风险的投资回报率。在资产评估中，因资产的行业分布、种类、市场条件和获利风险等的差异，其折现率亦不相同。资本化率与折现率在本质上是相同的，都是投资者的期望投资报酬率。在实践中，人们把将未来有限期预期收益折算成现值的比率称为折现率，而把将未来永续性预期收益折算成现值的比率称为资本化率。至于资本化率与折现率在量上是否衡等，主要取决于同一资产在未来长短不同时期所面临的风险是否相同。确定折现率，首先应该明确折现的内涵。折现作为一个时间优先的概念，认为将来的收益或利益低于现在的同样收益或利益，并且随着收益时间向将来推迟的程度而有序地降低价值。同时，折现作为一个算术过程，是把一个特定比率应用于一个预期的收益流，从而得出当前的价值的过程。

3）收益期限

收益期限是指资产具有获利能力持续的时间，通常以年为时间单位。它由评估人员根据被评估资产自身效能及相关条件，以及有关法律、法规、契约、合同等加以测定。

3.2.5 收益途径中的评估模型和具体方法

3.2.5.1 收益途径中的基本评估模型

收益途径实际上是在预期收益还原思路下若干具体方法的集合，运用了多种评估模型。从大的方面来看，收益途径中的评估模型可以分为若干类：一是针对评估标的未来预期收益有无限期的情况划分，分为有限期和无限期的评估模型；二是针对评估标的预期收益额的情况划分，又可分为等额收益评估模型、非等额收益模型等等。为了便于学习收益途径中的具体模型，先对这些具体模型中所用的字符含义做统一的定义：

P——评估值；

i——年序号；

P_i——未来第 i 年的评估值；

R_i——未来第 i 年的预期收益；

r——折现率或资本化率；

r_i——第 i 年的折现率或资本化率；

t——收益年期；

n——收益年期有限；

A——年金。

1）纯收益不变

（1）在收益永续、各因素不变的条件下，有以下评估模型：

$$P = A/r \tag{3-14}$$

其成立条件是：①纯收益每年不变；②资本化率固定且大于零；③收益年期无限。

（2）在收益年期有限、资本化率大于零的条件下，有以下评估模型：

$$P = \frac{A}{r}[1 - \frac{1}{(1+r)^n}] \tag{3-15}$$

这是一个在估价实务中经常运用的计算公式，其成立条件是：①纯收益每年不变；②资本化率固定且大于零；③收益年期有限为n。

（3）在收益年期有限、资本化率等于零的条件下，有以下评估模型：

$$P = A \cdot n \tag{3-16}$$

其成立条件是：①纯收益每年不变；②收益年期有限为n；③资本化率为零。

2）纯收益在若干年后保持不变

（1）无限年期收益。其评估模型为：

$$P = \sum_{i=1}^{n} \frac{R_i}{(1+r)^i} + \frac{A}{r(1+r)^n} \tag{3-17}$$

其成立条件是：①纯收益在n年（含第n年）以前有变化；②纯收益在n年（不含第n年）以后保持不变；③收益年期无限；④r大于零。

（2）有限年期收益。其评估模型为：

$$P = \sum_{i=1}^{t} \frac{R_i}{(1+r)^i} + \frac{A}{r(1+r)^t} \times [1 - \frac{1}{(1+r)^{n-t}}] \tag{3-18}$$

其成立条件是：①纯收益在t年（含第t年）以前有变化；②纯收益在t年（不含第t年）以后保持不变；③收益年期有限为n；④r大于零。

这里要注意的是，纯收益A的收益年期是（n-t）而不是n。

3）纯收益按等差级数变化

（1）在纯收益按等差级数递增、收益年期无限的条件下，有以下评估模型：

$$P = \frac{A}{r} + \frac{B}{r^2} \tag{3-19}$$

其成立条件是：①纯收益按等差级数递增；②纯收益逐年递增额为B；③收益年期无限；④r大于零。

（2）在纯收益按等差级数递增、收益年期有限的条件下，有以下评估模型：

$$P = (\frac{A}{r} + \frac{B}{r^2}) \times [1 - \frac{1}{(1+r)^n}] - \frac{B}{r} \times \frac{n}{(1+r)^n} \tag{3-20}$$

其成立条件是：①纯收益按等差级数递增；②纯收益逐年递增额为B；③收益年期有限为n；④r大于零。

（3）在纯收益按等差级数递减、收益年期无限的条件下，有以下评估模型：

$$P = \frac{A}{r} - \frac{B}{r^2} \qquad (3-21)$$

其成立条件是：①纯收益按等差级数递减；②纯收益逐年递减额为B；③收益递减到零为止；④r大于零。

（4）在纯收益按等差级数递减、收益年期有限的条件下，有以下评估模型：

$$P = (\frac{A}{r} - \frac{B}{r^2}) \times [1 - \frac{1}{(1+r)^n}] + \frac{B}{r} \times \frac{n}{(1+r)^n} \qquad (3-22)$$

其成立条件是：①纯收益按等差级数递减；②纯收益逐年递减额为B；③收益年期有限为n；④r大于零。

4）纯收益按等比级数变化

（1）在纯收益按等比级数递增，收益年期无限的条件下，有以下评估模型：

$$P = \frac{A}{r - s} \qquad (3-23)$$

其成立条件是：①纯收益按等比级数递增；②纯收益逐年递增比率为s；③收益年期无限；④r大于零；⑤r>s>0。

（2）在纯收益按等比级数递增，收益年期有限的条件下，有以下评估模型：

$$P = \frac{A}{r - s} \times [1 - (\frac{1+s}{1+r})^n] \qquad (3-24)$$

其成立条件是：①纯收益按等比级数递增；②纯收益逐年递增比率为s；③收益年期有限；④r大于零；⑤r>s>0。

（3）在纯收益按等比级数递减，收益年期无限的条件下，有以下评估模型：

$$P = \frac{A}{r + s} \qquad (3-25)$$

其成立条件是：①纯收益按等比级数递减；②纯收益逐年递减比率为s；③收益年期无限；④r大于零；⑤r>s>0。

（4）在纯收益按等比级数递减，收益年期有限的条件下，有以下评估模型：

$$P = \frac{A}{r + s} \times [1 - (\frac{1-s}{1+r})^n] \qquad (3-26)$$

其成立条件是：①纯收益按等比级数递减；②纯收益逐年递减比率为s；③收益年期有限为n；④r大于零；⑤0<s≤1。

（5）已知未来若干年后资产价格的条件下，有以下评估模型：

$$P = \frac{A}{r} \times [1 - \frac{1}{(1+r)^n}] + \frac{P_n}{(1+r)^n} \qquad (3-27)$$

其成立条件是：①纯收益在第t年（含t年）前保持不变；②预知第t年的价格为P_t；③r大于零。

3.2.5.2 收益途径中的具体评估方法

收益途径中的具体评估方法是在收益途径中的基本评估模型的基础上，结合不同评估对象及其载体的营运模式、获利方式、收益类型等形成的估值具体手段。例如，在企业价值评估中主要有股权自由现金流量折现法和企业自由现金流量折现法；在无形资产评估中主要有增量收益折现法、多期超额收益折现法、节省许可费折现法；在矿业权价值评估中主要有折现剩余现金流量法、剩余利润法等。

收益途径中的具体评估方法不能仅从字面或称谓上理解和应用，需要结合具体评估对象及其载体的营运模式、获利方式、收益类型和评估条件等加以分析、选择和运用。收益途径中的具体评估方法会在以后各章具体介绍。

【例3-8】某企业尚能继续经营，3年的营业收益全部用于抵充负债，现评估其3年经营收益的折现值。经预测得出3年内各年预期收益的数据见表3-3。

表3-3　　　　　　　　　　　**某企业未来3年的预期收益**　　　　　　　　　单位：万元

项目	收益额	折现率	折现系数	收益折现值
第一年	300	6%	0.9434	283
第二年	400	6%	0.8900	356
第三年	200	6%	0.8396	167.9

由此可以确定其折现额为：

资产评估价值=283+356+167.9=806.9（万元）

【例3-9】某收益性资产预计未来5年收益额分别是12万元、15万元、13万元、11万元和14万元。假定从第六年开始，以后各年收益均为14万元，确定的折现率和资本化率为10%。分别确定该收益性资产在永续经营下和50年收益的评估值。

（1）永续经营条件下的评估过程：

首先，确定未来5年收益额的现值：

$$现值总额=\frac{12}{1+10\%}+\frac{15}{(1+10\%)^2}+\frac{13}{(1+10\%)^3}+\frac{11}{(1+10\%)^4}+\frac{14}{(1+10\%)^5}$$

$$=12\times0.9091+15\times0.8264+13\times0.7513+11\times0.6830+14\times0.6209$$

$$=49.2777（万元）$$

计算中的现值系数，可从复利现值表中查得。

其次，将第六年以后的收益进行资本化处理，即：

14÷10%=140（万元）

最后，确定该企业评估价值：

企业评估价值=49.2777+140×0.6209

　　　　　　=136.2037（万元）

（2）50年的收益价值评估过程：

$$评估价值=\frac{12}{1+10\%}+\frac{15}{(1+10\%)^2}+\frac{13}{(1+10\%)^3}+\frac{11}{(1+10\%)^4}+\frac{14}{(1+10\%)^5}+\frac{14}{10\%\times(1+10\%)^5}\times$$

$$\left[1-\frac{1}{(1+10\%)^{50-5}}\right]$$

$$=49.2777+140\times0.6209\times（1-0.0137）$$

$$=49.2777+85.7351$$

$$=135.01（万元）$$

【小提示3-1】

收益途径中有许多具体方法，这些具体方法又运用了许多评估模型，在资产评估中运用收益途径时，重要的不是去套用这些评估模型，而是恰当地选择运用收益途径的各个经济参数，如收益额、折现率和收益年限等。利用评估模型及其数学表达式的形式表现的收益途径中的具体方法，只是对这些具体方法折现或资本化过程的一种抽象和概括，评估模型本身并不能保证评估结论的正确。

3.3　成本途径

3.3.1　成本途径的基本含义

成本途径也是资产评估的基本途径之一。成本途径具体是指首先估测被评估资产的重置成本，然后估测被评估资产业已存在的各种贬损，并从其重置成本中予以扣除贬值而得到被评估资产价值的评估思路及实现该思路的各种评估技术方法的总称。成本途径始终贯串着重建或重置被评估资产的技术思路，在条件允许的情况下，任何一个潜在的投资者在决定投资某项资产时，他所愿意支付的价格不会超过购建该项资产的现行购建成本。如果投资对象并非全新，投资者所愿支付的价格会在投资对象全新的购建成本的基础上扣除资产的实体有形损耗；如果被评估资产存在功能和技术落后问题，投资者所愿支付的价格会在投资对象全新的购建成本的基础上扣除资产的功能性贬值；如果被评估资产及其产品面临市场困难和外力影响，投资者所愿支付的价格会在投资对象全新的购建成本的基础上扣除资产的经济性价值贬损。上述评估思路可用一个数学式概括为：

　资产的评估值=资产的重置成本-资产实体有形损耗-资产功能性贬值-资产经济性贬值　（3-28）

上述数学式所概括的成本途径是由成本途径各构成要素出现的概率的大小排列而成，因此此表达式亦称成本途径的理论表达式。

如果在资产评估实际操作中，被评估资产确实存在三种贬值，在此种情况下具体运用成本途径时，则应按成本途径的逻辑顺序进行操作。成本途径的逻辑顺序是：

　资产的评估值=资产的重置成本-资产经济性贬值-资产功能性贬值-资产实体有形损耗　（3-29）

成本途径是以再取得被评估资产的重置成本为基础进行评估的一条技术途径。由于被评估资产的再取得成本的有关数据和信息来源较广泛，并且资产重置成本与资产的现行市价及收益现值也存在着内在联系和替代关系，因而，对于某些市场发育不完善、市场信息较少或信息渠道不很通畅且难以测算其预期收益的评估标的，成本途径经常被广泛应用。

3.3.2　成本途径的基本前提

成本途径作为一条独立的评估思路，它是从再取得资产的角度来反映资产的交换价值的，即通过资产的重置成本反映资产的交换价值。只有当被评估资产处于继续使用状态或能够被继续使用的条件下，再取得被评估资产的全部费用才能构成其交换价值的内容。资产的继续使用不仅仅是一个物理上的概念，还包含其使用的有效性的经济意义。只有当资产能够继续使用并且在持续使用中为潜在所有者和控制者带来经济利益，资产的重置成本才能为潜在投资者和市场所承认和接受。从这个意义上讲，成本途径主要适用于可继续使用前提下的资产评估。可能资产的继续使用并不是决定成本途径能否使用的唯一前提。但是，对于不可继续使用前提下的资产，如果运用成本途径进行评估，需对成本途径的基本要素做必要的调整。从相对准确合理、减少风险和提高评估效率的角度，把可继续使用前提作为运用成本途径的前提是有积极意义的。

3.3.3　成本途径的基本要素

就一般意义上讲，成本途径的运用涉及四个基本要素，即资产的重置成本、资产的实体有形损耗、资产的功能性贬值和资产的经济性贬值。

1）资产的重置成本

简单地说，资产的重置成本就是资产的现行再取得成本。具体来说，重置成本又分为复原重置成本和更新重置成本两种。

（1）复原重置成本是指采用与评估对象相同的材料、建筑或制造标准、设计、规格及技术等，以现时价格水平重新购建与评估对象相同的全新资产所发生的费用（包括机会成本）。

（2）更新重置成本是指采用新型材料，现代建筑或制造标准，新型设计、规格和技术等，以现行价格水平购建与评估对象具有同等功能的全新资产所需的费用（包括机会成本）。

2）资产的实体有形损耗

资产的实体有形损耗亦称实体性贬值，是指资产由于使用及自然力的作用导致的资产的物理性能的损耗或下降而引起的资产的价值损失。资产的实体有形损耗通常采用相对数计量，即实体有形损耗率或实体性贬值率。

$$资产实体有形损耗率 = \frac{资产有形损耗额}{资产重置成本} \times 100\% \qquad (3\text{-}30)$$

3）资产的功能性贬值

资产的功能性贬值是指由于技术进步引起的资产功能相对落后而造成的资产价值损失，包括新工艺、新材料和新技术的采用等而使原有资产的建造成本超过现行建造成本的超支额，以及原有资产的运营成本的超支额。

4）资产的经济性贬值

资产的经济性贬值是指由于外部条件的变化引起资产利用率持续下降甚至闲置、资产及其生产品或服务的价格持续下降等造成的资产收益持续下降而引起的资产价值损失。

3.3.4 成本途径中的具体方法

通过成本途径评估资产的价值不可避免地要涉及被评估资产的重置成本、实体性贬值、功能性贬值和经济性贬值四大参数。成本途径中的各种技术方法实际上都是在成本途径总的评估思路基础上，围绕着四大参数采用不同的测算方式方法形成的。例如，测算重置成本可以采用重置核算法、功能价值类比法、价格指数法等，估测资产有形损耗可以采用观测法和使用年限法等。通过成本途径评估资产的价值，可以采用逐一估测重置成本、实体性贬值、功能性贬值和经济性贬值四大参数的方式进行，也可以通过将其中的某些参数合并估测的方式进行。

1）重置成本的估算方法

这里介绍的重置成本评估方法仅仅是站在估测技术的层面上，介绍那些可以用于估测重置成本的技术方法。其实，由于这些不同的估测方法使用的具体经济技术参数和考虑的因素上存在差异，不同估测方法所得到的重置成本也可能在其价值构成中发生了某些变化，甚至已经不是严格意义上的重置成本了。这就需要评估人员十分关注不同估测方法对"重置成本"价值构成的影响，并对"重置成本"的内涵有清醒的认识和把握，以便能正确地运用成本途径。

（1）重置核算法

重置核算法亦称细节分析法、核算法等。它是利用成本核算的原理，根据重新取得资产所需的费用项目，逐项计算然后累加得到资产的重置成本，在实际测算过程中又具体划分为两种类型——购买型和自建型。

购买型是以购买资产的方式作为资产的重置过程，所以又称市场重置法。资产的重置成本具体是由资产的现行购买价格、运杂费、安装调试费以及其他必要费用构成，将上述取得资产的必需费用累加起来，便可计算出资产的重置成本。

自建型是把自建资产作为资产重置方式，它根据重新建造资产所需的料、工、费及必要的资金成本和开发者的合理利润等分析和计算出资产的重置成本。

资产的重置成本应包括开发者的合理收益，即自建资产的机会成本。一是重置成本是按在现行市场条件下重新购建一项全新资产所支付的全部货币总额，应该包括资产开发和制造商的合理收益。二是资产评估旨在了解被估资产模拟条件下的交易价格，一般情况下，价格都应该含有开发者或制造者的合理收益部分。资产重置成本中的收益部分的确定，应以现行同行业或社会平均资产收益水平为依据。

【例3-10】重置购建设备一台，现行市场价格每台50 000元，运杂费1 000元，直接安装成本800元，其中原材料300元，人工成本500元。根据统计分析，计算求得安装成本中的间接成本为每元人工成本0.8元，该机器设备重置成本为：

直接成本=50 000+1 000+800=51 800（元）

　　其中：买价　　　　　　　　　　　50 000元

　　　　　运杂费　　　　　　　　　　1 000元

　　　　　安装成本　　　　　　　　　　800元

　　　　　　其中：原材料　　　　　　　300元

　　　　　　　　　人工　　　　　　　　500元

　　间接成本（安装成本）　　　　　　　400元

　　重置成本合计　　　　　　　　　　52 200元

（2）价格指数法

价格指数法是利用与资产有关的价格变动指数，将被估资产的历史成本（账面价值）调整为重置成本的一种方法，其计算公式为：

重置成本=资产的账面原值×（1+价格变动指数）　　　　　　　　　　　　　（3-31）

　　　　=资产的账面原值×价格指数　　　　　　　　　　　　　　　　　　（3-32）

式中，价格指数可以是定基价格指数或环比价格指数。定基价格指数是评估时点定基价格指数与资产购建时点定基价格指数之比，即：

$$定基价格指数=\frac{评估时点定基价格指数}{资产购建时点定基价格指数}\times 100\%$$　　　　　　　（3-33）

环比价格变动指数可考虑按下式求得：

$$X=(1+a_1)\times(1+a_2)\times(1+a_3)\times\cdots\times(1+a_n)\times 100\%$$　　　　　（3-34）

式中：X——环比价格指数；

　　　a_n——第n年环比价格变动指数，n=1，2，3，…，n。

【例3-11】某被评估资产购建于2017年，账面原值为50 000元，当时该类资产的定基价格指数为95%，评估时该类资产的定基价格指数为160%，则：

被估资产重置成本=50 000×（160%÷95%）×100%

　　　　　　　　=84 211（元）

又如，被评估资产账面价值为200 000元，2017年建成，2022年进行评估，经调查已知同类资产环比价格变动指数分别为2018年为11.7%，2019年为17%，2020年为30.5%，2021年为6.9%，2022年为4.8%，则有：

被估资产重置成本=200 000×〔（1+11.7%）×（1+17%）×（1+30.5%）×（1+6.9%）×（1+

　　　　　　　　4.8%）×100%〕

　　　　　　　　=200 000×191%

　　　　　　　　=382 000（元）

价格指数法与重置核算法是重置成本估算较常用的方法，但二者具有明显的区别：

首先，价格指数法估算的重置成本，仅考虑了价格变动因素，因而确定的是复原重置成本；而重置核算法既可以考虑价格因素，又可以考虑生产技术进步和劳动生产率的变化因素，因而既可以估算复原重置成本，又可以估算更新重置成本。

其次，价格指数法建立在不同时期的某一种或某类甚至全部资产的物价变动水平上；重置核算法建立在现行价格水平与购建成本费用核算的基础上。

明确价格指数法和重置核算法的区别，有助于重置成本估算中方法的判断和选择。一项科学技术进步较快的资产，采用价格指数法估算的重置成本往往会偏高。当然，价格指数法和重置核算法也有其相同点，即都是建立在利用历史资料的基础上。因此，注意分析、判断资产评估时重置成本口径与委托方提供历史资料（如财务资料）的口径差异，是上述两种方法应用时需注意的共同问题。

（3）功能价值类比法

功能价值类比法，也称生产能力比例法。这种方法是寻找一个与被评估资产相同或相似的资产为参照物，根据参照资产的重置成本及参照物与被评估资产生产能力的比例，估算被评估资产的重置成本。计算公式为：

$$被评估资产重置成本 = \frac{被评估资产年产量}{参照物年产量} \times 参照物重置成本 \tag{3-35}$$

【例3-12】某重置全新的一台机器设备价格为 50 000 元，年产量为 5 000 件。现知被评估资产年产量为 4 000 件，由此可以确定其重置成本：

被评估资产重置成本 = 4 000 ÷ 5 000 × 50 000

＝40 000（元）

这种方法运用的前提条件和假设是资产的成本与其生产能力呈线性关系，生产能力越大，成本越高，而且是成正比例变化的。应用这种方法估算重置成本时，首先应分析资产成本与生产能力之间是否存在这种线性关系，如果不存在这种关系，这种方法就不可以采用。

（4）规模经济效益指数法

通过不同资产的生产能力与其成本之间关系的分析可以发现，许多资产的成本与其生产能力之间不存在线性关系，当资产 A 的生产能力比资产 B 的生产能力大一倍时，其成本却不一定大一倍，也就是说，资产生产能力和成本之间只呈同方向变化，而不是等比例变化，这是规模经济效益作用的结果。两项资产的重置成本和生产能力相比较，其关系可用下列公式表示：

$$\frac{被评估资产的重置成本}{参照物资产的重置成本} = \left(\frac{被评估资产的产量}{参照物资产的产量}\right)^x \tag{3-36}$$

推导可得：

$$被评估资产的重置成本 = 参照物资产的重置成本 \times \left(\frac{被评估资产的产量}{参照物资产的产量}\right)^x \tag{3-37}$$

公式中的 x 通常是一个行业经验数据，又被称为规模经济效益指数。这个经验数据一般在 0.4 ~ 1 之间，不同行业的规模经济效益指数可能有所不同，同一行业在不同时期的规模经济效益指数也可能会有所不同。我国到目前为止尚未有统一的行业规模经济效益指数的经验数据。

上述四种方法均可用于确定在成本法运用中的重置成本。至于选用哪种方法，应根据具体的评估对象和可以搜集到的资料确定。这些方法中，对某项资产可能同时都能用，有的则不然，应用时必须注意分析方法运用的前提条件，否则将得出错误的结论。

另外，在用成本途径对企业整体资产及某一相同类型资产进行评估时，为了简化评估业务，节省评估时间，还可以采用统计分析法确定某类资产重置成本，这种方法运用的步骤是：

第一，在核实资产数量的基础上，把全部资产按照适当标准划分为若干类别，如房屋建筑物按结构划分为钢结构、钢筋混凝土结构等；机器设备按有关规定划分为专用设备、通用设备、运输设备、仪器、仪表等。

第二，在各类资产中抽样选择适量具有代表性的资产，应用功能价值法、价格指数法、重置核算法或规模经济效益指数法等方法估算其重置成本。

第三，依据分类抽样估算资产的重置成本与账面历史成本，计算出分类资产的调整系数。

其计算公式为：

$$K=R'/R \tag{3-38}$$

式中：K——资产重置成本与历史成本的调整系数；

R′——某类抽样资产的重置成本；

R——某类抽样资产的历史成本。

根据调整系数 K 估算被评估资产的重置成本，计算公式为：

$$被评估资产重置成本 = \sum 某类资产账面历史成本 \times K \tag{3-39}$$

某类资产账面历史成本可从会计记录中取得。

【例 3-13】评估某企业某类通用设备。经抽样选择具有代表性的通用设备 5 台，估算其重置成本之和为 30 万元，而该 5 台具有代表性的通用设备的历史成本之和为 20 万元，该类通用设备账面历史成本之和为 500 万元。则：

K=30÷20=1.5

该类通用设备的重置成本=500×1.5=750（万元）

2）实体性贬值的估算方法

资产的实体性贬值的估算一般可以选择以下几种方法：

（1）观测法

观测法，也称成新率法。它是指由具有专业知识和丰富经验的工程技术人员对被评估资产的实体各主要部位进行技术鉴定，并综合分析资产的设计、制造、使用、磨损、维护、修理、大修理、改造情况和物理寿命等因素，将评估对象与其全新状态相比较，考察由于使用磨损和自然损耗对资产的功能、使用效率带来的影响，判断被评估资产的成新率，从而估算实体性贬值。计算公式为：

$$资产实体性贬值 = 重置成本 \times （1-实体性成新率） \tag{3-40}$$

$$实体性成新率 = 1-实体性贬值率 \tag{3-41}$$

（2）使用年限法

使用年限法是利用被评估资产的实际已使用年限与其总使用年限的比值来判断其实体贬值率（程度），进而估测资产的实体性贬值的方法。与使用年限法具有相同评估原理的技术方法还有工作量比率法等。

使用年限法的数学表达式为：

$$资产的实体性贬值 = \frac{重置成本}{总使用年限} × 实际已使用年限 \qquad (3-42)$$

其中，总使用年限指的是实际已使用年限与尚可使用年限之和，即：

$$总使用年限 = 实际已使用年限 + 尚可使用年限 \qquad (3-43)$$

如果评估对象存在较大残值，那么需要将预计残值从资产的重置成本中扣除。预计残值是指被评估资产在清理报废时净收回的金额。在资产评估中，通常只考虑数额较大的残值，如残值数额较小可以忽略不计。

如果通过实体性贬值率来计算实体性贬值，实体性贬值率的近似计算式为：

$$实体性贬值率 = \frac{实际已使用年限}{总使用年限} × 100\% \qquad (3-44)$$

$$实际已使用年限 = 名义已使用年限 × 资产利用率 \qquad (3-45)$$

由于资产在使用中负荷程度的影响，必须将资产的名义已使用年限调整为实际已使用年限。

名义已使用年限是指资产从购进使用到评估时的年限。名义已使用年限可以通过会计记录、资产登记簿、登记卡片查询确定。实际已使用年限是指资产在使用中实际损耗的年限。实际已使用年限与名义已使用年限的差异，可以通过资产利用率来调整。资产利用率的计算公式为：

$$资产利用率 = \frac{截至评估基准日资产累计实际利用时间}{截至评估基准日资产累计法定利用时间} × 100\% \qquad (3-46)$$

当资产利用率>1时，表示资产超负荷运转，资产实际已使用年限比名义已使用年限要长；

当资产利用率=1时，表示资产满负荷运转，资产实际已使用年限等于名义已使用年限；

当资产利用率<1时，表示开工不足，资产实际已使用年限小于名义已使用年限。

【例3-14】某资产2012年2月购进，2022年2月评估时，名义已使用年限是10年。根据该资产技术指标，正常使用情况下，每天应工作8小时，该资产实际每天工作7.5小时。由此可以计算资产利用率：

$$资产利用率 = [（10×360×7.5）÷（10×360×8）] ×100\%$$
$$= 93.75\%$$

由此可确定其实际已使用年限为9.4年。

在实际评估过程中，由于企业基础管理工作较差，再加上资产运转中的复杂性，资产利用率的指标往往很难确定。评估人员应综合分析资产的运转状态，诸如资产开工情况、大修间隔期、原材料供应情况、电力供应情况、是否属于季节性生产等各方面因素分析确定。

尚可使用年限是根据资产的有形损耗因素，预计资产的继续使用年限。

（3）修复金额法

修复金额法是根据修复资产的已损实体所需要支付的金额来判断资产的有形损耗额。此方法主要适用于具有特殊结构的可补偿性资产有形损耗额的估测。可补偿性有形损耗是指技术上可修复且经济上合理的有形损耗。

3）功能性贬值的估算方法

功能性贬值是由于技术相对落后造成的贬值。估算功能性贬值时，主要根据资产的效用、生产加工能力、工耗、物耗、能耗水平等功能方面的差异造成的成本增加或效益降低，相应确定功能性贬值额。同时，还要重视技术进步因素，注意替代设备、替代技术、替代产品的影响，以及行业技术装备水平现状和资产更新换代速度。

通常情况下，功能性贬值的估算可以按下列步骤进行：

（1）将被评估资产的年运营成本与功能相同且广泛使用的主流资产的年运营成本进行比较。

（2）计算二者的差异，确定净超额运营成本。由于企业支付的运营成本是在税前扣除的，企业支付的超额运营成本会引致税前利润额下降，所得税额降低，使得企业负担的运营成本低于其实际支付额。因此，净超额运营成本是超额运营成本扣除其抵减的所得税以后的余额。

（3）估计被评估资产的剩余寿命。

（4）以适当的折现率将被评估资产在剩余寿命内每年的净超额运营成本折现，这些折现值之和就是被评估资产功能性损耗（贬值）额，计算公式为：

$$被评估资产功能性贬值额=\sum(被评估资产年净超额运营成本 \times 折现系数) \tag{3-47}$$

【例3-15】就某种机器设备而言，技术先进的设备比原有的陈旧设备生产效率高，节约工资费用，有关资料及计算结果见表3-4。

表3-4　　　　　　　　　　　　　　　某设备的技术资料

项目	技术先进设备	技术陈旧设备
月产量	10 000件	10 000件
单件工资	0.80元	1.20元
月工资成本	8 000元	12 000元
月差异额		4 000元
年工资成本超支额		48 000元
减：所得税（税率25%）		12 000元
扣除所得税后年净超额工资		36 000元
资产剩余使用年限		5 年
假定折现率10%，5年年金折现系数		3.7908
功能性贬值额		136 469元

应当指出，新老技术设备的对比，除生产效率影响工资成本超额支出外，还可对原材料消耗、能源消耗以及产品质量等指标进行对比，计算其功能性贬值。

此外，由于技术进步造成被评估资产出现超额投资成本形成的功能性贬值，还可以通过超额投资成本的估算进行评估，即超额投资成本可视同功能性贬值，计算公式为：

功能性贬值＝复原重置成本－更新重置成本　　　　　　　　　　　　　　　　（3-48）

功能性贬值主要是由于技术相对落后造成的贬值，在资产评估实践中，并不排除由于资产功能过剩也会形成资产的功能性贬值。

4）经济性贬值的估算方法

就表现形式而言，资产的经济性贬值主要表现为运营中的资产利用率持续下降，甚至闲置，并由此引起资产的运营收益持续减少。当有确实证据表明资产已经存在经济性贬值，可参考下面方法估测其经济性贬值率或经济性贬值额。

（1）当确信被评估资产的功能与其价值呈指数关系时：

$$经济性贬值率＝\left[1-\left(\frac{资产预计可被利用的生产能力}{资产原设计生产能力}\right)^x\right]\times100\%\qquad(3-49)$$

式中：x——功能价值指数，实践中多采用经验数据，数值一般在 0.4～1 之间选取。

（2）当确信被评估资产的功能与其价值呈线性关系时：

$$经济性贬值率＝\left[1-\frac{资产预计可被利用的生产能力}{资产原设计生产能力}\right]\times100\%\qquad(3-50)$$

经济性贬值额＝资产的重置成本×经济性贬值率

（3）当确信被评估资产持续存在收益损失时：

经济性贬值＝资产年收益损失额×（1-所得税税率）×（P/A，r，n）　　　　（3-51）

式中，（P/A，r，n）为年金现值系数。

【例3-16】某被评估生产线设计生产能力为年产 20 000 台产品，因市场需求结构变化，在未来可使用年限内，每年产量估计要减少 6 000 台，功能价值指数取 0.6。根据上述条件，该生产线的经济性贬值率大约在以下水平上：

经济性贬值率＝[1-（14 000÷20 000）^{0.6}]×100%

　　　　　　＝[1-0.81]×100%

　　　　　　＝19%

又如，数据承上例，假定每年减少 6 000 台产品，每台产品利润 100 元，该生产线尚可继续使用 3 年，企业所在行业的投资回报率为 10%，所得税税率为 25%。该资产的经济性贬值额大约为：

经济性贬值额＝（6 000×100）×（1-25%）×（P/A，10%，3）

　　　　　　＝450 000×2.4869

　　　　　　＝1 119 105（元）

在资产评估实践中，也存在着资产的经济性溢价的情况。当外部环境更有利于资产发挥功能和效用且具有持续性时，资产也存在着经济性溢价。

【小提示3-2】

　　资产评估中的成本途径是一种通过资产重建或重置的评估思路来判断资产价值的各种评估技术方法的总称。成本途径中的成本与会计核算中的成本是有重大区别的。如果从两者的价值构成的角度来看，在资产评估成本途径中，成本是一个完整的价值组成，即包括了C+V+M，而会计核算中的成本只是部分价值组成，即只包括了C+V。

【相关链接3-1】　　　　《国际评估准则》关于成本途径及其方法的定义和说明

　　成本法（途径）建立在这样一个假设基础上，即作为购买某特定资产的替代选择，人们可以去建造一个与该资产相同的或具有相同功能的资产。除非有额外的时间支出、风险或其他不方便之处，人们为该特定资产所愿意支付的价格不会超过获取相同或具有相似功能的替代资产的成本。由于旧资产或功能较低资产的全新重置成本超过了市场愿意为其支付的价格，评估师在运用成本法（途径）进行评估时需要估计折旧（贬值）。当被评估资产处于全新状态时，其成本与市场价值最为接近。

　　成本法（途径）有两种具体应用方式，一种适用于市场价值评估，另一种则不适用于市场价值评估。当运用成本法（途径）评估市场价值时，该方法中的所有考虑因素都取自公开市场的证据。运用成本法（途径）评估非市场价值时，应考虑相关非市场性因素。

　　成本法（途径）经常被用于评估新的或完工不久的资产，或评估计划将要建设的项目。成本的估计通常设定了市场参与者为该资产所愿支付金额的上限。成本法（途径）也常用于评估那些很少进行交易的特殊资产或有特殊用途的资产。成本法（途径）如果用于评估较旧的资产，可能会由于对成本和损耗的估计缺乏足够的市场资料支持，评估结果所反映的不是市场价值。

3.4　评估途径及方法的选择

3.4.1　评估途径之间的关系

　　资产评估的市场途径、收益途径和成本途径，以及由以上三条基本评估途径衍生出来的其他评估技术思路和技术方法共同构成了资产评估的方法体系。资产评估的专业性质决定了构成资产评估方法体系的各种评估途径及其方法之间存在着的内在联系。而各种评估途径的独立存在又说明它们各有特点，具有相对独立的评估技术思路与组成要素。正确认识资产评估途径之间的内在联系以及各自的特点，对于恰当地选择评估途径和方法，高效地进行资产评估是十分重要的。

　　1）资产评估途径及其方法之间的联系

　　评估途径和方法是实现评估目的的手段。对于特定经济行为及特定的评估目的，在相同的市场条件下，对处在相同状态下的同一资产进行评估，其评估结果应该是一个客观的值，即一个变动幅度不大的区间值。这个客观的评估值（区间值）不会因评估人员所选用的评估途径和方法的不同而无限扩大或截然不同。可以认为正是评估基本目的决定了评估途径和方法间的内在联系。而这种内在联系为评估人员运用多种评估途径和方法评估同一条件下的同一资产并作相互验证提供了理论根据。但需要指出的是，运用不同的评估途径和方法评估同一资产，必须保证评估目的、评估前提、被评估对象状态的一致性，以及运用不同评估途径和方法所选择的经济技术参数的合理性。

由于资产评估工作基本目标的一致性，在同一资产的评估中可以采用多种途径和方法，如果使用这些途径和方法的前提条件同时具备，而且评估师也具备相应的专业判断能力，那么，多种途径和方法得出的结果应该趋同。如果采用多种评估途径和方法得出的结果出现较大差异，可能的原因有：①某些评估途径或方法的应用前提不具备；②分析过程有缺陷；③结构分析有问题；④某些支撑评估结果的信息依据出现失真；⑤评估师的职业判断有误。建议评估师为不同评估途径和方法建立逻辑分析框图，通过对比分析，有利于问题的发现。评估师在发现问题的基础上，除了对评估途径或方法做出取舍外，还应该分析问题产生的原因，并据此研究解决问题的对策，以便最后确定评估价值。

2）资产评估途径和方法之间的区别

各种评估途径和方法独立存在本身就说明各种评估途径和方法之间存在差异。各种评估途径和方法都是从不同的角度去表现资产的价值的。无论是通过与市场参照物比较获得评估对象的价值，还是根据评估对象预期收益折现获得其评估价值，抑或是按照资产的再取得途径寻求评估对象的价值，都是对评估对象在一定条件下的价值的描述，它们之间是有内在联系并可相互替代的。但是，每一种评估方法都有其自成一体的运用过程，都要求具备相应的信息基础，评估结论也都是从某一角度反映资产的价值。因此，各种评估途径和方法又是有区别的。

由于评估的特定目的不同，评估时市场条件上的差别，以及评估时对评估对象使用状态设定的差异，需要评估的资产价值类型也是有区别的。评估途径或方法由于自身的特点在评估不同类型的资产价值时，就有了效率上和直接程度上的差别，评估人员应具备选择最直接且最有效率的评估方法完成评估任务的能力。

3.4.2 资产评估途径和方法的选择

就评估途径与方法选择本身而言，实际上包含了不同层面的选择过程，即三个层面的选择：一是关于资产评估技术思路层面的选择，即分析三种资产评估途径所依据的资产评估技术思路的适用性；二是在各种资产评估技术思路已经确定的基础上，选择实现各种评估技术思路的具体评估技术方法；三是在确定了资产评估具体技术方法的前提下，对运用各种具体技术评估方法所涉及的经济技术参数的选择。

恰当选择评估途径和方法，既包含对恰当选择评估技术思路，以及实现该技术思路的具体评估技术方法的要求，又包括对在运用各种具体的评估方法时对所涉及的经济技术参数的恰当选择。选择恰当的评估技术思路与实现评估技术思路的具体方法同恰当选择经济技术参数共同构成了恰当选择资产评估途径及其方法的内容。片面地强调某一个方面而忽略另一个方面，都有可能会导致评估结果的失实和偏颇。

资产评估途径和方法的多样性，为评估人员选择适当的评估途径和方法，有效地完成评估任务提供了现实可能。为高效、简捷、相对合理地估测资产的价值，在评估途径和方法的选择过程中应注意以下因素：

（1）评估途径和方法的选择要与评估目的、评估时的市场条件、被评估对象在评估过程中所处的状态，以及由此所决定的资产评估价值类型相适应。根据上述条件，当资产评估的价值类型为资产的市场价值时，可考虑按市场途径、收益途径和成本途径的顺序进行选择。

（2）评估途径和方法的选择受评估对象的类型、理化状态等因素制约。例如，对于既无市场参照物又无经营记录的资产，只能选择成本途径及其方法进行评估；对于工艺比较特别且处在经营中的企业，可以优先考虑选择收益途径及其方法。

（3）评估途径和方法的选择受各种评估途径和方法运用所需的数据资料及主要经济技术参数能否收集的制约。每种评估途径和方法的运用都需要有充分的数据资料作依据。在一个相对较短的时间内，收集某种评估途径和方法所需的数据资料可能会很困难，在这种情况下，评估人员应考虑采用替代的评估途径和方法进行评估。

总之，在评估方法的选择过程中，应注意因地制宜和因事制宜，不可机械地按某种模式或某种顺序进行选择。但是，无论选择哪种评估途径和方法进行评估，都应保证评估目的、评估时所依据的各种假设和条件与评估所使用的各种参数数据及评估结果在性质和逻辑上的一致。尤其是在运用多种评估途径和方法评估同一评估对象时，更要保证每种评估途径和方法运用中所依据的各种假设、前提条件、数据参数的可比性，以便能够确保运用不同评估途径和方法所得到的评估结果的可比性和相互可验证性。

【相关链接3-2】　　《国际评估准则》关于评估途径及其方法的说明

《国际评估准则》明确提出，成本法（途径）、市场法（途径）和收益法（途径）是资产评估中最常用的三种基本评估方法（途径）。无论评估资产的市场价值还是非市场价值，评估师都需要根据项目具体情况恰当选择评估方法。在选择评估方法时，评估师应当考虑三种基本评估方法（途径）在具体项目中的适用性，采用多种评估方法（途径）时，应当分析、调整运用多种评估方法（途径）得出的评估结论，确定最终评估结果。

成本法（途径）、市场法（途径）和收益法（途径）作为资产评估的三大基本方法（途径），反映了三种评估思路，每种评估方法（途径）又包括一些具体的运用方法。评估师在进行某项评估业务时，应当根据其经验和知识、当地的评估准则要求、市场要求、数据的可获得程度等综合因素，选取适宜的评估方法。

对于不动产、动产、企业价值、金融资产等各种资产类型的评估项目而言，三种评估方法（途径）都是适用的。但不同类型的资产评估项目所获得的相关信息资料是不同的，分别反映了各类型资产在其相应市场上的特点。评估师应当收集、分析能够合理反映被评估资产价值的数据资料，在选取评估方法时应当充分考虑资料的可获得程度。

评估资产的市场价值时，如果评估方法运用得当，则所有评估市场价值的方法、技术和程序都会得出符合市场价值基本定义的评估结果。采用市场法（途径）进行评估时须根据市场观察得出结果；采用成本法（途径）确定建筑成本和损耗时，须根据对成本和应计损耗的市场化分析进行判断；采用收益法（途径）时须以市场认可的现金流和市场确定的回报率为基础。虽然需要根据数据的可获得程度以及与市场或资产本身相关的条件决定哪种评估方法最适用，但如果每种评估方法（途径）都是以市场数据为基础，采用以上任何评估方法（途径）都可以评估出资产的市场价值。

本章小结

资产评估途径和方法是资产评估的工具和手段，在资产评估中具有重要的作用。充分理解每条评估途径的内涵、使用前提、评估思路及其与具体评估方法之间的关系，是很好地运用评估途径与方法的重要基础。评估途径和评估方法作为资产评估的工具和手段，它们之间具有可比性和替代性。而每条评估途径作为独立存在的评估工具，它们又有差别性。充分掌握每一条评估途径的内涵、应用前提条件，以及对评估参数的要求，是正确理解和认识资产评估途径的基础，同时也是正确运用评估途径及其方法的基础。

主要概念

资产评估途径　评估具体方法　市场途径　收益途径　成本途径　参照物　折现率　重置成本　实体性贬值　功能性贬值　经济性贬值

基本训练

一、单项选择题

1.某资产年金收益额为 8 500 元，剩余使用年限为 20 年，假定折现率为 10%，其评估值最接近于（　　）。

  A.85 000元   B.72 366元   C.12 631元   D.12 369元

2.采用收益途径评估资产时，收益途径中的各个经济参数存在的关系是（　　）。

  A.资本化率越高，收益现值越低

  B.资本化率越高，收益现值越高

  C.资产未来收益期对收益现值没有影响

  D.资本化率和收益现值无关

3.运用市场途径评估资产价值时，选择三个及三个以上参照物的目的是（　　）。

  A.使参照物具有可比性　　　　　　B.便于计算

  C.排除参照物个别交易的偶然性　　D.避免张冠李戴

4.价值比率法中的市盈率倍数法主要适用于对（　　）的评估。

  A.不动产　　　　B.无形资产　　　C.机器设备　　　D.企业价值

5.资产评估中的评估途径是指（　　）。

  A.一种具体方法

  B.多种评估方法的集合

  C.一条评估思路

  D.一条评估思路与实现该思路的各种评估方法的总称

二、多项选择题

1.应用市场途径进行资产评估必须具备的前提条件包括（　　）。

  A.需要有一个充分发育且活跃的资产市场

  B.必须具有足够数量的参照物

  C.可以收集到被评估资产与参照物可比较的指标和技术参数

  D.市场上必须有与被评估资产相同或相类似的全新资产

  E.市场上的参照物与被评估资产的功能相同或相似

2.运用市场途径评估任何单项资产都应考虑的可比因素有（　　）。

  A.资产的功能　　　　　　　　　　B.市场条件

  C.交易条件　　　　　　　　　　　D.资产的实体特征和质量

  E.资产所处的地理位置

3.从理论上讲，折现率的基本组成因素包括（　　）。

  A.超额收益率　　　B.无风险报酬率　　　　C.风险报酬率

  D.价格变动率　　　E.平均收益率

4.从理论上讲，成本途径涉及的基本要素包括（　　）。

  A.资产的重置成本　　　　　　　B.资产的有形损耗

  C.资产的功能性贬值　　　　　　D.资产的经济性贬值

  E.资产的收益期限

5.一般情况下，资产的成新率的估测方法通常有（　　）。

  A.使用年限法　　　B.修复费用法　　　C.观察法

  D.统计法　　　　　E.价格指数法

三、判断题

1.一般情况下，在收益途径运用过程中，折现率的口径应与收益额的口径保持一致。 （ ）

2.一般情况下，运用收益途径评估资产的价值，所确定的收益额应该是资产实际收益额。 （ ）

3.被评估土地被企业不合理使用着，其收益水平很低，因此，土地使用权的市场价值也一定很低。 （ ）

4.购置一年后的资产，如果还处于全新状态下，其重置成本和历史成本应该是相等的。 （ ）

5.采用成本途径进行资产评估时，资产的实体性贬值与会计上的折旧应该是一样的。 （ ）

四、思考题

1.收益途径依据的是什么样的经济学原理？

2.复原重置成本与更新重置成本存在着哪些联系与区别？

3.判断经济性贬值是否发生的依据及特征是什么？

4.在运用市场途径时，参照物的选择需要注意哪些问题？

第3章基本训练参考答案

第4章

资产评估程序

4.1 资产评估程序概述

资产评估是一项客观公正性和科学性要求较高的工作，评估机构及评估专业人员必须履行一系列系统性的工作步骤，方能完成资产评估工作，实现资产评估的目的。资产评估的法律法规、行业评估准则等都明确对资产评估的基本程序进行了规范。正确履行资产评估程序，对于规范资产评估机构及评估专业人员行为，提高资产评估业务质量，防范资产评估执业风险，都具有重要的意义。

4.1.1 资产评估程序的含义

资产评估程序是指评估机构和评估专业人员执行资产评估业务、形成资产评估结论所履行的一系列系统性工作步骤。资产评估程序有广义和狭义之分。狭义的资产评估程序始于评估机构和评估专业人员接受委托，终止于向委托人或相关当事人提交资产评估报告书。广义的资产评估程序始于承接资产评估业务前的明确业务基本事项环节，终止于资产评估报告书提交后的整理归集评估档案。我国的资产评估程序属于广义的资产评估程序。

资产评估行业主管部门和自律组织对资产评估的基本程序进行了规范。中国财政部2017年颁布的《资产评估基本准则》第八条规定："资产评估机构及其资产评估专业人员开展资产评估业务，履行下列基本程序：明确业务基本事项、订立业务委托合同、编制资产评估计划、进行评估现场调查、收集整理评估资料、评定估算形成结论、编制出具评估报告、整理归集评估档案。"

中国资产评估协会2018年颁布的《资产评估执业准则——资产评估程序》第五条规定："资产评估基本程序包括：明确业务基本事项；订立业务委托合同；编制资产评估计划；进行评估现场调查；收集整理评估资料；评定估算形成结论；编

制出具评估报告；整理归集评估档案。"各项资产评估执业准则、资产评估指南和资产评估指导意见，分别针对不同的资产评估业务操作程序进行了执业规范。

资产评估程序规范是对资产评估工作规律的归纳与总结，是资产评估工作的操作指引，为资产评估工作指明了具体的操作步骤。评估机构及评估专业人员接受评估委托后，即可按照资产评估程序规定的工作步骤及相关要求开展评估工作。

4.1.2 资产评估程序的主要环节

资产评估程序由具体的工作步骤组成，不同的资产评估业务由于评估对象、评估目的、评估资料搜集情况等相关条件的差异，可能需要执行不同的资产评估具体程序或工作步骤。资产评估具体程序或工作步骤的划分取决于评估机构和评估专业人员对各资产评估工作步骤共性的归纳。资产评估业务的性质、复杂程度也是影响资产评估具体程序的重要因素。但资产评估基本程序是相同的，各种类型的评估业务都应当遵循资产评估基本程序规范的要求，并以此为指引开展资产评估工作。根据各工作步骤的重要性，资产评估程序通常包括以下主要环节：

（1）明确业务基本事项；

（2）订立业务委托合同；

（3）编制资产评估计划；

（4）进行评估现场调查；

（5）收集整理评估资料；

（6）评定估算形成结论；

（7）编制出具评估报告；

（8）整理归集评估档案。

【相关链接4-1】 　　　　　　**资产评估基本准则（节选）**

第三章 　资产评估程序

第八条 　资产评估机构及其资产评估专业人员开展资产评估业务，履行下列基本程序：明确业务基本事项、订立业务委托合同、编制资产评估计划、进行评估现场调查、收集整理评估资料、评定估算形成结论、编制出具评估报告、整理归集评估档案。

资产评估机构及其资产评估专业人员不得随意减少资产评估基本程序。

第九条 　资产评估机构受理资产评估业务前，应当明确下列资产评估业务基本事项：

（一）委托人、产权持有人和委托人以外的其他资产评估报告使用人；

（二）评估目的；

（三）评估对象和评估范围；

（四）价值类型；

（五）评估基准日；

（六）资产评估报告使用范围；

（七）资产评估报告提交期限及方式；

（八）评估服务费及支付方式；

（九）委托人、其他相关当事人与资产评估机构及其资产评估专业人员工作配合和协助等需要明确的重要事项。

资产评估机构应当对专业能力、独立性和业务风险进行综合分析和评价。受理资产评估业务应当满足专业能力、独立性和业务风险控制要求，否则不得受理。

第十条　资产评估机构执行某项特定业务缺乏特定的专业知识和经验时，应当采取弥补措施，包括利用专家工作等。

第十一条　资产评估机构受理资产评估业务应当与委托人依法订立资产评估委托合同，约定资产评估机构和委托人权利、义务、违约责任和争议解决等内容。

第十二条　资产评估专业人员应当根据资产评估业务具体情况编制资产评估计划，包括资产评估业务实施的主要过程及时间进度、人员安排等。

第十三条　执行资产评估业务，应当对评估对象进行现场调查，获取资产评估业务需要的资料，了解评估对象现状，关注评估对象法律权属。

第十四条　资产评估专业人员应当根据资产评估业务具体情况收集资产评估业务需要的资料。包括：委托人或者其他相关当事人提供的涉及评估对象和评估范围等资料；从政府部门、各类专业机构以及市场等渠道获取的其他资料。

委托人和其他相关当事人依法提供并保证资料的真实性、完整性、合法性。

第十五条　资产评估专业人员应当依法对资产评估活动中使用的资料进行核查和验证。

第十六条　确定资产价值的评估方法包括市场法、收益法和成本法三种基本方法及其衍生方法。

资产评估专业人员应当根据评估目的、评估对象、价值类型、资料收集等情况，分析上述三种基本方法的适用性，依法选择评估方法。

第十七条　资产评估专业人员应当在评定、估算形成评估结论后，编制初步资产评估报告。

第十八条　资产评估机构应当对初步资产评估报告进行内部审核后出具资产评估报告。

第十九条　资产评估机构应当对工作底稿、资产评估报告及其他相关资料进行整理，形成资产评估档案。

【相关链接4-2】　　　资产评估执业准则——资产评估程序

第一章　总则

第一条　为规范资产评估机构及其资产评估专业人员履行资产评估程序行为，保护资产评估当事人合法权益和公共利益，根据《资产评估基本准则》制定本准则。

第二条　本准则所称资产评估程序，是指执行资产评估业务所履行的系统性工作步骤。

第三条　执行资产评估业务，应当遵守本准则。

第二章　基本遵循

第四条　执行资产评估业务，应当遵守法律、行政法规和资产评估准则，坚持独立、客观、公正的原则，履行适当的资产评估程序。

第五条　资产评估基本程序包括：明确业务基本事项；订立业务委托合同；编制资产评估计划；进行评估现场调查；收集整理评估资料；评定估算形成结论；编制出具评估报告；整理归集评估档案。

资产评估机构及其资产评估专业人员应当根据资产评估业务的具体情况以及重要性原则确定所履行各基本程序的繁简程度。

资产评估机构及其资产评估专业人员不得随意减少资产评估基本程序。

第六条　执行资产评估业务，因法律法规规定、客观条件限制，无法或者不能完全履行资产评估基本程序，经采取措施弥补程序缺失，且未对评估结论产生重大影响时，资产评估机构及其资产评估专业人员可以继续开展业务，对评估结论产生重大影响或者无法判断其影响程度的，不得出具资产评估报告。

第七条　资产评估专业人员应当记录评估程序履行情况，形成工作底稿。

第三章　实施要求

第八条　资产评估机构受理资产评估业务前，应当明确下列资产评估业务基本事项：

（一）委托人、产权持有人和委托人以外的其他资产评估报告使用人；

（二）评估目的；

（三）评估对象和评估范围；

（四）价值类型；

（五）评估基准日；

（六）资产评估项目所涉及的需要批准的经济行为的审批情况；

（七）资产评估报告使用范围；

（八）资产评估报告提交期限及方式；

（九）评估服务费及支付方式；

（十）委托人、其他相关当事人与资产评估机构及其资产评估专业人员工作配合和协助等需要明确的重要事项。

第九条　资产评估机构应当对专业能力、独立性和业务风险进行综合分析和评价。受理资产评估业务应当满足专业能力、独立性和业务风险控制要求，否则不得受理。

第十条　资产评估机构受理资产评估业务应当与委托人依法订立资产评估委托合同，约定资产评估机构和委托人权利、义务、违约责任和争议解决等内容。

第十一条　资产评估专业人员应当根据资产评估业务具体情况编制资产评估计划，并合理确定资产评估计划的繁简程度。资产评估计划包括资产评估业务实施的主要过程及时间进度、人员安排等。

第十二条　执行资产评估业务，应当对评估对象进行现场调查，获取评估业务需要的资料，了解评估对象现状，关注评估对象法律权属。

现场调查手段通常包括询问、访谈、核对、监盘、勘查等。

资产评估专业人员可以根据重要性原则采用逐项或者抽样的方式进行现场调查。

第十三条　资产评估专业人员应当根据资产评估业务具体情况收集资产评估业务需要的资料。包括：委托人或者其他相关当事人提供的涉及评估对象和评估范围等资料；从政府部门、各类专业机构以及市场等渠道获取的其他资料。

第十四条　资产评估专业人员应当要求委托人或者其他相关当事人提供涉及评估对象和评估范围的必要资料。

资产评估专业人员应当要求委托人或者其他相关当事人对其提供的资产评估明细表及其他重要资料进行确认，确认方式包括签字、盖章及法律允许的其他方式。

第十五条　资产评估专业人员应当依法对资产评估活动中使用的资料进行核查验证。核查验证的方式通常包括观察、询问、书面审查、实地调查、查询、函证、复核等。

第十六条　超出资产评估专业人员专业能力范畴的核查验证事项，资产评估机构应当委托或者要求委托人委托其他专业机构或者专家出具意见。

因法律法规规定、客观条件限制无法实施核查验证的事项，资产评估专业人员应当在工作底稿中予以说明，分析其对评估结论的影响程度，并在资产评估报告中予以披露。如果上述事项对评估结论产生重大影响或者无法判断其影响程度，资产评估机构不得出具资产评估报告。

第十七条　资产评估专业人员应当根据资产评估业务具体情况对收集的评估资料进行分析、归纳和整理，形成评定估算和编制资产评估报告的依据。

第十八条　资产评估专业人员应当根据评估目的、评估对象、价值类型、资料收集等情况，分析市场法、收益法和成本法三种资产评估基本方法的适用性，选择评估方法。

第十九条　资产评估专业人员应当根据所采用的评估方法，选取相应的公式和参数进行分析、计算和判断，形成测算结果。

第二十条　资产评估专业人员执行资产评估业务，应当合理使用评估假设，并在资产评估报告中披露评估假设。

第二十一条　资产评估专业人员应当对形成的测算结果进行综合分析，形成合理评估结论。

对同一评估对象采用多种评估方法时，应当对采用各种方法评估形成的测算结果进行分析比较，形成合理评估结论。

第二十二条　资产评估专业人员应当在评定、估算形成评估结论后，编制初步资产评估报告。

第二十三条　资产评估机构应当按照法律、行政法规、资产评估准则和资产评估机构内部质量控制制度，对初步资产评估报告进行内部审核。

第二十四条　资产评估机构出具资产评估报告前，在不影响对评估结论进行独立判断的前提下，可以与委托人或者委托人同意的其他相关当事人就资产评估报告有关内容进行沟通，对沟通情况进行独立分析，并决定是否对资产评估报告进行调整。

第二十五条　资产评估机构及其资产评估专业人员完成上述资产评估程序后，由资产评估机构出具并提交正式资产评估报告。

第二十六条　资产评估机构应当对工作底稿、资产评估报告及其他相关资料进行整理，形成资产评估档案。

第四章　附则

第二十七条　本准则自2019年1月1日起施行。中国资产评估协会于2017年9月8日发布的《关于印发〈资产评估执业准则——资产评估程序〉的通知》（中评协〔2017〕31号）中的《资产评估执业准则——资产评估程序》同时废止。

4.1.3　履行资产评估程序的意义

资产评估程序应当以资产评估机构和评估专业人员为主体，反映评估机构和评估专业人员为执行资产评估业务、形成资产评估结论所必须履行的系统性工作步骤。正确履行资产评估程序，对于规范资产评估机构及其资产评估专业人员行为，提高资产评估业务质量，防范资产评估执业风险，都具有重要的意义。

（1）正确履行资产评估程序有利于规范评估机构及专业人员的评估行为。

资产评估机构和评估专业人员接受委托，无论执行何种资产类型、何种评估目的的资产评估业务，都应当履行必要的资产评估基本程序，按照《资产评估基本准则》和《资产评估执业准则——资产评估程序》规定的资产评估工作程序的基本内容，以及各工作环节提出的具体要求进行评估活动，这对于规范评估机构及专业人员的评估行为，提升评估业务的规范化水平具有重要的意义。

（2）正确履行资产评估程序有利于保证和提高评估机构的业务质量。

资产评估机构及专业人员无论执行何种类型的资产评估业务，都应当按照《资产评估基本准则》和《资产评估执业准则——资产评估程序》的要求，履行基本的评估程序。正确履行资产评估程序不仅是衡量资产评估机构和人员执行资产评估业务是否规范的重要标准，也为上述相关当事方提供了评价资产评估服务的依据，这样才能有效地避免程序上出现疏漏，切实保证资产评估的业务质量。

（3）正确履行资产评估程序有利于防范评估执业风险。

评估机构及评估专业人员在从事资产评估业务过程中存在一定的执业风险，如果评估过程存在瑕疵，不能得出公正合理的评估结论，可能会导致评估业务委托方或评估报告使用者的权益受到损失，评估机构和人员将承担一定的经济和法律责任。因此，正确履行资产评估程序是评估机构及评估专业人员防范评估执业风险的重要手段。履行资产评估程序是评估机构和评估专业人员防范执业风险、保护自身合法权益、合理抗辩的重要手段。

4.2　资产评估程序的内容

根据《资产评估基本准则》第八条和《资产评估执业准则——资产评估程序》第五条规定，资产评估程序的基本内容主要体现在以下八个主要环节中：

4.2.1　明确业务基本事项

明确业务基本事项是资产评估程序的第一个环节，包括在订立资产评估业务委托合同以前的一系列基础性工作，如对资产评估项目进行风险评价、明确与承接的资产评估项目有关的重要事项等。由于资产评估专业服务的特殊性，资产评估程序甚至在委托人委托资产评估机构、资产评估机构接受委托前就已开始。评估机构及专业人员需要明确资产评估的范围，根据资产评估对象的具体情况，在对自身专业胜任能力、独立性和业务风险承担能力进行综合分析与评价的基础上，合理承接资产评估业务。接受业务委托后，评估机构及评估专业人员需要明确评估的基本事项，主要包括评估报告使用者、评估目的、评估对象和评估范围、评估价值类型、评估基准日等。

1）接受资产评估委托应满足的基本要求

评估机构及评估专业人员在接受资产评估业务委托时，应严格遵守资产评估职业道德和行为规范的要求，根据评估业务的具体情况，对自身专业胜任能力、独立性和业务风险进行综合分析与评价，并由评估机构决定是否承接评估业务。接受资产评估委托时应当着重注意以下几个方面：

（1）评估机构和评估人员不能利用主管部门或行政机关的权力，对行业、地区的评估业务进行垄断；

（2）不应以个人的名义接受委托，而应该以评估机构的名义接受委托；

（3）评估机构和评估人员不得通过诋毁、贬低同行信誉等不正当手段获得评估业务；

（4）评估机构和评估人员不得通过降低收费标准或以不切实际的承诺承揽业务；

（5）评估机构和评估人员应保持形式和实质上的独立；

（6）评估机构和评估人员不能同时为多个评估目的及要求而对同一资产进行评估；

（7）评估机构及其评估人员应充分了解评估对象、评估目的和评估范围；

（8）评估机构及其人员应充分分析评估业务风险，正确判断自身的执业能力，不得承揽无力完成的评估业务；

（9）按照能力原则受理评估业务并与委托人签订资产评估业务委托合同；

（10）评估机构在接受委托前应赴现场进行必要的勘查，以便明确评估工作量、工作时间和收费标准等基本事宜。

2）接受委托前需明确的业务基本事项

（1）委托人、产权持有人和委托人以外的其他资产评估报告使用人。

资产评估机构从事资产评估业务，必须接受委托方的委托，最终向委托方提交资产评估报告书。评估机构及评估专业人员在明确评估业务基本事项阶段，应当对委托方的基本情况有清晰的了解，主要包括委托方的名称、法定代表人、经济类型、所属行业、注册地址等。

在明确了委托方基本情况后，评估机构及评估专业人员需要进一步了解评估对象产权持有者的情况，明确委托方与产权持有者的关系。一般情况下，评估业务的委托方与评估对象的产权持有者是同一主体，委托方为特定的资产业务委托资产评估机构对自有产权的资产进行评估。但有时评估业务的委托方与评估对象的产权持有者不是同一主体，委托方为特定的资产业务委托资产评估机构对他人持有产权的资产进行评估。在评估业务开展之前，对除委托方外的相关当事方的了解也较为重要。如果委托方与产权持有者、资产管理者并非同一主体，资产评估需要事先征得资产管理者的同意，方能顺利地履行资产评估的后续程序。

评估机构及评估专业人员通过履行评估程序，得出评估结论，需要向委托方出具资产评估报告。评估报告只能用于评估报告载明的评估目的和用途，由评估报告载明的评估报告使用者使用。因此，在明确评估基本事项阶段，需要了解委托方对评估报告的期望用途，明确是否存在委托方以外的其他评估报告使用者，查明委托方与其他评估报告使用者之间的关系。

（2）评估目的。

资产评估目的是资产评估所要达到的目标，评估目的影响资产评估的价值类型和评估结果。资产评估总是为了满足特定资产业务需要进行的，明确资产评估特定目的，就是查明引发资产评估的经济行为，如资产转让、股权转让、企业清算、财产抵押、财产课税、编制财务报告等。

评估人员应当要求委托方明确资产评估结果的预期用途，确定资产评估目的。资产的评估目的，一般由资产评估专业人员根据委托方的需要进行合理确定并清晰表述。从评估目的的本质来说，资产评估目的是由引发资产评估业务的事项决定的，需要评估专业人员与委托方交流，通过询问等方式了解其评估报告的用途，确定其资产的评估目的。

（3）评估对象和评估范围。

在明确了资产的评估目的后，需要了解评估对象的基本状况，明确评估的基本范围。评估人员应当与委托方沟通，与委托方一道确定拟评估资产所包含的具体内容，以确定资产评估对象，明确资产评估的具体范围。

评估对象的基本状况，是接受评估委托时评估对象所处的状态，主要包括实物状况、权属状况和使用状况等。明确评估对象的实物状况，主要了解被评估资产的名称、类型、规格型号、技术参数、生产工艺、新旧程度、地理位置、数量等。明确评估对象的权属状况，主要了解被评估资产权利情况，查明委托方是否拥有资产的所有权和使用权，其权利是否受到一定的限制。资产评估一般评价实际权益状况下的资产的价值，不得随意设定资产的权益状况来进行评估。明确评估对象的使用状况，主要了解被评估资产的具体用途、利用效率、能源消耗、生产能力等。

评估范围与评估对象具有密切的联系，在明确了评估对象后，需要进一步明确评估对象的具体范围。评估范围是评估对象的具体化，即评估对象的内容与构成。评估范围的界定，需要根据资产评估的特定目的要求。有些评估对象不能用于某些评估目的，或有些评估目的限制了评估对象的范围和内容，所以，评估对象及范围和内容，既不能简单地根据委托方的要求确定，也不能根据评估人员的主观愿望随意确定，而应根据评估目的，依据法律、法规的规定并在征得了委托方的认可后综合确定。

（4）价值类型。

评估的价值类型一般分为市场价值和市场价值以外的价值两种类型。评估机构和专业评估人员应当在明确资产评估目的的基础上，恰当地确定资产评估结果的价值类型，并确信所选择的价值类型适用于资产评估目的及评估报告的期望用途。资产评估人员应当根据委托方评估资产的目的、评估时的资产市场条件和资产评估对象的自身条件等因素，选择评估价值类型及形式。从资产评估目的方面来看，以产权交易（转让）为目的的资产评估一般要求市场价值类型，以投资、继续使用、清算等为目的的资产评估一般要求市场价值以外的价值类型。某些特定的资产评估业务评估结论的价值类型可能会受到相关法律、法规或者契约的约束，如以抵（质）押为目的的评估业务、以税收为目的的评估业务、以保险为目的的评估业务、以财务报告为目的的评估业务等。这些评估业务的评估结论应当按照相关法律、法规或者契约等的规定选择评估结论的价值类型；相关法律、法规或者契约没有规定的，可以根据实际情况选择市场价值或者市场价值以外的价值类型。

（5）评估基准日。

评估机构和评估专业人员应当明确资产评估基准日，并确信资产评估基准日有利于资产评估结论有效地服务于资产评估目的，减少和避免不必要的资产评估基准日期后事项。

（6）资产评估报告使用范围。

资产评估机构和评估人员在接受委托前还须与委托方进行沟通，了解本次资产评估是否有可能影响评估过程和结论的限制条件，以判断能否接受委托和怎样接受委托。

（7）资产评估报告提交期限及方式。

资产评估机构和评估人员应对评估工作量有个合理的判断，并与委托方进行沟通，以明确本次评估工作的具体时间安排。

（8）评估服务费及支付方式。

资产评估机构在接受评估委托前应与委托方协商资产评估收费标准和收费方式，对资产评估对象价值量小而评估工作量大的项目，可要求委托方按评估项目的实际工作量支付评估费用。

（9）资产评估项目所涉及的需要批准的经济行为的审批情况。

如果资产评估项目所涉及的经济行为需要有关部门的审批，评估机构洽谈人员应当了解该经济行为获得批准的相关情况。获得有关部门批准的文件应当载明批件名称、批准日期及文号。

（10）委托人、其他相关当事人与资产评估机构及其资产评估专业人员工作配合和协助等需要明确的重要事项。

评估机构洽谈人员应当根据评估业务具体情况与委托人沟通，明确委托人与资产评估专业人员工作配合和协调等其他需要明确的重要事项，包括落实资产清查申报、提供资料、配合现场及市场调查，协调与相关中介机构的对接和交流等。当委托人不是评估对象的产权持有者时，需约定委托人协调产权持有者协助配合评估工作的责任。目的是在资产评估委托合同签订之前将一切可能需委托人尽责的事项沟通明确，为在资产评估委托合同中形成约束性条款做好准备。

评估机构和评估专业人员在明确上述资产评估基本事项的基础上，应对下列因素进行分析以确定是否承接资产评估项目：一是分析资产评估机构、人员的专业胜任能力及相关经验；二是分析评估机构和评估专业人员的独立性，确认与委托人或相关当事方是否存在现实或潜在利益冲突；三是进行风险评价，分析资产评估项目的执业风险。

4.2.2　订立业务委托合同

1）业务委托合同的含义

评估业务委托合同是指评估机构与委托方签订的，明确评估业务基本事项，约定评估机构和委托方权利、义务、违约责任和争议解决等内容的书面合同。为规范业务委托合同的签订、履行等行为，明确签约各方权利和义务，维护社会公共利益和资产评估各方当事人合法权益，中国资产评估协会颁布了《资产评估执业准则——资产评估委托合同》。

资产评估机构承揽资产评估业务，应当与委托人签订业务委托合同。资产评估是一种中介服务活动。资产评估机构作为受托方，完成委托方特定资产的估价服务。资产评估机构（受托方）与委托方应当以书面形式签订业务委托合同，以书面形式表达双方的权利义务关系，分清各自的责任。

2）业务委托合同的签订与变更

业务委托合同的签约主体是资产评估机构和委托方。资产评估机构应当具有与所承接评估业务相适应的执业资格，委托方应当存在引发资产评估的特定业务事项。评估机构及评估专业人员在承接资产评估业务时，应当就签订内容充分与委托方协商，明确评估业务合同的基本事项，并就合同的主要条款达成一致。业务委托合同制作完成后，应当由评估机构的法定代表人或合伙人签字并加盖评估机构公章。

业务委托合同签订后可以依法变更。《资产评估执业准则——资产评估委托合同》规定，业务委托合同签订后，签约各方发现相关事项存在遗漏、约定不明确，或者履行评估程序受到限制需要增加、调整约定事项的，可以协商对业务委托合同相关条款进行变更，并签订补充协议或者重新签订业务委托合同。业务委托合同签订后，评估目的、评估对象、评估基准日发生变化，或者评估范围发生重大变化的，评估机构应当与委托方签订补充协议或者重新签订业务委托合同。

业务委托合同签订后，签约各方均应当按约定的事项履行各自的义务。业务委托合同应当约定签约各方的违约责任，签约各方因不可抗力无法履行业务委托合同的，可根据法律规定，部分或者全部免除责任。如果在履行业务委托合同过程中产生争议，和解、调解不成的，或者根据协议向仲裁机构申请仲裁，或者向人民法院提起诉讼。

3）业务委托合同的内容

资产评估业务委托合同是在资产评估机构明确了上述基本事项，并对评估项目做出风险评价之后，与委托人共同签订的，以确认资产评估业务的委托与受托关系，明确委托目的、被评估资产范围及双方权利义务等相关重要事项的合同。资产评估业务委托合同应当内容全面、具体，含义清晰准确，符合国家法律、法规和资产评估行业管理规定，应包括以下基本内容：

（1）资产评估机构和委托人的名称、住所、联系人及联系方式；

（2）评估目的；

（3）评估对象和评估范围；

（4）评估基准日；

（5）评估报告使用范围；

（6）评估报告提交期限和方式；

（7）评估服务费总额或者支付标准、支付时间及支付方式；

（8）资产评估机构和委托人的其他权利和义务；

（9）违约责任和争议解决；

（10）合同当事人签字或者盖章的时间；

（11）合同当事人签字或者盖章的地点。

4）资产评估业务委托合同提前终止及解除

由于人为或客观原因，可能会出现提前终止、解除资产评估业务委托合同的情形。《资产评估法》第十八条和第十九条分别赋予了资产评估机构在法定情形下可以拒绝履行或单方解除资产评估业务委托合同的权利。资产评估机构可以在洽商、订立资产评估业务委托合同时依法要求体现相关约定，包括：

（1）委托人和其他相关当事人如果拒绝提供或者不如实提供开展资产评估业务所需的权属证明、财务会计信息或其他相关资料，资产评估机构有权拒绝履行资产评估业务委托合同。

（2）委托人要求出具虚假资产评估报告或者有其他非法干预评估结论情形的，资产评估机构有权单方解除合同。

除此之外，还存在非资产评估机构及评估专业人员原因，导致资产评估委托合同解除的其他情形：

（1）委托人提前终止资产评估业务、解除资产评估业务委托合同。

（2）因委托人或其他相关当事人原因导致资产评估程序受限，资产评估机构无法履行资产评估业务委托合同，在相关限制无法排除时资产评估机构单方解除资产评估业务委托合同。

针对上述因法定情由提前终止和解除资产评估业务委托合同的情形，以及其他非资产评估机构及评估专业人员原因导致资产评估业务委托合同解除的情形，资产评估机构可以依据法律和相关资产评估准则的要求，在洽商、订立资产评估业务委托合同时与委托人约定：相关法定或特定的资产评估业务委托合同提前终止、解除的情形发生时，由委托人按照已经开展资产评估业务的时间、进度或者已经完成的工作量支付相应的评估服务费。

【相关链接4-3】　　　　　**资产评估业务委托合同举例**

A资产评估有限公司的业务委托合同如下：

资产评估业务委托合同

委托方名称：*ZZ房地产公司*

住　　　所：

联系方式：

评估机构：*A资产评估有限公司*

住　　　所：

联系方式：

一、评估目的

Q有限公司拟收购ZZ房地产公司，需要对ZZ房地产公司的全部股东权益进行评估，为上述经济行为提供价值参考依据。

二、评估对象和评估范围

1.评估对象：ZZ房地产公司全部股东权益。

2.评估范围：ZZ房地产公司全部资产及负债。

三、评估基准日

本次评估的基准日为：2022年12月31日。

四、评估报告使用范围和使用者

1.资产评估报告的使用范围仅限于本委托合同所载明的评估目的所对应的经济行为。

2.资产评估报告的使用者为ZZ房地产公司、Q有限公司以及相关行政部门。

3.资产评估师和评估机构对委托方和其他评估报告使用者不当使用评估报告所造成的后果不承担任何责任。

五、评估报告提交期限和方式

1.提交期限：委托方要求评估机构于2023年3月15日之前提供报告。

2.提交方式：当面提交。

六、评估收费

1.本项目的评估业务收费标准按有关规定，计人民币_____元，委托方在签订协议后的两日内，应将50%的评估业务费预付给评估机构，其余部分待评估机构提供评估报告时一并结清。

2.支付方式：转账。

3.评估机构在评估过程中，需出差到外地的差旅费及其他费用均由委托方承担（不计入评估业务费）。

七、评估机构和委托方的其他权利和义务

1.遵守相关法律、法规和资产评估准则，对评估对象在评估基准日特定目的下的价值进行分析、估算并发表专业意见，是资产评估师的责任；提供必要的资料并保证所提供资料的真实性、合法性、完整性，恰当使用评估报告是委托方和相关当事方的责任。

2.评估机构对委托方提供的评估资料负有保密责任。未经委托方书面许可，资产评估师和评估机构不得将评估报告的内容向第三方提供或者公开，法律、法规另有规定的除外。

3.委托方应当为资产评估师执行评估业务提供必要的工作条件和协助。委托方或者产权持有者应当对其提供的评估明细表及相关证明材料以签字、盖章或者其他方式进行确认。

4.未征得评估机构同意，评估报告的内容不得被摘抄、引用或者披露于公开媒体，法律、法规规定以及相关当事方另有约定的除外。评估报告仅供委托方和业务委托合同约定的其他评估报告使用者使用，法律、法规另有规定的除外。资产评估师和评估机构对委托方和其他评估报告使用者不当使用评估报告所造成的后果不承担责任。

八、违约责任和争议解决

1.业务委托合同签订后，签约各方发现相关事项约定不明确，或者履行评估程序受到限制需要增加、调整约定事项的，可以协商对业务委托合同相关条款进行变更，并签订补充协议或者重新签订业务委托合同。

2.业务委托合同签订后，评估目的、评估对象、评估基准日发生变化，或者评估范围发生重大变化时，评估机构应当与委托方签订补充协议或者重新签订业务委托合同。

3.业务委托合同签订后，如在履约过程中出现争议，向仲裁机构申请仲裁。

签约时间：2022年9月15日

委托方：ZZ房地产公司　　　评估机构：A资产评估有限公司

（盖章）　　　　　　　　　　（盖章）

负责人：　　　　　　　　　　负责人：

4.2.3　编制资产评估计划

资产评估计划是评估机构及评估专业人员为完成评估业务委托而拟定的工作思路和实施方案，是对资产评估工作步骤、工作时间和评估人员所做的规划和安排。评估计划一般在评估项目开展前编制，为保证各种资源最有效的配置及合理利用，需要对未来可能进行的所有主要评估工作进行规划，依照评估工作程序的要求对现场调查、收集评估资料、评定估算、编制和提交评估报告等评估工作的各个具体环节进行规划，对评估步骤、工作进度安排、专业人员、时间、重点关注的事项等具体内容加以明确。

1）编制资产评估计划需考虑的因素

资产评估专业人员在编制资产评估计划的过程中，应当同委托人及相关当事人就相关问题进行沟通，以保证资产评估计划的可操作性，编制资产评估计划时，其应当考虑以下因素：

①资产评估目的以及相关管理部门对资产评估开展过程中的管理规定。

②评估业务风险、评估项目的规模和复杂程度。

③评估对象及其法律、经济、技术、物理等因素。

④评估项目所涉及资产的结构、类别、数量及分布状况。

⑤委托人及相关当事人的配合程度。

⑥相关资料收集状况。

⑦委托人、评估对象产权持有人（或被评估单位）过去委托资产评估的情况、

诚信状况及其提供资料的可靠性、完整性和相关性。

⑧ 资产评估专业人员的专业能力、经验及人员配备情况。

⑨ 与其他中介机构的合作、配合情况。

2）资产评估计划的主要内容

评估计划应当涵盖现场调查、收集评估资料、评定估算、编制和提交评估报告等评估业务实施全过程，包括资产评估业务实施的主要过程、时间进度、人员安排和技术方案等内容。

（1）资产评估业务实施的主要过程。

资产评估计划应当涵盖现场调查、收集评估资料、评定估算、编制和提交资产评估报告等资产评估业务实施的主要过程。

资产评估专业人员在确定各主要过程的具体评估步骤时，需考虑以下因素：

① 评估项目的背景和相关条件，包括评估目的、评估对象和评估范围、价值类型、评估基准日、本次评估操作的重点和难点、参与本项目的其他中介机构等。

② 采用的评估方法。

③ 资产清查的工作重点及具体要求，如现场调查工作目标、现场调查工作总体时间安排、现场调查主要工作内容、现场调查的协调方式等内容。

④ 与参与本项目的审计、律师等其他中介机构的对接安排及注意事项等。

（2）资产评估业务实施的时间进度安排。

明确资产评估业务实施的时间进度安排，有利于跟踪评估工作进度，保证在报告提交期限内提交报告。资产评估专业人员应结合评估报告提交期限、评估业务实施的主要过程的具体步骤、业务实施的重点和难点等来制订评估业务实施的进度安排。

资产评估师应在与委托方共同商定的评估作业日期，合理确定评估工作时间，并对各具体评估步骤的时间进度进行安排。资产评估师可以根据评估业务具体情况确定评估计划的繁简程度。对于小型评估项目，评估计划可以适当简化；对于那些大型、复杂的评估项目，要求附以流程图、进度表，详细列示具体的操作安排。

（3）资产评估业务实施的人员安排。

合理的评估业务实施人员安排是高效、保质完成评估项目的保障。应当根据评估项目的资产规模、资产分布、资产专业结构、业务风险因素等情况以及评估方法、评估业务实施主要过程的主要步骤、业务实施的时间安排、费用预算等，综合考虑评估业务实施对评估专业人员的工作经验、技术水平、专业分工、人员数量等配置要求组建项目团队。

评估机构应根据评估任务量的大小、性质及评估工作的难易程度，合理确定此项评估的人员数量及构成，并根据评估人员的特点和专项特长，具体分配评估人员。评估机构应根据评估工作的地点、评估人员的多少、评估工作时间的长短等合理安排评估所需经费，做到既满足需要，又节省资金。

3）资产评估计划的调整

评估作业计划编制完成后，需要上报资产评估机构负责人审核，经批准后方可实施。在评估业务执行过程中，要求评估人员遵循拟定的作业计划安排。如果在执行资产评估计划过程中，评估对象的情况或相关因素发生了变化，可以对作业计划进行必要的修改、补充和完善，调整评估工作步骤，适当增加或减少评估人员，调整评估作业时间。

资产评估项目的执行是一个复杂、动态的过程，如果原编制的评估计划不能适应项目要求，资产评估机构应当对评估计划进行必要的调整。在评估业务执行过程中，要求评估人员遵循拟定的作业计划安排。比如：评估工作本身遇到了障碍，出现了在编制评估计划时没有预料到的操作层面或者技术层面的情况，造成评估工作未能按照原计划推进；当委托人经济行为涉及的评估对象、评估范围、评估基准日发生变化时，应尽快与委托人、其他相关当事人进行沟通，可以对作业计划进行必要的修改、补充和完善，调整评估工作步骤，适当增加或减少评估人员，调整评估作业时间。调整计划要兼顾评估效率和工作质量的原则，充分利用已有的工作成果，将评估计划调整导致的成本降到最低水平。

4.2.4　进行评估现场调查

现场调查是指资产评估人员亲临现场，实地查明评估对象的现实状况。现场调查应当在评估对象或评估业务涉及的主要资产所在地进行。评估人员应当深入现场，核实评估对象的存在性和完整性，勘查评估对象的品质和使用状况，查验评估对象的法律权属资料，了解评估对象的实际情况，取得相应的调查资料。通过现场调查，评估人员应当确信或证明评估对象是存在的、数量是正确的，对评估对象的技术状况和物理状况有充分的了解，对评估对象的运用或使用状况有充分的了解。

现场调查是资产评估的一个重要环节。评估人员在执行资产评估业务时，应当根据评估业务具体情况对评估对象进行适当的现场调查。现场调查对于评估人员全面、客观地了解评估对象，核实委托方和资产占有方提供资料的可靠性，确定委托资产的真实性、合法性和完整性，均具有重要的意义。

1）现场调查的目的

现场调查是资产评估准备工作中的重要一环，其目的主要在于：确定委托评估资产是否存在，以及其合法性和完整性；确定委托评估资产与账簿、报表的一致性；搜集委托评估所需的有关数据资料。

2）现场调查的主要内容

（1）评估对象的基本情况。评估人员在进行现场调查时，应与委托方或资产占有方沟通，索取需要评估的资产清单，了解评估对象的功能、技术参数、账面价值等。

（2）评估对象的存在性与完整性。评估人员应当亲临评估对象现场，查看资产清单中列出的各项资产，查看评估对象是否真实存在，核对评估对象的存在性与完整性。

（3）评估对象的使用情况。评估人员应当对拟评估资产目前的用途、利用程度、新旧程度等使用情况进行了解，为后续的评定估算工作取得现场资料。

（4）评估对象的权属状况。评估人员在进行现场调查时，还应当调查评估对象的权属状况，查明委托方或资产占有方是否拥有其所有权，权利是否受到一定的限制。

不同的资产评估项目，由于评估目的、评估对象等因素的不同，现场调查的具体内容不尽相同。资产评估人员应当根据评估项目的具体情况，确定具体的调查内容和调查方式。

3）现场调查的基本要求

（1）关于现场调查范围的要求。

现场调查的范围是以委托方委托评估资产的范围为准，要特别注意委托方委托评估资产中包括的其自身占用以外的部分，如分公司资产、异地资产，以及租出资产等。不能将这部分资产遗漏，它们也应包括在勘查之列。

（2）关于现场调查程度的要求。

关于现场调查的程度应根据不同种类的资产繁简有别，具体情况可参考以下要求：

对于建筑物，要逐栋逐幢进行勘查核实，了解其使用、维修情况和现状，并做好勘查记录。建筑物的产权证明是核查中必不可少的项目。

对于机器设备，主要看评估对象的数量。对于项目较小、设备数量不多的情况，要对待估设备逐一核查。当评估项目较大，设备种类繁多，数量较多时，可先按 ABC 分类法找出评估重点，对 A 类设备要逐一核查并进行技术鉴定；对 B 类设备也应尽量逐一核查；对 C 类设备可采取抽样核查的方法。

对流动资产的核查程度与委托方的管理水平和自查的程度有关。对于企业管理水平较高、自查比较彻底的，对流动资产一般采用随机抽样法进行核查并做好抽查记录。按照现行规定，流动资产抽查的数量应达到国家规定的比例，如对存货进行抽查，抽查数量应达 40% 以上，价值比例达 60% 以上，其中残次、变质、积压及待报废的应逐项核查。

对于无形资产、长期股权投资、递延资产等资产要逐笔核查。

涉及评估净资产的，要对负债进行逐笔审核。

4）勘查调整

对勘查过程中发现的账外资产及盘亏资产等，以及重复申报和遗漏的，应根据具体情况和管理要求，进行必要的调整，并详细说明勘查调整的原因、过程和结果。

对于那些受财务会计制度限制，不能直接进行账务调整的盘亏损毁资产，虽可暂不进行会计账务调整，但是，对评估对象及评估对象申报表必须进行切实的调整。评估对象必须是客观存在的，无论是现实存在的或潜在存在的，资产的勘查调整必须据实进行。

5）现场调查的手段

现场调查手段通常包括询问、访谈、核对、监盘、勘查等。资产评估专业人员可以根据重要性原则采用逐项或者抽样的方式进行现场调查。

6）现场调查的方式

资产评估专业人员对评估对象进行现场调查时，采用的调查方式包括逐项调查和抽样调查。

逐项调查是指对纳入评估范围的所有资产及负债进行逐项核实，并进行相应的勘查和法律权属资料核实。当存在下列情形之一时，资产评估专业人员应当考虑进行逐项调查：

（1）评估范围内资产数量少、单项资产的价值量大，比如不动产评估项目。

（2）资产存在管理不善等风险，产权持有人或被评估单位提供的相关资料无法反映资产的实际状况，并且从其他途径也无法获取充分、恰当的评估证据，比如停产多年的企业资产评估项目、企业破产清算项目等。

抽样调查是指按一定程序从研究对象的全体（总体）中抽取一部分单位（样本）进行调查或观察，获取数据，并以此对总体的一定目标量做出推断。抽样调查的基本方法包括简单随机抽样、分层抽样、系统抽样、整群抽样、不等概率抽样、多阶段抽样、重点项目抽样等。

对于无法或不宜对评估范围内所有资产、负债等有关内容进行逐项调查的，如资产项数庞大、同质性强，可以采用抽样调查方式进行现场调查。重点项目抽样是对纳入评估范围内的资产及负债，遵循重要性原则，对于价值量大的、关键或重要的资产进行调查。

资产评估专业人员如果采用抽样调查方式进行现场调查，在制订评估计划时，应考虑到抽样风险，要保证由抽样调查形成的调查结论合理、能够基本反映资产的实际状况，抽样误差要适度。《资产评估执业准则——机器设备》和《资产评估执业准则——不动产》均规定对机器设备、不动产进行现场调查可以采取抽样调查方法，但应当充分考虑抽样风险。选择抽样调查方式的理由要形成评估工作底稿。

4.2.5　收集整理评估资料

从资产评估的过程来看，资产评估实际上就是对被评估资产的信息进行收集、分析判断并做出披露的过程。对资产评估加以严格的程序要求，其目的也是要保证评估对信息收集、分析的充分性和准确性。因此，资产评估人员应当独立获取评估所依据的信息，并确信信息来源是可靠的和适当的。

在上述几个环节的基础上，评估机构和评估专业人员应当根据资产评估项目具体情况收集资产评估相关资料。资料收集工作是资产评估业务质量的重要保证，不同的项目、不同的评估目的、不同的资产类型对评估资料具有不同的需求。由于评估对象及其所在行业的市场状况、信息化和公开化程度差别较大，相关资料的可获取程度也不同，因此，评估机构和评估专业人员的执业能力在一定程度上体现在其收集、占有与所执行项目相关的信息资料的能力上。评估机构和评估专业人员在日常工作中就应当注重收集信息资料及其来源，并根据所承接项目的情况确定收集资料的深度和广度，尽可能全面、翔实地占有资料，并采取必要措施确信资料来源的可靠性。根据资产评估项目的进展情况，评估机构和评估专业人员还应当及时补充收集所需要的资料。

评估机构和评估专业人员应当通过与委托人、资产占有方沟通并指导其对评估对象进行清查等方式，对评估对象或资产占有单位资料进行了解，同时也应当主动收集与资产评估业务相关的评估对象资料及其他资产评估资料。收集整理资料，一方面是为后面的资产评估准备素材和依据；另一方面也是评估机构建立评估工作档案的需要。为满足上述两方面的要求，评估机构应收集整理以下重要资料（根据项目的需要可作适当的删减或增加）：

（1）有关资产权利的法律文件或其他证明资料。主要的产权证明文件包括：

① 有关房地产的土地使用证、房产执照、建设规划许可证、用地规划许可证、项目批准文件、开工证明、出让及转让合同、购买合同、原始发票等。

② 有关在建工程的规划、批文。

③ 有关设备的购买合同、原始发票等。

④ 有关无形资产的专利证书、专利许可证、专有技术许可证、特许权许可证、商标注册证、版权许可证等。

⑤ 有关股权投资合同。

⑥ 有关银行借款的合同。

（2）资产的性质、目前和历史状况信息。主要资料包括：

① 有关房地产的图纸、预决算资料。

② 有关在建工程的种类、开工时间、预计完工时间、承建单位、筹资单位、筹资方式、成本构成、工程基本说明或计划等。

③ 有关设备的技术标准、生产能力、生产厂家、规格型号、取得时间、启用时间、运行状况、大修理次数、大修理时间、大修理费用、设备与工艺要求的配套情况等。

④ 有关存货的数量、计价方式、存放地点、主要原材料近期进货价格统计表等。

⑤ 有关应收及预付款的账龄统计表、主要赊销客户的信誉及经营情况、坏账准备政策、应收款回收计划等。

⑥ 有关长期投资的明细表，包括被投资企业、投资金额、投资期限、起止时

间、投资比例、年收益、收益分配方式、账面成本等。

⑦ 原始证据主要包括评估基准日的会计报表、盘点表、对账单、调节表、应收及应付询证函、盘盈及盘亏、报废资产情况说明及证明材料等。

（3）有关资产的剩余经济寿命和法定寿命信息。

在现场调查过程中，评估人员应了解资产的设计寿命，并通过技术鉴定了解和判断资产的剩余物理寿命和经济寿命。

（4）有关资产的使用范围和获利能力的信息。

资产评估人员可以通过核实资产占有方的营业执照了解被评估资产的经营范围和使用范围，并通过技术鉴定掌握资产的可使用范围和空间。

（5）资产以往的评估及交易情况信息。

资产评估人员通过查询有关账簿及相关资料了解被评估对象以往的评估和交易情况。

（6）资产转让的可行性信息。

资产评估人员通过查询有关交易合同或意向书及相关的市场调查，了解被评估对象转让的可行性信息。

（7）类似的资产的市场价格信息。

资产评估人员应通过市场调查了解和掌握与评估对象类似的资产的市场价格信息。

（8）委托方声明。

有关被评估资产所有权、处置权的真实性，产权限制，以及所提供的数据资料真实性的承诺等。

（9）可能影响资产价值的宏观经济前景信息。

（10）可能影响资产价值的行业状况及前景信息。

（11）可能影响资产价值的企业状况及前景信息。

（12）其他相关信息。

除上述重要资料外，资产评估人员还应了解和掌握其他相关信息，例如：各类资产负债清查表、登记表、评估申报明细表；资产、负债清查情况及调整说明；委托方营业执照副本及其他材料等。

虽然委托人或者其他相关当事人需要提供涉及评估对象和评估范围的必要资料，并要求委托人或者其他相关当事人对其提供的资产评估明细表及其他重要资料进行确认，但资产评估专业人员应当依法对资产评估活动中使用的资料进行核查验证。核查验证的方式通常包括观察、询问、书面审查、实地调查、查询、函证、复核等。

超出资产评估专业人员专业能力范畴的核查验证事项，资产评估机构应当委托或者要求委托人委托其他专业机构或者专家出具意见。因法律法规规定、客观条件限制无法实施核查验证的事项，资产评估专业人员应当在工作底稿中予以说明，分析其对评估结论的影响程度，并在资产评估报告中予以披露。如果上述事项对评估结论产生重大影响或者无法判断其影响程度，资产评估机构不得出具资产评估报告。

4.2.6　评定估算形成结论

评估机构和评估专业人员在搜集整理相关资产评估资料的基础上，进入评定估算环节，即在充分分析资产评估资料的基础上，恰当选择并运用资产评估方法形成评估结论，再经综合分析及反复审核后确定合理评估结论。该环节大致要经历以下几个阶段：

1）分析资料

资产评估机构人员应当根据评估目的和其他具体要求，对所搜集的资产评估资料进行分析整理，选择相关信息并确定其可靠性和可比性，对不可比信息要进行必要的调整，以保证评估所用信息的质量。

2）选择评估方法

成本法、市场法和收益法是三种基本的资产评估技术思路及其具体评估方法的集合。评估人员应当根据评估对象、价值类型、评估资料收集情况等相关条件，分析市场法、收益法和成本法等各种资产评估基本方法的适用性，恰当选择评估方法。选择评估方法时要注意以下几点：

（1）评估方法的选择应当与评估对象的类型、现实状态等相适应。

（2）评估方法的选择应当与评估目的、评估时的市场条件、评估对象所处状态以及评估的价值类型相适应。

（3）评估方法的选择应当与占有资料的情况相适应。

3）运用评估方法评定估算资产价值

资产评估人员在确定资产评估方法后，应当根据已明确的评估目的和评估价值类型，以及所搜集的信息资料和具体的执业规范要求，恰当、合理地形成初步评估结论。评估方法的选择包括选择评估技术思路、实现评估技术思路的具体方法以及选择技术经济参数等内容。采用成本法，应当在合理确定被评估资产的重置成本和各相关贬值因素的基础上得出评估初步结论；采用市场法，应当合理地选择参照物，并根据评估对象与参照物的差异进行必要调整，得出初步评估结论；采用收益法，应当在合理预测未来收益、收益期和折现率等相关参数的基础上得出评估初步结论。

在选择评估方法时，如果条件具备，可以选择两种或两种以上的评估方法对同一评估对象进行估算。对同一评估对象采用多种评估方法时，应当对采用各种方法评估形成的测算结果进行分析比较，形成合理的评估结论。

需要特别注意的是：资产评估专业人员执行资产评估业务，应当合理使用评估假设，并在资产评估报告中披露评估假设。

4）审核评估结论并给出合理评估结论

在形成初步资产评估结论的基础上，评估人员和机构内部的审核人员应对本次评估所使用的资料、经济技术参数等的数量、质量和选取依据的合理性进行综合分析，以确定合理的资产评估结论。采用两种以上资产评估方法时，资产评估人员和审核人员还应当综合分析各评估方法之间的相关性和恰当性、相关参数选取的合理性，以确定最终合理的资产评估结论。

4.2.7　编制出具评估报告

资产评估报告是指资产评估机构及其资产评估专业人员遵守法律、行政法规和资产评估准则，根据委托履行必要的资产评估程序后，由资产评估机构对评估对象在评估基准日特定目的下的价值出具的专业报告。

资产评估专业人员应当在评定、估算形成评估结论后，按有关资产评估报告的规范及委托方的要求编制初步资产评估报告。资产评估机构应当按照法律、行政法规、资产评估准则和资产评估机构内部质量控制制度，对初步资产评估报告进行内部审核。同时，资产评估机构在不影响对评估结论进行独立判断的前提下，可以与委托人或者委托人同意的其他相关当事人就资产评估报告有关内容进行沟通，对沟通情况进行独立分析，并决定是否对资产评估报告进行调整。资产评估机构及其资产评估专业人员完成上述资产评估程序后，由资产评估机构出具并提交正式资产评估报告。

如果执行资产评估业务时，因法律法规规定、客观条件限制，无法或者不能完全履行资产评估基本程序，经采取措施弥补程序缺失，且未对评估结论产生重大影响的，可以出具资产评估报告，但应当在资产评估报告中说明资产评估程序受限情况、处理方式及其对评估结论的影响。如果程序受限对评估结论产生重大影响或者无法判断其影响程度的，不得出具资产评估报告。

资产评估机构应当遵守资产评估协议书中所规定的提交评估报告书的时间和方式，在规定的时间里以恰当的方式将资产评估报告书提交给委托人。资产评估报告的编制要求、基本内容、编制方法、格式标准、复核内容、提交方式等内容将在后续的章节中介绍。

4.2.8　整理归集评估档案

资产评估档案是指资产评估机构开展资产评估业务形成的，反映资产评估程序实施情况、支持评估结论的工作底稿、资产评估报告及其他相关资料。纳入资产评估档案的资产评估报告应当包括初步资产评估报告和正式资产评估报告。

工作底稿可以是纸质文档、电子文档或者其他介质形式的文档。资产评估机构及其资产评估专业人员应当根据资产评估业务具体情况和工作底稿介质的理化特性谨慎选择工作底稿的介质形式。同时以纸质和其他介质形式保存的文档，其内容应当相互匹配，不一致的以纸质文档为准。工作底稿通常分为管理类工作底稿和操作类工作底稿。管理类工作底稿是指在执行资产评估业务过程中，为受理、计划、控制和管理资产评估业务所形成的工作记录及相关资料。操作类工作底稿是指在履行现场调查、收集评估资料和评定估算程序时所形成的工作记录及相关资料。资产评估专业人员通常应当在资产评估报告日后90日内将工作底稿、资产评估报告及其他相关资料归集形成资产评估档案，并在归档目录中注明文档介质形式。重大或者特殊项目的归档时限为评估结论使用有效期届满后30日内。

资产评估机构应当在法定保存期内妥善保存资产评估档案，保证资产评估档案安全和持续使用。资产评估档案自资产评估报告日起保存期限不少于十五年；属于法定资产评估业务的，不少于三十年。资产评估档案应当由资产评估机构集中统一管理，不得由原制作人单独分散保存。资产评估档案的管理应当严格执行保密制度。除下列情形外，资产评估档案不得对外提供：

（1）国家机关依法调阅的；

（2）资产评估协会依法依规调阅的；

（3）其他依法依规查阅的。

4.3 执行资产评估程序的基本要求

资产评估的基本程序是资产评估工作步骤的系统性概括，资产评估机构及专业人员在执行资产评估业务时应当遵循《资产评估执业准则——资产评估程序》的要求，认真履行评估的基本程序。资产评估程序对资产评估机构及专业人员的基本要求包括以下几个方面：

（1）资产评估机构及专业人员不得随意减少评估基本程序。

资产评估机构及专业人员在没有正当理由和可靠依据的情况下，应当按照评估程序的相关要求履行完整的评估程序，不得随意减少评估基本程序。资产评估机构及专业人员在执行具体资产评估业务时，可以结合评估业务具体情况，制定并实施适当的具体评估步骤。在不影响评估质量的前提下，资产评估机构及专业人员可以在执行各项评估程序时针对具体情况对每项评估程序的繁简程度进行适当的调整或具体化。

（2）结合评估基本程序的要求，制定具体的实施步骤。

资产评估的基本程序是资产评估师执行一项完整评估业务时应该履行的主要重点工作内容及要求。针对每一基本程序还应有具体的实施安排或步骤，资产评估机构应当在评估基本程序的基础上，建立健全本机构的资产评估程序制度。资产评估师应当根据评估对象、评估范围、业务规模的不同，在制订评估计划时落实现场调查、收集评估资料、确定估算方法的具体实施步骤。资产评估是一项专业性较强的工作。资产评估师通常是在许多相关专业人员和助理人员的协同工作下完成评估业务。资产评估师应当指导业务助理人员履行评估程序，并对业务助理人员的工作结果负责。

（3）执行资产评估业务，无法或者不能完全履行评估基本程序时的应对措施。

执行资产评估业务，因法律法规规定、客观条件限制，无法或者不能完全履行资产评估基本程序，经采取措施弥补程序缺失，且未对评估结论产生重大影响时，资产评估机构及其资产评估专业人员可以继续开展业务，对评估结论产生重大影响或者无法判断其影响程度的，不得出具资产评估报告。

（4）应当记录评估程序的履行情况，形成工作档案。

为规避资产评估执业风险，资产评估机构及专业人员在履行资产评估程序时，应当完整、详细地记录评估程序的履行情况，形成工作档案。工作档案是证明完整、真实地履行评估程序的必要证据，对于规避和防范评估执业风险有重要的作用。

【案例4-1】　　　评估机构因未按照评估程序执业被处罚的情况

1）引言

近年来，在强监管的背景之下，证监会继续坚持依法全面从严监管，强化评估机构的主体责任，以现场检查为抓手，督促评估机构加强内部管理、健全质量控制体系、严格履行评估程序、提升执业质量，以满足资本市场高质量的业务需求。在对评估机构的监管检查中，仍然发现部分评估机构存在未完全履行评估执业程序的情况，并且由于未执行必要的评估程序导致直接影响评估结论的准确性。证监会依法对在评估工作中未勤勉尽责的评估机构及评估人员进行了处罚。

2）评估机构未按评估程序进行执业的情况

（1）对评估项目实施的评估程序不到位。

PP评估机构对B公司股东全部权益价值项目进行资产评估时存在评估程序实施不到位的情况。

第一，评估师未关注评估工作底稿中记账凭证与对账单发票金额不符的情况。评估工作底稿中收录的相关记账凭证显示的分成款，与所附的增值税发票及相关对账单显示的相关分成款不一致。

第二，评估师未关注孙公司以个人名义开立银行账户的情况。

第三，评估说明中对银行存款实施的评估程序与实际不符。评估说明称"评估人员对银行存款进行了函证，并取得了银行存款的银行对账单和银行存款余额调节表，对其进行核对，无未达账项"，而实际执行的评估程序与评估说明不符。评估工作底稿中的银行询证函均引用被评估企业的M会计师事务所（特殊普通合伙）的函证回函，相关回函未取得该事务所盖章确认。

第四，评估工作底稿中关于电子设备如投影仪、数码摄像机、冰箱、思科交换机等的询价记录，只有打印版的网页报价，没有显示询价日期、询价人员等详细记录。

第五，部分评估程序履行不到位，资产基础法评估过程中未对往来款项进行函证。

（2）未来收益预测的评估假设不合理，导致评估值失真。

AB评估机构对xyz全部股权项目进行资产评估时，对于xyz集团20×3年、20×4年的业绩真实性，项目组没有实施专门的评估程序，仅主要参考项目会计机构出具的审计报告；对于20×5年的业绩真实性，项目组仅参与了部分xyz集团客户、供应商的走访，但底稿中未对其参与走访情况形成书面统计分析材料。在已发现被评估企业存在重大财务舞弊风险的情况下，项目组未对xyz历史业绩的真实性适当关注并实施有效的评估程序，导致形成未来收益预测的评估假设明显不合理，进而导致评估值高估。

（3）存在以预先设定的价值作为评估结论的情况。

AB评估机构对xyz全部股权项目进行资产评估时，存在以预先设定的价值作为评估结论的情况。一是企业的期望估值随借壳对象的变化而变化。二是评估师预测xyz各年收入的增长率，但评估工作底稿中未记录该增长率的确定依据。三是应由被评估单位提供用于盈利预测的材料是评估师代被评估单位倒编形成，评估工作底稿中无xyz提供的必要的盈利预测资料。四是xyz股权价值的评估结果与xyz的期望评估结果基本吻合，AB评估对此没有合理解释。

（4）各级审核不到位，导致计算汇总错误。

PP评估机构对B公司股东全部权益价值项目进行资产评估时未勤勉尽责，各级审核不到位，导致计算汇总错误。

一是，评估师对永续期折现系数计算错误，折现系数错误，导致原评估值高估。

二是，评估师对被评估企业新增电子设备的折旧金额计算错误，少提折旧。

三是，评估师计算企业风险系数Beta时采用的企业所得税税率错误，选用税率不适用于B公司。

3）处罚情况

（1）评估机构未按评估程序执业具体的违法违规行为。

①PP评估机构对B公司股东全部权益价值项目进行资产评估时评估程序不到位，上述行为不符合《资产评估准则——资产评估程序》第十条、第十九条、第二十四条，以及《资产评估准则——资产评估档案》第六条、第十三条的规定。

②AB评估机构对xyz全部股权项目进行资产评估时，未来收益预测的评估假设不合理，导致评估值失真。以上行为不符合《资产评估准则——企业价值》第二十七条的规定。

③AB评估机构对xyz全部股权项目进行资产评估时，存在以预先设定的价值作为评估结论的情况。以上行为违反《资产评估准则——企业价值》第七条的规定。

④PP评估机构对B公司股东全部权益价值项目进行资产评估时未勤勉尽责，各级审核不到位，导致计算汇总错误。上述行为不符合《资产评估准则——基本准

则》第七条、《资产评估准则——资产评估报告》、第六条《资产评估准则——资产评估程序》第二十六条，以及《资产评估准则——企业价值》第七条、第八条的规定。

（2）具体处罚。

①根据AB评估机构违法行为的事实、性质、情节与社会危害程度，依据《证券法》第二百二十三条的规定，证监会决定：

第一，没收AB评估机构业务收入××万元，并处以×××万元罚款。

第二，对两名签字评估师给予警告，并分别处以罚款。

②根据PP评估机构上述违法行为的事实、性质、情节与社会危害程度，依据《证券法》第一百七十三条和第二百二十三条的规定，证监会决定：

第一，对PP评估机构在执业中未勤勉尽责的行为，责令改正，没收其业务收入×××万元，并处以×××万元罚款。

第二，对两名签字评估师给予警告，并分别处以罚款。

4）启示

在对评估机构的监管检查中发现，部分评估机构存在内部管理制度不完善、内部管理工作不到位、未完全履行评估程序的情况，质量控制体系有待完善，独立性管理工作还需加强。在具体执业项目方面，一些评估机构对折现率、增长率、利润率等关键评估参数的选取依据不足，对历史经营数据、经营发展规划和盈利预测等重要评估资料缺少调查与分析；一些评估报告与说明未充分披露与评估结论相关的重要信息；部分评估机构的现场勘查程序严重不足，未执行必要的工作程序便直接依赖其他中介机构的工作成果；还有个别评估项目存在多处明显计算错误，且直接影响评估结论的准确性。由此可见正确履行资产评估程序的重要性。

评估机构及评估人员执行评估业务时，不得随意减少评估基本程序，应当结合评估基本程序的要求，制定具体的实施步骤。若因法律法规规定、客观条件限制，无法或者不能完全履行资产评估基本程序，经采取措施弥补程序缺失，且未对评估结论产生重大影响时，资产评估机构及其资产评估专业人员可以继续开展业务，对评估结论产生重大影响或者无法判断其影响程度的，不得出具资产评估报告。评估人员应当完整、详细地记录评估程序的履行情况，形成工作档案。

正确履行评估程序，对于规范资产评估机构及其资产评估专业人员行为，提高资产评估业务质量，防范资产评估执业风险，都具有重要的意义。遵照资产评估程序执业不仅是资产评估行业自律主管部门对资产评估执业人员的要求，而且应该是资产评估执业人员自觉的行动。

资料来源 中国证券监督管理委员会网站（http://www.csrc.gov.cn）。

【案例4-2】   证监会2019年证券资产评估机构处理处罚情况

2019年证监会共对30家证券评估机构和1家非证券评估机构及其资产评估师采取了47家次、84人次的处理处罚。其中，行政处罚方面，2019年共对3家证券评估机构及其资产评估师进行了3家次、8人次的行政处罚，共没收业务收入190万元，罚款金额570万元；行政监管措施方面，2019年共对27家证券评估机构、1家非证券评估机构及其资产评估师采取了43家次、73人次的行政监管措施，为2018年15家次、24人次的近3倍；自律监管措施方面，2019年对1家证券评估机构及其资产评估师采取了1家次、3人次的公开谴责自律监管措施。从集中度来看，有3家证券评估机构被采取3次以上处理处罚措施，9家证券评估机构被采取2次处理处罚措施，这12家评估机构被采取的处理处罚措施数量占年度处理处罚数量的50%以上。

根据证监会对2019年资产评估机构及其资产评估师受到的47家次、84人次处理处罚情况进行了分析，2019年被处理处罚的47家次资产评估项目共违反资产评估准则261次。《资产评估执业准则——资产评估程序》是处理处罚的主要评估准则依据之一，评估程序的实质性履行、工作底稿对评估结论的支持、收益法评估假设及评估参数和评估结论的合理性等依然是评估执业存在的突出问题。违反资产评估程序的主要问题如下：

1）业务承接不规范

47家次处理处罚项目中，有8家次违反《资产评估执业准则——资产评估委托合同》第四条，《资产评估基本准则》第十一条、第三十一条等，反映出评估机构业务承接存在以下问题：一是资产评估委托合同签订不规范，如未按照新准则要求订立资产评估委托合同，资产评估委托合同无委托方法定代表人签字、签约地点及签约时间，无评估公司签约时间等。二是未充分记录执行的业务承接程序，如评估业务基本事项调查表和风险评价表日期晚于报告出具日，底稿中缺少业务能力评价表。三是约定的评估对象及评估范围确定不合理，如在商誉减值测试时，未与委托方、审计师充分沟通，直接以企业净资产作为商誉减值测试的资产组。

2）核查验证不到位

47家次处理处罚项目中，有33家次违反《资产评估执业准则——资产评估程序》第十二条、第十七条、第十九条等，反映出评估机构核查验证存在以下问题：一是针对异常情况未进行适当关注、分析。如在2017年1至3月营业收入同比下降84%的情况下，管理层预测2017年度营业收入增长49%，评估未予关注、分析。二是核查验证抽样占比低，如部分项目抽样调查率不足10%。三是未进行必要的核查验证，如对待获批新产品销售量、价格、毛利率的选取依据未进行必要的核查验证；未对采用的审计等其他证券服务机构的专业意见内容进行审慎核查。

3）评估依据不充分

47家次处理处罚项目中，有23家次违反《资产评估执业准则——企业价值》第十一条、第二十三条和《资产评估执业准则——资产评估程序》第十三条等，反映出评估机构评估依据存在以下问题：一是直接使用无依据的企业管理层提供的预测数据，如在未获取依据的情形下，认可管理层的预测金额。二是对所依据的合同等资料的有效性缺乏必要的核查，如预测依据的销售合同及产销计划中40%的合同未生效，报告出具日所有销售合同均未实际销售，未对合同执行条件、实际执行情况、产销计划的合理性进行分析判断。三是外部查询的数据未留记录，如百度网上查询的汽车上市公司的不可流动性折扣率及汽车整车制造行业的平均增值税率，无相应的文件及网址说明。

4）评定估算有错漏

47家次处理处罚项目中，有25家次违反《资产评估执业准则——企业价值》第二十三条和《资产评估执业准则——资产评估程序》第十九条、第二十条等，反映出评估机构评估估算存在以下问题：一是计算公式存在错误，如收益法折现率、折现期计算错误、营运资金增加额的计算基础错误，导致相关评估结论高估或低估。二是评估参数存在错误，如成本法评估时不动产评估的重置成本取数错误，收益法评估时增值税率取数错误，导致低估重置成本。三是成本法变更可比案例后未调整评估值，如以预先设定值作为评估结论，调整可比案例后只更改说明、因素条件说明表记载的交易价格前后矛盾、调整后价格无法得出评估结论。

5）报告披露不完整

47家次处理处罚项目中，有5家次违反《资产评估执业准则——资产评估报告》第二十二条、第二十五条等，反映出评估机构报告披露存在以下问题：一是未按照资产评估报告要求披露，如固定资产、土地使用权及未决诉讼情况未披露。二是披露不足以支持评估结论，如营业收入与营业成本趋势矛盾。三是评估报告书存在虚假记载，如篡改市场法评估的房产可比案例的交易日期。

6）工作档案不支持

47家次处理处罚项目中，有23家次违反《资产评估执业准则——资产评估档案》第六条、第七条、第十一条等，反映出评估机构工作档案存在以下问题：一是无相关工作底稿，如预测资本性支出在底稿中无相关依据。二是工作底稿存在重大遗漏，如评估机构制作的项目进度表包含23个项目合同，但后附项目合同仅有15份。三是工作底稿与评估结果不匹配，如底稿中以前年度的购销合同中含税单价与评估最终采用的含税单价不一致。

资料来源 中国证券监督管理委员会. 2019年度证券资产评估市场分析报告［EB/OL］.［2020-08-20］. http://www.csrc.gov.cn/csrc/c105942/c1500115/content.shtml.

【思政课堂】   坚守职业道德，严格执行评估准则

依据《中华人民共和国资产评估法》，财政部监督评价局、中国资产评估协会组织开展了首次资产评估行业联合检查，并根据《资产评估行业财政监督管理办法》规定，对部分涉嫌构成重大遗漏的资产评估报告的问题组织了专业技术论证，确保检查发现问题定性准确、处理适当，并按照"一查双罚"原则，分别对检查中发现的问题进行了行政处罚和自律惩戒。

山东久丰土地房地产资产评估咨询有限公司出具的某公司股东全部权益价值资

产评估报告，存在未按评估报告中列明的指引实施评估程序、计算模型中未考虑部分重要参数、营业外收支净额应用错误导致评估结果差异巨大、现场调查不规范等问题。根据《资产评估行业财政监督管理办法》，上述事项构成重大遗漏。财政部依法给予山东久丰土地房地产资产评估咨询有限公司警告、责令停业三个月的行政处罚；给予签字资产评估师都业忠、李兆伦警告、责令停止从业六个月的行政处罚。

从这起案件中，我们可以认识到：资产评估程序对资产评估业务的开展是至关重要的，必须严格严格实施评估程序才能保证评估资料的真实性、准确性和完整性，才能提高评估重要参数的可靠性和准确性，提高评估结果的准确性，有效避免严重违规和重大失实等带来的行政处罚和自律惩戒。因此，必须坚守职业道德，严格履行资产评估程序，提高评估行业的执业质量，从而有效保护社会公共利益和资产评估当事人的合法权益，推动评估行业健康、有序发展，维护市场经济秩序。

本章小结

本章揭示了履行资产评估程序的现实意义，系统地阐述了我国资产评估的主要环节，以及与资产评估程序有关的基本要求。遵照资产评估程序执业不仅是资产评估行业自律主管部门对资产评估执业人员的要求，而且应该是资产评估执业人员自觉的行动，这对于提高资产评估质量、规避资产评估风险具有重要意义。

主要概念

资产评估程序　资产评估业务委托合同　资产评估计划　资产评估档案

基本训练

一、单项选择题

1.资产评估师通常首先应执行的评估程序是（　　　）。

　　A.订立业务委托合同　　　　　　B.进行评估现场调查

　　C.明确业务基本事项　　　　　　D.评定估算形成结论

2.下列各程序中对合理安排工作量、工作进度、专业人员调配、按时完成资产评估业务具有重要意义的是（　　　）。

　　A.编制资产评估计划　　　　　　B.订立业务委托合同

　　C.进行评估现场调查　　　　　　D.评定估算形成结论

3.资产评估专业人员采用逐项或者抽样的方式进行现场调查时，主要依据的是（　　　）。

　　A.替代原则　　　B.重要性原则　　　C.预期收益原则　　　D.谨慎性原则

二、多项选择题

1.资产评估师应明确的评估业务基本事项包括（　　　）。

　　A.评估目的　　　　　　　　　　B.评估对象和评估范围

C.价值类型   D.评估基准日

E.评估报告使用限制

2.资产评估业务委托合同的基本内容包括（　　　）。

A.评估目的   B.评估假设   C.评估收费

D.评估基准日   E.评估计划

3.资产评估专业人员进行现场调查的手段包括（　　　）。

A.访谈   B.询问   C.核对

D.监盘   E.勘查

4.资产评估专业人员应依法对资产评估活动中使用的资料进行核查验证，核查验证的方式通常包括（　　　）。

A.观察   B.询问   C.复核

D.函证   E.书面审查

5.资产评估师收集的评估资料包括（　　　）。

A.查询记录   B.询价结果   C.检查记录

D.行业资讯   E.分析资料

三、判断题

1.资产评估师不得随意减少资产评估基本程序。 （　　）

2.资产评估师在执行评估业务的过程中，由于受到客观限制，无法或者不能完全履行评估基本程序，可直接决定终止评估业务。 （　　）

3.只要执行了资产评估程序就可以防范资产评估风险。 （　　）

4.资产评估程序是规范资产评估行为、提高资产评估业务质量的重要保证。

（　　）

5.超过资产评估专业人员能力范畴的核查验证事项，资产专业人员应当委托或者要求委托人委托其他专业机构或者专家出具意见。 （　　）

四、思考题

1.资产评估基本程序通常包括哪些环节？

2.资产评估的基本事项包括哪些内容？

3.资产评估计划的内容是什么？

4.什么是管理类工作底稿？什么是操作类工作底稿？

第4章基本训练参考答案

第 5 章

房地产评估

5.1 房地产评估概述

5.1.1 房地产的含义、分类及特征

1）房地产的含义

房地产又称不动产，是指土地、建筑物及其他地上定着物，包括物质实体和依托于物质实体的权益。其中，物质实体是指一般的土地或房屋，它是权益的载体，也是一切经济活动的物质基础。依托于物质实体上的权益表现为一种权利，或者是人们拥有的财产权利。房地产的财产权利具有不同的权属状态和丰富的内涵，如所有权、使用权、占有权、抵押权与相应的权能等。房地产各种经济活动的实质是权益（也称产权）的运动过程。当投资者购买一宗土地或完整意义的房地产时，购买的不是房地产本身，不能把购买的对象运往某处，而仅仅为一定的产权。即使同一物质实体的房地产，如果附着于其上的权益不同，它在房地产市场上的价格将有所不同，房地产权利人的合法权益、责任和义务也会有所不同。因此，房地产也可以说是土地和土地上的建筑物、定着物及其衍生的权利与义务关系的总和。

土地是指地球表面及地表之上和之下延伸的一定空间。因为不管是土地所有人还是土地使用人，取得土地的目的不仅是为了土地本身，更重要的是为了利用土地从事各种活动。例如，从事房地产开发，建筑物自身不仅需要一定的高度与面积，而且可能为了结构安全和地基稳固需要开挖做深基础或桩基础，也可能为了满足使用和改造环境的要求在地表修筑其他设施或景物。

建筑物是指人工建筑而成，由建筑材料、建筑构配件和设备等组成的整体物，包括房屋和构筑物。房屋是指直接供人们在其内部进行生产、生活或其他活动的建

筑；构筑物是指人们一般不直接在其内部进行生产、生活或其他活动的建筑，如道路、桥梁、大坝等。

其他地上定着物是指固定在土地或建筑物上，与土地、建筑物不能分离，或虽然可以分离，但分离不经济并失去应有的功能，或分离后会破坏土地、建筑物的完整性、使用价值或功能，或使土地、建筑物的使用价值或环境受到影响。由于其他地上定着物通常被视为土地或建筑物的组成部分或附属部分，所以，房地产本质上包括土地和建筑物两大部分。

2）房地产的分类

房地产可以从不同的角度进行分类，常见的有按房地产用途、开发程度、建筑结构和层数等进行分类。

（1）按房地产用途分类

房地产按用途可以分为：居住房地产、商业房地产、旅馆房地产、餐用房地产、金融用房地产、信息用房地产、办公房地产、娱乐房地产、工业和仓储房地产、农业房地产、特殊用地房地产、军用房地产、综合房地产。

（2）按房地产开发程度分类

房地产按开发程度可以分为：①生地，是指不具有城市基础设施的土地，如荒地、农地。②毛地，是指具有一定城市基础设施，但地上有待拆迁安置的旧房屋的土地。③熟地，是指具有完善的城市基础设施、土地平整，能直接在其上进行房屋建造的土地。④在建工程，是指地上建筑物尚未全部建成，没有达到交付使用条件的房地产。⑤现房（含土地），是指地上房屋已建成，可直接使用的房地产。它可能是新的，也可能是旧的或经过装修改造的。

（3）按房地产的建筑结构分类

按房地产的建筑结构可分为：①钢结构。建筑物的承重构件（梁、柱、墙等）为钢材。②钢筋混凝土结构。建筑物的承重构件为钢筋混凝土，包括框架结构和剪力墙结构。③砖混结构。建筑物竖向承重结构的墙、柱等采用砖砌筑，横向承重的梁、楼板、屋面板等采用钢筋混凝土结构。④砖木结构。建筑物竖向承重结构的墙、柱等采用砖或砌块砌筑，楼板、屋架等用木结构。⑤其他结构，如石结构、木结构、竹结构等。

（4）按房地产的层数分类

按房地产的层数与高度可划分为：①低层（1～3层）；②多层（4～6层）；③中高层（7～9层）；④高层（住宅≥10层，公共建筑≥24米）；⑤超高层（住宅≥30层，公共建筑>100米）。

此外，按房地产所处的区位可分为城市中心、城市边缘、城市郊区、农村等房地产；按房地产的建设标准可分为高级豪华、中等、普通标准的房地产；按房地产的新旧程度可分为新建造的房地产、旧有房地产和危险用房等；按房地产是否有收益可分为收益性房地产和非收益性房地产等。

3）房地产的特征

房地产的特征主要是由其组成物质的自然特征以及由自然特征衍生的社会经济特征所决定的，主要可以表现为以下几个方面：

（1）位置固定性

由于房屋固着在土地上，因此房地产的相对位置是固定不变的。可以说，地球上没有完全相同的房地产，即使有两宗房地产的地上建筑物设计、结构和功能等相同，但因土地位置的差异，也会造成价格的差异。

（2）使用长期性

由于土地可以永续使用，建筑物也是耐用品，使用年限可达数十年甚至上百年，使用期间即使房屋变旧或受损，也可以通过不断翻修，延长其使用期。

（3）供求区域性

由于土地位置的固定性，房地产具有区域性的特点，一个城市房地产的供给过剩并不能解决另一个城市供给不足的问题。房地产供求关系的地区差异又造成了区域之间房地产价格的差异性。

（4）投资风险性

房地产的生产和经营要经过从土地使用权取得、开发建造到房地产销售等一系列过程。由于房地产的生产周期较长，整个生产和经营过程需要大量的资金，加之房地产的变现能力弱，也导致了房地产投资的风险较大。

（5）保值增值性

房地产的保值增值性主要源于土地资源的稀缺性。对于房屋而言，随着使用年限的增加，会存在损耗和贬值的现象，但是，由于土地资源的有限性和固定性，土地的价值呈上涨的趋势，对于房地产整体而言，其具有保值和增值的特征。

5.1.2 房地产评估的特点

房地产评估是专业评估人员根据评估目的和执业规范要求，对房地产在评估时点的价值进行估算和判定的活动。房地产自身的特点决定了房地产评估具有以下特点：

1）房地合估

从房地产存在的形态来看，房产总是依托于一定的土地之上，土地开发成本蕴含在房产价值之中，土地使用价值通过房产来反映。而房地产的价格在很大程度上受房产环境质量的影响，但决定环境质量的不仅仅是房产建筑本身，也与地产的不可位移性相关。因此，尽管房产和地产是可以加以区分的评估对象，而且土地使用权可以独立于房产而存在，但是由于两者在使用价值上的相互依存和价格形成中的内在联系，要求在评估中把两者作为相互联系的对象进行综合估价。我国现行的法律也规定，土地和房屋应同时转让或抵押。因此，房地产评估具有房地合估的特点。

2）建筑物产权受土地使用权年限的制约

建筑物续存期虽然不能说是永续的，但是建筑物一经建成，其寿命也可达几十年甚至上百年。由于我国城镇土地使用权是有限期的，并且政府规定土地使用权期满土地使用权及其地上建筑物、其他附着物所有权由国家无偿取得，因此，在建筑物评估时，必须注意建筑物的耐用年限与土地使用权的吻合程度。当建筑物的剩余寿命年限大于土地使用权的剩余年限时，只能以土地使用权剩余年限为准来评估建筑物的价值。

3）以房地产最佳使用为评估前提

在充分活跃的市场条件下，竞争可以使房地产达到最佳使用状态，包括房地产的最佳用途、最佳使用强度和最佳效益。站在房地产权利人的角度考虑，希望获得房地产最大收益或达到最佳使用效果是合理的要求。在房地产评估过程中，评估人员应充分考虑房地产现时的用途和利用方式，以及房地产是否具有最佳使用的可能性、实现的途径，以房地产最佳使用作为评估前提。当然，房地产的最佳使用必须是在法律、法规允许的范围内，以及在城市规划的约束条件下进行。

5.1.3 房地产评估的程序

房地产评估程序是指房地产评估的具体工作步骤，主要包括明确基本事项、签订业务约定书、制订评估工作计划、现场调查评估对象、搜集评估所需资料、估算房地产价值、编制评估报告等工作。

1）明确基本事项

在房地产评估时，必须首先了解评估对象的基本情况，明确评估有关事项，这是评估机构决定是否接受委托的前提。明确评估基本事项包括以下内容：

（1）明确评估目的

房地产的评估目的按业务性质可分为房地产转让，房地产抵押，房地产典当，房地产保险和损害赔偿，房地产课税，房地产征用拆迁补偿，处理房地产纠纷和有关法律诉讼，企业合资、合作、兼并、分立、租赁经营、承包经营、改制、上市、破产清算等。在受理房地产评估业务时必须明确评估目的，并明确地写在资产评估业务约定书中和资产评估报告中。

（2）明确评估对象

明确评估对象，就是对房地产的类别、实体状况和产权状况进行了解和掌握，并在资产评估业务约定书和评估报告中写明评估的具体对象。①明确房地产类别。从实物角度来看房地产有土地、建筑物和房地等三种类别，具体又可分为以下几种情况：A.空地；B.有建筑物的土地；C.地上建筑物；D.房地；E.在建工程；F.未来状况下的房地产；G.已经消失的房地产；H.房地产局部（如一个单元）；I.作为企业资产一部分的房地产。②明确房地产的实体状况。房地产的实体状况包括土地面积、开发程度、土地形状、临街状态、地质、地形及水文状况；建筑物的用途、建筑结构、建筑面积、建筑式样、层数、朝向、平面布局、施工质量、新旧程度、装修水平、室内外设施等。③明确房地产的产权状况。房地产产权状况包括土地使用权性质（国有或集体、划拨或出让），土地使用权的权属状况（独立或共享），土地使用权年限，建筑物权属状况（所有权或使用权、独立或共享），房地产设定的其他权利状况等。国务院对国有土地使用权最高出让年限做出如下规定：居住用地70年；工业用地50年；教育、科技、文化、卫生、体育用地50年；商业、旅游、娱乐用地40年；综合或者其他用地50年。

（3）明确价值类型

房地产评估的价值类型是对房地产评估结果价值属性的分类，一般分为市场价值和市场价值以外的价值两类。在发达市场条件下以交易为目的的商业房地产、住宅房地产等通常选择市场价值类型。对于房地产市场不发达或评估对象缺乏交易性等情况，通常选择市场价值以外的价值类型。

（4）明确评估基准日

评估基准日即评估时点，是指房地产评估结果所对应的日期，通常用公历年、月、日表示。评估基准日一般选择与评估目的实现日较近的某个日期。

2）签订业务约定书

在明确房地产评估基本事项的基础上，资产评估机构与委托方便可签订评估业务约定书，正式接受房地产评估委托，并用法律形式保护各自的权益。评估业务约定书的内容一般包括：①委托方和评估机构名称；②评估目的；③评估对象和评估范围；④评估价值类型；⑤评估基本假设；⑥评估基准日；⑦委托方应提供的资料及对提供资料的真实性、合法性负责的承诺；⑧评估服务费用及其支付方式；⑨评估报告提交日期；⑩违约责任和解决争议的方法；⑪委托方和评估机构认为需要约定的其他事项等。

3）制订评估工作计划

评估机构接受评估委托后，应对评估项目进行初步分析，制订评估工作计划。评估工作计划主要包括评估人员安排计划、评估工作进度计划和评估作业经费计划等内容。应根据评估任务量的大小、性质及评估工作的难易程度，确定投入评估工作的人员数量；根据评估作业日期，确定评估工作步骤和进行时间进度安排；根据评估工作的地点、评估人员的多少、评估工作时间的长短等安排评估所需经费。

4）现场调查评估对象

房地产市场是地域性很强的市场，房地产交易大多是个别交易，仅仅根据委托方提供的情况，难以准确地把握评估对象。因此，评估人员必须亲临现场，实地查明有关情况，做好详细的记录，并且进行拍照或摄像，作为评估的工作底稿和存档的基础资料。

（1）勘查房地产的位置及周围环境

查明房地产具体的坐落位置（如区街号）、四至、与相邻建筑物（或土地）及道路的关系，还要观察附近的建筑布局、道路及交通状况、绿化及卫生状况、地形及地势状况、日照及通风状况。如果评估对象是商业房地产，还应对周边商业繁华状况进行调查了解。

（2）勘查房地产使用状况

查实房地产的实际用途，看其用途、权利状况是否与规定相一致，要查明建筑物的结构、建成时间、新旧程度、装修状况、设备状况，了解建筑面积、使用面积或可供出租和营业面积等。

5）搜集评估所需资料

房地产评估的资料搜集分为日常搜集和评估时搜集两种情形。日常搜集就是要求评估人员平常应留意和搜集与房地产评估有关的资料，并将搜集的资料分类并建立资料库，以备评估时使用；评估时搜集是根据初选的评估途径和方法，评估人员通过市场调查、委托人提供或现场勘查等方法获得本次评估所需资料。搜集评估所需资料主要包括以下几个方面：①宏观性和地区性资料，主要包括房地产制度，土地出让方式，宏观经济政策，利率、税率、汇率水平，城市发展和建设规划、房地产供求状况、居民收入和消费水平、物价水平等。②房地产所处的城市区域性资料，包括房地产所在区域繁华程度、道路通达程度、交通便捷程度、环境质量、基础设施和公共设施状况等。③房地产自身状况的资料，反映评估对象状况的资料主要由委托人提供和评估人员现场勘查获得，具体包括评估对象实体状况、权利状况和周围环境状况等。④类似房地产的交易状况、成本状况、收益状况等方面资料。应根据拟选择的评估途径与方法有针对性地搜集相关的资料。

6）估算房地产价值

在进行资料分析的基础上，可以根据选定的评估途径与方法对房地产价值进行评定和估算。由于评估对象房地产的性质差异和资料选取的难易不同，并非每一种评估方法都适用于各类具体条件下的房地产，一般以一种评估途径与方法为主进行评估，并用其他评估途径与方法进行检验修正。对同一房地产运用不同评估途径与方法得出的评估结果往往不一致，需要进行综合分析，对所选用的评估途径与方法、资料及评估程序的各阶段做客观的分析和检查。重点分析所选用的资料是否适当，评估原则运用是否得当，资料分析是否准确，有关参数的判断和选取是否客观，评估计算是否准确等。

7）编制评估报告

评估报告是评估过程和评估成果的综合反映。应根据评估报告规范要求的格式和内容，在对评估过程综合分析的基础上撰写评估报告。

【小提示 5-1】

房地产评估除了要坚持预期原则、贡献原则、供求原则、替代原则、评估日期原则等基本的评估技术原则外，更强调适用于房地产评估领域的合法原则和最佳使用原则。房地产评估中坚持合法性原则主要体现在合法产权、合法使用、合法处分等方面。最佳使用原则是在房地产合法前提下，以获得最大收益的使用用途和使用强度作为房地产评估的前提和基础。

5.2　市场途径在房地产评估中的应用

市场途径在房地产评估中的运用，主要介绍市场售价类比法、基准地价修正法和市场租金倍数法等具体方法在房地产评估中的具体应用。

5.2.1　市场售价类比法

1）市场售价类比法的评估思路

（1）市场售价类比法的含义

市场售价类比法又称市场比较法、交易案例比较法等。它是将作为评估对象的特定房地产与在近期交易的同类房地产加以比较对照，并根据已发生交易的类似房地产的价格，经过因素修正得出评估对象房地产在评估基准日可能实现的合理价值的评估方法。市场售价类比法是在当今国际房地产评估业中应用较为广泛的一种方法。该方法既可以对房地合一价值进行评估，也可以单独对土地价值进行评估。

市场售价类比法的理论依据是房地产价格形成的替代原理。替代原理说明，作为一个理性的投资者，在市场上购置一宗房地产时，他所愿意出的最高的价格不会超过近期市场上已经成交的与其所要购置房地产基本相同的房地产交易实例的交易价格。从房地产评估的角度来看，作为投资者所参照的房地产交易实例的交易价格便可作为确定房地产评估价值的基本依据，即以通过对房地产交易实例的交易价格的适当修正，得出评估对象房地产的评估价值。

（2）市场售价类比法适用的条件和对象

市场售价类比法的适用条件是具备发达、完善的房地产市场，并且在市场上能够搜集到大量的与被评估房地产相类似的市场交易实例资料。如果房地产市场不发达或交易规模很小，市场售价类比法就难以在房地产评估中应用。

市场售价类比法适用的对象是具有交易性的房地产，如房地产开发用地、商品住宅、高档公寓、别墅、写字楼、商业地产、标准工业厂房等。

（3）市场售价类比法评估计算公式

采用市场售价类比法评估房地产的价值时，要对参照物房地产（可比性强的交易实例）的交易价格进行交易情况、区域因素、个别因素、交易日期等因素进行修正，然后得出评估对象房地产的评估价值。市场售价类比法的评估计算公式为：

$$\frac{房地产}{评估价值}=\frac{参照物}{交易价格}\times\frac{交易情况}{修正系数}\times\frac{区域因素}{修正系数}\times\frac{个别因素}{修正系数}\times\frac{交易日期}{修正系数}$$

$$=\frac{参照物}{交易价格}\times\frac{正常交易情况值}{参照物交易情况值}\times\frac{评估对象房地产区域因素值}{参照物区域因素值}\times\frac{评估对象房地产个别因素值}{参照物个别因素值}\times\frac{评估基准日房地产价格指数}{参照物交易日房地产价格指数} \quad (5-1)$$

或 $$房地产评估价值=参照物交易价格\times\frac{100}{(\ )}\times\frac{100}{(\ )}\times\frac{100}{(\ )}\times\frac{(\ )}{100} \quad (5-2)$$

公式5-2中：第1个括号内填写参照物交易情况得分，其分子为100，表示以正常交易价格为基准；第2个括号内填写参照物区域因素得分，其分子为100，表示以评估对象房地产的区域状况为基准；第3个括号内填写参照物个别因素得分，其分子为100，表示以评估对象房地产的自身状况为基准；第4个括号内填写评估基准日房地产得分，其分母为100，表示以参照物交易日期的价格水平为基准。

2）市场售价类比法的评估步骤

运用市场售价类比法评估房地产价值时，通常采用以下步骤进行操作：

（1）收集房地产交易资料

运用市场售价类比法评估房地产价值，必须以大量的交易资料为基础。如果资料太少，评估结果很可能失真，因此，评估人员要在日常工作中经常性地积累和收集尽可能多的交易资料，而不要等到需要采用市场售价类比法评估时才临时收集资料。所收集的交易资料一般包括房地产坐落位置、用途、交易价格、交易日期、交易双方的基本情况、建筑物的结构、设备及装修情况、建筑物建造质量及新旧程度、基础设施状况、周围环境以及市场状况等。对于收集到的每一个交易实例、每一项内容，都需要查证，做到准确无误。

可通过以下途径收集房地产交易资料：查阅政府有关部门关于房地产交易的资料；各种报刊上有关房地产交易的广告；同行之间相互提供经手的交易实例资料；假装成顾客，与出售、出租房地产的经办人员洽谈，以获得有关资料；其他途径。

（2）选择可供比较的交易实例作为参照物

评估人员应对从各个渠道收集的交易实例进行筛选，选择其中符合本次评估要求的房地产交易实例作为可供比较的参照物。为确保估价精度，参照物的选取应注意以下几点：参照物所处区域与评估对象所处的区域相同，或是土地级别相同；参照物的用途应与评估对象的用途相同；参照物的建筑结构应与评估对象的建筑结构相同；建筑物的规模应与评估对象的规模相当；参照物的权利性质应与评估对象的权利性质相同；参照物的实体特征应与评估对象相接近；参照物的交易类型应与评估目的相吻合；参照物的交易日期应与评估基准日接近；参照物的交易价格应是正常交易价格，或可修正为正常交易价格；参照物应选择多个，一般为3个以上。

（3）进行市场交易情况修正

市场交易情况修正就是剔除交易行为中的一些特殊因素所造成的交易价格偏差，使所选择的参照物的交易价格成为正常价格。特殊因素对交易情况的影响主要表现在以下几个方面：有特别利害关系人之间的交易，如有利害关系的单位之间的交易，往往价格偏低或偏高；有特殊动机的交易，如急于出售的价格往往偏低，急于购买的价格往往偏高；为逃避交易税，有意签订虚假交易合同的通常造成交易价格偏低；买方和卖方不了解市场行情，盲目购买或出售，使交易价格偏高或偏低。上述情况对交易价格的影响主要由评估人员靠经验加以判断和修正。进行交易情况修正的一般公式为：

正常价格=参照物交易价格×交易情况修正系数　　　　　　　　　　　　　　（5-3）

或　　正常价格=参照物交易价格×$\dfrac{100}{（\quad）}$　　　　　　　　　　　　　（5-4）

公式5-4中：交易情况修正系数通常以正常交易价格为基准来确定，分子100代表正常交易情况值，分母括号中的数值为参照物交易情况值。如果参照物是正常交易，则分母的数值为100；如果参照物是非正常交易，则分母的数值大于或小于100。

【例5-1】参照物房地产的交易价格为2 000元/平方米，经调查了解其交易价格与正常交易价格相比偏高5%，则修正后的正常交易价格为：

正常价格=$2\,000×\dfrac{100}{105}$=1 905（元/平方米）

上例中，如果参照物房地产的交易价格比正常交易价格偏低2%，则修正后的正常交易价格为：

正常价格=$2\,000×\dfrac{100}{98}$=2 041（元/平方米）

（4）进行区域因素修正

区域因素修正的内容应根据商业、工业、住宅等房地产的不同类型而确定，主要包括参照物房地产所在区域与评估对象房地产所在区域在商业繁华程度、交通状况、环境景观、城市规划、基础设施、公共设施等方面的差异。房地产区域因素修正的思路是：首先，列出对评估对象房地产的价格有影响的各种区域因素；其次，判定评估对象房地产和参照物房地产在这些因素方面的状况；然后，将参照物房地产与评估对象房地产在这些因素方面的状况进行逐项比较，找出它们之间的差异造成的价格差异程度；最后，根据价格差异程度对参照物房地产的价格进行调整。进行区域因素修正的一般公式为：

评估对象房地产区域状态下的价格=参照物交易价格×区域因素修正系数　　　（5-5）

式中：区域因素修正系数主要采用参照物房地产与评估对象房地产直接比较，通过评分的办法确定，即直接比较修正。

直接比较修正法首先以评估对象房地产区域状况为基准（通常定为100分），

将所选择的参照物房地产的各区域因素与它逐项比较打分。如果参照物房地产区域状况好于评估对象房地产状况，打的分数就高于100；相反，打的分数就低于100。然后，根据各区域因素对房地产价格的影响程度，分别给出不同的权重，再将各参照物对应的各具体区域因素的实际得分分别乘以对应的权重，得到各参照物的综合得分；最后将评估对象区域因素值（100）除以各参照物的区域因素综合得分，得出各参照物的区域因素修正系数。采用直接比较修正法确定房地产区域因素修正系数的表达式为：

$$区域因素修正系数=\frac{100}{(\quad)} \tag{5-6}$$

其中，括号内应填写的数字是参照物房地产与评估对象房地产相比较的区域因素综合得分。具体的打分方法见表5-1。

表5-1　　　　　　　　　　**区域因素修正直接比较表**

区域因素	权重	评估对象	参照物A	参照物B	参照物C
因素1	F_1	100			
因素2	F_2	100			
因素3	F_3	100			
⋮	⋮	⋮			
因素n	F_n	100			
综合	1	100			

（5）进行个别因素修正

个别因素修正的主要内容包括参照物房地产与评估对象房地产在土地面积、土地形状、临街状态、基础设施状况、位置、地势、地形、土地使用年限、土地容积率等方面的差异，建筑物新旧程度、建筑规模、建筑结构、建筑式样、朝向、楼层、设备、装修、平面布置、工程质量等方面的差异。个别因素修正的方法与区域因素修正的方法基本相同，通常也采用直接比较和打分的方法确定个别因素修正系数，然后通过计算将参照物房地产价格修正为评估对象房地产自身状态下的价格。进行个别因素修正的一般公式为：

$$评估对象房地产自身状态下的价格=参照物交易价格\times个别因素修正系数 \tag{5-7}$$

$$个别因素修正系数=\frac{100}{(\quad)} \tag{5-8}$$

如果单独评估土地价值，在土地使用年限、容积率（建筑总面积与土地总面积的比值）等因素对地价影响较大的情况下，可单独进行土地使用年限和容积率修正。土地使用权年限修正系数的数学表达式为：

$$y=[1 - \frac{1}{(1+r)^n}] \div [1 - \frac{1}{(1+r)^N}] \qquad (5-9)$$

式中：y——年限修正系数；

  n——评估对象土地使用权剩余年限；

  N——参照物土地使用权剩余年限；

  r——折现率。

【例5-2】评估对象土地使用权剩余年限为30年，参照物土地使用权剩余年限为20年，假设折现率为8%，则土地使用权年限修正系数为：

$$y=[1 - \frac{1}{(1+8\%)^{30}}] \div [1 - \frac{1}{(1+8\%)^{20}}]=1.1466$$

容积率修正系数的数学表达式为：

$$y' = \frac{评估对象土地容积率地价指数}{参照物土地容积率地价指数} \qquad (5-10)$$

式中：y'——容积率修正系数。

【例5-3】评估对象土地的容积率为2，参照物土地的容积率为4，根据容积率地价指数表（见表5-2），土地容积率的修正系数为：

$$y' = \frac{105\%}{125\%} = 84\%$$

表5-2   容积率地价指数表

容积率	1	2	3	4	5
地价指数	100%	105%	115%	125%	140%

（6）进行交易日期修正

由于参照物房地产与评估对象房地产的交易时间不同，价格会发生变化，因此必须进行适当的交易日期修正。交易日期修正一般是利用价格指数，将参照物房地产当时的交易价格修正为评估基准日的价格。交易日期修正中的价格指数是指某地区、某类房地产的价格指数。利用价格指数进行交易日期修正的公式为：

  交易日期修正后的房地产价格=参照物交易价格×价格指数   (5-11)

进行房地产交易日期修正时，应根据获得价格指数资料的不同，运用定基价格指数或环比价格指数进行修正。

【小资料5-1】   价格指数

价格指数是反映价格总水平的指标，反映价格变动水平的指标称为价格变动指数。价格指数都为正值，价格变动指数可以是正值，也可以是负值。价格指数与价格变动指数的关系是：价格指数=1+价格变动指数。常用的价格指数主要有居民消费价格指数和工业品出厂价格指数。居民消费价格指数（Consumer Price Index，CPI），是反映与居民生活有关的商品及劳务价格统计出来的物价变动指标，通常作为观察通货膨胀水平的重要指标。工业品出厂价格指数（Producer

Price Index，PPI），是衡量工业企业产品出厂价格变动趋势和变动程度的指数，是反映某一时期生产领域价格变动情况的重要经济指标，也是制定有关经济政策和国民经济核算的重要依据。房地产价格指数（Real Estate Price Index，REPI）是反映房地产价格变动趋势和变动程度的相对数。它通过百分数的形式来反映房价在不同时期的涨跌幅度。房地产价格指数包括房屋销售价格指数、房屋租赁价格指数和土地交易价格指数等。

①运用定基价格指数修正。定基指数是以某一固定时期作为基期，按时间顺序编制的各个时期（年、月）的指数，价格指数用百分比表示。定基价格指数是反映报告期价格总水平的指数，与之相对应的还有定基价格变动指数，定基价格变动指数是反映报告期价格变动情况的指数。定基价格指数等于1加上定基价格变动指数。运用定基价格指数进行房地产交易日期修正的公式为：

$$交易日期修正后的房地产价格=参照物交易价格×\frac{评估时价格指数}{参照物交易时价格指数} \tag{5-12}$$

或

$$交易日期修正后的房地产价格=参照物交易价格×\frac{1+评估时价格变动指数}{1+参照物交易时价格变动指数} \tag{5-13}$$

【例5-4】某地区某类房地产2022年4月至10月的价格指数分别为103.5%、105.4%、105.8%、107.6%、109.3%、110.5%、114.7%（以2022年1月为基准）。其中，某宗房地产在2022年5月的价格为13 500元/平方米，对其进行交易日期修正，修正到2022年10月的价格为：

$$13\ 500×\frac{114.7\%}{105.4\%}=14\ 691^{①}（元/平方米）$$

【例5-5】某地区某类房地产2022年上半年各月的价格同2021年底相比，分别上涨了2.5%、5.7%、6.8%、7.3%、9.6%、10.5%。其中某宗房地产在2022年3月的价格为13 800元/平方米，对其进行交易日期修正，修正到2022年6月的价格为：

$$13\ 800×\frac{1+10.5\%}{1+6.8\%}=14\ 278（元/平方米）$$

②运用环比价格指数修正。环比指数指对比基期随报告期的变动而相应变动的指数，如月环比价格指数的基期为上一月，年环比价格指数的基期为上一年。与环比价格指数相对应的还有环比价格变动指数，环比价格指数等于1加上环比价格变动指数。运用环比价格指数进行房地产交易日期修正的公式为：

$$\frac{交易日期修正}{后的房地产价格}=\frac{参照物}{交易价格}×\frac{参照物交易时点至评估时}{点各期环比价格指数乘积} \tag{5-14}$$

或

$$\frac{交易日期修正}{后的房地产价格}=\frac{参照物}{交易价格}×\frac{参照物交易时点至评估时点各期}{（1+环比价格变动指数）的乘积} \tag{5-15}$$

_____

① 本书在计算过程中进行了四舍五入。

【例5-6】某宗房地产在2022年6月的价格为13 000元/平方米，该地区同类房地产2022年7月至10月的环比价格指数分别为103.6%、98.3%、103.5%、104.7%。对其进行交易日期修正，修正到2022年10月的价格为：

13 000×103.6%×98.3%×103.5%×104.7%=14 346（元/平方米）

【例5-7】某宗房地产在2022年5月的价格为13 600元/平方米，该地区同类房地产2022年6月至10月的价格与上月相比的变动率分别为1.6%、2.3%、-1.5%、1.7%、2.1%。对其进行交易日期修正，修正到2022年10月的价格为：

13 600×（1+1.6%）×（1+2.3%）×（1-1.5%）×（1+1.7%）×（1+2.1%）=14 457（元/平方米）

③运用价格变动分析法修正。当缺乏本地区同类房地产定基价格指数和环比价格指数资料时，评估人员可以通过调查本地区过去不同时间的数宗类似房地产的价格，掌握这类房地产价格随时间变化的情况，运用价格变动分析法进行交易日期修正。该方法是以参照物交易日的价格水平为基准（100），根据本地区同类房地产价格随时间变化的情况，测算出评估基准日的该类房地产的价格水平（高于、低于或等于100），用下列公式进行修正：

$$交易日期修正后的房地产价格=参照物交易价格×\frac{（\quad）}{100} \tag{5-16}$$

（7）确定评估对象房地产评估价值

按照要求，运用市场售价类比法应选择3个以上参照物，通过上述各种因素修正后，应得到3个以上初步评估结果（通常称为比准价值），最后需要综合求出一个评估值，作为最终的评估结论。在具体操作过程中，可采用以下两种方法：

①简单算术平均法。将多个参照物交易实例修正后的初步评估结果简单地算术平均后，作为评估对象房地产的最终评估价值。简单算术平均法的计算公式如下：

$$P=\frac{\sum_{i=1}^{n}P_i}{n} \tag{5-17}$$

式中：P——评估对象房地产的评估价值；

P_i——第i个参照物房地产的比准价值；

n——参照物房地产个数。

【例5-8】对4个参照物房地产交易价格修正后得出的4个比准价值分别为14 500元/平方米、14 800元/平方米、14 200元/平方米、14 300元/平方米，则用简单算术平均法计算的评估对象房地产的评估值为：

（14 500+14 800+14 200+14 300）÷4=14 450（元/平方米）

②加权平均法。判定各个初步评估结果（比准价值）与评估对象房地产的接近程度，并根据接近程度赋予每个初步评估结果以相应的权重，然后将加权平均后的比准价值作为评估对象房地产的评估价值。加权平均法的计算公式如下：

$$P=\sum_{i}^{n}P_i f_i \tag{5-18}$$

其中，$f_1+f_2+\cdots+f_n=1$

式中：P——评估对象房地产的评估价值；

　　　　P_i——第i个参照物房地产的比准价值；

　　　　f_i——第i个参照物房地产比准价值P_i的权重；

　　　　n——参照物房地产个数。

【例5-9】在【例5-8】中，如果赋予4个比准价值的权重分别为0.4、0.1、0.2、0.3，则用加权平均法计算的评估对象房地产的评估值为：

14 500×0.4+14 800×0.1+14 200×0.2+14 300×0.3=14 410（元/平方米）

3）市场售价类比法的评估案例

（1）评估对象房地产概况

评估对象房地产为滨海市黄海路80号阳光小区8号楼一层公建，建筑面积1 400平方米，具体情况如下：

① 位置与环境。评估对象房地产位于滨海市黄海路80号阳光小区，小区北面靠山，南面俯瞰大海，地势北高南低，依山傍水。小区南靠滨海市主要交通干道黄海南路，总建筑面积16万平方米，各类住宅共1 300套。规划为南北向30栋多层和小高层住宅。小区中央设有宽阔的中央公园，各种配套设施齐全，小区内的交通组织体系采用完全人车分流的设计，车道全部设置在社区的外围，真正确保住宅区内部居住生活环境的安静与安全。小区周边交通发达，通过此地的有十几条交通线路。

② 占用土地的基本情况。该评估对象为住宅区，该小区总占地面积98 000平方米，其中商服用地9 900平方米，住宅用地88 100平方米。根据滨海市政府〔2011〕40号文件，该地块土地级别为六级。目前已取得了国有土地使用证，证号为滨海市国用（2014）字第188号。

③ 评估对象房屋的基本情况。该评估对象房屋是阳光小区8号楼，建于2014年，一层为公建，8号楼共13层，总建筑面积11 000平方米，其中一层公建1 400平方米。公建层高3.3米，全部为框架结构，按八级抗震烈度设防。8号楼位于整个小区的中心，中央公园的北侧。评估对象房屋的外装修为塑钢门窗，西班牙瓦，进口高档外墙黏土砖；内装修为水泥地面，墙面、天棚刮大白。评估对象房屋有完善的水、暖、电设施，冷水管采用无毒、无味、无腐蚀性的进口塑料管，热水管采用紫铜管，并设置了结构化布线系统，主干线采用室外光缆。

（2）评估要求

评估该房地产2021年4月1日的市场价值。

（3）评估过程

①选择评估方法。该类房地产有较多的交易实例，故采用市场售价类比法进行评估。

②收集有关的评估资料，选择参照物房地产。通过对所选择的类似房地产交易

资料的分析和筛选，确定可比性较强的3个交易实例作为参照物。

参照物A：阳光小区12号楼一层公建。该建筑建于2014年，位于评估对象房地产东面，中央公园的东北角；框架剪力墙结构；外装修为塑钢门窗，西班牙瓦，进口高档外墙黏土砖；内装修为水泥地面，墙面、天棚刮大白；水、暖、电设施完善，冷水管采用无毒、无味、无腐蚀性的进口塑料管，热水管采用紫铜管，并设置了结构化布线系统，主干线采用室外光缆。其售价为15 300元/平方米，成交日期为2019年4月，当时为期房。

参照物B：光明小区的步行商业街一层公建。光明小区位于阳光小区东侧500米，南靠滨海市主要交通干道黄海南路，东邻幸福路，小区临幸福路一侧有多家店铺。参照物房地产位于阳光小区中部，建于2014年，其建筑结构、装修水平及设备状况与评估对象房地产基本相同，售价为15 800元/平方米，成交日期为2020年9月，交易情况为清盘房。

参照物C：阳光小区西侧，靠近黄海南路的一层公建。该参照物房地产为一临街公建，建于2014年，其建筑结构、设备状况与评估对象房地产基本相同，该建筑室内进行了精装修，售价为17 000元/平方米，成交日期为2020年11月。

③对参照物房地产进行交易情况、时间因素、区域因素和个别因素修正。评估对象房地产与3个参照物各种因素比较情况见表5-3。

表5-3 因素条件说明表

比较因素	评估对象及参照物	评估对象	参照物A	参照物B	参照物C
交易日期			2019年4月	2020年9月	2020年11月
交易情况		正常	期房	清盘	正常
区域因素	商服繁华度	一般	一般	一般	好
	离市中心距离	相同	相同	稍近	相同
	交通便捷度	较好	较好	好	好
	道路通达度	较好	较好	好	好
	土地级别	六级	六级	六级	六级
	环境质量优劣度	较好	较好	较好	较好
	绿地覆盖度	较好	较好	较好	较好
	基础设施完善度	较好	较好	较好	较好
	公用设施完备度	较好	较好	较好	较好
	规划限制	无	无	无	无

续表

比较因素	评估对象及参照物	评估对象	参照物A	参照物B	参照物C
个别因素	小区内所处位置	较好	较好	较好	好
	临街状况	较好	较好	较好	好
	新旧程度	优	优	优	优
	楼层	一层	一层	一层	一层
	朝向	南北	南北	南北	南北
	建筑结构	框架	框架	框架	框架
	建筑质量	较好	较好	较好	较好
	建筑物用途	相同	相同	相同	相同
	权利状况	较好	较好	较好	较好
	装修水平	较好	较好	较好	好
	设备状况	好	好	好	好
	物业管理	优	优	优	优

进行交易情况修正：经分析，3个参照物中，参照物A为期房，与正常交易相比，交易价格偏低10%，交易情况修正系数为：100/90；参照物B为清盘房，与正常交易相比，交易价格偏低5%，交易情况修正系数为：100/95；参照物C为正常交易，交易情况修正系数为：100/100。

进行交易日期修正：经分析，滨海市2021年4月该类房地产的市场价格与2019年4月、2020年9月和2020年11月相比分别上涨了15%、5%和3%。则参照物A、参照物B和参照物C的交易日期修正系数分别为：115/100、105/100、103/100。

进行区域因素修正：将参照物A、参照物B和参照物C的各区域因素分别与评估对象房地产进行比较，然后打分，并通过加权平均分别得到综合得分，最后得出参照物A、参照物B和参照物C的区域因素修正系数分别为：100/100、100/101.5、100/101.6，具体打分及计算情况见表5-4。

进行个别因素修正：将参照物A、参照物B和参照物C的个别因素分别与评估对象房地产进行比较，然后打分，并通过加权平均分别得到综合得分，最后得出参照物A、参照物B和参照物C的个别因素修正系数分别为：100/99.6、100/100.2、100/101.4，具体打分及计算情况见表5-5。

表5-4 区域因素直接比较表

区域因素	权重	评估对象	参照物 A	参照物 B	参照物 C
商服繁华度	0.15	100	100	105	103
离市中心距离	0.13	100	100	101	100
交通便捷度	0.12	100	100	103	105
道路通达度	0.11	100	100	102	105
土地级别	0.07	100	100	100	100
环境质量优劣度	0.10	100	100	100	100
绿地覆盖度	0.08	100	100	100	100
基础设施完善度	0.10	100	100	100	100
公用设施完备度	0.09	100	100	100	100
规划限制	0.05	100	100	100	100
比较结果	1	100	100	101.5	101.6

表5-5 个别因素直接比较表

个别因素	权重	评估对象	参照物 A	参照物 B	参照物 C
小区内所处位置	0.12	100	98	100	105
临街状况	0.15	100	99	101	105
新旧程度	0.10	100	100	100	100
楼层	0.08	100	100	100	100
朝向	0.07	100	100	100	100
建筑结构	0.13	100	100	100	100
建筑质量	0.10	100	100	100	100
建筑物用途	0.09	100	100	100	100
权利状况	0.06	100	100	100	100
装修水平	0.02	100	100	100	103
设备状况	0.05	100	100	100	100
物业管理	0.03	100	100	100	100
比较结果	1	100	99.6	100.2	101.4

计算评估对象房地产价值：首先计算 3 个参照物的比准价值，计算过程见表 5-6。通过对 3 个参照物的可比性分析，对参照物 A、参照物 B 和参照物 C 分别给出不同的权重 0.5、0.3、0.2，采用加权平均法计算评估对象房地产的单价为：

19 627×0.5+17 170×0.3+16 995×0.2=18 364（元/平方米）

房地产总价为：1 400×18 364÷10 000=2 570.96（万元）

表5-6　　　　　　　　　　　　房地产价值计算表

项目	参照物 A	参照物 B	参照物 C
实际成交价格（元/平方米）	15 300	15 800	17 000
交易情况修正	100/90	100/95	100/100
交易日期修正	115/100	105/100	103/100
区域因素修正	100/100	100/101.5	100/101.6
个别因素修正	100/99.6	100/100.2	100/101.4
比准价值（元/平方米）	19 629	17 171	16 996

（4）评估结果

房地产单价为 18 364 元/平方米。

房地产总价为 2 570.96 万元。

5.2.2　基准地价修正法

1）基准地价修正法的含义

基准地价修正法，是指利用当地政府确定的评估对象宗地所处地段的基准地价作为参照，对出让年限、交易日期、土地状况、市场转让因素等进行修正，从而计算评估对象宗地在评估基准日市场价值的一种方法。基准地价修正法实质上是市场途径的一种具体方法。

基准地价修正法中的基准地价是对城镇各级土地或均质地域及其商业、住宅、工业等土地利用类型评估的土地使用权单位面积平均价格。它是由政府确定的城镇国有土地的基本标准价格，是不同区域、不同用途土地的一级市场平均价格。基准地价一般由 3 个部分组成：①土地出让金，是指国家作为土地所有者向受让者收取的一定年限的土地使用费中的纯收入部分。②基础设施配套费，是指政府用于城市基础设施配套建设已经投入和近期预期投入的费用部分，包括城市基础设施配套费、小区建设配套费等。③土地开发及其他费用，包括平整土地费用、征地拆迁费用等。目前全国的许多城市都制定了基准地价，但在基准地价的构成上并不完全一致，因此，在具体应用基准地价修正法时应注意当地基准地价的构成，不能机械地套用公式。基准地价修正法的数学表达式为：

$$p = A \times a_1 \times a_2 \times a_3 \times a_4 \qquad\qquad (5-19)$$

式中：p——评估对象土地使用权评估价值；

　　　A——评估对象宗地所处地段的基准地价；

　　　a_1——年限修正系数；

　　　a_2——交易日期修正系数；

　　　a_3——土地状况修正系数；

　　　a_4——市场转让因素修正系数。

2）基准地价修正法的估价步骤

（1）收集有关资料

关键是获取当地政府最新发布的关于基准地价的文件和有关资料，具体包括：土地级别图、基准地价图、样点地价分布图、基准地价表和相应的因素条件说明表等，这是采用基准地价修正法的前提。

（2）计算土地使用权转让年限修正系数

基准地价的年限是以某类用途允许出让的最高年限加以测算的，如商业用地最高出让年限为 40 年，住宅用地为 70 年，工业用地为 50 年，而对实际转让年限并没有考虑，因此在估价时，应根据评估对象土地的实际转让年限进行修正。年限修正系数的数学表达式为：

$$a_1 = \left[1 - \frac{1}{(1+r)^n} \right] \div \left[1 - \frac{1}{(1+r)^N} \right] \qquad\qquad (5-20)$$

式中：n——土地实际出让年限；

　　　N——土地最高出让年限；

　　　r——折现率。

（3）计算交易日期修正系数

基准地价反映的是基准地价在其评估基准日的地价水平，基准地价评估基准日与评估对象宗地评估基准日通常是不一致的，因此，必须把基准地价对应的地价水平修正到宗地地价评估基准日的水平。交易日期修正的方法与市场售价类比法中交易日期修正的方法相同，这里不再赘述。

（4）计算土地状况修正系数

由于基准地价是不同区域、不同用途土地的平均地价，不能反映每宗地块的特点，因此需要对评估对象宗地地价产生影响的土地坐落位置、形状、临街状况、周围环境、交通条件、容积率等因素进行分析和修正。土地状况修正系数的计算方法同市场售价类比法中个别因素修正系数的计算方法相同。

（5）计算市场转让因素修正系数

这实际上是把一级市场地价修正为二级市场地价的问题。它的测算可通过类比推算法进行，即利用已进入二级市场且成交的地块的二级市场地价（参照物市场交易价格）与其一级市场的基准地价的比值计算。它主要取决于评估时二级市场的活跃程度。市场转让因素修正系数的计算公式为：

市场转让因素修正系数=参照物地块市场交易价格÷参照物地块基准地价　　　(5-21)

（6）计算评估对象宗地的评估价值

上述各修正系数计算出来后，可根据下列公式计算评估对象宗地的价值：

$$\text{评估对象宗地的价值} = \text{评估对象宗地所处地段的基准地价} \times \text{年限修正系数} \times \text{交易日期修正系数} \times \text{土地状况修正系数} \times \text{市场转让因素修正系数} \qquad (5-22)$$

5.2.3　市场租金倍数法

市场租金倍数法是将评估对象房地产的年收益（通常为未来第1年的正常租金）乘以相关的市场租金倍数来计算评估对象房地产价值的一种技术方法。评估计算公式为：

房地产的评估价值=房地产的年收益×市场租金倍数　　　(5-23)

市场租金倍数是用与评估对象房地产类似的参照物房地产的市场交易价格除以其相关口径的年收益（租金）后所得的倍数。租金倍数会因参照物相关收益计算口径的不同而有多种类型，如毛租金倍数、净租金倍数、总收入倍数和净收入倍数等。市场租金倍数的计算公式为：

$$\text{市场租金倍数} = \frac{\text{参照物房地产市场交易价格}}{\text{参照物房地产的年租金}} \qquad (5-24)$$

在具体运用市场租金倍数法时，可以将同一评估对象房地产按不同口径的收益（租金）计算的租金倍数，乘以评估对象房地产相应口径的年收益（租金），得到评估对象房地产的一组初步评估价值，再采用加权平均等方法估测评估对象房地产的价值。

5.3　收益途径在房地产评估中的应用

5.3.1　收益途径的评估思路

1）收益途径的含义

收益途径是估测评估对象房地产的预期收益，选用适当的折现率将房地产预期收益折算为现值，以确定房地产价值的思路及方法。收益途径及其方法既可以评估房地合一的价值，又可以评估土地或建筑物的价值。

收益途径的理论依据是预期原理。预期原理认为，房地产的价值通常并非基于其历史价格、建造房地产时所投入的成本或过去的市场状况，而是基于市场参与者对其未来所能获得的收益得到满足的预期。根据预期原理，如果现在购买一宗在未来一定年限可产生收益的房地产，即预示着该房地产的所有者在未来的收益年限内可源源不断地获得预期收益；如果现有一定数额的货币可与这未来的预期收益的现值相等，则这一货币数额就是该宗房地产的价格。

2）收益途径适用的条件和对象

收益途径适用的条件是房地产的未来预期收益及风险能够预测和量化，房地产的预期收益年限能够确定。

收益途径适用的对象是有收益或潜在收益的房地产，如商场、商务办公楼、公寓、宾馆、酒店、餐馆、游乐场、影剧院等房地产。

3）收益途径的评估步骤

① 收集房地产有关收入和费用的资料；

② 估算房地产的预期收益；

③ 确定房地产的折现率；

④ 确定房地产的收益年限；

⑤ 估测并确定房地产评估价值。

5.3.2 房地产预期收益的估测

1）预期收益的估测思路

房地产预期收益是通过首先测算房地产的预期收入和房地产的预期费用，然后用房地产的预期收入减去房地产的预期费用得到。

房地产预期收入是以评估对象房地产或类似房地产的现实客观收入为基础，并对房地产未来收入状况进行分析、预测和估算得到的。房地产的现实客观收入是剔除了特殊的、偶然的因素之后房地产所能得到的正常收入。房地产预期收入有潜在收入和有效收入之分。潜在收入是假定房地产在充分利用、无空置状况下可获得的预期收入。有效收入是潜在收入扣除空置、拖欠租金以及其他原因造成的收入损失后所得到的预期收入。

房地产预期费用是房地产取得未来预期收入必须支付的各项支出。房地产预期费用是以评估对象房地产或类似房地产的现实客观运营费用为基础，并对房地产未来运营费用情况分析、预测和估算得到。

房地产预期收益是房地产未来的客观收益，估算房地产预期收益的基本公式为：

预期收益=预期收入-预期费用

　　　　=潜在收入-空置等造成的收入损失-预期费用

　　　　=有效收入-预期费用　　　　　　　　　　　　　　　　　　　（5-25）

房地产预期收益通常是所得税前利润（或税前现金流量），运营费用中不包括所得税、房屋折旧等项目。

2）不同类型房地产预期收益的估测

房地产预期收益应根据房地产出租、直接经营、自用等不同情况，采用不同的思路进行测算。

（1）出租型房地产预期收益的估测

出租型房地产预期收益，通常是用房地产预期有效租金收入减去房地产租赁期间正常的维修费、管理费、保险费、税金及附加等项目得到的。评估计算公式为：

预期收益=有效租金收入−维修费−管理费−保险费−税金及附加   (5−26)

其中，租金收入通常根据评估对象房地产实际租金，考虑相邻或同类型房地产租金水平，经分析预测确定。有效租金收入通过潜在租赁收入扣减空置等造成的收入损失后获得。

维修费是指房屋的正常维护、修理等方面的费用支出。维修费应按照整个租赁期间各年维修费的平均水平确定，通常按年租赁收入的百分比计算。

管理费指对出租房屋进行的必要管理所需的费用，通常包括管理人员工资、办公费等。管理费通常按年租赁收入的百分比计算。

保险费指房产所有人为保障火灾、爆炸、雷击等自然灾害和意外事故造成的房屋损失而向保险公司支付的费用。保险费通常按房屋重置价值的百分比计算。

税金及附加主要包括房产税、土地使用税和增值税及附加。

房产税以不含增值税的年租赁收入为计税依据，按12%的税率征收，个人出租居民住宅按4%的税率征收。

土地使用税按土地面积乘以单位面积税额计算。土地使用税税额标准为大城市1.5～30元，中等城市1.2～24元，小城市0.9～1.8元，县城、建制镇、工矿区0.6～12元，具体税额标准由各地政府规定。

增值税及附加，根据财政部、国家税务总局《关于全面推开营业税改征增值税试点的通知》的规定，不动产租赁中，一般纳税人的增值税等于销项税额减去进项税额，其中，销项税额等于不含税的销售额乘以税率；小规模纳税人的增值税等于不含税的销售额乘以征收率。具体规定是：2016年4月30日前取得的不动产（不含个人出租住房），一般纳税人和小规模纳税人都按5%的征收率计算增值税；2016年5月1日以后取得的不动产（不含个人出租住房），一般纳税人按11%（自2019年4月1日起改为9%）的税率计算增值税，小规模纳税人按5%的征收率计算增值税，个人出租住房按照5%的征收率减按1.5%计算应纳税额。评估时可以采用简便方法，用年租赁收入除以1与税率（或征收率）的和计算出不含税的销售额，直接进行增值税的扣除，也可以单独计算增值税，然后作为运营费用扣除。城市建设维护税按增值税税额的7%征收，教育费附加按增值税税额的3%征收。

对于出租房屋发生的水、电、燃气、暖气、通信、有线电视、宽带等费用，如果由出租人承担，通常也要扣除。评估中还应该根据评估目的、评估对象的情况，考虑房屋中的家具等创造的收益是否扣除。

（2）直接经营型房地产预期收益的估测

直接经营型房地产通常是指房地产所有者同时又是经营者，房地产租金与房地产经营者利润没有分开的房地产，如商场、宾馆、饭店等。直接经营型房地产预期收益通常是用房地产的预期销售收入减去房地产的预期销售成本、销售税金及其附加、销售费用、管理费用、财务费用、经营利润后得到。可按下面的公式进行计算：

预期收益=销售收入−销售成本−销售税金及附加−销售费用−管理费用−财务费用−经营利润

$$(5-27)$$

（3）自用型房地产预期收益的估测

自用型房地产可以比照同一市场上有收益的类似房地产的有关资料，按上述相应的方法计算预期收益，或直接比较得出预期收益。

（4）混合型房地产预期收益的估测

混合型房地产是指有多种收益类型（出租、经营、自用等）的房地产，在估测预期收益时，可以把它看成是各种单一收益类型房地产的组合，先分别计算，然后进行综合。

5.3.3　房地产折现率的估测

1）房地产折现率的种类

房地产的折现率是一种期望的投资收益率，而投资收益率的大小与投资的风险呈正相关，因此在确定房地产的折现率时，应选择那些与获取评估对象房地产的预期收益具有同等风险的投资的收益率。此外，要注意不同地区、不同时期、不同用途或不同类型的房地产，由于投资的风险不同，折现率也不尽相同。在房地产评估中，由于评估对象不同，应采用的折现率也不同，主要有以下几种类型：

（1）土地折现率

土地折现率是计算单纯土地的价值时所采用的折现率。这时对应的预期收益是土地自身的预期收益，而不应包含建筑物及其他方面带来的部分。

（2）建筑物折现率

建筑物折现率是计算单纯建筑物的价值时所采用的折现率。这时对应的预期收益是建筑物自身的预期收益，而不应包含土地及其他方面带来的部分。

（3）综合折现率

综合折现率是计算房地合一价值时采用的折现率。这时对应的预期收益是土地和建筑物共同产生的收益。

土地折现率、建筑物折现率和综合折现率三者虽然含义不同，但又是相互联系的。当不考虑房地产收益期限时，三种折现率的联系可用下列公式表示：

$$r=\frac{r_1 p_1 + r_2 p_2}{p_1 + p_2} \qquad (5-28)$$

$$r_1=\frac{r(p_1 + p_2) - r_2 p_2}{p_1} \qquad (5-29)$$

$$r_2=\frac{r(p_1 + p_2) - r_1 p_1}{p_2} \qquad (5-30)$$

式中：r——综合折现率；

r_1——土地折现率；

r_2——建筑物折现率；

p_1——土地价值；

p_2——建筑物价值。

【例5-10】某宗房地产的总价值为1 000万元，经估测建筑物部分的价值为600万元，假定综合的折现率为8%，建筑物的折现率为10%，则土地的折现率为：

$$土地的折现率=\frac{8\% \times 1\,000 - 10\% \times 600}{1\,000 - 600}\times 100\%=5\%$$

2）房地产折现率的估测方法

（1）累加法

累加法是通过无风险收益率加上风险收益率来确定房地产折现率的方法。无风险收益率指无风险的资本投资收益率，在评估实践中通常选择中期国债利率作为无风险收益率。风险收益率是根据社会经济环境、投资风险、变现风险以及通货膨胀等因素对房地产投资的影响综合确定。这种方法的数学表达式为：

房地产折现率=无风险收益率+风险收益率   (5-31)

（2）市场提取法

市场提取法，是在市场上选取多个（通常为3个以上）与评估对象相似的房地产作为可比实例，并根据可比实例的纯租金与价格的比率计算出折现率，然后求出各可比实例折现率的平均值，在进行综合分析的基础上，确定评估对象房地产的折现率。该方法运用时，通常假设可比实例的各年租金收益相等、收益期限永续。其数学表达式为：

$$r=\sum_{i=1}^{n}\frac{A_i}{P_i}\div n$$ (5-32)

式中：r——评估对象房地产的折现率；

A_i——交易实例i的纯收益；

P_i——交易实例i的价格；

n——交易实例个数。

【例5-11】选择4个与评估对象房地产相类似的可比实例，各可比实例有关数据资料见表5-7。

表5-7   交易实例及相关资料

交易实例	纯租金（万元/年）	价格（万元）	折现率
1	15	165	9.09%
2	24	216	11.11%
3	52	498	10.44%
4	87	863	10.08%

根据表中的数据资料，采用简单算术平均数法求得：

房地产折现率＝（9.09%+11.11%+10.44%+10.08%）÷4

＝10.18%

（3）投资收益率排序插入法

投资收益率排序插入法是先收集市场上各种投资的收益率资料，如银行存款、政府债券、企业债券、股票以及各个领域的工商业投资等，然后把各项投资收益率的大小排队，制成图表（如图5-1所示），将评估对象房地产与各类投资风险程度进行分析比较，判断出同等风险的投资，确定评估对象风险程度所处的位置，以此确定评估对象的折现率。

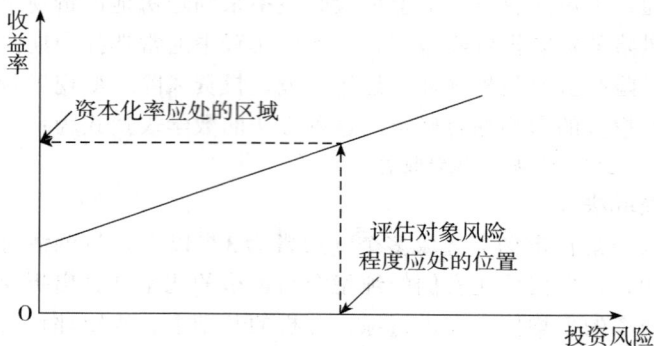

图5-1　投资收益率排序插入法

5.3.4　房地产收益年限的确定

房地产收益年限是房地产未来持续获得收益的时间，通常以年为单位表示。房地产收益年限应根据评估对象房地产的实际情况，经综合分析确定。

1）单独土地评估

单独土地评估，土地收益年限的确定，应考虑土地的不同取得方式。对于以有偿出让方式取得土地使用权的情况，土地收益年限为土地剩余使用权年限，可根据土地使用权证中载明的土地使用权年限（通常为某类用地出让的最高年限）减去土地已使用年限确定。对于以无偿划拨方式取得土地使用权的情况，土地收益年限为永续，但以划拨方式取得使用权进行租赁经营的，应按规定向政府缴纳土地收益，评估时所确定的土地收益应为正常土地租赁收益扣除按规定向政府缴纳土地收益后的余额。

【相关链接5-1】　　　　可以划拨方式取得的建设用地

《中华人民共和国土地管理法》第五十四条规定，建设单位使用国有土地，应当以出让等有偿使用方式取得；但是，下列建设用地，经县级以上人民政府依法批准，可以以划拨方式取得：

（一）国家机关用地和军事用地；

（二）城市基础设施用地和公益事业用地；

（三）国家重点扶持的能源、交通、水利等基础设施用地；

（四）法律、行政法规规定的其他用地。

2）单独建筑物评估

单独建筑物评估，建筑物收益年限为建筑物的剩余经济寿命，可根据建筑物总使用年限减去已使用年限确定。建筑物总使用年限通常根据建筑物的建筑结构、建造质量、使用和维修保养情况，结合同类建筑物平均经济寿命情况确定。建筑物已使用年限为建筑物从投入使用到评估时点的使用年限。

3）房地评估

房地评估即为土地和建筑物合成一体情况下的房地产评估，房地产收益年限应根据土地剩余使用权年限和建筑物剩余经济寿命长短的不同情况分别确定。

（1）土地年限和建筑物年限相等

对于土地剩余使用权年限和建筑物剩余经济寿命相等的情况，可根据土地剩余使用权年限或建筑物剩余经济寿命确定房地产收益年限。

（2）土地年限比建筑物年限短

对于土地剩余使用权年限比建筑物剩余经济寿命短的情况，应根据土地剩余使用权年限确定房地产收益年限（如图5-2所示）。收益折现时，应将土地使用年限到期时建筑物部分的残余价值或政府收回土地使用权对建筑物的补偿价值折现。

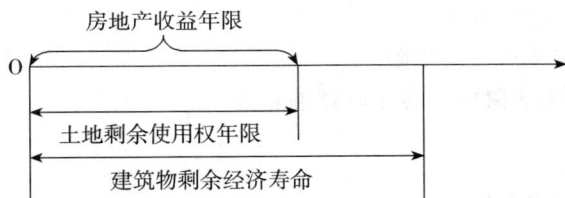

图5-2 土地年限比建筑物年限短

（3）土地年限比建筑物年限长

对于土地剩余使用权年限比建筑物剩余经济寿命长的情况，以土地剩余使用权年限为房地产总的收益年限（如图5-3所示）。但对房地产的收益折现分两段进行，第一段以建筑物剩余经济寿命为界，将房地合一的纯收益折现；第二段将土地剩余使用权年限超过建筑物剩余经济寿命的土地纯收益折现，以两段期限的收益现值之和作为房地产的评估价值。

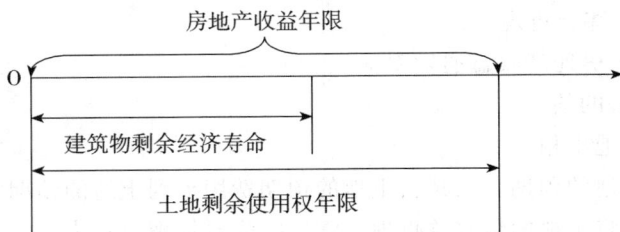

图5-3 土地年限比建筑物年限长

5.3.5 房地产价值的估测

1）房地价值的估测

估测房地合成一体的房地产价值，应根据上述介绍的有关方法分别测算和确定房地产预期收益、折现率和收益年限，并运用合适的评估计算公式进行收益折现。房地产评估实务中常用的评估计算公式主要有以下几种：

（1）收益年限为有限期，各年收益额不相等

$$p=\sum_{i=1}^{n}\frac{R_i}{(1+r)^i} \tag{5-33}$$

式中：p——房地产价值；

   R_i——第 i 年房地产预期收益；

   r——综合折现率；

   n——房地产收益年限。

（2）收益年限为有限期，各年收益额相等

$$p=\frac{A}{r}[1-\frac{1}{(1+r)^n}] \tag{5-34}$$

式中：p——房地产价值；

   A——房地产预期收益（年金）；

   r——综合折现率；

   n——房地产收益年限。

（3）收益年限为无限期，各年收益额相等

$$p=\frac{A}{r} \tag{5-35}$$

式中：p——房地产价值；

   A——房地产预期收益（年金）；

   r——综合折现率。

（4）收益年限为无限期，收益额按等比级数递增

$$p=\frac{A}{r-g} \tag{5-36}$$

式中：p——房地产价值；

   A——房地产预期收益（年金）；

   r——综合折现率；

   g——房地产收益递增率。

2）土地价值的估测

（1）单独土地出租

首先通过土地的预期收入减去土地的预期费用得到土地的预期收益，然后用适当的土地折现率将土地的纯收益折现。常用的收益折现公式为：

①收益年限为有限期，各年收益额相等。

$$p_1 = \frac{A_1}{r_1} \left[1 - \frac{1}{(1+r_1)^n} \right] \tag{5-37}$$

式中：p_1——土地价值；

A_1——土地预期收益（年金）；

r_1——土地折现率；

n——土地收益年限。

②收益年限为无限期，各年收益额相等。

$$p_1 = \frac{A_1}{r_1} \tag{5-38}$$

式中：p_1——土地价值；

A_1——土地预期收益（年金）；

r_1——土地折现率。

（2）房地产出租或经营

土地价值是房地产价值减去房屋价值后剩余的价值。运用收益途径及其方法评估土地的价值，通常是用房地产的预期收益减去建筑物的预期收益得到土地的预期收益，用土地的折现率对土地的预期收益折现求和即可得到土地的价值。常用的评估计算公式如下：

①收益年限为有限期，各年收益额相等。

$$p_1 = \frac{(A - A_2)}{r_1} \times \left[1 - \frac{1}{(1+r_1)^n} \right] \tag{5-39}$$

其中，$A_2 = p_2 \times r_2$ \qquad (5-40)

式中：p_1——土地价值；

A——房地预期收益（年金）；

A_2——建筑物预期收益（年金）；

r_1——土地折现率；

n——土地收益年限；

p_2——建筑物价值；

r_2——建筑物折现率。

评估时，建筑物价值应采用收益途径以外的途径和方法计算，通常采用成本途径，评估计算公式为：

建筑物价值=建筑物重置成本×成新率 \qquad (5-41)

②收益年限为无限期，各年收益额相等。

$$p_1 = \frac{A - A_2}{r_1} \tag{5-42}$$

式中：p_1——土地价值；

A——房地预期收益（年金）；

A_2——建筑物预期收益（年金）；

r_1——土地折现率。

公式中建筑物预期收益的计算方法与第一种情况相同。

3）建筑物价值的估测

建筑物价值是房地产价值减去土地价值后剩余的价值。运用收益途径及其方法评估建筑物的价值，通常是用房地产预期收益减去土地预期收益得到建筑物的预期收益，用建筑物的折现率对建筑物的预期收益折现求和即可得到建筑物的价值。评估计算公式如下：

（1）收益年限为有限期，各年收益额相等

$$p_2=\frac{A-A_1}{r_2}\times[1-\frac{1}{(1+r_2)^n}] \tag{5-43}$$

其中，$A_1=p_1\times r_1$ $\tag{5-44}$

式中：p_2——建筑物价值；

A——房地预期收益（年金）；

A_1——土地预期收益（年金）；

r_2——建筑物折现率；

n——土地收益年限；

p_1——土地价值；

r_1——土地折现率。

评估时，土地价值应采用收益途径以外的途径和方法计算，如市场途径和成本途径等。

（2）收益年限为无限期，各年收益额相等

$$p_2=\frac{A-A_1}{r_2} \tag{5-45}$$

式中：p_2——建筑物价值；

A——房地预期收益（年金）；

A_1——土地预期收益（年金）；

r_2——建筑物折现率。

公式中土地纯收益的计算方法与第一种情况相同。在实际评估操作中，评估人员应该根据建筑物的收益和收益期限的具体状况选择适当的评估计算公式。

5.3.6 收益途径评估案例

【例5-12】某评估对象概况如下：评估对象为2012年6月取得的钢筋混凝土结构商务办公楼，土地总面积500平方米，房屋建筑面积850平方米，出租的月租金4.5万元，假设建筑物的折现率为10%，耐用年限为60年，土地折现率为8%，管理费以有效年租金的3%计，维修费以建筑物价值的1.5%计，房租损失准备费按半月租金计，保险费按建筑物价值3‰计，房产税税率为12%，土地使用税每年每平方米2元，增值税的征收率为5%，城市维护建设税按增值税税额的7%计算，教育费附加按增值税税额的3%计算，建筑物尚可使用年限为50年，土地使用权年限为40年，建筑物价值依成本法求得为120万元。

评估要求：用收益途径评估该房屋基地使用权2022年6月1日的价值。

解：

评估过程如下：

（1）计算年预期收入

有效租金收入=45 000×12-45 000÷2=517 500（元）

不含增值税的有效租金收入=517 500÷（1+5%）=492 857（元）

（2）计算年预期费用

①管理费=517 500×3%=15 525（元）

②维修费=1 200 000×1.5%=18 000（元）

③保险费=1 200 000×3‰=3 600（元）

④房产税=492 857×12%=59 143（元）

⑤土地使用税=500×2=1 000（元）

⑥增值税=492 857×5%=24 643（元）

⑦城市维护建设税=24 643×7%=1 725（元）

⑧教育费附加=24 643×3%=739（元）

⑨预期费用=15 525+18 000+3 600+59 143+1 000+24 643+1 725+739=124 375（元）

（3）计算年预期收益

预期收益=517 500-124 375=393 125（元）

（4）计算土地预期收益

①房屋预期收益=1 200 000×10%=120 000（元）

②土地预期收益=393 125-120 000=273 125（元）

（5）计算土地使用权价值

$$土地使用权价值=\frac{273 125}{8\%}×[1-\frac{1}{(1+8\%)^{40}}]=3 256 910（元）$$

土地单价=3 256 910÷500=6 514（元/平方米）

（6）评估结论

本宗土地使用权在2022年6月1日的价值为3 256 910元，单价为每平方米6 514元。

【例5-13】评估对象概况如下：评估对象是一出租写字楼，土地总面积为5 300平方米，总建筑面积25 000平方米，建筑层数为18层，建筑结构为钢筋混凝土结构。该写字楼的土地使用权于2017年6月1日以出让的方式获得，土地使用权年限为50年，写字楼于2019年6月1日建成并开始出租，建筑物的耐用年限为60年。

评估要求：评估该写字楼2022年6月1日的价值。

解：

评估过程如下：

（1）选择评估途径及方法

该宗房地产是出租的写字楼，为收益性房地产，故采用收益途径评估。评估计算公式为：

$$p = \frac{A}{r}\left[1 - \frac{1}{(1+r)^n}\right]$$

（2）收集有关资料

通过调查，收集的有关资料如下：

①租金按净使用面积计算。可供出租的净使用面积为15 000平方米，占总建筑面积的60%，其余部分为大厅、公共过道、楼梯、电梯、公共卫生间、大楼管理人员用房、设备用房等占用面积。

②租金平均每月每平方米85元。

③空置率年平均为10%，即出租率年平均为90%。

④建筑物原值为4 800万元。

⑤家具设备原值为420万元，家具设备的经济寿命平均为10年，残值率为4%。

⑥经常费用平均每月8万元，包括工资、水电、供暖、维修、保洁、保安等费用。

⑦房产税按年总收入的12%缴纳，保险费按建筑物原值的3‰计算。

⑧增值税的征收率为5%，城市维护建设税按增值税税额的7%计算，教育费附加按增值税税额的3%计算。

（3）估算年预期收入

有效租金收入=15 000×85×12×90%=1 377（万元）

不含增值税的有效租金收入=1 377÷（1+5%）=1 311.43（万元）

（4）估算年预期费用

①经常费用=8×12=96（万元）

②房产税=1 311.43×12%=157.37（万元）

③家具设备折旧费=$\dfrac{420 \times (1 - 4\%)}{10}$=40.32（万元）

④保险费=4 800×3‰=14.40（万元）

⑤增值税=1 311.43×5%=65.57（万元）

⑥城市维护建设税=65.57×7%=4.59（万元）

⑦教育费附加=65.57×3%=1.97（万元）

⑧预期费用=96+157.37+40.32+14.40+65.57+4.59+1.97=380.22（万元）

（5）计算预期收益

预期收益=1 377−380.22=996.78（万元）

（6）确定折现率

经估测，房地产的折现率确定为8%。

（7）确定房地产收益年限

房地产收益年限=土地使用权年限-开发建设期-房地产开始出租至评估基准日的年数

$$=50-2-3$$

$$=45\ （年）$$

（8）计算房地产价值

$$p=\frac{A}{r}[1-\frac{1}{(1+r)^n}]=\frac{996.78}{8\%}\times[1-\frac{1}{(1+8\%)^{45}}]=12\ 069.41\ （万元）$$

房地产单价=12 069.41×10 000÷25 000=4 827.76（元/平方米）

（9）评估结果

根据计算结果，经分析确定评估对象房地产2022年6月1日的价值为12 069.41万元，约合每平方米建筑面积4 827.76元。

5.4 成本途径在房地产评估中的应用

5.4.1 成本途径的基本思路

1）成本途径的含义

成本途径是通过估测被评估房地产的重新构建成本，然后扣除各种贬值，以确定评估对象房地产价值的评估思路和技术方法。

成本途径的理论依据，从卖方的角度来看是生产费用价值论，即卖方愿意接受的价格，不能低于其为开发建造该房地产所花费的代价（包括建造费用、税金、利润等）；从买方的角度来看是替代原理，即买方愿意支付的最高价格，不能高于其所预计的重新开发建造该房地产所花费的代价。如果所购买的房地产是旧的，还要考虑建筑物的贬值。

2）成本途径适用的条件和对象

成本途径适用的条件是能够量化房地产的重新构建成本费用及各种贬值。

成本途径适用的对象主要包括新开发的房地产、非收益性房地产、很少发生交易的房地产，如学校房地产、图书馆、体育场馆、医院房地产、政府办公楼、军队营房、公园等公用、公益房地产，以及化工厂、钢铁厂、发电厂、油田、码头、机场等具有独特设计或只针对个别用户的特殊需要而开发建造的房地产。

由于土地的价格主要取决于它的效用，而并非仅仅是它所花费的成本，因此土地取得和开发成本加利税并不一定能客观反映其市场价值。所以，成本途径在土地评估中的应用范围受到一定限制。

5.4.2　房地产重置成本的估测

房地产的重置成本通常包括土地取得成本、开发成本、管理费用、投资利息、开发利润、销售税费等。

1）土地取得成本

土地取得成本是取得开发用地所需的费用、税金等。根据房地产开发中土地使用权获得的途径，土地取得成本的构成有以下几种：

（1）通过征用农地取得土地

土地取得成本包括：农地征用费和土地使用权出让金。土地取得成本应按国家和当地政府规定的征地补偿标准和土地出让金标准计算。

（2）通过城市房屋拆迁取得土地

土地取得成本包括：房屋拆迁补偿安置费和土地使用权出让金。土地取得成本应按国家和当地政府规定的拆迁安置补偿费标准和土地出让金标准计算。

（3）通过市场交易取得土地

土地取得成本包括：土地价款和买地缴纳的税费（手续费、契税等）。土地取得成本可按实际支出额或通过与类似土地进行比较分析后确定。

2）开发成本

开发成本可分为土地开发成本和房屋建造成本两部分，是在取得土地后进行土地开发和房屋建设所需的直接费用、税金等。具体包括：

（1）勘查设计及前期工程费

勘查设计及前期工程费包括前期规划、设计、可行性研究、水文地质勘测以及施工通水、通电、通路和平整场地等土地开发工程费支出。该项费用支出一般可按建筑安装工程费用或项目总投资的一定百分比估算；也可根据实际工作量，参照有关计费标准估算。

（2）建筑安装工程费

建筑安装工程费是指直接用于建筑安装工程建设的总成本费用，主要包括建筑工程费、设备及安装工程费以及室内装修工程费等。从建设单位的角度看，它是建设单位向施工单位支付的工程款；从施工单位来看，它包括施工单位的直接费用、间接费用、利润和税金等。建筑安装工程费一般按施工图预算计算；如果有完整的建筑工程决算资料，可通过价格指数对原工程决算数进行调整修正后确定；或可以采用与类似单位工程造价比较的方法确定。

（3）基础及配套设施建设费

基础及配套设施建设费为经规划部门批准建设的、国家建设项目用地规划红线以内的道路、供水、排水、电力、通信、燃气、热力等的建设以及配套设施发生的费用。基础设施建设费按照政府的城市规划定额指标计算；配套设施建设费一般依据详细规划和施工图预算进行计算，如果有完整的建筑工程决算资料，可通过对原工程决算数进行调整修正后确定。

（4）城市基础设施配套费

城市基础设施配套费是指按城市总体规划要求，为筹集城市市政公用基础设施建设资金所收取的费用，它按建设项目的建筑面积计征，其专项用于城市基础设施和城市公用设施建设，包括城市道路、桥梁、公共交通、供水、燃气、污水处理、集中供热、园林、绿化、路灯、环境卫生、中小学、幼儿园等设施的建设。该项费用按政府规定的费用标准计算。

3）管理费用

管理费用包括开发商管理人员的工资、办公费、差旅费等，可按土地取得成本与开发成本之和乘以一定的比率计算。

4）投资利息

以土地取得成本、开发成本和管理费用之和为基数计算投资利息。利息率应选择评估基准日建设银行基本建设贷款的利率。如果选择1年期贷款利率，则用复利计息；如果选择与项目建设期相同期限的贷款利率，则采用单利计息。土地取得成本的计息期一般为整个开发建设期；开发成本和管理费用的计息期一般为开发建设期的一半。

5）开发利润

开发利润是在正常情况下开发商所能获得的平均利润。开发利润通常以土地取得成本、开发成本和管理费用之和为基数按房地产行业开发同类房地产平均利润率水平进行计算。

6）销售税费

销售税费是销售开发完成后的房地产所需的费用及应由开发商缴纳的税费，主要分为以下几种：

（1）销售费用：包括广告宣传、销售代理费等，通常按土地取得成本、开发成本、管理费用、投资利息、开发利润之和的一定比例计算。

（2）销售税金：包括增值税及附加，通常按土地取得成本、开发成本、管理费用、投资利息、开发利润、销售费用之和乘以增值税税率（或征收率）计算。根据财政部、国家税务总局《关于全面推开营业税改征增值税试点的通知》的规定，销售不动产中，一般纳税人的增值税等于销项税额减去进项税额，其中，销项税额等于不含税的销售额乘以税率；小规模纳税人的增值税等于不含税的销售额乘以征收率。具体规定是：销售2016年4月30日前开发（自建）的不动产，一般纳税人和小规模纳税人都按5%的征收率计算增值税；销售2016年5月1日以后开发（自建）的不动产，一般纳税人按11%（自2019年4月1日起改为9%）的税率计算增值税，小规模纳税人按5%的征收率计算增值税。增值税附加包括城市维护建设税和教育费附加，其中，城市维护建设税按增值税税额的7%计算，教育费附加按增值税税额的3%计算。评估时，如果重置成本中计算增值税，评估值为含增值税的价值；如果重置成本中不计算增值税，则评估值为不含增值税的价值。

5.4.3　房地产实体性贬值的估测

由于土地不存在有形损耗，房地产中的实体性贬值主要指的是建筑物。建筑物实体性贬值可以通过实体性贬值率或成新率来反映。下面主要介绍成新率的估测方法。

1）使用年限法

使用年限法是用建筑物的尚可使用年限占建筑物全部使用年限的比率作为建筑物的成新率。数学式为：

$$建筑物成新率=\frac{建筑物尚可使用年限}{建筑物尚可使用年限+建筑物实际已使用年限}\times100\% \tag{5-46}$$

运用此方法的关键是测定一个较为合理的建筑物尚可使用年限。这需要评估人员具有丰富的实践经验，对建筑物现行状态、维修保养状况、使用效果情况进行全面分析和判断，并结合国家规定的建筑物折旧年限综合确定（见表5-8、表5-9）。

表5-8　　　　　　　　　房屋建筑物分类折旧年限　　　　　　　　　单位：年

房屋及其分类	折旧年限	建筑物及其分类	折旧年限
（1）钢结构		（1）管道	
①生产用房	50	①长输油管道	16
②受腐蚀生产用房	30	②长输气管道	16
③受强腐蚀生产用房	15	③其他管道	30
④非生产用房	55	（2）露天库	20
（2）钢筋混凝土结构		（3）露天框架	30
①生产用房	50	（4）冷藏库	30
②受腐蚀生产用房	35	其中：简易冷藏库	15
③受强腐蚀生产用房	15	（5）烘房	30
④非生产用房	60	（6）冷却塔	20
（3）砖混结构		（7）水塔	30
①生产用房	40	（8）蓄水池	30
②受腐蚀生产用房	30	（9）污水池	20
③受强腐蚀生产用房	15	（10）储油罐、池	30

续表

房屋及其分类	折旧年限	建筑物及其分类	折旧年限
④非生产用房	50	（11）水井	30
（4）砖木结构		其中：深水井	20
①生产用房	30	（12）破碎场	20
②非生产用房	40	（13）船厂平台	30
（5）简易结构	10	（14）船坞	30
		（15）修车槽	30
		（16）加油站	30
		（17）水电站大坝	60
		（18）其他建筑物	30

表5-9　　　　　　　　　　居住用房屋的耐用年限　　　　　　　　　单位：年

房屋结构	耐用年限
钢筋混凝土结构	60 ~ 80
砖混结构	40 ~ 60
砖木结构	30 ~ 50
简易结构	10 ~ 15

使用年限法的特点是计算简便，但尚可使用年限的确定难度较大，它一般适用于建造时间短、比较新的建筑物的测算。如果对旧建筑物评估，在运用使用年限法确定建筑物成新率时，应充分考虑建筑物进行过更新改造或大修理等情况对建筑物使用年限及成新率的影响。

2）打分法

打分法将建筑物分为结构、装修、设备三个部分，评估人员依据建筑物不同成新率的评分标准，通过现场勘查，对每个部分再按不同项目分别打分，并对结构、装修和设备三个部分的得分分别给出不同的权重（或称修正系数），最后根据加权平均值确定建筑物的成新率。计算公式为：

成新率=结构部分合计得分×G+装修部分合计得分×S+设备部分合计得分×B　　　　　(5-47)

式中：G——结构部分的评分修正系数；

S——装修部分的评分修正系数；

B——设备部分的评分修正系数。

评估人员采用打分法测定建筑物的成新率，一般通过填制《房屋建筑物成新率评定表》来完成，其格式见表5-10。

表5-10　　　　　　　　　　**房屋建筑物成新率评定表**

单位名称：　　　　　　　　　　坐落：

建筑名称		结构类型		建造年份		层数		建筑面积	

分部	序号	项目	评分	评分依据
结构部分	①	地基基础		是否有足够承载力，有无不均匀下沉
	②	承重构件		是否完好坚固，梁、板、柱有无裂缝、变形、露筋
	③	非承重墙		墙体有无腐蚀、损坏，预制板节点是否牢固
	④	屋面		是否渗漏，防水、隔热、保暖层是否完好
	⑤	楼地面		整体面层是否牢固，有无空鼓、起砂、下沉、裂缝
	⑥	（①+②+③+④+⑤）×G		
装修部分	⑦	门窗		是否完好无损、开关灵活，玻璃五金是否齐全
	⑧	外装饰		是否完整、黏结牢固
	⑨	内装饰		是否完整牢固，有无空鼓、裂缝、剥落
	⑩	顶棚		是否完好无损、有无变形
	⑪	细木装修		是否完好无损，有无变形，油漆是否完好、有光泽
	⑫	（⑦+⑧+⑨+⑩+⑪）×S		
设备部分	⑬	水卫		上下水是否通畅，各种器具是否完好、齐备
	⑭	电气照明		线路、装置是否完好、牢固，绝缘是否良好
	⑮	暖气		管道、设备是否完好无堵漏，使用是否正常
	⑯	（⑬+⑭+⑮）×B		
总计（⑥+⑫+⑯）				成新率

评估人员：　　　　　　　　　　评定日期：

采用打分法应注意的问题包括以下几点：一是打分标准是否合理，可依据原城乡建设环境保护部颁布的《房屋完损等级评定标准》来判断。它将房屋的结构、装修、设备等组成部分的完好程度划分为5个等级：①完好房，成新率为80%～100%；②基本完好房，成新率为60%～80%；③一般损坏房，成新率为40%～60%；④严重损坏房，成新率在40%以下；⑤危险房，仅余残值。二是实际打分是否客观合理，这一点主要靠评估人员的专业知识和实际评估操作经验判断。三是成新率评分修正系数的确定是否合理。成新率评分修正系数主要依据结构、装修、设备各部分价值在整个建筑物中所占比重大小来确定，同时，建筑物的不同结构类型、装修的豪华程度等都会对其产生影响，评估人员应根据评估对象建筑物的实际情况，认真分析和测算，制定出科学合理的成新率评分修正系数。不同结构类型房屋成新率的评分修正系数见表5-11。

表5-11   不同结构类型房屋成新率的评分修正系数

项目	钢筋混凝土结构			砖混结构			砖木结构			其他结构		
	结构部分	装修部分	设备部分	结构部分	装修部分	设备部分	结构部分	装修部分	设备部分	结构部分	装修部分	设备部分
单层	0.85	0.05	0.1	0.7	0.2	0.1	0.8	0.15	0.05	0.87	0.1	0.03
二、三层	0.8	0.1	0.1	0.6	0.2	0.2	0.7	0.2	0.1			
四、五、六层	0.75	0.12	0.13	0.55	0.15	0.3						
七层以上	0.8	0.1	0.1									

5.4.4 房地产功能性贬值的估测

1）房地产功能性贬值的含义

房地产功能性贬值是指由于技术革新、建筑工艺改进、建筑设计理念更新等原因导致原有建筑物在建筑风格、建筑物内外布局、建筑物的基本装修和设备等方面变得陈旧落后，使建筑物不能满足现实生产、经营或居住的需要，造成其价值降低。

2）房地产的功能性贬值的估测方法

（1）修复费用法。修复费用法是按通过修复房地产原有功能使其达到能够满足现实需要所花费的修复费用确定房地产功能性贬值的方法。运用该方法时，应注意在修复房地产功能的同时，往往也修改了房地产的实体，在这种情况下，修复费用等于房地产功能性贬值和一部分实体性贬值。

（2）市价比较法。市价比较法是将功能陈旧的房地产与功能先进的类似房地产的交易价格进行比较，以二者之间的价格差额确定房地产的功能性贬值。

（3）综合分析法。综合分析法是在估测房地产功能性贬值时与房地产的实体性贬值一起考虑，确定包括功能性贬值因素在内的综合成新率。

5.4.5 房地产经济性贬值的估测

1）房地产经济性贬值的含义

房地产的经济性贬值是指由于宏观经济环境、市场竞争、政府有关房地产制度及政策、税收政策、交通管制、自然环境、人口因素、人们的心理因素等外界条件的变化，使建筑物的利用率下降，收益产生损失，导致其价值降低。

2）房地产的经济性贬值的估测方法

（1）市价比较法。市价比较法是将被评估房地产及和它外部条件发生变化前相同的房地产的交易价格进行比较，以二者之间的价格差额确定房地产的经济性贬值。

（2）收益损失折现法。收益损失折现法是通过对收益性房地产的未来收益净损失额进行折现，以收益损失额的现值确定房地产经济性贬值的方法。

（3）综合分析法。综合分析法是在估测房地产经济性贬值时与房地产的实体性贬值、功能性贬值一起考虑，确定包括实体性贬值、功能性贬值和经济性贬值因素在内的综合成新率。

需要注意的是，如果外界条件变化后的房地产交易价格高于以前的价格，或者房地产预期收益增加，则房地产存在经济性溢价。

5.4.6 房地产价值的估算

1）土地价值的估算

单独评估土地价值时，通常以土地的重置成本作为土地的评估价值，无须考虑土地的贬值。运用成本法评估土地价值的评估计算公式为：

土地价值=土地取得成本+土地开发成本+管理费用+投资利息+开发利润+销售税费　　（5-48）

上述评估计算公式适用于征用农地并进行基础设施建设和平整场地后的土地，以及城市房屋拆迁并进行基础设施建设和场地平整后的土地评估。

2）建筑物价值的估算

单独评估建筑物价值时，以建筑物的重置成本扣减建筑物的各种贬值确定建筑物的评估价值。建筑物的贬值包括实体性贬值、功能性贬值和经济性贬值。运用成本法评估建筑物价值的评估计算公式为：

建筑物价值=建筑物重置成本-建筑物贬值　　（5-49）

建筑物重置成本=建筑物建造成本+管理费用+投资利息+开发利润+销售税费　　（5-50）

3）房地价值的估算

评估房地合一的价值时，通常分别估测土地和建筑物的重置成本，房地产的贬值在建筑物重置成本中扣除。运用成本法评估房地价值的评估计算公式为：

房地价值=土地重置成本+建筑物重置成本-建筑物贬值　　（5-51）

5.4.7　成本途径评估案例

【例 5-14】评估对象土地基本数据资料如下：评估对象土地为征用农地，面积为 500 平方米。土地取得成本为 230 元/平方米，土地开发成本（包括管理费）为 246 元/平方米。土地开发期为 2 年，第 1 年投入的开发费占总开发费的 3/4，第 2 年投入的开发费占总开发费的 1/4；银行基本建设贷款年利率为 8%，土地开发的平均利润率为 10%，销售费用为土地取得成本、开发成本、管理费用、投资利息和开发利润之和的 3%，增值税的征收率为 5%，城市维护建设税税率为 7%，教育费附加为增值税税额的 3%。

评估要求：计算评估对象土地 2022 年 5 月 18 日开发后的市场价值。

解：

评估过程如下：

（1）计算土地取得成本

土地取得成本=500×230=115 000（元）

（2）计算土地开发成本

土地开发成本=500×246=123 000（元）

（3）计算投资利息

土地取得费的计息期为 2 年，土地开发费为分段投入，则：

土地取得费利息=115 000×$[(1+8\%)^2-1]$=19 136（元）

土地开发费利息=123 000×3/4×$[(1+8\%)^{1.5}-1]$+123 000×1/4×$[(1+8\%)^{0.5}-1]$

$\qquad$ =11 289+1 206

$\qquad$ =12 495（元）

总投资利息=19 136+12 495=31 631（元）

（4）计算开发利润

开发利润=（115 000+123 000）×10%=23 800（元）

（5）计算销售费用

销售费用=（115 000+123 000+31 631+23 800）×3%=8 803（元）

（6）计算增值税及附加

增值税=（土地取得成本+土地开发成本+投资利息+开发利润）×征收率

$\qquad$ =（115 000+123 000+31 631+23 800+8 803）×5%

$\qquad$ =15 112（元）

城市维护建设税=15 112×7%=1 058（元）

教育费附加=15 112×3%=453（元）

增值税及附加合计=15 112+1 058+453=16 623（元）

（7）计算土地价值

土地价格=115 000+123 000+31 631+23 800+8 803+16 623=318 857（元）

土地单价=318 857÷500=638（元/平方米）

（8）评估结论

根据计算结果，经分析确定评估对象土地在 2022 年 5 月 18 日的市场价值为

318 857元，土地单价为每平方米638元。

【例5-15】评估对象概况如下：评估对象为某事业单位办公楼，占地面积5 000平方米，建筑总面积6 500平方米，该建筑的建筑结构为4层砖混结构，建于2018年5月。

评估要求：评估该房地产2022年10月的市场价值。

解：

评估过程如下：

（1）选择评估方法

由于评估对象房地产为事业单位办公楼，无直接收益，也很少有交易实例，故在评估时采用成本途径及方法。评估计算公式：

房地产价值=土地价值+建筑物价值　　　　　　　　　　　　　　　　　　　　（5-52）

建筑物价值=重置成本×成新率　　　　　　　　　　　　　　　　　　　　　　（5-53）

（2）估测土地价值

假定土地评估单价为2 800元/平方米（方法及过程省略）。

土地总价值=5 000×2 800÷10 000=1 400（万元）

（3）估测建筑物的价值

①估测建筑安装成本。重置建筑安装成本的估测采用单位工程造价比较法，通过市场调查，选取3个比较实例作为参照物，进行分析比较，具体情况见表5-12。

表5-12　　　　　　　　　　　A、B、C 3个参照物的成本情况

项　目 ＼ 参照物	参照物A	参照物B	参照物C
单位造价（元/平方米）	860	820	846
建筑面积（平方米）	7 200	6 300	6 800
层数	5	4	4
建筑结构	框架	框架	框架
竣工（决算）时间	2020.4	2020.2	2020.4
用途	培训中心	办公楼	办公楼

经分析比较，得知：参照物A外部装修好于评估对象，因此单位工程造价比评估对象高3%；参照物B门窗的材质较评估对象差，因此单位工程造价较评估对象低2%；参照物C与评估对象的情况基本相同，无须调整。则：

参照物A调整后的单位造价为：$860×\dfrac{100}{103}=834$（元/平方米）

参照物B调整后的单位造价为：$820×\dfrac{100}{98}=837$（元/平方米）

评估对象的单位工程造价为：（834+837+846）÷3=839（元/平方米）

评估对象建筑安装成本为：839×6 500÷10 000=545.35（万元）

②估测勘查设计及前期工程费。勘查设计费按建筑安装成本的2%计取，其他前期工程费按建筑安装成本的1.5%计取，则总的前期费用为：

545.35×（2%+1.5%）=19.09（万元）

③计算基础设施及配套工程费。根据政府有关规定及费用标准基础设施及配套工程费为120万元。

④计算管理费用。建设单位管理费用按建筑安装成本的3%计，则管理费用为：

545.35×3%=16.36（万元）

⑤计算投资利息。该项目建设期为2年，评估时1年期基本建设贷款利率为6%，假设勘查设计及前期工程费为一次性投入，建筑安装工程费、基础及配套工程费、管理费用在建设期内均匀投入，则投资利息为：

$19.09 \times [(1+6\%)^2-1] + (545.35+120+16.36) \times 6\% = 43.26$（万元）

⑥计算开发利润。经调查分析，房地产行业开发该类房地产项目的平均投资利润率为15%，则开发利润为：

（545.35+19.09+120+16.36）×15%=105.12（万元）

⑦计算销售税费。经分析，销售费用及增值税、城市维护建设税、教育费附加合计为房地产开发成本、管理费用、投资利息、开发利润之和的9%，则销售税费为：

（545.35+19.09+120+16.36+43.26+105.12）×9%=76.43（万元）

⑧计算建筑物的重置成本。建筑物的重置成本为前7项之和，则该建筑物的重置成本为：

545.35+19.09+120+16.36+43.26+105.12+76.43=925.61（万元）

⑨估测建筑物成新率。经评估人员现场勘查，采用打分法计算得出该建筑物的成新率为94.63%，详见表5-13。

表5-13　　　　　**房屋建筑物成新率评定表**

建筑名称	办公楼	结构类型	框架	建造年份	2018年	层数	4层	建筑面积	6 500平方米
分部	序号	项目			评分	评分依据			
结构部分	①	地基基础			24	完好，无任何下沉，有足够承载力			
	②	承重构件			24	墙体、楼板、屋面板、梁等完好			
	③	非承重墙			14	平直完好，无倾斜			
	④	屋面			19	完好平整，不渗漏			
	⑤	楼地面			14	整体面层平整牢固，无裂缝、起砂			
	⑥	（①+②+③+④+⑤）×G			71.25				

续表

分部	序号	项目	评分	评分依据
装修 部分	⑦	门窗	24	开关灵活、完整无损
	⑧	外装饰	19	完整、牢固、无裂缝、无空鼓
	⑨	内装饰	19	完整、无破损
	⑩	顶棚	18	完整、无破损
	⑪	细木装修	13	完整牢固、油漆完好
	⑫	（⑦+⑧+⑨+⑩+⑪）×S	11.16	
设备 部分	⑬	水卫	38	上下水通畅、器具齐全、无锈蚀
	⑭	电气照明	23	线路装置完好、牢固、绝缘
	⑮	暖气	33	设备管道完好，使用正常
	⑯	（⑬+⑭+⑮）×B	12.22	
总计（⑥+⑫+⑯）			94.63	成新率 94.63%

评定人：×××　　　　　　评定日期：××年××月××日

说明：G、S、B分别为结构、装修、设备部分的修正系数，本次评估G、S、B分别取0.75、0.12、0.13。

⑩计算建筑物评估价值。经分析，该建筑物不存在功能性贬值和经济性贬值，则建筑物的评估值为：

建筑物评估值＝重置成本×成新率

＝925.61×94.63%

＝875.90（万元）

（4）计算房地产评估值

房地产评估值＝土地使用权评估值+建筑物评估值

＝1 400+875.90

＝2 275.90（万元）

房地产单价＝2 275.90×10 000÷6 500

＝3 501.38（元/平方米）

（5）评估结论

根据计算结果，经分析确定评估对象房地产在2021年10月的市场价值为2 275.90万元，房地产单价为每平方米3 501.38元。

5.5　其他评估技术方法在房地产评估中的应用

5.5.1　假设开发法在房地产评估中的应用

1）假设开发法的基本思路

（1）假设开发法的含义

假设开发法又称剩余法，它是将评估对象房地产预期开发完成后的价值，减去未来正常的开发成本利润和税费等，以此确定评估对象价值的方法。假设开发法是土地价值评估中的一种重要方法。

假设开发法的基本思路是，开发商欲投资开发一宗房地产，由于存在竞争，其投资目的是希望获取社会正常利润。因此，他首先得仔细研究所开发土地的内外条件，如坐落位置、面积大小、周围环境、交通状况、规划所允许的用途、覆盖率（建筑物地层面积与土地总面积的比率）、容积率等，然后进行最有效利用方式的设计，包括使用用途和使用强度，同时，预测开发完成最有效设计后的房地产转让或租赁出去的价格是多少，以及为开发建造房地产发生的开发建设成本、获得的正常利润以及应缴纳的税费；这样开发商就知道了可为待开发房地产支付的最高价格，这个最高价格等于预期开发完成后的价值减去开发成本、开发利润和缴纳税金后的余额。

（2）假设开发法的运用范围

① 待开发土地，包括生地、毛地、熟地。

② 在建工程，主要指各类未完工的建筑工程项目。

③ 可装修改造或可改变用途的旧房。

（3）假设开发法的评估计算公式

待开发房地产价值=开发完成后房地产价值-开发成本-管理费用-投资利息-开发利润-销售税费

$$(5-54)$$

2）假设开发法的评估步骤

（1）调查待开发房地产的基本情况

调查的内容包括：土地位置；土地的面积大小、形状、平整情况、地质状态、基础设施状况、交通状况等；政府规划限制，如土地规定的用途、容积率、覆盖率、建筑高度等；土地使用权的限制，如使用年限、可否续期，以及对转让抵押等的有关规定。如评估在建工程还应调查工程进度、完工情况、开发成本的投入情况等。如果评估对象是毛地，调查的内容还包括旧建筑物情况、拆迁规模和费用等情况。

（2）选择最佳的开发利用方式

在政府城市规划所允许的范围内，如土地用途、建筑容积率、覆盖率等，选取最佳的开发方式，如建筑规模、建筑高度、建筑式样。在选择最佳开发利用方式的过程中，最重要的是选择最佳的房地产用途及设计方案，要注意考虑现实社会需要程度和未来发展趋势。

（3）估计建设期

建设期包括整个房地产开发过程周期，以及在房地产开发过程的各个不同时期的各项费用投入时间，目的在于考虑货币的时间价值。建设期可根据其他相同类型、同等规模的建筑物已有的正常建设期来估计确定。

（4）预测开发完成后房地产价值

开发完成后房地产价值是房地产未来的价值。通常可以根据同地区、同类用途、建筑规模和式样相同或相似的房地产现行市场价格，再考虑该类房地产价格的变化趋势，然后进行推测。如果预计房地产出租，则可通过预测未来租金，然后以收益折现的方法确定房地产开发后的价值。

（5）估测开发成本

如果评估对象是待开发的土地开发成本，主要包括勘查设计及前期工程费、基础及配套设施建设费、公共事业配套费、建筑安装工程费等，那么可根据当地房地产价格构成情况分项估算，估算方法与成本法相同。通常可采用比较法估算，即通过当地同类房地产开发项目当前开发成本水平推算。如果评估对象是毛地，开发成本中还应考虑拆迁费用。

（6）估测管理费用

管理费用可按开发成本的一定比例计算。

（7）估测投资利息

投资利息以待开发房地产取得成本、开发成本和管理费用三项之和为基数，乘以评估基准日建设银行基本建设贷款利率求得。其中，待开发房地产取得成本的计息期为整个开发建设期，开发成本和管理费用的计息期为开发建设期的一半。

（8）估测开发利润

投资利润以待开发房地产取得成本、开发成本、管理费用、投资利息之和为基数，按行业同类房地产开发的平均利润率计算。

（9）估测销售税费

销售费用，主要包括中介代理费、市场营销广告费等，一般以待开发房地产取得成本、开发成本、管理费用、投资利息、开发利润之和的一定比例计算。增值税及附加根据国家税法规定估算，与成本法中增值税及附加的计算思路相同。

（10）计算并确定待开发房地产价值

上述各项指标确定后，可根据假设开发法的评估计算公式计算待开发房地产价值。需要注意的是，用开发完成后的房地产价值减去开发成本、管理费用、利息、利润和销售税费后得到的是待开发房地产在开发完成后时点的价值，如果计算待开发房地产评估时点的价值，还应将待开发房地产开发完成后时点的价值折现。折现率的确定应考虑同一市场上类似房地产开发项目所要求的平均收益率。

3）假设开发法估价案例

【例5-16】估价对象概况如下：评估对象土地为七通一平的空地，面积为1 000平方米，且土地形状规则；允许用途为商住混合，允许建筑容积率为7，覆盖率≤50%，土地使用年限为50年，出售时间为2021年10月10日。

评估要求：需要评估出该地块2021年10月10日的市场价值。

解：

评估过程如下：

①确定评估方法。该地块为待开发土地，可采用假设开发法评估。设房地产开发完成时点的地价为 P_n，评估时点的地价为 P，折现率为 r，建设期为 n，则：

$$P=P_n \times \frac{1}{(1+r)^n}$$

②选取最佳开发方式。根据规划的要求和市场调查，该地块最佳开发方式为：建筑覆盖率适宜为50%，建造商业居住混合楼。该建筑为框架结构，总建筑面积为7 000平方米，单层建筑面积均为500平方米，共14层，其中1~2层为商业用房，共1 000平方米，3~14层为住宅，共6 000平方米。

③预计建设期。预计共2年完成，即2023年10月完成。

④预计开发完成后房地产价值。预计建造完成后，其中的商业楼即可全部售出，住宅楼的80%在建造完成后可售出，20%半年后才能售出。预计当时售价，商业楼为4 000元/平方米，住宅楼为2 500元/平方米，折现率为10%，则：

$$开发完成后房地产价值=4\,000 \times 1\,000+2\,500 \times 6\,000 \times \left[80\%+\frac{20\%}{(1+10\%)^{0.5}}\right]$$

$$=18\,860\,388 （元）$$

$$=1\,886.04 （万元）$$

⑤估计开发费用。经估测，总开发费用（包括管理费）为800万元。

⑥估测投资利息。该房地产在未来2年的建设期内，开发费用的投入情况为：第1年投入60%，第2年投入40%。经调查了解，中国建设银行基本建设贷款年利息率为8%，则投资利息：

$$投资利息=P \times \left[(1+8\%)^2-1\right]+800 \times 60\% \times \left[(1+8\%)^{1.5}-1\right]+800 \times 40\% \times \left[(1+8\%)^{0.5}-1\right]$$

$$=0.17\,P+71.29 （万元）$$

⑦估测开发利润。经调查分析，房地产行业开发同类房地产的平均利润率为20%，则：

$$开发利润=（P+800）\times 20\%$$

$$=0.2\,P+160 （万元）$$

⑧估测销售费用。经分析，销售费用为开发后房地产价值的3.5%，则：

$$销售费用=1\,886.04 \times 3.5\%$$

$$=66.01 （万元）$$

⑨估算销售税金及附加。根据规定，评估对象的增值税的征收率为5%，城市维护建设税税率为7%，教育费附加费率为3%，则：

$$增值税=1\,886.04 \div (1+5\%) \times 5\%=89.81 （万元）$$

$$城市维护建设税=89.81 \times 7\%=6.29 （万元）$$

$$教育费附加=89.81 \times 3\%=2.69 （万元）$$

$$增值税及附加合计=89.81+6.29+2.69=98.79 （万元）$$

⑩计算地价。将上述各项数值代入假设开发法评估计算公式得：

P_n=（1 886.04-800-0.17 P-71.29-0.2P-160-98.79-66.01）×（1+10%）^{2}P+ 0.17 P + 0.2 P

=1 886.04-800-71.29-160-66.01-98.79

=689.95（万元）

P=689.95÷1.58=436.68（万元）

单位地价=436.68×10 000÷1 000=4 367（元/平方米）

评估结论。经估测，评估对象土地在2021年10月10日的市场价值为436.68万元，每平方米土地的价值为4 367元。

5.5.2 路线价法在土地评估中的应用

1）路线价法的基本思路

（1）路线价法的含义

路线价法是对面临特定街道、接近性相等的城镇土地，设定标准深度，计算在该深度上数宗地块的平均单价并附设于该特定街道上（此单价称为路线价），然后据此路线价，再配合深度价格修正率表，计算出临街该街道的其他土地地价的一种估价方法。

路线价法的基本思路是：城市内各宗地块的价格随其离开街道的距离（即临街深度）的增加而递减，而在同一路线价区段内各宗地块，又因其深度、宽度、形状、位置和面积的差异使价格有所不同，要进行合理修正才能最终得到宗地价格。因此，路线价、深度价格修正率及各种修正系数合理与否，是采用路线价法进行土地估价的关键。

（2）路线价法的适用范围

路线价法对于城市土地价格评估具有普遍的适用性。它特别适用于土地课税、征地拆迁、土地重划或其他需要在大范围内对大量土地进行评估的情况。该方法具有公平合理、简便易行的特点，因此，被英、美、日及中国台湾等许多国家和地区所采用，但此方法在我国目前的土地估价中还没有被普遍运用。

（3）路线价法的评估计算公式

土地单价=路线价×深度价格修正率　　　　　　　　　　　　（5-55）

土地总价=路线价×深度价格修正率×土地面积　　　　　　　（5-56）

采用此方法估价时，如果街道两边的土地另有特殊条件存在，如街角地、两面临街地、不规则形地等，则还要进行因素的加减修正，数学表达式为：

土地单价=路线价×深度价格修正率×其他价格修正率　　　　（5-57）

土地总价=路线价×深度价格修正率×其他价格修正率×土地面积（5-58）

2）路线价法的评估步骤

（1）划分路线价区段

路线价区段是指具有同一路线价的地段。在划分路线价区段时，应将接近性大致相等的地段划分为同一路线价区段。两个路线价区段的分界线，原则上是地价有显著差异的地点，通常以十字路或丁字路的中心处划分，但在较繁华街道有时需将两路口之间的地段划分为两个以上的路线价区段，分别设定不同的路线价。在某些不繁华的街道，有时需将数个路口划分为一个路线价区段。此外，在同一街道上，两侧繁华程度有显著差异时，应视为两个路线价区段考虑。

（2）设定标准深度

设定的标准深度通常是路线价区段内临街各宗土地的深度的众数，如某路线价区段的临街宗地大部分深度为18米，则标准深度应设定为18米。

（3）确定路线价

路线价是设定在街道上的标准地块的单位地价。路线价的计算通常是在同一路线价区段内选择若干标准地块作样本，然后用市场法、收益法等评估方法，分别求出各样本的单位地价，并把各样本的单位地价进行算术平均（或取众数），最终得出路线价。

（4）制定深度指数表和其他修正率表

深度指数是指宗地地价随临街深度的差异的变化程度。深度指数表是将土地随临街深度的不同而引起相对价格差异的关系编制成的表格。制作深度指数表的原则是，地块的各部分价格随临街深度的增加而有递减的趋势，即深度越深、接近性越差，价格就越低。此外，根据其他因素，如角地、形状、宽窄等的影响，还应编制其他修正率表。

（5）计算各地块的价值

根据路线价、深度指数表和其他修正率表以及宗地面积就可计算各地块的价值。

3）路线价法举例

【例5-17】某路线价区段，标准深度为18米，路线价为1 000元/平方米，评估对象临街各宗地块情况如图5-4所示，临街深度指数表见表5-14。假设各宗地的宽度都为6米，计算各宗地的价值。

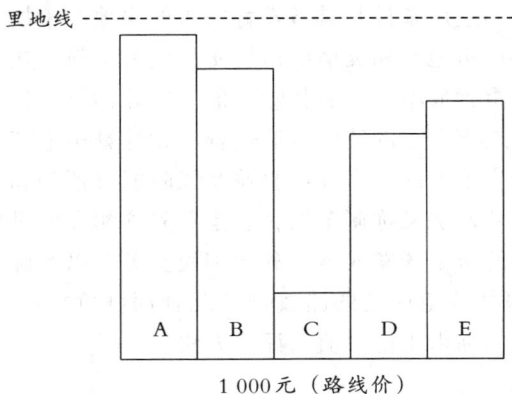

图5-4　某路线价区段临街的各宗地块情况

注：超过标准深度18米以后的地块为里地。

表5-14   临街深度指数表

深度（米）	4以下	4～8	8～12	12～16	16～18	18以上
指数	130%	125%	120%	110%	100%	40%

宗地A为临街地，临街深度为17.5米，查临街深度指数表得其深度指数为100%，则宗地的地价为：

1 000×1×（17.5×6）=105 000（元）

宗地B为临街地，临街深度为13.5米，查临街深度指数表得其深度指数为110%，则宗地的地价为：

1 000×1.10×（13.5×6）=89 100（元）

宗地C为临街地，临街深度为3米，查临街深度指数表得其深度指数为130%，则宗地的地价为：

1 000×1.30×（3×6）=23 400（元）

宗地D为临街地，临街深度为7米，查临街深度指数表得其深度指数为125%，则宗地的地价为：

1 000×1.25×（7×6）=52 500（元）

宗地E为临街地，临街深度为11米，查临街深度指数表得其深度指数为120%，则宗地的地价为：

1 000×1.20×（11×6）=79 200（元）

本章小结

在房地产评估中，除首先要明确评估对象的基本情况外，对房地产的实地勘查应作为评估工作的重点。房地产评估常用的途径和方法有市场途径、收益途径、成本途径和假设开发法等。市场途径是将评估对象房地产与近期交易的类似房地产进行比较，并以类似房地产的价格为基础，经过因素修正得到评估对象房地产价值的评估思路。市场途径的适用条件是具备发育完善的房地产市场，并且在市场上能够搜集到大量的与被评估房地产相类似的市场交易实例资料。成本途径是先计算评估对象在评估时点时的重置成本，然后扣除贬值，以此估算评估对象的价值的评估思路。收益途径是将房地产未来的纯收益通过资本化计算房地产价值的评估思路。收益途径适用的条件是房地产的未来预期收益及风险能够预测和量化，房地产的收益年限能够确定。假设开发法又称剩余法，它是首先预测评估对象预期开发完成后的价值，然后减去预测的未来开发成本、利润和税费等，以此确定评估对象价值的方法。路线价法是根据某特定街道的路线价，配合深度价格修正率表和其他修正率表，计算出该街道其他临街土地价值的评估方法。

主要概念

房地产　容积率　楼面地价　基准地价　假设开发法　路线价　路线价法

基本训练

一、单项选择题

1.某厂房建成8年后被改造为超级市场，并补办了土地使用权出让手续，土地使用权出让年限为40年，建筑物的经济寿命为50年，则计算该建筑物贬值的总使用年限应为（　　）年。

   A.50　　　　　　　B.42　　　　　　　C.48　　　　　　　D.40

2.选择最佳的开发利用方式最重要的是选择房地产最佳的（　　）。

   A.建设期　　　　B.建造成本　　　　C.开发经营期　　　D.用途及设计方案

3.楼面地价是指（　　）。

   A.土地总价与总建筑面积的比　　　　B.土地总价与底层建筑面积的比

   C.建筑面积与土地面积的比　　　　　D.土地面积与底层建筑面积的比

4.土地面积为800平方米，容积率为3，建筑密度为50%，总建筑面积为（　　）平方米。

   A.400　　　　　　B.2 400　　　　　C.267　　　　　　D.1 200

5.路线价是在特定街道上若干标准临街宗地的（　　）价格。

   A.平均　　　　　B.最低　　　　　C.最高　　　　　D.比准

二、多项选择题

1.（　　）属于适用市场途径评估的房地产。

   A.商品住宅　　　　　B.写字楼　　　　　C.标准厂房

   D.学校教学楼　　　　E.高档公寓

2.（　　）是影响房地产的区域因素。

   A.商业繁华程度　　　B.环境状况　　　　C.基础设施状况

   D.交通状况　　　　　E.公共设施状况

3.在成本途径评估中，房地产重置成本包括（　　）。

   A.开发成本　　　　　B.房产税　　　　　C.投资利息

   D.管理费用　　　　　E.开发利润

4.出租型房地产纯收益通常为租赁收入扣除（　　）等项目后的余额。

   A.维修费　　　　　　B.管理费　　　　　C.保险费

   D.利息收入　　　　　E.房地产税

5.适用于假设开发法评估的待开发房地产有（　　）。

   A.生地　　　　　　　B.熟地　　　　　　C.毛地

   D.在建工程　　　　　E.商品住宅

三、判断题

1.凡是交易性的房地产都可以运用市场途径进行评估。　　　　　　　　（　　）

2.房地产评估中所选择的参照物必须是正常交易或可修正为正常交易的交易

实例。 （ ）

3.房地产的已使用年限一般采用的是实际已使用年限。 （ ）

4.收益途径只适用于直接经营型房地产的评估。 （ ）

5.标准临街深度通常是路线价区段内各宗临街土地临街深度的众数。 （ ）

四、思考题

1.房地产评估中搜集交易案例时应搜集哪些内容？

2.房地产评估中要选择的参照物应符合哪些要求？

3.房地产重置成本由哪些因素构成？

4.如何确定房地产的收益年限？

5.假设开发法适用于哪些房地产评估？

6.路线价法的评估步骤有哪些？

五、计算题

1.某写字楼的有关资料见表5-15、表5-16、表5-17、表5-18、表5-19。

（1）参照物的交易日期和交易价格

表5-15　　　　　　　　参照物A、B、C的交易日期和交易价格

项目	参照物A	参照物B	参照物C
交易日期	2022年3月10日	2022年2月15日	2022年7月18日
交易价格（元/平方米）	9 000	8 800	9 210

（2）参照物交易情况

表5-16　　　　　　　　　参照物A、B、C的交易情况

项目	参照物A	参照物B	参照物C
交易情况	2%	−1%	5%

表中正值表示参照物交易价格高于正常交易价格幅度，负值表示参照物交易价格低于正常交易价格幅度。

（3）该类房地产价格变化情况

表5-17　　　　　　　　　同类房地产价格变化情况

月　份	1	2	3	4	5	6	7	8	9
环比价格指数	100%	100.5%	98.6%	102.3%	101.2%	103.4%	101.6%	99.8%	104.1%

（4）参照物区域因素比较与打分

表5-18　　　　　　　　　参照物区域因素比较和打分

区域因素	权重	评估对象	参照物A	参照物B	参照物C
因素1	0.4	100	98	92	108
因素2	0.35	100	105	96	97
因素3	0.25	100	103	98	104

（5）参照物个别因素综合得分

表5-19   参照物个别因素综合得分

项目	评估对象	参照物 A	参照物 B	参照物 C
个别因素综合得分	100	103	108	94

要求：根据上述资料，评估该写字楼2022年9月30日的市场价值。

2.某建筑物为钢筋混凝土结构，总使用年限为50年，实际使用年限为10年。经调查测算，重新建造全新状态的该建筑物的建造成本为800万元，管理费用为建造成本的3%，建设期为2年，假定第1年投入建造成本和管理费用的60%，第2年投入40%（均为均匀投入），1年期基本建设贷款利率为6%，项目开发利润率为25%，销售税费为50万元。

要求：根据上述资料，评估该建筑物的价值。

3.评估某收益性房地产价值，该房地产建筑物剩余经济寿命为30年，土地剩余使用权年限为35年，经估测，房地产的预期年租金为280万元，运营成本为年租金的20%，单纯土地的年预期收益为50万元，房地产的预期收益率为9%，土地的预期收益率为5%。

要求：根据上述资料，评估该房地产的价值。

4.现有一片荒地，2021年8月进行评估。有关资料如下：该荒地的面积为1 200亩，适宜进行"七通一平"开发后分块转让，可转让土地面积的比率为70%，附近地区与之位置相当的"小块""七通一平"熟地的单价为850元/平方米；将该荒地开发成熟地的开发期预计2年，2023年8月完成，预计未来2年内该类地价基本平稳；开发成本、管理费用预计为15万元/亩，贷款年利率为8%；项目开发利润率为20%，销售税费为转让价格的7%，折现率为10%。

要求：根据上述资料，运用假设开发法评估该片荒地2021年8月的总价和单价。

第5章基本训练参考答案

第6章

机器设备评估

6.1 机器设备评估概述

6.1.1 机器设备的含义、分类及特点

1）机器设备的含义

机器设备是指由金属或其他材料组成，由若干零部件装配起来，在一种或几种动力驱动下，能够完成生产、加工、运行等功能或效用的装置。从结构角度看，机器设备一般由多个零件、构件和机构通过静连接或动连接协调组合而成；从功能角度看，机器设备通常由动力部分、传动部分、工作部分（执行部分）和控制部分组成。

资产评估中的机器设备是指构成固定资产的机器、仪器、器械、装置、附属的特殊建筑物等。资产评估中常见的机器设备主要有金属切削设备（机床）、内燃机、金属熔炼设备、金属锻压加工设备、压力容器、锅炉、起重机械、运输设备（主要是汽车）等类型。

2）机器设备的分类

机器设备种类繁多，分类方法十分复杂。按不同的分类方式，机器设备可以被分成不同的类别。在资产评估中，对机器设备一般按下列标准进行分类。

（1）按会计核算标准分类

按会计核算标准，机器设备可分为：生产经营用机器设备、非生产经营用机器设备、租出机器设备、未使用机器设备、不需用机器设备、融资租入机器设备等。

（2）按国家固定资产分类标准分类

按国家固定资产分类标准，机器设备可分为：通用设备，专用设备，交通运输设备，电气设备，电子及通信设备，仪器仪表、计量标准器具等。

（3）按机器设备的组合形式分类

按机器设备的组合形式，机器设备可分为单台设备（独立设备）、机组，如组合机床、成套设备（包括生产线）等。

3）机器设备的特点

作为一类独立资产的机器设备与其他资产相比较具有以下特点：

（1）单位价值大，使用寿命长

机器设备是一类可以长期使用的劳动手段，具有单位价值大、使用寿命长的特点。在我国经济核算中凡列为固定资产的机器设备必须同时具备两个条件：一是单位价值在规定标准以上；二是使用年限在一年以上。不同时具备以上两个条件的一般列为低值易耗品。另外，资产评估中的机器设备只是指作为劳动手段的部分，不包括作为生产物或产品的机器设备。由于机器设备使用年限较长，其评估价值不仅受到实体性损耗的影响，还会受到功能性贬值及经济性贬值的影响。

（2）价值补偿和实物更新不一致

机器设备价值补偿是在机器设备发挥功能的期间通过折旧形式逐渐实现的，而实物更新一般是在机器设备寿命终结时一次性完成。由于机器设备是以折旧的形式进行价值补偿的，而企业折旧要受到企业会计政策和政府的税收制度的制约和影响。因而，机器设备的会计折旧并不一定能够客观反映出机器设备价值损失和价值转移。机器设备的价值补偿与实物更新的非同步性，使机器设备评估具有较大的复杂性。

（3）涉及专业门类多，工程技术性强

机器设备存在于各行各业，各专业门类的机器设备千差万别，而机器设备又是工程技术性很强的一类资产，许多机器设备的价值是由其技术性决定的。因此，评估时应注意把握不同门类机器设备的技术特点，并且要注意与企业设备管理和技术装备部门在评估中的密切合作。

6.1.2 机器设备评估的特点

机器设备评估是专业评估人员根据特定评估目的和评估规范的要求，对单独的机器设备或者作为企业资产组成部分的机器设备的价值进行分析、估算并发表专业意见的行为和过程。机器设备自身所具有的特点决定了机器设备的评估特点。

1）以单台（件）设备为评估对象

由于机器设备单位价值大，规格型号多，情况差异大，为了保证评估结果的真实性和准确性，通常要对机器设备逐台逐件进行评估。当然，对数量多、单位价值相对低的同类机器设备，可选择合理的分类标准，按分类进行评估，但也必须逐台逐件核实数量。

2）以技术检测为评估基础

机器设备本身就是一类技术含量很高的资产，机器设备自身的技术含量多少本身就直接决定了机器设备评估价值的高低，技术检测是确定机器设备技术含量的重要手段。另外，由于机器设备使用时间长，工程技术性强，又处于不断磨损过程中，其磨损程度的大小，因机器设备使用、维修保养等状况不同而存在一定的差异，通过技术检测来判断机器设备的磨损状况，也是判断机器设备评估价值的重要方面。因此，在机器设备评估时必须进行技术检测，以此评定机器设备的技术水平、损耗程度、实物状况和评估价值。

6.1.3　机器设备评估的程序

机器设备评估程序是指机器设备评估的具体工作步骤，主要包括明确基本事项、签订业务约定书、制订评估工作计划、实地勘查评估对象、搜集评估资料、估算机器设备价值、编制评估报告等工作。

1）明确基本事项

评估人员在完成机器设备评估的业务接洽之后，首先应明确评估的基本事项，主要包括明确评估目的、评估对象、评估价值类型和评估基准日等。

（1）明确评估目的

机器设备评估大体可分为两种情形：一种是机器设备作为独立的评估对象评估；另一种是机器设备与企业的其他资产一起评估。机器设备单独评估的评估目的有：机器设备转让（包括出售、继承、赠与、抵债等），机器设备抵押，机器设备保险，机器设备投资，处理机器设备纠纷和有关法律诉讼等；机器设备与企业的其他资产一起评估的评估目的有：企业合资、合作，企业兼并、分立，企业出售，企业租赁经营，企业承包经营，企业改制，企业上市，企业破产清算等。因此，在受理机器设备评估业务时，必须了解评估目的并明确地写进资产评估委托协议中和资产评估报告中。

（2）明确评估对象

明确评估对象主要是明确评估对象机器设备的类别和范围。由于机器设备的种类繁多，涉及的专业领域比较广，工程技术性强，评估时必须明确评估对象的类别，以便有效地搜集评估资料和合理安排评估人员。在资产评估中可根据需要选择不同的标准对机器设备进行分类。资产评估时除明确评估对象的类别外，还需根据评估的特定目的，明确评估对象的具体范围，如评估对象中是否包含租出和融资租入机器设备、是否包含作为房地产组成部分的机器设备、是否包含含有技术类无形资产的机器设备等，以避免重复评估或者遗漏。

（3）明确评估价值类型

机器设备评估的价值类型一般分为市场价值和市场价值以外的价值两类。机器设备评估的价值类型的选择通常考虑机器设备评估目的、评估时的市场条件、评估对象自身的性质和状况。如果将机器设备作为房地产的有机组成部分（如电梯、锅炉等）评估，其价值类型应与房地产评估的价值类型相一致，如果机器设备与企业整体资产一起评估，其价值类型应与企业价值评估的价值类型相一致。

（4）明确评估基准日

机器设备评估基准日通常由委托方实现特定资产业务的需要确定。如果机器设备作为单独的评估对象评估，评估基准日通常选择现在的某个日期，个别情况下评估基准日也可选择在过去或将来的某个日期。机器设备评估基准日的确定应根据评估的特定目的，遵循与评估目的实现日相接近的原则。如果将机器设备作为房地产的有机组成部分评估或者与企业整体资产一起评估，其评估基准日应与房地产或者企业价值评估的评估基准日相一致。

2）签订业务约定书

机器设备评估业务约定书的主要内容包括机器设备评估目的、评估对象和评估范围、评估价值类型、评估基准日、评估收费、评估报告提交日期等内容。

3）制订评估工作计划

机器设备评估工作计划主要包括评估人员安排计划、评估工作进度计划和评估作业经费计划等内容。其中，重点是做好评估人员安排计划，由于机器设备种类多，工程技术复杂，评估时需要多种类型的专业技术人员，如果评估机构不能满足，应聘请专家协助评估人员开展工作。

4）实地勘查评估对象

现场勘查工作的主要任务是清查核实评估对象，对机器设备进行勘查和技术鉴定，以测定机器设备的各种技术参数。

（1）清查核实评估对象

清查核实评估对象应根据委托方提供的机器设备评估申报明细表，通过核对企业的账面记录和盘点实物两个方面对评估对象机器设备进行核对，要尽可能对所有申报评估的机器设备逐台核实。对数量较多的成批同型号设备可采用抽查的办法，以落实评估对象。要特别注意对未进账的机器设备、已摊销完设备、租入和租出设备、建筑附属设备的清查核实，避免重复评估或者漏评。

（2）对机器设备进行勘查和技术鉴定

对机器设备进行勘查和技术鉴定是机器设备评估现场工作的核心。勘查鉴定的内容包括：①对机器设备所在整个生产系统、生产环境、生产强度以及生产系统的产品结构、产品市场需求状况进行总体鉴定和评价，以此为单台（件）机器设备的技术鉴定提供背景资料。②对机器设备的使用状况，包括机器设备的购建时间、已使用年限、利用率及运行负荷的大小、完好率、技术改造、大修理情况进行勘查和鉴定。③对机器设备的技术状况，包括设备的类别、规格型号、制造厂家、生产能力、加工精度、设备实际所处状况等进行分析和鉴定。

对机器设备进行勘查和技术鉴定时，应注意向操作工人、技术人员、维修管理人员调查了解设备的使用、维护、修理情况，向财务人员了解资金发生和使用情况。对于大型、复杂、高精尖设备，应由多名专业技术人员组成专家组进行勘查鉴定。

5）搜集评估资料

机器设备评估所需的资料主要有委托方提供和评估人员有针对性地搜集两种渠道来源。

评估人员首先要求委托方对委托评估的机器设备进行自查，查实机器设备的数量，并在此基础上，填写机械设备评估申报明细表，提供租出及融资租赁机器设备的合同、证明，提供新购设备、重点设备的购货合同、发票及运输安装调试费用的收据，以及提供其他必要的经济技术资料。

评估人员还要广泛地搜集与评估工作有关的数据资料，包括机器设备的成本资料、市场价格资料、技术资料，对机器设备价格产生影响的利率、税率、汇率等资料，这对于提高评估工作的效率是非常重要的。

6）估算机器设备价值

根据机器设备评估的目的、评估对象的状况、市场状况以及资料的搜集情况，选择合适的方法对机器设备的价值进行分析和估算。机器设备评估常用的方法是成本法，运用成本法评估时，要注意分析机器设备是否存在功能性贬值和经济性贬值，并采用合适的方法进行估算；运用市场法评估时，应注意参照物的可比性以及可比因素的确定和差异量化；运用收益法评估时，应注意收益法适用的评估对象，合理估算预期收益和折现率。

7）编制评估报告

应按照评估报告准则的要求编制机器设备评估报告。如果是单独的机器设备评估项目，应按照评估报告规范的格式和内容编制完整的报告，如果机器设备评估作为评估项目中的一部分内容，应编写机器设备评估说明，而不必编制完整的评估报告。

6.2　成本途径在机器设备评估中的应用

6.2.1　成本途径的基本思路

成本途径是机器设备评估的一种重要思路，成本途径中的各种具体方法是机器设备评估的技术手段。机器设备评估的成本途径是首先估测被评估机器设备的重置成本，然后再判定和估测机器设备的实体性贬值、功能性贬值和经济性贬值，最后用机器设备的重置成本扣减各种贬值来测定被评估机器设备价值的评估技术思路。成本途径的评估公式为：

机器设备评估值=重置成本−实体性贬值−功能性贬值−经济性贬值　　　　（6-1）

或　机器设备评估值=重置成本×成新率−功能性贬值−经济性贬值　　　　（6-2）

机器设备评估中的成本途径适用范围比较广。市场狭窄、没有市场交易案例和不具有现实收益或潜在收益的机器设备一般都可以运用成本途径进行评估。成本途径特别适用于使用方式为在用续用的机器设备评估。

6.2.2　机器设备重置成本及其构成

运用成本途径评估机器设备价值时，首先应估测机器设备的重置成本。资产评估中机器设备的重置成本不是一般意义上成本的概念，而是指机器设备的重置价值，它应该包括机器设备的建造成本、利润、税金和其他成本费用等内容。

1）机器设备重置成本

机器设备的重置成本通常是指按现行价格水平购建与被评估机器设备相同的全新设备所需的成本。机器设备的重置成本中的现行价格水平是指评估时的价格水平。与被评估机器设备相同的设备包括两种情形：一是与被评估设备完全相同；二是指与被评估机器设备在功能上相同。

机器设备的重置成本通常分为复原重置成本和更新重置成本两种。复原重置成本是指按现行价格水平购建与被评估机器设备完全相同的全新设备所需的成本。更新重置成本是指按现行价格水平购建与被评估机器设备功能相同的全新设备所需的成本。

复原重置成本和更新重置成本虽然都属于重置成本范畴，但二者在成本构成因素上却是有差别的。复原重置成本基本上是在不考虑技术条件、材料替代、制造标准等因素的变化的前提下，仅考虑物价因素对成本的影响，即将资产的历史成本按照价格变动指数或趋势转换成重置成本或现行成本。更新重置成本是在充分考虑了技术条件、制造标准、材料替代，以及物价变动等因素变化的前提下所确定的重置成本或现行成本。两种重置成本在成本构成要素上的差别，要求评估人员在运用成本途径对机器设备估价时，准确把握所使用的重置成本的确切含义，特别注意两种重置成本对机器设备功能性贬值及成新率可能产生的不同影响。

2）机器设备重置成本的构成

机器设备的重置成本一般包括设备自身购置价格、运杂费、安装费、基础费及其他合理成本。作为评估对象的机器设备包括外购国产设备、进口设备以及自制设备等，由于机器设备的取得方式不同，其成本构成项目也不一致。

（1）外购国产设备重置成本主要包括：设备自身购置价格、运杂费、安装费、基础费、其他费用等。

（2）进口设备重置成本主要包括：设备自身购置价格（通常为离岸价）、国外运输费、国外运输保险费、进口关税、增值税、银行财务费用、外贸手续费、国内运杂费、安装费、基础费、其他费用等。其中，设备离岸价（FOB）、国外运输费、国外运输保险费三者之和即为设备到岸价（CIF）。

（3）自制设备重置成本主要包括：生产成本（包括直接材料、直接人工、燃料及动力和制造费用）、利润、税金、安装费、基础费、其他费用等。

【小资料6-1】　　　　　　　　离岸价与到岸价

①离岸价（free on board，FOB）的意思是装运港船上交货，是指在装运港当货物越过船舷时卖方即完成交货，买方负责订立从启运地至目的地的运输契约，并支付运输费用，负责办理货物保险，支付相应保险费，货物灭失或损坏的一切风险由买方承担。②到岸价（cost insurance and freight，CIF）的意思是成本、保险加运费，是指在装运港当货物越过船舷时卖方即完成交货，卖方负责订立从启运地至目的地的运输契约，并支付正常的运输费用，负责办理货物保险，支付相应保险费，但卖方不承担保证把货送到约定目的港的义务，货物灭失或损坏的一切风险由买方承担。

6.2.3　机器设备重置成本的估测

机器设备重置成本的估测可以按照机器设备重置成本的构成分别估测设备的自身购置价格、运杂费、安装费、基础费和其他成本费用，然后将各部分的数额相加得到机器设备的重置成本。

1) 设备自身购置价格的估测

对外购的国产或进口设备的自身购置价格进行估测时，可以采用市场询价法、功能价值法、价格指数法等估测方法；对于自制的设备自身购置价格进行估测时通常采用重置核算法。

（1）市场询价法

市场询价法是通过市场调查，从生产厂家、销售部门或其他途径获得设备销售价格，在认真分析的基础上确定设备自身购置价格的方法，该方法主要适用于评估时市场上有被评估设备销售的情况。对于机器设备的市场价格而言，制造商与销售商，或者不同的销售商之间的售价可能是不同的，在同等条件下，评估人员应该选择可能获得的最低售价。一些专用设备和特殊设备，由于只有少数厂家生产，市场交易也少，一般没有公开的市场价格，由于市场透明度较差，生产厂家的报价和实际成交价往往存在较大的差异，评估人员应谨慎使用报价，一般应该向近期购买该厂同类产品的其他客户了解实际成交价。对于进口设备评估，可以从国外生产厂家、销售商、外贸进出口公司、海关等单位获得设备的离岸价或到岸价。由于进口渠道不同，进口设备的市场价格可能也存在不同，评估人员应充分调查和认真分析后确定进口设备的自身重置价格。

【例6-1】评估某企业的一台机床时，生产厂家的产品目录和价格表标示的价格为65 000元，当地经销商的报价为64 800元。评估人员调查了解到该机床如果直接从生产厂家购买可以打九八折，但运费需500元；如果从当地经销商处购买没有折扣，但可以赠送一套价值300元的备件。

经综合分析，评估人员确定被评估机床的自身重置价格为64 200元。

（2）功能价值法

功能价值法是通过市场调查获得同类全新设备的市场价格，然后以同类设备的市场价格为基础，并根据被评估设备功能与同类设备功能的比较，调整后得到被评估设备自身购置价格的方法。

功能价值法中的同类设备是指与被评估设备类型相同，但规格型号或加工能力不同的设备（如普通车床）。同类设备必须是新的，同类设备的市场价格可以根据市场询价法获得。对于进口设备评估，所选择的同类设备也应该是进口的设备，而不宜是国产设备。

采用功能价值法应重点对被评估设备与类似设备之间的功能与购置价格之间的关系进行分析，根据不同的情况采取不同的计算公式。

当设备的功能与购置价格之间呈线性关系时，评估计算公式为：

$$设备自身购置价格=同类设备市场价格\times\frac{被评估设备功能}{同类设备功能} \qquad (6-3)$$

当设备的功能与购置价格之间呈指数关系时，评估计算公式为：

$$设备自身购置价格=同类设备市场价格\times\left(\frac{被评估设备功能}{同类设备功能}\right)^{x} \qquad (6-4)$$

其中，x 为功能价值指数，或称规模效益指数，它是用来反映价格与功能之间指数关系的具体指标。在国外经过大量数据的测算，取得的经验数据是：指数 x 的取值范围为 0.4 ~ 1.2，在机器设备评估中一般取值范围为 0.6 ~ 0.7。

【例6-2】被评估设备的年生产能力为90吨，同类全新设备的年生产能力为120吨，同类设备的市场价格为100 000元，经分析该类设备的功能与价格之间呈线性关系。则：

$$\begin{aligned}设备自身购置价格&=100\,000\times\frac{90}{120}\\&=75\,000（元）\end{aligned}$$

【例6-3】对某公司年产6 000吨产品的设备进行评估时得知，该设备3年前的购置价格为150万元，但无法获得该型号设备在评估时的市场销售价格。同时，年产8 000吨产品的同类型设备当前的市场价格为300万元，经测算，该类设备的功能价值指数为0.7。则：

$$\begin{aligned}设备自身购置价格&=300\times\left(\frac{6\,000}{8\,000}\right)^{0.7}\\&=245（万元）\end{aligned}$$

（3）价格指数法

价格指数法是以被评估设备的原购置价格为基础，利用同类设备的价格指数将被评估设备的原购置价格调整为评估时购置价格的方法。

价格指数法中被评估设备的原购置价格是指被评估设备购买时的市场价格，不包括运费、安装费等其他费用；同类设备的价格指数是指被评估设备所属设备类别的价格指数，如金属切削设备类、金属压力加工设备类、起重设备类等；价格指数有年价格指数和月份价格指数之分，评估时最好选择月份价格指数，没有月份价格指数可以选择年价格指数；对于进口设备，应选择设备生产国（出口国）的同类设备价格指数。价格指数法通常适用于技术进步速度不快，技术进步因素对价格影响不大的设备自身购置价格的估测。

在运用价格指数法时，可根据获得价格指数的情况，采用定基价格指数或环比价格指数进行调整。

①定基价格指数。定基指数是以某一固定时期作为基期，按时间顺序编制的各个时期（年、月）的指数，定基指数用百分比表示。定基价格指数是反映报告期价格总水平的指数，与之相对应的还有定基价格变动指数，定基价格变动指数是反映报告期价格变动情况的指数。定基价格指数等于1加上定基价格变动指数。某类机器设备的定基价格指数见表6-1。

表6-1   某类机器设备的定基价格指数表

年份	定基价格指数	定基价格变动指数
2014	100%	—
2015	105%	5%
2016	108%	8%
2017	106%	6%
2018	110%	10%
2019	115%	15%
2020	118%	18%
2021	120%	20%
2022	125%	25%

运用定基价格指数计算被评估设备自身购置价格的公式为：

$$设备自身购置价格 = 设备原购置价格 \times \frac{评估时定基价格指数}{购置时定基价格指数} \tag{6-5}$$

【例6-4】某被评估设备购置于2017年，当时的购置价格为65 000元，2014年该类设备的定基价格指数为106%，2022年进行评估时，该类设备的定基价格指数为125%，则被评估设备的自身购置价格为：

$$65\,000 \times \frac{125\%}{106\%} = 76\,651（元）$$

【例6-5】某被评估设备是2018年从美国进口的，当时的购置价格（离岸价）为125 300美元，2022年对该设备进行评估。经调查，2022年时该类设备在美国的价格比2018年下降了3%，评估时美元与人民币的比价为1:6.14，则被评估设备的自身购置价格（离岸价）为：

$$125\,300\times\frac{1-3\%}{100\%}\times6.14=746\,262（元）$$

②环比价格指数。环比价格指数指对比基期随报告期的变动而相应变动的指数，如月环比价格指数的基期为上月；以上年同期（月指数为上年同月）为基期的指数，称作年（月）距环比指数。与环比价格指数相对应的还有环比价格变动指数，环比价格指数等于1加上环比价格变动指数。某类机器设备环比价格指数见表6-2。

表6-2　　　　　　　　　　　　某类机器设备环比价格指数表

年份	环比价格指数	环比价格变动指数
2014	100%	—
2015	101.9%	1.9%
2016	102.9%	2.9%
2017	98.1%	−1.9%
2018	103.8%	3.8%
2019	104.5%	4.5%
2020	102.6%	2.6%
2021	111.1%	11.1%
2022	104.2%	4.2%

运用环比价格指数计算被评估设备自身购置价格的公式为：

$$设备自身购置价格=设备原购置价格\times\prod_{t=t_0+1}^{t_n}环比价格指数 \qquad (6-6)$$

式中：t_0——设备购置时间（年、月）；

t_n——设备评估时间（年、月）。

【例6-6】某被评估设备购置于2017年，当时的购置价格为38 200元。2022年进行评估，该类设备2018年至2022年的环比价格指数分别为98.1%、103.8%、104.5%、102.6%、111.1%，则被评估设备自身购置价格为：

38 200×98.1%×103.8%×104.5%×102.6%×111.1%=46 335（元）

【例6-7】某被评估设备购置于2018年，当时的购置价格为45 800元。2022年进行评估，该类设备2019年至2022年的环比价格变动指数分别为4.5%、2.6%、11.1%、4.2%，则被评估设备自身购置价格为：

45 800×（1+4.5%）×（1+2.6%）×（1+11.1%）×（1+4.2%）=56 847（元）

（4）重置核算法

重置核算法是根据设备建造时所消耗的材料、人工、燃料及动力，按现行价格水平和费用标准重新计算设备自身的生产成本，然后再加上合理的利润、税金等来确定被评估设备自身购置价格的方法。

重置核算法主要适用于自制设备自身购置价格的估测。自制设备通常是根据某企业自身特定需要，自行设计和制造的设备。估测自制设备的自身购置价格，不能采用市场询价法，如果有同类设备的市场价格和生产能力指标等资料或者能够获得同类设备的价格指数资料，可以采用功能价值法或价格指数法。

运用重置核算法估测设备自身购置价格的公式为：

设备自身购置价格=生产成本+利润+税金   （6-7）

生产成本包括按照现行价格水平和费用标准计算的直接成本和间接成本；利润是以行业平均成本利润率计算的利润总额，利润率可以选择直接成本利润率或生产成本利润率等；税金包括增值税、城市维护建设税和教育费附加。

【例6-8】 对某公司的一台自制设备进行评估，该设备是3年前企业自行设计和制造的，根据企业提供的账目，该设备制造中有关材料成本（不含税）、工时、制造费用等核算资料见表6-3。

表6-3   生产成本核算表

消耗的料、工、费	数量	单价（元）	金额（元）
钢材消耗	8吨	3 200	25 600
铸铁消耗	6吨	2 500	15 000
外协件（电机）	1台	12 500	12 500
工时消耗	3 000工时	8	24 000
直接成本合计			77 100
制造费用		0.5[①]	38 550
生产成本合计			115 650

注：①为制造费用占直接成本的比重。

评估人员经过市场调查和测算获得有关材料不含税的价格分别为：钢材3 500元/吨，铸铁2 600元/吨；外协件（电机）为12 800元/台；单位工时成本为12元，制造费用占直接成本的比重为0.48；行业平均成本利润率为10%；该企业适用的增值税税率为13%，城市维护建设税税率为7%，教育费附加率为3%。

根据现行价格水平和费用标准，该设备自身购置价格计算如下：

①计算生产成本。

直接成本=8×3 500+6×2 600+12 800+3 000×12

   =28 000+15 600+12 800+36 000

   =92 400（元）

制造费用=92 400×0.48

　　　　=44 352（元）

生产成本=92 400+44 352

　　　　=136 752（元）

②计算利润。

利润=136 752×10%

　　=13 675（元）

③计算应缴纳的税金。

增值税=销项税额−进项税额

　　　=（136 752+13 675）×13%−（8×3 500+6×2 600+12 800）×13%

　　　=19 556−7 332

　　　=12 224（元）

城市维护建设税=12 224×7%

　　　　　　　=856（元）

教育费附加=12 224×3%

　　　　　=367（元）

税金合计=12 224+856+367

　　　　=13 447（元）

④计算设备自身购置价格。

设备自身购置价格=136 752+13 675+13 447=163 874（元）

2）运杂费的估测

设备的运杂费是指国产设备从生产厂家，进口设备从港口、车站、码头等地到安装使用地点所发生的装卸、运输、保管、保险及其他有关费用。运杂费的估测方法有以下两种：

（1）运费标准计算法

运费标准计算法是根据设备的生产地点、使用地点以及重量、体积、运输方式，根据铁路、公路、船运、航空等部门的运输计费标准进行计算。

以铁路运输为例，《铁路货物运价规则》规定了各种货物的整车运价号、零担运价号和集装箱运价号。货物运价由货物的发到基价和运行基价两部分构成，其中：发到基价是与运送里程远近无关的始发和终到作业费，该部分费用是固定的；运行基价是车辆运行途中运行作业费，与运送里程成正比例。货物的运费计算如下：

①整车货物运输费用：

整车运费=（发到基价+运行基价×运价里程）×计费重量　　　　　　　　　（6-8）

②零担货物运输费用：

零担运费=（发到基价+运行基价×运价里程）×计费重量÷10　　　　　　　（6-9）

③其他费用：

建设基金=费率×计费重量×运价里程　　　　　　　　　　　　　　　　　（6-10）

电气化附加费=费率×计费重量×电气化里程　　　　　　　　　　　　　　（6-11）

（2）运杂费率计算法

运杂费率计算法按国产设备价格、进口设备到岸价的一定比率作为设备的运杂费率，并以此来计算设备的运杂费。国产设备价格和进口设备到岸价是按照现行的价格水平计算的设备自身购置价格和到岸价。机械行业国产设备和进口设备的运杂费率见表6-4、表6-5。

表6-4 　　　　　　　　　　**机械行业国产设备运杂费率表**

地区类别	建设单位所在地	运杂费率	备注
一类	北京、天津、河北、山西、山东、江苏、上海、浙江、安徽、辽宁	5%	指标中包括建设单位仓库离车站或码头50千米以内的短途运输费；当超过50千米时按每超过50千米增加0.5%费率计算，不足50千米的，可按50千米计算
二类	湖南、湖北、福建、江西、广东、河南、陕西、四川、甘肃、吉林、黑龙江、海南	7%	
三类	广西、贵州、青海、宁夏、内蒙古	8%	
四类	云南、新疆、西藏	10%	

资料来源　全国注册资产评估师考试编写组. 资产评估［M］. 北京：中国财政经济出版社，2016.

表6-5 　　　　　　　　　**机械行业进口设备陆运方式国内运杂费率表**

地区类别	建设单位所在地	运杂费率	备注
一类	内蒙古、新疆、黑龙江	1% ~ 2%	进口设备国内运杂费指标是以离陆站距离划分指标上、下限：100千米以内为靠近陆站，取下限；100千米以上、300千米以内为邻近陆站，取中间值；300千米以上为远离陆站，取上限
二类	青海、甘肃、宁夏、陕西、四川、山西、河北、河南、湖北、吉林、辽宁、天津、北京、山东	2% ~ 3%	
三类	上海、江苏、浙江、广东、安徽、湖南、福建、江西、广西、云南、贵州、西藏	3% ~ 4%	

资料来源　全国注册资产评估师考试编写组. 资产评估［M］. 北京：中国财政经济出版社，2016.

运用运杂费率计算法计算国产和进口设备国内运杂费的公式为：

国产设备运杂费=国产设备价格×国产设备运杂费率　　　　　　　　　　（6-12）

进口设备运杂费=进口设备到岸价×进口设备运杂费率　　　　　　　　　（6-13）

3）安装费的估测

设备安装包括设备的装配和安装，锅炉及其他各种工业锅窑的砌筑，设备附属设施的安装，设备附属管线的敷设，设备及附属设施和管线的绝缘、防腐、油漆、保温等。设备安装费是指上述工程所发生的所有材料费、人工费、机械费及其他费用等。设备安装费的估测可以采用以下方法：

（1）重置核算法

重置核算法是指根据设备原来安装过程中材料、人工、机械的消耗量，按照现行的价格水平和费用标准重新计算，再加上其他费用，以此得到重置安装费的方法。重置核算中可以按照原来的材料计算，也可以按照新型材料进行计算。计算公式为：

安装费=材料费+人工费+机械费+其他费用 (6-14)

（2）安装费率计算法

安装费率计算法是按国产设备的价格、进口设备的到岸价的一定比率作为设备的安装费率，并以此来计算设备的安装费的方法。国产设备价格和进口设备到岸价是按照现行的价格水平计算的设备自身购置价格和到岸价。

运用安装费率计算法计算国产和进口设备安装费的公式为：

国产设备安装费=国产设备价格×国产设备安装费率 (6-15)

进口设备安装费=进口设备到岸价×进口设备安装费率 (6-16)

国产设备安装费率可参考国家有关部门关于机械工程建筑项目概算指标的相关规定，进口设备安装费率可按照同类型国产设备的30%～70%确定。

4）基础费的估测

设备的基础是为安装设备而建造的特殊构筑物。设备基础费是指建造设备基础所发生的材料费、人工费、机械费和其他费用。

设备基础费的估测可以采用重置核算法和基础费率计算法。其中，重置核算法与安装费的估测基本相同；基础费率计算法按照国产设备价格、进口设备到岸价的一定比率作为设备的基础费率，并以此来计算设备的基础费。国产设备价格和进口设备到岸价是按照现行的价格水平计算的设备自身购置价格和到岸价。国产设备基础费率可参考国家有关部门关于机械工程建筑项目概算指标的相关规定，进口设备基础费率可按照同类型国产设备的30%～70%确定。

5）进口设备其他成本费用的估测

进口设备其他成本费用主要包括国外运费、国外运输保险费、关税、消费税、增值税、外贸手续费等，对于进口车辆还应包括车辆购置税。

（1）国外运费的估测

国外运费通常以设备的离岸价为基数乘以海运费率计算，也可以按设备的重量、体积及海运公司的收费标准计算。远洋运输的海运费率一般取5%～8%，近洋运输的海运费率一般取3%～4%。国外运费的计算公式为：

国外运费=设备离岸价×海运费率 (6-17)

（2）国外运输保险费的估测

国外运输保险费一般以设备的离岸价与海运费之和为基数乘以保险费率计算。保险费率可根据保险公司费率表确定，一般在0.4%左右。国外运输保险费的计算公式为：

国外运输保险费=（设备离岸价+海运费）×保险费率　　　　　　　　　　　　（6-18）

（3）关税的估测

关税以进口设备的关税完税价格乘以相应关税税率计算。关税完税价格为进口设备的到岸价，关税税率按照《进境物品进口税税率表》确定。关税的计算公式为：

关税=关税完税价格×关税税率　　　　　　　　　　　　　　　　　　　　（6-19）

（4）消费税的估测

消费税以关税完税价格与关税之和为基数，并换算成含消费税的计税价格后乘以消费税税率计算。进口设备中只有小汽车、中轻型商用客车以及摩托车等车辆征收消费税，消费税税率按照国家发布的消费税税率表确定。消费税的计算公式为：

$$消费税=\frac{关税完税价格 + 关税}{1 - 消费税税率}×消费税税率$$　　　　　　（6-20）

（5）增值税的估测

增值税以关税完税价格、关税和消费税之和为基数乘以增值税税率计算。不缴纳消费税的进口设备以关税完税价格和关税之和为基数计算。2019 年 4 月 1 日起，进口设备增值税税率由 16% 调整为 13%，同时还要以增值税税额为基数按照 7% 和 3% 缴纳城市维护建设税和教育费附加。增值税的计算公式为：

增值税=（关税完税价格+关税+消费税）×增值税税率　　　　　　　　　（6-21）

（6）银行财务费的估测

银行财务费是银行为客户进口设备办理外汇结算业务而收取的费用。银行财务费以设备离岸价为基数乘以相应的费率计算，现行银行财务费率一般为 0.4% ~ 0.5%。银行财务费的计算公式为：

银行财务费=设备离岸价×费率　　　　　　　　　　　　　　　　　　　（6-22）

（7）外贸手续费的估测

外贸手续费是外贸进出口公司为客户代理设备进口业务而收取的费用。外贸手续费通常以设备到岸价为基数乘以相应的费率计算，外贸公司进口业务的收费率一般为 1% ~ 1.5%。外贸手续费的计算公式为：

外贸手续费=设备到岸价×费率　　　　　　　　　　　　　　　　　　　（6-23）

（8）车辆购置税的估测

车辆购置税以关税完税价格、关税和消费税之和为基数乘以车辆购置税税率计算，车辆购置税的税率为 10%。车辆购置税的计算公式为：

车辆购置税=（关税完税价格+关税+消费税）×车辆购置税税率　　　　　（6-24）

【例 6-9】对某企业一套从美国进口的设备进行评估，评估基准日为 2022 年 10 月 20 日。评估人员经过调查了解到，该设备从美国进口的离岸价为 60 万美元，海运费率为 6%，保险费率为 4‰，该设备现行进口关税税率为 10%，增值税税率为 13%，城市维护建设税、教育费附加分别为增值税税额的 7% 和 3%，银行财务费率为0.5%，外贸手续费率为1.5%。国内运杂费率为1.5%，安装费率为0.8%，基础费率为1.2%。评估基准日美元与人民币的比价为1:6.14。

该进口设备重置成本计算如下：

国外运费=60×6%=3.6（万美元）

保险费=（60+3.6）×4‰=0.25（万美元）

到岸价（外汇计价）=60+3.6+0.25=63.85（万美元）

到岸价（人民币计价）=63.85×6.14=392.04（万元人民币）

关税=392.04×10%=39.20（万元人民币）

增值税=（392.04+39.20）×13%=56.06（万元人民币）

城市维护建设税=56.06×7%=3.92（万元人民币）

教育费附加=56.06×3%=1.68（万元人民币）

银行财务费=60×6.14×0.5%=1.84（万元人民币）

外贸手续费=392.04×1.5%=5.88（万元人民币）

国内运杂费=392.04×1.5%=5.88（万元人民币）

安装费=392.04×0.8%=3.14（万元人民币）

基础费=392.04×1.2%=4.70（万元人民币）

进口设备重置成本=392.04+39.20+56.06+3.92+1.68+1.84+5.88+5.88+3.14+4.70
=514.34（万元人民币）

6.2.4 机器设备实体性贬值的估测

机器设备实体性贬值主要是设备使用过程中的磨损，或者外力、自然力的作用造成的。除新设备外，机器设备都会存在一定的实体性贬值，但由于机器设备的类型、使用状况不同，贬值程度也不尽相同。反映机器设备实体性贬值的相对数是实体性贬值率，实体性贬值率是实体性贬值额占重置成本的比重。

$$实体性贬值率=\frac{实体性贬值额}{重置成本}\times100\% \qquad (6-25)$$

成新率是与实体性贬值率相对应的指标。成新率是反映机器设备新旧程度的指标，或理解为机器设备现实状态与设备全新状态的比率。成新率与实体性贬值率是对同一事物从不同方向进行观察的不同结果，二者的关系为：

$$成新率=1-实体性贬值率 \qquad (6-26)$$

评估中，对机器设备实体性贬值的估测方法通常是估测其成新率。成新率的估测是机器设备成本法估价中的重点和难点问题，测定成新率的基本准则是以被评估对象的有关事实和环境条件为依据，通常采用观察法、使用年限法和修复费用法进行。

1）观察法

观察法是评估人员根据对机器设备的现场观察和技术检测，在综合分析机器设备的已使用时间、使用状况、技术状态、维修保养状况、大修技改情况、工作环境和条件等因素的基础上，测定设备的成新率的方法。运用观察法估测机器设备的成新率，在具体操作中可采用以下两种具体方法：

（1）直接观察法

直接观察法是首先确定和划分不同档次的成新率标准（见表6-6），然后根据被评估对象实际情况，经观测、分析、判断直接确定被评估机器设备的成新率。这种办法的特点是相对简便、省时、易行，但主观性强，精确度较差。一般适用于单位价值小、数量多、技术性不是很强的机器设备成新率的确定。

表6-6 机器设备成新率评估参考表

类别	新旧情况	有形损耗率	技术参数标准参考说明	成新率
1	新设备及使用不久的设备	0~10%	全新或刚使用不久的设备。在用状态良好，能按设计要求正常使用，无异常现象	100%~90%
2	较新设备	11%~35%	已使用1年以上或经过第一次大修恢复原设计性能使用不久的设备，在用状态良好，能满足设计要求，未出现过较大故障	89%~65%
3	半新设备	36%~60%	已使用2年以上或大修后已使用一段时间的设备，在用状态较好，基本上能达到设备设计要求，满足工艺要求，需经常维修以保证正常使用	64%~40%
4	旧设备	61%~85%	已使用较长时间或几经大修，目前仍能维持使用的设备。在用状态一般，性能明显下降，使用中故障较多，经维护仍能满足工艺要求，可以安全使用	39%~15%
5	报废待处理设备	86%~100%	已超过规定使用年限或性能严重劣化，目前已不能正常使用或停用，即将报废待更新	14%~0

（2）打分法

打分法又称分部分鉴定法，是按机器设备的构成部分分项，按各项的价值比重或贡献度打分（满分100），然后根据对设备各部分实际状况的技术鉴定，通过打分来确定被评估机器设备的成新率。这种方法的特点是使单项设备的成新率的确定变得可量化，在一定程度上克服了主观随意性，使成新率的确定更加科学合理。下面以普通机床为例对这种方法加以具体说明。

在对机床采用打分法估测成新率时，首先把机床划分为机床精度、操作系统、运动系统、润滑系统、电器系统、外观及其他几个部分，并给定每个部分的标准分（满分100），然后对各部分进行观测或技术鉴定，在此基础上对各部分实际状况打分，最后把各部分实得分数相加，即可得到被评估机床的成新率，具体情况见表6-7。如果是数控机床可划分为机床精度、数控系统、液压系统、操作系统、润滑系统、电器系统、外观及其他几个部分，各部分的标准分与普通机床比有较大差别，这里不进行详细介绍。

表6-7 机器设备（机床）成新率鉴定表

单位名称： 评估基准日：

设备名称			规格型号		制造厂家	
购置时间			已使用年限		近期大修理日期/金额	
序号	项目	标准分	鉴定内容及实际情况			实际打分
1	机床精度	55	①几何精度，如溜板移动在垂直平面内的直线度、主轴锥孔中心线的径向跳动等指标是否达到设计及有关要求；②工作精度，如精车轴类零件外圆的圆度和圆柱度、精车端面的平面度等指标是否达到有关要求			
2	操作系统	6	变速及溜板操作手轮或手柄是否灵活轻便，丝杠与螺母之间的间隙是否过大			
3	运动系统	8	包括主轴箱、进给箱的齿轮传动系统，各部位轴承有无振动及发热，各滑动面有无拉伤			
4	润滑系统	10	润滑油泵出口压力是否达到额定值，油管是否有泄漏，油路是否畅通			
5	电器系统	15	电控箱中电流开断装置如磁力启动器、交流接触器、空气断路器以及各种继电器触点有无烧损或接触不良，工作是否正常。电动机在运转中是否有发热升温超过正常值的情况			
6	外观及其他	6	机床附件是否齐全，安全保护装置是否完好，外观有无锈蚀、碰伤及油漆剥落等			
合计		100	成新率（%）			

对评估技术人员而言，用此方法鉴定机床成新率的难点是机床精度的测定，因为机床精度可分为几何精度和工作精度（加工精度），具体又通过很多指标来反映，这些指标的测定通常用仪器来完成。事实上，由于受技术装备条件及评估作业时间的限制，评估机构很难做到这一点。在实际评估中，评估人员可通过向机器设备技术管理人员、设备操作人员调查了解机床的实际加工精度情况，再通过与机床的标准加工精度或设计加工精度对比，来给机床的精度打分。

（3）几种主要类型设备技术检测的内容

观察法的重点是在全面了解被评估设备基本情况的基础上，对机器设备进行技术检测和鉴定。在进行技术检测和鉴定时应根据设备的不同类型，确定检测的项目和重点。下面就评估实务中经常遇到的典型机器设备加以说明，仅供参考。

①各类切削机床技术检测的内容：

a.精度、性能能否满足生产工艺要求，精密、稀有机床主要精度性能能否达到出厂标准；

b.各传动系统是否运转正常、变速齐全；

c.各操作系统动作是否灵敏可靠；

d.润滑系统是否装置齐全、管道完整、油路畅通；

e.电气系统是否装置齐全、管线完整、性能灵敏、运行可靠；

f.滑动部位运转是否正常，各滑动部位及零件有无严重拉、研、碰伤情况；

g.机床内部是否清洁，有无油垢、锈蚀现象；

h.机床有无漏油、漏水、漏气现象；

i.零部件是否完整，随机附件是否齐全；

j.安全防护装置是否安全可靠。

②起重设备技术检测的内容：

a.起重和牵引能力能否达到设计要求；

b.各传动系统运转是否正常，钢丝绳、吊钩、吊环是否符合安全技术规程；

c.制动装置是否安全可靠，主要零件有无严重磨损；

d.操作系统是否灵敏可靠，调速是否正常；

e.主副梁的上拱、下挠、旁弯是否有变形，变形程度如何；

f.电器装置是否齐全有效，安全装置是否灵敏可靠；

g.车轮与轨道是否接触良好，有无严重啃轨现象；

h.润滑装置是否齐全，运行是否正常，有无漏油现象；

i.吊车内外是否清洁，有无锈蚀现象；

j.零部件及附件是否齐全。

③锅炉设备技术检测的内容：

a.锅炉蒸发量、压力、温度是否达到设计要求或主管部门的规定，锅筒、人孔、联箱、手孔及管路、阀门等是否保温良好，有无锈蚀、泄漏现象；

b.水冷壁、对流管束、烟管、过热器、空气预热器等各受热面有无严重积烟垢现象，受压部件是否符合技术要求，有无泄漏现象；

c.安全阀、压力表、水位表、水位报警器等是否符合技术要求，使用是否可靠；

d.炉墙是否完整，构件有无烧损，炉墙外表温度是否符合有关要求；

e.燃烧设备是否完整无损，锅炉运行热效率是否达到规定要求；

f.传动装置是否运转可靠，润滑良好，水、气管道敷设是否整齐合理，有无泄漏现象；

g.给煤装置、出渣装置运转是否正常；

h.给水设备及水处理设备是否配备合理、运转正常；

i.鼓引二次风机是否配备合理、运转正常，各调风门或调鼓风装置调节是否灵活可靠；

j.吹灰装置是否完备、运行良好，除尘系统是否符合要求；

k.电气设备、电气线路是否安全可靠，使用良好，各种仪表装置是否符合技术要求；

l.锅炉外表是否清洁，有无积灰和锈蚀现象。

④运输设备技术检测的内容（包括行驶检查和外观检查两个方面）：

a.发动机是否有活塞敲缸或曲轴、连杆振动等异常声响；

b.变速器是否有脱档、跳档及敲击声，转向轮及变速杆操作是否轻便灵活；

c.离合器分离是否彻底，接合是否平稳可靠，有无发抖、打滑及异常声响；

d.加速性能、制动性能是否达到设计要求或安全行驶有关规定；

e.汽车行驶后，冷却水温、机油温度、齿轮油温度是否达到有关规定要求，废气排放色度是否正常；

f.发动机及变速器箱体、后桥结合部等部位是否漏油，冷却系统是否漏水；

g.汽车外部有无碰伤、划痕、脱漆及锈蚀，车身及驾驶室的门窗玻璃是否完好，密封是否良好，驾驶室仪表是否完好；

h.轮胎磨损程度如何。

⑤变压器技术检测的内容：

a.变压器的油面高度是否正常，油色是否正常，外壳有无渗油、漏油现象；

b.变压器瓷套管是否有破损或放电痕迹；

c.变压器运行声响是否正常；

d.外壳接地是否良好，接地线有无断裂和锈蚀；

e.引线接头、电缆、母线有无发热现象；

f.冷却装置运行是否正常；

g.变压器上层油温是否超过允许值85℃；

h.基础是否牢固，保护、测量、信号装置是否齐全。

2）使用年限法

使用年限法是假设机器设备在整个使用寿命期间，机器设备的实体性贬值与其寿命缩短是成正比的，于是就能够使用设备的尚可使用年限与总寿命年限的比确定设备的成新率，设备总寿命年限等于已使用年限加上尚可使用年限。使用年限法的评估计算公式为：

$$成新率 = \frac{尚可使用年限}{已使用年限 + 尚可使用年限} \times 100\% \tag{6-27}$$

上述表达式是计算成新率的典型公式，因为并非所有的机器设备都以"年"为单位反映寿命，如对汽车的寿命通常采用行驶里程衡量更为准确，有些大型设备的寿命则以工作小时反映，大型建筑施工机械可按工作台班反映寿命。尽管反映寿命的单位不同，但评估成新率的原理与按"年"计量的评估方法基本一致，因此我们统称为使用年限法。

运用使用年限法估测机器设备的成新率取决于两个基本因素：已使用年限和尚可使用年限。但由于机器设备的具体情况不尽相同，如有的设备的投资是一次完成的，有的设备投资可能分次完成，有的可能进行过更新改造和追加投资，因此，应采取不同的方法测算其已使用年限和尚可使用年限。

（1）简单年限法

简单年限法是针对投资为一次完成，没有更新改造和追加投资等情况发生的机器设备成新率的估测方法。

①机器设备已使用年限的确定。机器设备已使用年限是指机器设备从开始使用到评估基准日所经历的时间。由于设备在使用中负荷程度及日常维护保养差别的影响，已使用年限可分为名义已使用年限和实际已使用年限。名义已使用年限指会计记录记载的设备已提折旧的年限。实际已使用年限指设备在使用中实际工作的年限，可根据设备运行的记录资料，用下列公式计算：

实际已使用年限=名义已使用年限×设备利用率　　　　　　　　　　　　　　（6-28）

$$设备利用率=\frac{截至评估基准日设备累计实际工作时间}{截至评估基准日设备累计额定工作时间}×100\% \qquad (6-29)$$

若设备利用率的计算结果小于1，则表明开工不足，设备实际已使用年限小于名义已使用年限；若计算结果大于1，则表明设备处于超负荷运转状态，实际已使用年限大于名义已使用年限。

在机器设备评估中，应根据机器设备的名义已使用年限（折旧年限），考虑机器设备的使用班次、使用强度和维修保养水平据实估测其实际已使用年限。

②机器设备尚可使用年限的测定。机器设备尚可使用年限是指从评估基准日开始到机器设备停止使用所经历的时间，即机器设备的剩余寿命。机器设备的已使用年限加上尚可使用年限就是机器设备总寿命年限。如果机器设备总寿命年限已确定，尚可使用年限就是总寿命年限扣除已使用年限的余额。机器设备的尚可使用年限受到已使用年限、使用状况、维修保养状况以及设备运行环境的影响，评估人员应对上述因素进行全面分析和审慎考虑，以便合理确定机器设备的尚可使用年限。确定尚可使用年限的方法主要有以下几种：

a.折旧年限法。折旧年限法是参照国家规定的机器设备的折旧年限，扣除实际已使用年限得到机器设备的尚可使用年限的方法。折旧年限是国家财政、税务部门规定的机器设备计提折旧的时间跨度。它是综合考虑了机器设备物理使用寿命、技术进步因素、企业承受能力以及国家税收状况等因素确定的。从理论上讲，折旧年限并不等同于机器设备的总寿命年限，机器设备已折旧年限并不一定能全面反映出机器设备的磨损程度，因此，采用此法计算机器设备的尚可使用年限及成新率时，一定要注意法定年限与机器设备的经济寿命、已折旧年限与设备的实际损耗程度是否相吻合，并注明使用前提和使用的条件。折旧年限法一般适用于较新的机器设备尚可使用年限及成新率的确定。对于国家明文规定限期淘汰禁止超期使用的设备，其尚可使用年限不能超过国家规定禁止使用的日期,而无论设备的现时技术状态如何。

b.寿命年限平均法。该方法是根据企业已报废的机器设备使用寿命年限的记录,按加权平均法确定机器设备的平均寿命年限,并以此作为被评估机器设备的总寿命年限,扣除已使用年限后即得尚可使用年限。该方法的运用前提是企业机器设备报废资料记录比较完整,且具有一定数量;企业的机器设备使用保养情况正常,或被评估对象与报废的机器设备使用情况、维修保养情况以及运行环境状况基本相同;被评估机器设备与报废的机器设备类型、规格型号、制造质量等方面基本相同。

【例6-10】评估企业一台普通金属切削机床的成新率:该机床已使用5年;查阅近3年设备报废记录,共报废该类机床8台,其中:使用寿命13年的1台;使用寿命15年的2台;使用寿命16年的3台;使用寿命17年的1台;使用寿命20年的1台。

经分析,被评估设备与报废设备的使用情况、维修保养情况及运行环境状况基本相同,则该类设备的平均使用寿命为:

$$\frac{13 \times 1 + 15 \times 2 + 16 \times 3 + 17 \times 1 + 20 \times 1}{8} = 16（年）$$

尚可使用年限=16-5=11（年）

成新率$=\frac{11}{16} \times 100\% = 68.75\%$

c.预期年限法。该方法也称技术鉴定法,是应用工程技术手段现场勘查和技术鉴定,检测机器设备的各项性能指标,确定资产的磨损程度,并与现场操作人员和设备管理人员交谈,了解设备的使用状况、维修保养状况及运行环境状况,依靠专业知识和经验判定机器设备的尚可使用年限。在对于已使用时间较长、比较陈旧的机器设备以及超龄服役的机器设备确定尚可使用年限时,一般采用此方法。预期年限法主观性较强,难度也较大,需要评估人员具有较强的专业水准和丰富的评估经验,这也是评估人员必备的本领。

（2）综合年限法

综合年限法根据机器设备投资分次完成,机器设备进行过更新、改造和追加投资,以及机器设备的不同构成部分的剩余寿命不相同等一些情况,经综合分析判断,并采用加权平均法,确定被评估机器设备成新率的方法。

①综合已使用年限的确定。一台机器设备由于分次投资、更新改造追加投资等情况,使不同部件的已使用年限不同,确定整个设备的已使用年限,应以各部件重置成本的构成为权重,对各部件参差不齐的已使用年限进行加权平均,确定使用年限。

【例6-11】某设备购于2012年,购置成本为50 000元,2015年和2017年进行了两次更新改造,主要是添置一些自动化控制装置,当年投资分别为3 000元和

2 500元，2020年进行一次大修，更换了一些原来的部件，投资额为18 500元。假设从2012年至2022年，该类机器设备每年的环比价格变动指数都为10%，试估测该设备2022年评估时的已使用年限。

计算步骤及过程如下：

①用价格指数法计算被评估设备的重置成本。具体做法是用机器设备各部分的历史成本乘以相应的价格指数，得出各部分的重置成本，将各部分的重置成本相加，即得到该设备的重置成本。具体计算见表6-8。

表6-8　　　　　　　**价格指数法计算被评估设备的重置成本**　　　　　金额单位：元

投资日期	历史成本	价格指数	重置成本
2012年	50 000	$(1+10\%)^{10}=2.59$	129 500
2015年	3 000	$(1+10\%)^{7}=1.95$	5 850
2017年	2 500	$(1+10\%)^{5}=1.61$	4 025
2020年	18 500	$(1+10\%)^{2}=1.21$	22 385
合计	74 000	—	161 760

②扣减重复计算的投资成本，调整重置成本。计算重置成本应以机器设备各部分的现实存在为基础，对于更换的部件，在计算机器设备重置成本时应该扣除。本例中2020年大修时换掉的那部分部件的成本计算了两次，应将重复计算部分扣除，调整设备的重置成本。扣除2020年重复计算的更换部件的成本，计算如下：

129 500－22 385=107 115（元）

扣除重复计算部分后，机器设备主体部分的重置成本应该为107 115元，而不是129 500元。

③计算加权投资成本。用机器设备各部分重置成本分别乘以各部分已使用年限得到各部分加权投资成本，将各部分加权投资成本相加得到机器设备总的加权投资成本。具体计算见表6-9。

表6-9　　　　　　　　　　　　**计算加权投资成本**

投资日期	重置成本（元）	已使用年限（年）	加权投资成本（元·年）
2012年	107 115	10	1 071 150
2015年	5 850	7	40 950
2017年	4 025	5	20 125
2020年	22 385	2	44 770
合计	139 375	—	1 176 995

④确定设备的综合已使用年限。用设备的加权投资成本除以设备的现行重置成本得：

$$设备综合已使用年限=\frac{1\,176\,995}{139\,375}=8.44（年）$$

②综合尚可使用年限的确定。与已使用年限一样，一台设备各部件的尚可使用年限也可能有长有短，在评估时，可按重置成本对各部件的尚可使用年限进行加权平均，求得整个设备的尚可使用年限。各部件尚可使用年限可用简单年限法进行评估。现举例说明综合尚可使用年限的评估。

【例6-12】根据【例6-11】的重置成本资料估测该设备的尚可使用年限。评估人员经现场勘查分析认为，该设备的主体框架比较合理，在正常使用及维护保养条件下，尚可使用12年，自控装置已使用了5年和7年，预计2年后就要替换，结构部件在5年后要更换。有关资料见表6-10。

表6-10　　　　　　　　　　　　　评估设备的尚可使用年限

项　　目	重置成本 （元）	尚可使用年限 （年）	加权投资成本 （元·年）
主体框架	107 115	12	1 285 380
自控装置	9 875	2	19 750
结构部件	22 385	5	111 925
合　　计	139 375	—	1 417 055

设备的综合尚可使用年限估算为：

$$设备综合尚可使用年限=\frac{1\,417\,055}{139\,375}=10.17（年）$$

3）修复费用法

修复费用法是根据修复设备磨损部件所需要的费用数额来确定机器设备实体性贬值及成新率的方法。它适用于机器设备某些特定结构部件已经磨损，但能够以经济上可行的办法修复的情形。对机器设备来说，修复费用包括主要零部件的更换或者修复、改造等方面的费用。修复费用法的计算公式为：

实体性贬值=修复费用 　　　　　　　　　　　　　　　　　　　　　（6-30）

$$成新率=1-\frac{修复费用}{重置成本}　　　　　　　　　　　　　　　　（6-31）$$

在使用这种方法时，应注意以下两点：①应当将实体性损耗中的可修复损耗和不可修复损耗区别开来。两者之间根本的不同点就是可修复的实体性损耗不仅在技术上具有修复的可能性，而且在经济上是合算的，不可修复的实体性损耗则无法以经济上合算的办法修复。于是，对于不可修复的损耗按观察法或使用年限法进行评估，可修复的损耗则按修复费用法来评估。②应当将修复费用中用于修复设备实体与对设备技术更新和改造的支出区别开来。由于机器设备的修复往往同功能改进一并进行，这时的修复费用很可能不全用在实体性损耗上，而有一部分用在功能性贬值因素上，因此，在评估时应注意不要重复计算机器设备的功能性贬值。

【例6-13】对某企业的一台加工炉进行评估，该加工炉以每周7天、每天24小时工作的方式连续运转。经现场观察并与操作人员和技术人员交谈，了解到这台设备是8年前安装的，现在需要对炉内的耐火材料、一部分管道及外围设备进行更换。如果更换耐火材料、管道和外围设备，该加工炉就能再运转15年。经与设备维修和技术部门讨论，可知更换耐火材料需投资15万元，更换管道及外围设备需投资7万元，共22万元，该加工炉的重置成本为160万元。现估测该加工炉的实体性贬值及成新率，具体步骤如下：

①估测不可修复部分的重置成本：

用加工炉的重置成本扣减可修复的实体性损耗得：

160-22=138（万元）

②计算不可修复部分的损耗率和损耗额：

损耗率=8÷（8+15）×100%=34.78%

损耗额=138×34.78%=48（万元）

③计算实体性贬值及成新率：

实体性贬值=22+48=70（万元）

$$成新率=1 - \frac{22 + 48}{160}=56.25\%$$

上述三种估测实体性贬值及成新率的方法，在资料信息充足并有足够时间进行分析时都是行之有效的。但评估时很难做到三种方法同时运用，只能根据实际情况和所能掌握的有关资料选择合适的某一种方法。在评估时还应注意，采用某一方法计算的成新率是否包含了功能性贬值和经济性贬值的因素，以避免功能性贬值和经济性贬值的重复计算和漏评。

6.2.5　机器设备功能性贬值的估测

机器设备的功能性贬值是由于新技术发展的结果导致资产价值的贬损。它包括两个方面：一是超额投资成本造成的功能性贬值，主要是由于新技术引起的布局、设计、材料、产品工艺、制造方法、设备规格和配置等方面的变化和改进，使购建新设备比老设备的投资成本降低；二是超额运营成本造成的功能性贬值，主要是由于技术进步，使原有设备与新式设备相比功能落后，运营成本增加。

估测机器设备的功能性贬值，首先应该对已经确定的重置成本和成新率（实体性贬值）进行分析，看其是否已经扣除了功能性贬值的因素，如采用价格指数法确定的设备重置成本中包含功能性贬值因素，采用功能价值法确定的设备重置成本已经扣除了功能性贬值。再如采用使用年限法确定成新率，没有考虑功能性贬值因素，而采用修复费用法可能扣除了全部或部分的功能性贬值。因此，机器设备的重置成本和成新率确定后，不应直接进行功能性贬值的评估，而是要对重置成本和成新率进行分析：如果已经扣除了功能性贬值，就不要重复计算；如果未扣除功能性贬值，并且功能性贬值存在，则应采取相应的方法估测。

1）超额投资成本造成的功能性贬值的估测

由于超额投资成本造成的功能性贬值表现为新设备的构建成本比老设备低廉，因此功能性贬值就等于设备的复原重置成本与更新重置成本之间的差额，即：

$$功能性贬值=设备复原重置成本-设备更新重置成本 \tag{6-32}$$

在评估操作中应注意的是，如果估测的重置成本是更新重置成本，实际就已经将被评估设备价值中所包含的超额投资成本部分剔除掉了，而不必再去刻意寻找设备的复原重置成本，然后再减掉设备的更新重置成本得到设备的超额投资成本。因此，选择重置成本时，在同时可得复原重置成本和更新重置成本情况下，应选用更新重置成本。当然也存在更新重置成本超过复原重置成本的可能性，这种情况往往是新设备功能更先进，运营成本降低而使老设备额外贬值。

2）超额运营成本造成的功能性贬值的估测

超额运营成本造成的功能性贬值与实体资产的任何有形损耗均无关联，它是由于技术的发展所引起但发生在设备现场的一种贬值。它很容易出现在下列类型的企业中：

① 使用高技术设备和制造高技术产品的工业企业；

② 新兴产业；

③ 长期以来不断扩大规模的老企业；

④ 拥有大量相同设备的企业；

⑤ 拥有一些开工不足或闲置设备的企业；

⑥ 加工处理大量材料的企业。

超额运营成本造成的功能性贬值可采用未来超额运营成本折现法估测，具体步骤如下：

（1）对被评估设备的运营报告和生产统计进行分析，重点分析操作人员数量、维修保养人员数量、材料能源和水电消耗、产量等几个方面，为估测评估对象未来的运营成本提供依据。

（2）估测被评估设备的剩余经济寿命。

（3）选择参照物，估测并分析在评估对象剩余经济寿命内，参照物与被评估对象在产量、成本方面的差异（以年为单位），并将参照物的未来年运营成本与被评估对象的未来年运营成本比较，计算被评估对象的年超额运营成本（一般假设评估对象和参照物的未来年运营成本不变）。计算公式为：

$$年超额运营成本=评估对象的未来年运营成本-参照物的未来年运营成本 \tag{6-33}$$

（4）将年超额运营成本扣减采用新设备生产的新增利润应缴的所得税，得到被评估设备的年净超额运营成本。计算公式为：

年净超额运营成本=年超额运营成本×（1−所得税税率）　　　　　　　　　（6-34）

（5）选择合适的折现率，把整个剩余经济寿命内的各年度净超额运营成本折成现值，其现值和就是功能性贬值额。计算公式为：

功能性贬值=年净超额运营成本×年金现值系数　　　　　　　　　　　　　（6-35）

【例6-14】对某炼油厂的一个锅炉进行评估。该锅炉正常运转需7名操作人员，每名操作人员年工资及福利费约9 600元，锅炉的年耗电量为10万千瓦时，目前相同能力的新式锅炉只需4个人操作，年耗电量为7.5万千瓦时，电的价格为1.2元/千瓦时，被评估锅炉的尚可使用年限为8年，所得税税率为25%，适用的折现率为10%。根据上述数据资料，被评估锅炉的功能性贬值估测如下：

（1）被评估锅炉的年超额运营成本为：

（7−4）×9 600+（100 000−75 000）×1.2=58 800（元）

（2）被评估锅炉的年净超额运营成本为：

58 800×（1−25%）=44 100（元）

（3）被评估锅炉在剩余寿命年限内的功能性贬值额为：

44 100×（P/A，10%，8）=44 100×5.3349

=235 269（元）

6.2.6　机器设备经济性贬值的估测

经济性贬值是因外界因素影响而引起的资产贬值。导致经济性贬值的因素主要有：对产品需求的减少；市场竞争的加剧；原材料供应情况的变化；通货膨胀；高利率；政府法律、政策的影响；环境保护因素等。最终表现为设备的利用率下降、闲置、收益减少。

由于经济性贬值是外界因素对整个企业而不是对单台设备或孤立的一组设备产生作用的结果，因此，采用成本法对机器设备估价时，很难确定和估算设备的经济性贬值，这也是成本法的主要缺陷。如果经分析经济性贬值确实存在并造成影响，应采取适宜的方法进行估测，具体可分为贬值率估算法和收益损失额折现法。

1）贬值率估算法

经济性贬值率是资产经济性贬值额占重置成本的比重。对于设备利用率下降造成的经济性贬值，可通过比较设备预计生产能力和设计生产能力，以百分比的形式计算设备的经济性贬值率，然后再用设备的重置成本乘以设备的经济性贬值率得出设备的经济性贬值额。其计算公式为：

$$经济性贬值率=\left[1-\left(\frac{预计生产能力}{设计生产能力}\right)^{x}\right]×100\%　　　　　　　（6-36）$$

式中，x为规模效益指数，它的取值范围为0.4～1.2，在机器设备评估中，x的取值范围一般为0.6～0.7。

经济性贬值额=重置成本×经济性贬值率　　　　　　　　　　　　　　　（6-37）

【例6-15】对某企业的一条生产线进行评估，该生产线的设计生产能力为每天

1 000件产品，设备状况良好，技术上也很先进。由于市场竞争加剧，导致该生产线开工不足，每天只生产750件产品。经评估，该生产线的重置成本为900万元，试估测该生产线的经济性贬值额（规模效益指数取0.7）。

$$经济性贬值率 = \left[1 - \left(\frac{750}{1\,000} \right)^{0.7} \right] \times 100\%$$
$$= (1 - 0.8176) \times 100\%$$
$$= 18.24\%$$
$$经济性贬值额 = 900 \times 18.24\%$$
$$= 164.16（万元）$$

在估测设备的经济性贬值时，必须注意以下几点：一是经济性贬值是由于外界因素造成的。如果一个工厂是因为某些设备自身的原因而不能按原定生产能力生产，那么这样能力闲置就可能是有形损耗的结果；如果是因为工厂内部的生产能力不均衡，如同样的人力、物力消耗，生产能力却不同，那么这样的能力闲置就可能是功能性贬值问题。二是设备的生产能力与经济性贬值通常是指数关系，而非线性关系。如【例6-15】中，设备生产能力下降了25%，经济性贬值却是18.24%。三是设备的实际生产能力是长时间保持的而非短期的生产能力。如【例6-15】中，如果外界因素决定了在今后很长时期内每天的产量都将保持在750件，那么，以此生产水平为基础估算的经济性贬值才能依据充分。

2）收益损失额折现法

在评估中，如果设备由于外界因素变化所造成的收益减少额能够直接测算出来的话，可直接按设备继续使用期间的每年的收益损失额折现累加得到设备的经济性贬值额。具体步骤如下：

（1）对外界影响因素进行综合分析，估测和确定外界因素对机器设备经济性贬值的影响时间（收益损失年限）。

（2）估测在评估对象未来收益损失年限内，正常情况下（未受影响）年收益额和受外界因素影响情况下年收益额（一般假定未来年收益额不变），并计算年收益损失额。计算公式为：

年收益损失额=正常情况下年收益额-受外界因素影响情况下年收益额　　　　（6-38）

（3）将评估对象的年收益损失额扣减所得税得到年净收益损失额。计算公式为：

年净收益损失额=年收益损失额×（1-所得税税率）　　　　　　　　　　（6-39）

（4）选择适当的折现率，将评估对象未来的年净收益损失额折现，即可得到经济性贬值额。计算公式为：

经济性贬值额=机器设备未来年净收益损失额×年金现值系数　　　　　　　（6-40）

【例6-16】被评估生产线的设计生产能力为每年生产2 000吨产品，设备状况良好。由于市场供求的变化，使该生产线开工不足，年生产能力预计为1 600吨产品。如果该企业生产的产品销售价格为620元/吨，销售利润率为10%，被评估生产线尚可继续使用5年，折现率为12%，所得税税率为25%，则被评估生产线的经济性贬值额为：

经济性贬值额=（2 000−1 600）×620×10%×（1−25%）×（P/A，12%，5）

     =18 600×3.6048

     =67 049（元）

【相关链接6-1】   采用成本法评估机器设备的准则规定

《资产评估执业准则——机器设备》第二十条规定：采用成本法评估机器设备时，应当：

（一）明确机器设备的重置成本包括购置或者购建设备所发生的必要的、合理的成本、利润和相关税费等，确定重置成本的构成要素；

（二）明确重置成本可以划分为更新重置成本与复原重置成本；

（三）了解机器设备的实体性贬值、功能性贬值和经济性贬值，以及可能引起机器设备贬值的各种因素，采用科学的方法，估算各种贬值；

（四）了解对具有独立运营能力或者独立获利能力的机器设备组合进行评估时，成本法一般不应当作为唯一使用的评估方法。

6.3 市场途径在机器设备评估中的应用

6.3.1 市场途径的基本思路

机器设备评估的市场途径是以近期市场上相同或类似设备的交易价格为基础，通过对影响评估对象设备与参照物价格的各种因素对比分析，将参照物的市场交易价格修正为评估对象设备价值的评估思路和方法。

市场途径中的相同或相类似设备主要指机器设备的功能、规格型号等方面相同或类似；近期交易是指距评估基准日较近的交易时间；影响评估对象设备与参照物价格的各种因素一般包括交易情况因素、资产状况因素、交易时间因素、交易地点因素等。市场途径评估的基本公式为：

$$评估值=\frac{参照物交易}{价格}\times\frac{交易情况}{修正系数}\times\frac{资产状况}{修正系数}\times\frac{交易时间}{修正系数}\times\frac{交易地点}{修正系数} \quad (6-41)$$

对于交易情况修正，通常以评估对象的交易情况为正常交易，采取对参照物交易情况分析打分的方法确定修正系数；对于资产状况修正，可根据评估对象的具体情况，分别确定品牌、功能、新旧程度等方面的修正系数。对于交易时间修正，可采用价格指数法确定修正系数，或者由评估人员通过市场案例调查确定修正系数；对于交易地点修正，可以根据评估对象交易地点与参照物交易地点同类新设备价格的比确定修正系数，如果二者交易地点相同，则交易地点修正系数可以确定为1。

6.3.2 市场途径的适用范围和前提条件

市场途径主要适用于机器设备变现价值的评估，而不适用于机器设备的原地续用价值的评估。变现价值与原地续用价值的不同，不仅在于价值构成项目的不同，更主要的是受市场因素影响的程度不同。应用市场途径估价必须具备以下前提条件：

1）存在一个充分发育且活跃的机器设备交易市场

充分发育且活跃的机器设备交易市场是运用市场途径的基本前提。充分发育且活跃的机器设备交易市场应包括三种市场：①全新机器设备市场，它是常规性的生产资料市场；②二手设备市场，即设备的旧货市场；③设备的拍卖市场。三种市场中影响设备交易价格的因素各不相同，而二手设备市场是否活跃、发达是运用市场途径的首要前提。从地域角度来看，机器设备市场还可分为地区性市场、全国性市场和世界性市场，地域因素对机器设备的交易价格也会产生影响。

2）能够找到与被评估设备相同或类似的参照物设备

在机器设备市场中与被评估对象完全相同的资产是很难找到的，一般是选择与被评估设备类似的机器设备作为参照物，参照物与被评估机器设备之间不仅在用途、性能、规格、型号、新旧程度方面应具有可比性，而且在交易背景、交易时间、交易目的、交易数量、付款方式等方面具有可比性，这是决定市场途径运用与否的关键。

6.3.3 市场途径的评估步骤

运用市场途径对机器设备进行评估，通常采取以下步骤操作：

1）收集有关机器设备交易资料

市场途径的首要工作就是在掌握被评估设备基本情况的基础上，进行市场调查，收集与被评估对象相同或类似的机器设备交易实例资料。所收集的资料一般包括设备的交易价格、交易日期、交易目的、交易方式、交易双方情况以及机器设备的类型、功能、规格型号、已使用年限、实际状态等。对所收集的资料还应查实，以确保资料的真实性和可靠性。

2）选择可供比较的交易实例作为参照物

对所收集的资料进行分析整理后，按可比性原则，选择所需的参照物。参照物选择的可比性应注意两个方面：一是交易情况的可比性；二是设备本身各项技术参数的可比性。这样可以对被评估设备与参照物之间的差异进行比较、量化和调整。

3）量化和调整交易情况的差异

机器设备的交易价格会受到供求状况、交易双方情况、交易数量、付款方式等交易情况影响。一般来说，在设备销售时，如果有多个投资者竞相购买，其价格必然要高，反之，价格就会降低；而只销售一台设备与同时销售多台设备相比，价格也会不一样；另外一次付款和分期付款销售的价格也不相同。因此，应对上述因素进行分析，对由于上述因素引起的价格偏高或偏低情况进行量化和修正。计算公式为：

$$交易情况调整后价值=参照物交易价格\times\frac{正常交易情况值}{参照物交易情况值} \qquad (6-42)$$

4）量化和调整品牌方面的差异

由于生产厂家和品牌的不同，同一类型设备的产品质量和销售价格也会有差别。名牌产品质量好、价格高，一般产品质量差一些，价格也低。因此在评估时应对因生产厂家、品牌、质量等对交易价格的影响进行量化，并对这些因素进行调整，剔除其对交易价格的影响。计算公式为：

$$品牌差异调整后价值=参照物交易价格\times\frac{全新被评估设备交易价格}{同型号全新参照物交易价格} \qquad (6-43)$$

5）量化和调整功能方面的差异

机器设备规格型号及结构上的差异会集中反映在设备间的功能和性能的差异上，如生产能力、生产效率、运营成本等方面的差异。运用功能价值法和超额运营成本折现法等方法可以将被评估机器设备与参照物在结构、规格型号、性能等方面的差异量化和调整。计算公式为：

$$功能差异调整后价值=参照物交易价格\times\left(\frac{被评估设备生产能力}{参照物生产能力}\right)^{x} \qquad (6-44)$$

式中，x为功能价值指数，x的取值范围通常为0.6～0.7。

6）量化和调整新旧程度方面的差异

评估时，被评估机器设备与参照物在新旧程度上往往不一致，评估人员应对被评估设备与参照物的使用年限、技术状态等情况进行分析，估测其成新率。比较而言，对被评估对象成新率的估测相对容易，关键是对参照物的成新率如何进行客观判定。如有条件，应对参照物进行技术检测和鉴定，确定其成新率，如无条件，可采用年限法估测。取得被评估设备和参照物成新率后，可采用下列公式调整差异：

$$新旧程度差异调整后价值=参照物交易价格\times\frac{被评估设备成新率}{参照物成新率} \qquad (6-45)$$

7）量化和调整交易日期的差异

在选择参照物时应尽可能选择离评估基准日较近的交易实例，这样可以免去交易时间因素差异的调整。如果参照物交易时的价格与评估基准日交易价格相比发生变化，可利用同类设备的价格指数进行调整。数学表达式为：

$$交易日期调整后价值=参照物交易价格\times\frac{评估基准日同类设备价格指数}{参照物交易时间同类设备价格指数} \qquad (6-46)$$

8）确定被评估机器设备的评估值

对上述各差异因素量化调整后，便可得出初步评估结果。然后，对初步评估结果进行分析，采用算术平均法或加权平均法确定最终评估结果。如果所选择的参照物的交易地点与评估对象设备不在同一地区，并且设备价格的地区差异较大，还应对区域因素进行修正。

【例6-17】对某企业一台1515纺织机进行评估，评估人员经过市场调查，选择本地区近几个月已经成交的1515纺织机的3个交易实例作为比较参照物，被评估对象及参照物的有关情况见表6-11。

表6-11　　　　　某企业1515纺织机及其评估参照物的有关资料

项目	参照物A	参照物B	参照物C	被评估对象
交易价格	10 000元	6 000元	9 500元	
交易状况	公开市场	公开市场	公开市场	公开市场
生产厂家（品牌）	上海某厂	济南某厂	上海某厂	沈阳某厂
交易时间	6个月前	5个月前	1个月前	
成新率	80%	60%	75%	70%

评估人员经过对市场信息进行分析得知，3个交易实例都是在公开市场条件下销售的，不存在受交易状况影响使价格偏高或偏低现象，影响售价的因素主要是生产厂家（品牌）、交易时间和成新率。

①生产厂家（品牌）因素分析和修正。经分析，参照物A和参照物C是上海一家纺织机械厂生产的名牌产品，其价格同一般厂家生产的纺织机相比高25%左右，则参照物A、B、C的修正系数分别为100/125、100/100、100/125。

②交易时间因素分析和修正。经分析，评估时该类设备的价格水平与参照物A、B、C交易时相比分别上涨了18%、15%、3%，则参照物A、B、C的修正系数分别为118/100、115/100、103/100。

③成新率因素分析和修正。根据公式：成新率修正系数=被评估设备成新率/参照物成新率，参照物A、B、C成新率修正系数分别为70/80、70/60、70/75。

④计算参照物A、B、C的因素修正后价格，得出初评结果。

参照物A修正后的价格为：$10\,000 \times \dfrac{100}{125} \times \dfrac{118}{100} \times \dfrac{70}{80} = 8\,260$（元）

参照物B修正后的价格为：$6\,000 \times \dfrac{100}{100} \times \dfrac{115}{100} \times \dfrac{70}{60} = 8\,050$（元）

参照物C修正后的价格为：$9\,500 \times \dfrac{100}{125} \times \dfrac{103}{100} \times \dfrac{70}{75} = 7\,306$（元）

⑤确定评估值。对参照物A、B、C修正后的价格进行简单算术平均，求得被评估设备的评估值为：

$(8\,260 + 8\,050 + 7\,306) \div 3 = 7\,872$（元）

【例6-18】某被评估对象是6年前购进的生产A产品的成套设备，评估人员通过对该设备考察，以及对市场同类设备交易情况的了解选择了两个与被评估设备相类似的近期成交的设备作为参照物，参照物与被评估设备的相关资料见表6-12。

表6-12   参照物与被评估设备的相关资料

序号	经济技术参数	计量单位	参照物A	参照物B	被评估对象
1	交易价格	元	1 100 000	1 800 000	
2	销售条件		公开市场	公开市场	公开市场
3	交易时间		10个月前	2个月前	
4	生产能力	台/年	40 000	60 000	50 000
5	已使用年限	年	8	6	6
6	尚可使用年限	年	12	14	14
7	成新率	%	60	70	70

根据表中资料及市场调查所掌握的其他资料进行评估，评估过程如下：

①交易时间因素的分析与量化。经调查分析，近10个月同类设备的价格变化情况大约是每月平均上涨0.5%。被评估对象与参照物A、参照物B相比，价格分别上涨了5%和1%，则参照物A、参照物B的交易时间因素修正系数为：

参照物A：105÷100=1.05

参照物B：101÷100=1.01

②功能因素的分析与差异量化。经分析，设备的功能与其市场售价呈指数关系，功能价值指数取0.6，则参照物A、参照物B的功能因素修正系数为：

参照物A：$(50\,000 \div 40\,000)^{0.6} = 1.14$

参照物B：$(50\,000 \div 60\,000)^{0.6} = 0.90$

③成新率的因素差异量化。根据资料，参照物B与被评估设备的成新率相同，修正系数为1。参照物A的成新率修正系数为：

$70\% \div 60\% = 1.17$

④调整差异，确定评估结果。对上述分析与量化的各种差异进行调整，参照物A和参照物B因素调整后的价格为：

参照物A：$1\,100\,000 \times 1.05 \times 1.14 \times 1.17 = 1\,540\,539$（元）

参照物B：$1\,800\,000 \times 1.01 \times 0.90 \times 1 = 1\,636\,200$（元）

⑤采用算术平均法计算评估值。被评估设备的评估值为：

$(1\,540\,539 + 1\,636\,200) \div 2 = 1\,588\,370$（元）

【相关链接6-2】   采用市场法评估机器设备的准则规定

《资产评估执业准则——机器设备》第二十一条规定，采用市场法评估机器设备时，应当：

（一）明确活跃的市场是运用市场法评估机器设备的前提条件，应当考虑市场是否能够提供足够数量的可比资产的交易数据以及数据的可靠性；

（二）明确参照物与评估对象具有相似性和可比性是采用市场法的基础，应当对参照物与评估对象的差异进行调整；

（三）了解不同交易市场的价格水平可能存在差异，应当根据评估目的和评估对象的具体情况，确定可以作为评估依据的合适的交易市场，或者对市场差异作出调整；

（四）明确拆除、运输、安装、调试等因素对评估结论的影响。

6.4　收益途径在机器设备评估中的应用

6.4.1　收益途径的基本思路

收益途径是通过测算由于获取资产所有权而带来的未来收益的现值评估资产价值的一种方法。收益途径要求被评估对象应具有独立的、连续可计量的、可预期收益的能力。收益途径评估常用的公式为：

$$p=\frac{A}{r}\left[1-\frac{1}{(1+r)^n}\right] \tag{6-47}$$

式中：p——评估值；

　　　　A——纯收益；

　　　　r——折现率；

　　　　n——收益期限。

6.4.2　收益途径的适用范围

收益途径对于单台机器设备评估通常是不适用的，因为要想分别确定各台设备的未来收益相当困难。如果把若干台机器设备组成生产线，作为一个整体生产出产品，它们就能为企业创造收益，在这种情况下，可以用收益途径对这一组能产生收益的资产进行评估。此外，对于能够产生租金收入的出租设备也可以采用收益途径进行评估。

6.4.3　收益途径的评估步骤

运用收益法评估机器设备（以租赁设备为例）的价值，应按下列步骤进行：

首先，要对租赁市场上类似设备的租金水平进行调查。

其次，分析市场参照物设备的租金收入，经过比较调整后确定被评估设备的预期收益，调整的因素主要包括时间、地点、规格和使用年限等。

再次，根据类似设备的租金及市场价格确定折现率。

最后，根据被评估设备的预期收益、收益年限和折现率评估设备价值。

【例6-19】运用收益途径评估租赁设备价值。有关资料如下：

（1）被评估设备为设备租赁公司的一台大型机床，评估基准日以前的年租金净收入为 19 800 元。评估人员根据市场调查，与被评估设备规格型号相同、地点相同、新旧程度大致相同的设备的平均年净租金为 20 000 元。

（2）评估人员根据被评估设备的现状，确定该租赁设备的收益期为 10 年，假设收益期后该设备的残值忽略不计。

（3）评估人员通过对类似设备交易市场和租赁市场的调查，得到的市场数据见表 6-13。

表6-13   市场数据

市场参照物	设备使用寿命 （年）	市场售价 （元）	年净收益 （元）	投资回报率
A	10	84 610	21 000	24.82%
B	10	83 700	20 000	23.89%
C	8	76 500	19 000	24.84%

根据 3 个市场参照物的投资回报率以及对 3 个参照物的分析，显示折现率为 23.89%～24.84%，平均值是 24.52%。

由此获得：被评估设备的预期收益为 20 000 元，折现率为 24.52%，收益年限为 10 年。将上述数据代入公式，求得被评估租赁设备的评估值为：

$$p=\frac{A}{r}\left[1-\frac{1}{(1+r)^n}\right]$$

$$=\frac{20\,000}{24.52\%}\times\left[1-\frac{1}{(1+24.52\%)^{10}}\right]$$

$$=72\,464（元）$$

【相关链接6-3】   采用收益法评估机器设备的准则规定

《资产评估执业准则——机器设备》第二十二条规定，采用收益法评估机器设备时，应当注意：

（一）明确收益法一般适用于具有独立获利能力或者获利能力可以量化的机器设备；

（二）合理确定收益期限、合理量化机器设备的未来收益；

（三）合理确定折现率。

需要说明的是，在采用成本途径和市场途径对机器设备评估时，往往不能测定经济性贬值的全部影响，因为采用成本途径和市场途径评估时都是把机器设备作为企业整体的一个部分来看待，以单台单件的机器设备作为评估的具体对象，而收益途径评估却是把机器设备作为一个具有获利能力的整体来看待，是以盈利能力为基础的，反映的是经济有效地运用所有资产的结果。如果整体资产能充分发挥作用和产生效益，那么这些机器设备就具有较高的价值；反之，如果资产未被有效充分地利用，它们的价值就降低了。资产价值的波动和差异，正是反映了诸如利率升降、通货膨胀、竞争、需求变化、市场热点转移、经营成本增加、利润率降低等因素，这些都是无法用成本途径和市场途径全面充分估测出来的。而充分考虑到所有这些因素的最佳途径就是利用收益途径进行评估。

本章小结

在进行机器设备评估工作时，明确评估的基本事项、对机器设备进行现场勘查和技术鉴定是评估程序的重要环节。在评估工作开始时，应根据评估目的、评估对象的实际状况、评估时的市场条件以及能否收集到评估所需有关资料等情况，合理选择评估途径和方法。成本途径是机器设备评估的主要途径，成本途径的基本思路是首先评估机器设备的重置成本，然后估测机器设备的实体性贬值、经济性贬值和功能性贬值，最后用重置成本扣减各种贬值后得到被评估机器设备的价值。市场途径主要适用于通用性较强的机器设备变现价值的评估。运用市场途径评估机器设备价值必须具备两个前提条件：一是存在充分活跃的机器设备交易市场，特别是二手设备交易市场；二是市场上有类似设备的交易活动。收益途径的运用范围比较狭窄，主要适用于具有独立获利能力的生产线或生产机组和租赁设备的评估。

主要概念

机器设备 重置成本 复原重置成本 更新重置成本 实体性贬值 功能性贬值 经济性贬值

基本训练

一、单项选择题

1.进口设备到岸价不包括（   ）。

    A.离岸价   B.国外运费

    C.国外运输保险费   D.关税

2.自制设备自身购置价格的估测方法通常采用（   ）。

    A.重置核算法   B.市场询价法   C.功能价值法   D.价格指数法

3.某设备的原购置价格为30 000元，当时的定基价格指数是105%，评估时的定基价格指数是115%，则评估时该设备自身购置价格为（   ）元。

    A.32 857   B.27 391   C.32 587   D.27 931

4.对超额投资成本造成的设备功能性贬值的估测方法为（   ）。

    A.更新重置成本减复原重置成本   B.复原重置成本减更新重置成本

    C.重置成本减历史成本   D.历史成本减重置成本

5.如果企业有已经退出使用的设备使用年限记录，估测设备尚可使用年限时通常采用（   ）。

A.使用年限记录法   B.寿命年限平均法

C.预期年限法   D.折旧年限法

二、多项选择题

1.外购机器设备重置成本一般包括（   ）。

A.设备自身购置价格   B.运杂费   C.安装费

D.基础费   E.折旧费

2.机器设备自身购置价格的估测方法包括（   ）。

A.重置核算法   B.价格指数法   C.使用年限法

D.功能价值法   E.市场询价法

3.计算进口设备增值税时，组成计税价格包括（   ）。

A.关税完税价格   B.关税   C.增值税

D.消费税   E.车船税

4.运用市场途径评估机器设备价值的基本前提条件包括（   ）。

A.活跃的设备交易市场   B.类似设备的交易活动

C.设备预期收益可确定   D.设备投资风险可确定

E.设备使用年限可确定

5.可以采用收益途径评估的机器设备主要有（   ）。

A.外购设备   B.自制设备   C.进口设备

D.租赁设备   E.生产线

三、判断题

1.与房地产不可分离的机器设备通常不能单独作为评估对象。   （   ）

2.价格指数法通常适用于技术进步速度较快的机器设备重置成本的估测。

（   ）

3.实际已使用年限是指会计记录记载的设备已提折旧的年限。   （   ）

4.设备利用率小于1，表明设备实际已使用年限小于名义已使用年限。（   ）

5.可修复的实体性损耗不仅在技术上具有修复的可能性，而且在经济上合算。

（   ）

四、思考题

1.机器设备现场勘查包括哪些内容？

2.机器设备重置成本包括哪些内容？

3.机器设备自身购置价格的估测方法有哪些？

4.机器设备实体性贬值的估测方法有哪几种？

5.超额运营成本造成的设备功能性贬值的估测步骤有哪些？

6.运用市场途径评估机器设备价值通常进行哪些因素修正？

五、计算题

1.某企业的进口设备于2019年购进，当时的购置价格（离岸价）为8.5万欧元，2022年进行评估。根据调查得知，2022年与2019年相比，该类设备国际市场价格上升了12%；现行的海运费率和保险费率分别为5%和0.3%；该类设备进口关税税率为15%，增值税税率为13%，城市维护建设税为增值税税额的7%，教育费附加为增值税税额的3%；银行财务费率为0.8%，外贸手续费率为1.2%；国内运杂费费率为1%，安装费费率为0.5%，基础费费率为1.5%；评估基准日欧元同人民币的比价为1：8.11。

要求：根据上述条件，估测该进口设备的重置成本。

2.某公司的一条生产线购建于2019年，构建成本800万元，2022年对该生产线进行评估。有关资料如下：

（1）2019年和2022年该类设备定基价格指数分别为108%和115%；

（2）与同类生产线相比，该生产线的年运营成本超支额为3万元；

（3）被评估的生产线尚可使用12年；

（4）该公司的所得税税率为25%，评估时国债利率为5%，风险收益率为3%。

要求：根据上述条件，估测该生产线的价值。

3.对某企业一台通用机床进行评估，评估人员经过市场调查，选择本地区近几个月已经成交的3个交易实例作为参照物，被评估对象及参照物的有关资料见表6-14。

表6-14   **被评估对象及参照物的有关资料**

项目		参照物 A	参照物 B	参照物 C	被评估对象
交易价格（万元）		186	155	168	
因素修正	交易状况	105	98	103	100
	品牌因素	102	100	102	100
	功能因素	99	101	98	100
	价格指数	110%	112%	108%	125%
	成新率	80%	70%	75%	70%

要求：根据上述条件，估测该机床的价值。

第 7 章

无形资产评估

7.1 无形资产评估概述

7.1.1 无形资产的含义、分类及特性

1）无形资产的含义

无形资产是由特定的主体所拥有或控制的，不具备实物形态，对生产经营长期发挥作用且能带来经济利益的资源。

无形资产应从以下几个方面理解：一是无形资产具有非实体性。相对于有形资产而言，无形资产没有物质实体形态，因此，也就不会像有形资产那样，其价值会因物质实体的变化损坏而贬值。无形资产的价值取决于无形要素的贡献。二是无形资产具有可控性。无形资产应当为特定主体所控制，那些尽管产生效益，但不能给特定主体创造效益的公知技术，就不能被确认为无形资产。三是无形资产具有效益性。并非任何无形的事物都是无形资产，成为无形资产的前提是其必须能够以一定的方式，直接或间接地为其控制主体创造效益，而且必须能够在长时期内持续产生经济效益。

2）无形资产的分类

无形资产种类很多，可以按不同的标准进行分类。

（1）按无形资产的性质分类

按无形资产的性质，可分为：知识产权型无形资产，如专利权、商标权等；关系型无形资产，如销售网络、顾客名单等；权利型无形资产，如采矿权、特许经营权等；组合型无形资产，如商誉。

（2）按无形资产的取得方式分类

按无形资产的取得方式，可分为自创无形资产和外购无形资产。企业自身研究

创造和形成的专利权、商标权、专有技术、商誉等都属于自创无形资产；企业外购专利权、商标权、专有技术等都属于外购无形资产。

（3）按无形资产是否独立存在分类

按无形资产是否独立存在，可分为可确指无形资产和不可确指无形资产。可确指无形资产是指具有专门名称、可单独取得、转让的无形资产。不可确指无形资产是指不能辨识、不可单独取得，离开企业整体就不复存在的无形资产。一般认为，除商誉以外的无形资产都是可确指无形资产。

3）无形资产的特性

无形资产的形成、发挥作用的方式、研发成本等都与有形资产存在很大的差异，由此体现出了无形资产的功能特性和成本特性。

（1）无形资产的功能特性

无形资产的功能特性主要包括：

① 积累性。无形资产的形成基于其他无形资产的发展，无形资产自身的发展也是一个不断积累和演进的过程。无形资产总是在生产经营的一定范围内发挥作用，其成熟程度、影响范围和获利能力总是在不断变化。

② 共益性。无形资产可以作为共同财产在同一个时间、不同的地点、由不同的主体使用，并同时给不同的主体创造效益。无形资产的共益性一般会受相关合约的限制。由于无形资产可同时被不同的主体拥有或控制，评估时，应根据其权益界限界定其范围。

③ 替代性。随着科学技术进步，一种技术会取代另一种技术，一种工艺也会取代另一种工艺，无形资产在不断的替代、更新中发展。无形资产的作用期间，特别是尚可使用年限，取决于该领域内技术进步的速度和无形资产带来的竞争。

（2）无形资产的成本特性

无形资产的成本特性主要包括：

① 不完整性。会计核算中一般会把相当部分的研发费用从当期生产经营费用中列支，而不是先对科研成果进行资本化处理，再按无形资产减值或摊销的办法从生产经营费用中补偿。这样，企业账簿上不能全面反映无形资产研发过程中所发生的全部的成本费用。

② 弱对应性。无形资产的研发时间较长，有的经过若干年的研究才形成成果，有的是在一系列的研究失败之后偶尔出现的成果，成果的出现带有很大的随机性和偶然性。因此，无形资产价值并不与开发费用和时间产生某种既定的关系。

③ 虚拟性。既然无形资产的成本具有不完整性、弱对应性的特点，因而无形资产的成本往往是相对的。特别是一些无形资产的内涵已经远远超出了它的外在形式的含义，这种无形资产的成本只具有象征意义。

7.1.2 无形资产评估的特点

无形资产评估是指评估人员依据相关法律、法规和资产评估准则，对无形资产的价值进行分析、估算并发表专业意见的行为和过程。无形资产的特性决定了无形资产评估具有其自身特点。

1）无形资产评估通常以产权变动为前提

从无形资产评估所涉及的具体资产业务来看，无形资产评估通常是以产权变动为前提。无形资产发生产权变动大体有两种情况，一种情况是，无形资产的拥有者或控制者以无形资产对外投资或交易时，需要对无形资产进行评估；另一种情况是，当企业整体发生产权变动时，企业资产中所包括的无形资产随企业产权变动而产生评估的需求。

2）无形资产评估是对超额获利能力的评估

无形资产的价值体现了无形资产所拥有的超额获利能力，无形资产的超额获利能力是无形资产被利用后给产权主体带来的超额收益的能力，无形资产的超额收益通常表现为无形资产直接带来的新增收益额或超过行业平均水平的收益额。无形资产的超额获利能力主要取决于无形资产的稀缺性、技术成熟程度、效用状况、适用范围等。

7.1.3 无形资产评估的程序

无形资产评估程序是指无形资产评估的具体工作步骤，主要包括明确基本事项、签订业务约定书、制订工作计划、鉴定无形资产、搜集评估资料、估算无形资产价值、编制评估报告等工作。

1）明确基本事项

明确无形资产评估的基础事项主要是明确无形资产评估目的、评估对象、价值类型和评估基准日等基本情况。

（1）明确评估目的

无形资产评估因评估目的不同，其评估的价值类型和选择的方法也不一样，评估结果也会不同。从我国目前的市场条件和人们对无形资产的认识水平看，无形资产评估一般应以产权变动为前提。无形资产评估的特定目的可分为：无形资产转让；以无形资产出资，用于工商注册登记；股份制改造；企业合资、合作、重组及兼并；企业改制、上市；银行质押贷款；处理无形资产纠纷和有关法律诉讼；其他目的等。

（2）明确评估对象

①明确评估对象类别。明确无形资产类别一方面是便于把握无形资产和识别无形资产，另一方面也便于了解无形资产的属性及作用空间，以便进一步掌握无形资产的价值变化规律。②明确评估对象的自身状况。作为评估标的物的无形资产，其自身状况如何对其自身的价值大小影响极大。无形资产自身的状况包括：无形资产

的适用性和先进性；安全可靠性和配套性；评估时无形资产所处的经济寿命阶段；受法律保护的程度或自我保护程度；保密性与扩散情况；研制开发成本及宣传成本；无形资产的产权状况、无形资产的获利能力等。对无形资产的自身状况的了解和掌握，往往通过对无形资产的鉴定来完成。

【相关链接7-1】　　《资产评估执业准则——无形资产》（节选）

第三章　评估对象

第十二条　执行无形资产评估业务，应当要求委托人明确评估对象，应当关注评估对象的权利状况及法律、经济、技术等具体特征。

第十三条　执行无形资产评估业务，应当根据具体经济行为，谨慎区分可辨认无形资产和不可辨认无形资产，单项无形资产和无形资产组合。

第十四条　可辨认无形资产包括专利权、商标权、著作权、专有技术、销售网络、客户关系、特许经营权、合同权益、域名等。不可辨认无形资产是指商誉。

第十五条　执行无形资产评估业务，应当要求委托人根据评估对象的具体情况与评估目的，对无形资产进行合理的分离或者合并，恰当进行单项无形资产或者无形资产组合的评估。

第十六条　执行无形资产评估业务，通常关注评估对象的产权因素、获利能力、成本因素、市场因素、有效期限、法律保护、风险因素等相关因素。

（3）明确价值类型

无形资产评估的价值类型是无形资产评估结果的价值属性的表现形式。无形资产评估的价值类型一般分为市场价值和市场价值以外的价值两类。评估无形资产市场价值的基础条件包括无形资产评估目的、评估时的市场条件、评估对象自身的性质和状况等。就一般情况而言，除无形资产出售外，其他对无形资产价值的评估基本上都属于市场价值以外的价值类型。

（4）明确评估基准日

无形资产作为单独的评估对象评估，评估基准日通常选择现在某个日期，个别情况下评估基准日也可选择在过去或将来某个日期，如对无形资产评估结果有争议而引起的复核评估，评估无形资产未来预期价值等。如果无形资产作为机器设备的有机组成部分，与机器设备一起评估，则无形资产的评估基准日应与机器设备的评估基准日相一致。如果无形资产与企业整体资产一起评估，则其评估基准日应与企业价值评估的评估基准日相一致。

2）签订业务约定书

无形资产评估业务约定书的主要内容包括无形资产评估的目的、评估对象和评估范围、评估价值类型、评估基准日、评估收费、评估报告提交日期等内容。

3）制订工作计划

无形资产评估工作计划主要包括评估人员安排计划、评估工作进度计划和评估作业经费计划等内容。其中，人员安排计划是重点，由于无形资产评估类型多，市场透明度不高，无形资产较有形资产评估难度大，因此，应选择合适的人员或外聘专家完成。

4）鉴定无形资产

鉴定无形资产直接影响到评估范围和评估价值的科学性，通过鉴定无形资产可以确认无形资产是否存在，鉴别和确定无形资产的权利状况、效用和有效期限。

（1）确认无形资产的存在

确认无形资产是否存在，主要是验证无形资产来源是否合法，产权是否明确，经济行为是否合法、有效，评估对象是否已经成为无形资产。对于单独作为评估对象的无形资产，可从以下几个方面进行分析：一是查询评估对象无形资产的内容、国家有关规定、专门人员评价情况、法律文书，核实有关资料的真实性、可靠性和权威性，分析和判定评估对象是否真正形成了无形资产。二是分析无形资产使用所要求的与之相适应的特定技术条件和经济条件，鉴定其应用能力。三是核查无形资产的归属是否为委托者所拥有或他人所有。对于作为企业资产的组成部分随同企业整体资产评估而评估的无形资产（特别是商誉），应分析企业是否具有由无形资产所带来的超额收益。超额收益一般表现为超额利润或者垄断利润。

（2）确认无形资产的权利状况

主要分析企业对无形资产具有的是所有权还是使用权。如果是使用权，是独家许可使用权、独占许可使用权还是普通许可使用权。无形资产的权利状况通常根据委托方提供的合法有效的产权证明文件确定。

（3）鉴定无形资产的效用

无形资产价值的大小主要取决于无形资产的效用。对无形资产效用的鉴定可以从以下两个方面进行：一是鉴别无形资产的类别，主要确定无形资产的种类、具体名称、存在形式，以及无形资产使用范围和作用领域。二是分析无形资产的先进性和可靠性，主要考虑无形资产自身的技术状况、成熟程度，以及与同类无形资产的有关技术指标进行比较。

（4）确定无形资产的有效期限

无形资产有效期是无形资产能够获得超额收益的时间（通常以年为单位计量），它是无形资产存在和具有价值的前提。某项专利权，如果超过国家法律保护期限，就不能作为专利权评估。有的未交专利年费，视为撤回，专利权失效。在对无形资产进行鉴定时，必须要求委托方提供各种能够反映无形资产有效期限的证明文件。

5）搜集评估资料

无形资产评估所需的相关资料一般通过委托人提供和评估人员调查获得，这些资料主要包括以下内容：

（1）法律、权属资料

法律、权属资料主要指无形资产的法律文件或其他证明材料，如专利证书、商标注册证、有关机构和专家的鉴定材料等。

（2）成本资料

成本资料主要指无形资产的研发成本和外购成本的费用和价格资料，如自创无形资产所耗费的材料、人工及其他费用，外购无形资产的购置价格、购置费用，同类无形资产的价格水平及价格变动情况等。

（3）技术资料

技术资料主要指反映无形资产技术先进性、可靠性、成熟度、适用性等方面的资料，如无形资产技术在国内或国际所处的地位，技术应用的范围和具体的使用状况等。

（4）转让内容和条件

转让内容主要应考虑无形资产转让的是所有权或使用权以及使用权的不同方式等；转让条件包括转让方式、已转让次数、已转让地区范围、转让时的附带条件以及转让费支付方式等。

（5）盈利能力资料

盈利能力资料主要指运用无形资产的生产能力、产品的销售状况、市场占有率、价格水平、行业盈利水平及风险等。

（6）使用期限

使用期限主要考虑无形资产的存续期、法定期限、收益年限、合同约定期限、技术寿命期等。

（7）市场供求状况

市场供求状况主要考虑评估对象无形资产及同类无形资产的供给、需求、范围、活跃程度、变动情况等。

6）估算无形资产价值

收益途径是无形资产评估的主要途径。采用收益途径评估时，要合理确定超额获利能力和预期收益，分析与之有关的预期变动、收益期限，与收益有关的资金规模、配套资产、现金流量、风险因素及货币时间价值。注意评估对象收益额的计算口径与折现率口径保持一致。

采用市场途径评估时，要根据有关资料，选择可比性较强的交易实例作为可供比较的参照物，并根据宏观经济、行业和无形资产变化情况，考虑交易条件、时间因素、交易地点和影响价值的其他因素的差异，调整确定评估值。

采用成本途径评估时，要注意根据现行条件下重新形成或取得该项无形资产所需的全部费用确定评估值，并充分考虑无形资产存在的功能性贬值和经济性贬值因素。

7）编制评估报告

上述工作完成后，应根据评估报告规范要求的格式和内容，在对评估过程综合分析的基础上撰写评估报告。评估报告中要明确阐述评估结论产生的前提、假设和限定条件，各种参数的选用依据，评估方法使用的理由及逻辑推理方式。

【相关链接7-2】　　《资产评估执业准则——无形资产》（节选）

第四章　操作要求

第十七条　执行无形资产评估业务，应当明确评估对象、评估目的、评估基准日、评估范围、价值类型和评估报告使用人。

第十八条　执行无形资产评估业务，通常关注以下事项：

（一）无形资产权利的法律文件、权属有效性文件或者其他证明资料；

（二）无形资产持续的可辨识经济利益；

（三）无形资产的性质和特点，历史取得和目前的使用状况；

（四）无形资产的剩余经济寿命和法定寿命，无形资产的保护措施；

（五）无形资产实施的地域范围、领域范围与获利方式；

（六）无形资产以往的交易、质押、出资情况；

（七）无形资产实施过程中所受到的法律、行政法规或者其他限制；

（八）类似无形资产的市场价格信息；

（九）宏观经济环境；

（十）行业状况及发展前景；

（十一）企业状况及发展前景；

（十二）其他相关信息。

第十九条　无形资产与其他资产共同发挥作用时，应当分析这些资产对无形资产价值的影响。

第二十条　执行无形资产评估业务，通常关注宏观经济政策、行业政策、经营条件、生产能力、市场状况等各项因素对无形资产效能发挥的制约，关注其对无形资产价值产生的影响。

7.2　收益途径在无形资产评估中的应用

7.2.1　收益途径的基本思路

无形资产评估中的收益途径是将无形资产带来的超额收益以适当的折现率折现求和，以此确定无形资产价值的评估思路和技术方法。

收益途径的基本前提条件是：（1）无形资产的未来预期超额收益能够预测和计量；（2）无形资产未来所面临的风险状况能够预测和计量；（3）无形资产获得超额收益的年限能够确定。因此，运用收益途径评估无形资产价值关键是确定超额收益、折现率、收益期限这三个基本参数。

7.2.2　无形资产超额收益的估测

根据无形资产的类型和收益取得方式的不同，无形资产超额收益的估测方法通常有以下几种：

1）直接估算法

直接估算法是通过未使用无形资产和使用无形资产以后收益情况的对比，确定无形资产带来的收益，具体又分为三种情况：

（1）无形资产应用于生产经营过程，使生产的产品能够以高出同类产品的价格出售，从而获得超额收益。假设在销售量和单位成本不变，不考虑销售税金的情况下，无形资产形成的超额收益的计算公式为：

$$R=(P_2-P_1)Q(1-T) \tag{7-1}$$

式中：R——超额收益；

　　　P_2——使用无形资产以后的单位产品价格；

　　　P_1——使用无形资产以前的单位产品价格；

　　　Q——产品销售量；

　　　T——所得税税率。

（2）无形资产应用于生产经营过程，生产的产品销售数量大幅度增加，从而获得超额收益。假设单位价格和单位成本不变，不考虑销售税金的情况下，无形资产形成的超额收益的计算公式为：

$$R=(Q_2-Q_1)(P-C)(1-T) \tag{7-2}$$

式中：R——超额收益；

　　　Q_2——使用无形资产以后的单位产品的销售量；

　　　Q_1——使用无形资产以前的单位产品的销售量；

　　　P——产品价格；

　　　C——产品单位成本；

　　　T——所得税税率。

（3）无形资产应用于生产经营过程，使生产的产品的成本费用降低，从而获得超额收益。假设在销售量和单位产品的价格不变，不考虑销售税金的情况下，无形资产形成的超额收益的计算公式为：

$$R=(C_1-C_2)Q(1-T) \tag{7-3}$$

式中：R——超额收益；

　　　C_1——使用无形资产以前的单位产品成本；

　　　C_2——使用无形资产以后的单位产品成本；

　　　Q——产品销售量；

　　　T——所得税税率。

实际上，无形资产应用后，其带来的超额收益通常是价格提高、销售量增加以及成本降低等各因素共同形成的结果，评估人员应根据不同情况加以综合性的运用和测算，以科学地估测无形资产的超额收益。

2）分成率法

分成率法是以运用无形资产后的销售收入或销售利润为基数，乘以无形资产的分成率来确定无形资产超额收益的方法。其评估计算公式为：

超额收益=运用无形资产后的销售收入（或新增销售收入）×销售收入分成率　　　　（7-4）

或　超额收益=运用无形资产后的销售利润（或新增利润）×销售利润分成率　　　　　（7-5）

此方法的关键是估测和确定销售收入或销售利润以及相应的分成率。

（1）销售收入或销售利润的估测。由于无形资产的种类不同，其发挥作用的形式，能否再转让等都是有差别的，预测无形资产的超额收益应根据每一种具体的无形资产实际情况，考虑适宜的估测思路。在对使用无形资产后的销售收入或销售利润预测时，应充分考虑同行业竞争因素的影响，未来市场产品或服务需求数量，以及对受让方的市场份额的预期，与无形资产相关产品或服务价格的预期，使用无形资产需追加的投资及相关费用的预期等都应建立在科学、合理、可靠的基础之上。

（2）分成率的估测。无形资产销售收入分成率的估测，可考虑按同行业约定俗成的无形资产销售收入分成率确定，如行业技术分成率、特许使用权分成率、商标分成率等。例如，按照国际惯例一般技术转让费不超过销售收入的1%~10%。但从销售收入分成率和销售利润分成率比较来看，销售利润分成率比销售收入分成率更能反映出转让价格的合理性，因此，在无形资产评估中主要选用销售利润分成率。

销售利润分成率通常是以无形资产带来的新增利润在利润总额中的比重为基础确定的。无形资产转让销售利润分成率的估测可以有多种方法，下面主要介绍其中的三种方法。

①分成率换算法。该方法是通过已知的销售收入分成率和销售利润率指标计算求得销售利润分成率。其计算公式为：

销售利润分成率=销售收入分成率÷销售利润率　　　　　　　　　　　　　　　　（7-6）

【例7-1】如果行业平均销售利润率为10%，当技术转让费为销售收入的3%时，则无形资产转让的销售利润分成率为：

3%÷10%=30%

②边际分析法。边际分析法是选择无形资产受让方运用无形资产前后两种经营条件下的利润差额，即由无形资产使用所形成的新增利润，测算其占无形资产使用后的总利润的比率作为无形资产的销售利润分成率的一种方法。该方法的具体步骤是：首先，对无形资产的边际贡献因素进行分析，包括新市场的开辟，销售量提高；消耗量的降低，成本费用节省；产品质量改进，功能增加，价格提高等。其次，测算使用无形资产后受让方可以实现的总利润和无形资产带来的新增利润。再次，根据无形资产的剩余经济寿命或设定年限，将各年的新增利润和利润总额分别折现累加，得到剩余经济寿命或设定年限内的新增利润现值之和与利润总额现值之和。最后，用新增的利润现值之和与利润总额现值之和的比率作为无形资产销售利

润分成率。其计算公式为：

$$K=\sum_{i=1}^{n}\frac{R'_i}{(1+r)^i}\div\sum_{i=1}^{n}\frac{R_i}{(1+r)^i} \tag{7-7}$$

式中：K——销售利润分成率；

R'$_i$——第 i 年无形资产带来的新增利润；

R$_i$——第 i 年受让方运用无形资产后的利润总额；

r——折现率；

n——无形资产的剩余经济寿命。

边际分析法仅仅是确定无形资产超额收益比例的一种可参考的技术思想，即在运用无形资产后增加的超额收益，不能全部划归无形资产，无形资产带来的超额收益仅仅是其中的一部分。至于无形资产应分得的部分是多少，应根据无形资产在其中发挥作用的程度来确定，因此，该方法的重点应放在对无形资产边际贡献度的分析上。

【例 7-2】某企业拟转让一项印染技术，受让方在未取得该技术之前，年利润额在 50 万元的水平上，如果受让方购买了该项技术，年利润每年将会比上年增加 20 万元，假定该技术的经济寿命还有 5 年，折现率为 10%，则该项技术的销售利润分成率测算如下：

受让方使用无形资产后每年的利润总额是：70 万元、90 万元、110 万元、130 万元和 150 万元，每年新增利润是 20 万元、40 万元、60 万元、80 万元和 100 万元。

$$\text{利润分成率}=\left[\frac{20}{1+10\%}+\frac{40}{(1+10\%)^2}+\frac{60}{(1+10\%)^3}+\frac{80}{(1+10\%)^4}+\frac{100}{(1+10\%)^5}\right]\div$$

$$\left[\frac{70}{1+10\%}+\frac{90}{(1+10\%)^2}+\frac{110}{(1+10\%)^3}+\frac{130}{(1+10\%)^4}+\frac{150}{(1+10\%)^5}\right]$$

$$=(18.182+33.058+45.079+54.641+62.092)\div(63.636+74.380+82.645+88.792+93.138)$$

$$=213.052\div402.591$$

$$=0.53$$

经计算该项技术的利润分成率大约为 53%。

③约当投资分成法。约当投资分成法是根据等量资本获得等量报酬的思想，将共同发挥作用的有形资产和无形资产换算成相应的投资额（约当投资量），再按无形资产的约当投资量占总约当投资量的权重确定无形资产销售利润分成率。其计算公式为：

$$\text{销售利润分成率}=\frac{\text{无形资产约当投资量}}{\text{购买方约当投资量}+\text{无形资产约当投资量}} \tag{7-8}$$

式中：

无形资产约当投资量=无形资产的重置成本×（1+适用的成本利润率） (7-9)

购买方约当投资量=购买方投入总资产的重置成本×（1+适用的成本利润率） (7-10)

约当投资分成法的关键是能否准确地确定无形资产约当投资量，由于无形资产的种类繁多，既有技术含量高的无形资产，也有普通的无形资产，无形资产的重置成本和适用的成本利润率都不易准确把握。因此，在使用约当投资分成法确定无形资产销售利润分成率时，应具有充分的数据资料。

【例7-3】甲企业以液晶电视新技术向乙企业投资，该技术的重置成本为150万元，乙企业投入合营的资产重置成本为9 000万元，甲企业无形资产的成本利润率为400%，乙企业拟合作的资产原利润率为12%。试评估无形资产投资的销售利润分成率。

根据题意：

无形资产的约当投资量=150×（1+400%）=750（万元）

企业总资产的约当投资量=9 000×（1+12%）=10 080（万元）

无形资产的销售利润分成率$=\dfrac{750}{750+10\,080} \times 100\%=6.93\%$

3）差额法

差额法是采用无形资产和其他类型资产在经济活动中的综合收益与行业平均水平进行比较，从而得到无形资产超额收益的方法。该方法的具体步骤是：首先，搜集有关使用无形资产的产品生产经营活动财务资料，进行盈利分析，计算得到企业的销售收入和销售利润。其次，搜集并确定行业平均销售利润率指标，用企业的销售收入乘以行业的平均利润率得到按行业评估利润率计算的企业利润。最后，计算无形资产带来的超额收益。其计算公式为：

超额收益=销售利润−销售收入×行业平均销售利润率 (7-11)

需要注意的是，运用差额法计算出来的超额收益，往往是各类无形资产共同创造的，在对某一种无形资产评估时，还需将计算出来的超额收益进行分解处理。

7.2.3 无形资产折现率的估测

折现率是将无形资产带来的超额收益换算成现值的比率。它本质上是从无形资产受让方的角度，作为受让方投资无形资产的投资报酬率。折现率的高低取决于无形资产投资的风险和社会正常的投资收益率。因此，从理论上讲，无形资产评估中的折现率是社会正常投资报酬率（无风险报酬率）与无形资产的投资风险报酬率之和。其计算公式为：

无形资产评估中的折现率=无风险报酬率+无形资产投资风险报酬率 (7-12)

关于无风险报酬率，在市场经济比较发达的国家，无风险报酬率大都选择政府债券利率。从我国目前的情况看，除了可以选择国债利率以外，国家的银行利率也可以考虑。无风险报酬率突出了投资回报的安全性和可靠性。我国的国债利率与国家的银行利率基本都能保证这两点。

无形资产投资风险报酬率的选择和量化主要取决于无形资产本身的状况，以及运用无形资产的外部环境，如技术的先进性，技术成果是否已经在市场中得以体现，企业整体素质和管理水平，企业所处行业，市场因素和政策因素等。因此，对于无形资产的投资风险报酬率的确定，通常要根据评估对象的具体情况分析、判断而定。

总之，无形资产评估中的折现率的确定，是一个比较复杂的过程，它受诸多因素的影响和制约，评估者一定要抓住影响无形资产折现率的主要因素，在认真调查研究的基础上，经过充分分析予以量化。

7.2.4　无形资产收益期限的确定

无形资产的收益期限是指无形资产发挥作用，并具有超额收益能力的时间。无形资产能带来超额收益持续的时间通常取决于无形资产的剩余经济寿命。但是在无形资产转让或其他形式的产权变动过程中，由于转让的期限，无形资产受法律保护的年限等诸因素都将影响某一种无形资产的收益持续时间。因此，在判断无形资产获得超额收益持续的时间时，要掌握这样一个原则，即剩余经济寿命与法律保护年限以及合同年限孰短的原则。无形资产的法定寿命和合同年限一般都是明确的，而无形资产的剩余经济寿命通常需要评估者予以估测。当然，无形资产的种类不同，其剩余经济寿命的决定因素亦不相同，要根据无形资产的具体特点采取适当的方式加以判断。比如技术型无形资产，通常要用产品更新周期法或技术更新周期法来判断其剩余经济寿命。

7.2.5　无形资产价值的估测

在已确定了无形资产的超额收益、折现率和收益期限后，便可按照将利求本的思路，运用收益折现法将无形资产在其发挥效用的年限内的超额收益折现累加求得评估值。其计算公式为：

$$P=\sum_{i=1}^{n}\frac{R_i}{(1+r)^i} \tag{7-13}$$

式中：P——评估值；

　　　R_i——第 i 年无形资产带来的预期超额收益；

　　　r——折现率；

　　　n——收益持续的年数。

【例7-4】甲啤酒厂将该厂知名的注册商标使用权通过许可使用合同允许乙啤酒厂使用，使用期限为5年。双方约定由乙啤酒厂每年按使用该商标新增利润的25%支付给甲啤酒厂，作为商标使用费。经预测，在未来5年中乙啤酒厂使用甲啤酒厂的商标后每年新增净利润分别为300万元、320万元、350万元、370万元和390万元。假设折现率为12%，则该商标使用权的价值为：

$$\frac{300\times25\%}{1+12\%}+\frac{320\times25\%}{(1+12\%)^2}+\frac{350\times25\%}{(1+12\%)^3}+\frac{370\times25\%}{(1+12\%)^4}+\frac{390\times25\%}{(1+12\%)^5}$$

=66.964+63.776+62.281+58.785+55.324

=307.13（万元）

当然，根据不同无形资产的特点，还可以选择收益途径中的其他具体方法进行评估。需要指出的是，本书中的举例纯粹是为了说明收益法原理的，并不是实际案例，读者不可以不加分析地将例题中的参数作为实际评估时的参数，尤其是折现率的选取，哪怕是很小的偏差都会导致评估结果的较大变化。所以，收益法中的各个参数应根据实际情况来确定。

7.3 成本途径在无形资产评估中的应用

7.3.1 成本途径的基本思路

运用成本途径评估无形资产，是在确信无形资产具有现实或潜在的获利能力，但不易量化的情况下，根据替代原则，以无形资产的现行重置成本为基础判断其价值。

运用成本途径评估无形资产需要把握两大基本要素：一是无形资产的重置成本；二是无形资产的贬值，主要是无形资产的功能性贬值和经济性贬值。

由于无形资产的成本具有不完整性、弱对应性和虚拟性等特点，因此运用成本途径评估无形资产的价值受到一定的限制。

7.3.2 无形资产重置成本的估测

无形资产的重置成本是指在现行的条件下，重新取得该无形资产需支出的全部费用。根据无形资产形成的渠道，在测算无形资产重置成本时，要分自创无形资产和外购无形资产两类分别考虑。

1）自创无形资产重置成本的估测

自创无形资产的成本包括研制、开发、持有期间发生的全部物化劳动和活劳动的费用支出。现实中，大多数企业或个人对自创无形资产的基础成本数据积累不够，使得自创无形资产的成本记录不完整、不真实，甚至不存在。这样运用成本法评估无形资产有一定的困难。在无形资产研制、开发费用资料较完备情况下，可按下列思路测算其重置成本。

（1）核算法。核算法是将以现行价格水平和费用标准计算的无形资产研发过程中的全部成本费用（包括直接成本和间接成本）加上合理的利润、税费确定无形资产的重置成本。其计算公式为：

无形资产重置成本=直接成本+间接成本+合理利润+税费　　　　　　　　　　（7-14）

其中，直接成本是指无形资产研发过程中实际发生的材料、工时耗费支出，一般包括材料费用、科研人员工资、专用设备费、咨询鉴定费、协作费、培训费、差旅费和其他有关费用；间接成本是指与无形资产研发有关，应摊入无形资产成本的费用，包括管理费用、非专用设备折旧费用、应分摊的公共费用和能源费用等；合理利润是指以无形资产直接成本和间接成本为基础，按同类无形资产平均成本利润率计算的利润；税费是指无形资产转让过程中应缴纳的增值税、城市维护建设税和教育费附加，以及无形资产转让过程中发生的其他费用，如广告宣传费、技术服务费、交易手续费等。根据财政部、国家税务总局《关于全面推开营业税改征增值税试点的通知》的规定，2016年5月1日以后销售无形资产（不含土地使用权），增值税一般纳税人按6%的税率计算增值税，小规模纳税人按3%的征收率计算增值税。

（2）倍加系数法。对于投入智力比较多的技术型无形资产，考虑到科研劳动的复杂性和风险性，可以用以下公式估算无形资产重置成本：

$$C_r = \frac{C + \beta_1 V}{1 - \beta_2}(1 + P)\frac{1}{1 - T} \tag{7-15}$$

式中：C_r——无形资产重置成本；

$\quad\quad$ C——研制开发无形资产消耗掉的物化劳动；

$\quad\quad$ V——研制开发无形资产消耗掉的活劳动；

$\quad\quad \beta_1$——科研人员创造性劳动的倍加系数；

$\quad\quad \beta_2$——科研的平均风险系数；

$\quad\quad$ P——无形资产投资报酬率；

$\quad\quad$ T——流转税（增值税及附加）税费率。

当评估对象无形资产为非技术型无形资产，科研人员创造性劳动的倍加系数β_1和科研的平均风险系数β_2可以不予考虑。当然，上述公式中并没有反映间接成本和转让成本因素，在实际评估操作中也应该考虑在内。

没有较完备的费用支出数据资料的无形资产重置成本的估测，应尽可能利用类似无形资产的重置成本作为参照，通过调整求得评估对象的重置成本。

2）外购无形资产重置成本的估测

外购无形资产由于其原始购入成本在企业账簿上有记录，相对于自创无形资产的重置成本的估测似乎容易一些。外购无形资产的重置成本包括购买价和购置费用两部分，一般可采用以下两种方法估测：

（1）类比法。类比法是以与评估对象相类似的无形资产近期交易实例作为参照物，再根据功能和技术先进性、适用性等对参照物的交易价格进行调整和修正，从而确定评估对象现行购买价格，再根据现行标准和实际情况核定无形资产的购置费用，以此来确定无形资产的重置成本。该方法的难点是能否找到合适的参照物以及调整因素的确定与量化。

（2）价格指数法。价格指数法是以被评估无形资产的历史成本为基础，采用同类无形资产的价格指数将无形资产的历史成本调整为重置成本的方法。可根据获得价格指数的情况具体采用定基价格指数和环比价格指数进行调整。采用定基价格指数进行调整的公式为：

$$重置成本=历史成本\times\frac{评估时定基价格指数}{购置时定基价格指数} \tag{7-16}$$

采用环比价格指数进行调整的公式为：

$$重置成本=历史成本\times\prod_{t=t_0+1}^{t_n} 环比价格指数 \tag{7-17}$$

式中：t_0——设备购置时间（年、月）；

t_n——设备评估时间（年、月）。

价格指数应综合考虑生产资料价格指数的变化和消费资料价格指数的变化。根据评估对象的种类，以及可能投入的活劳动情况选择生产资料价格指数与消费资料价格指数的权重。

7.3.3 无形资产贬值的估测

无形资产本身没有有形损耗，它的贬值主要体现在功能性和经济性贬值方面，而无形资产的功能性和经济性贬值又会通过其经济寿命的减少和缩短体现出来。评估时，可以把无形资产的贬值以其剩余经济寿命的减少来表示。这样利用使用年限法就能较为客观地反映无形资产的贬值。其计算公式为：

$$贬值率=\frac{已使用年限}{已使用年限 + 尚可使用年限}\times100\% \tag{7-18}$$

运用使用年限法确定无形资产的贬值率，关键问题是如何确定无形资产的尚可使用年限。无形资产的尚可使用年限可以根据无形资产法律保护期限或合同期限减去已使用年限确定，或者通过有关专家对无形资产的先进性、适用性，同类无形资产的状况以及国家有关政策等方面的综合分析，判定其剩余经济寿命。此外，还应注意分析无形资产的使用效用与无形资产的使用年限是否呈线性关系，以此来确定上述公式的适用性。

7.3.4 无形资产价值的估测

无形资产评估实质上是对其权利和获利能力的评估。在无形资产转让过程中，无形资产的权利可分为所有权和许可使用权。由于无形资产的权利不同，其获利能力也不同，无形资产的价值也不相同。因此，对无形资产价值的评估可分为以下两种情况。

1）无形资产所有权价值的估测

无形资产所有权是无形资产最根本的权利。无形资产所有权的转让标志着无形资产的权利（控制权、使用权、收益权、处置权等）的全部转移。这种情况下，无形资产的评估价值应该是无形资产的重置成本扣除无形资产贬值后的全部余额。评估计算公式为：

$$无形资产评估值=重置成本\times（1-贬值率） \tag{7-19}$$

2）无形资产许可使用权价值的估测

无形资产许可使用权通常可分为独占使用权、排他使用权和普通使用权等。上述使用权转让的形式和内容尽管有所不同，但具有共同的特点，即无形资产的所有权仍被原产权主体拥有，无形资产的使用权和收益权在一定的时间和地域范围内被多家产权主体拥有。因此，在这种情况下，无形资产使用权的价值就不是全部无形资产重置成本的净值，而是全部无形资产重置成本的净值的分摊额与无形资产转让的机会成本之和。评估计算公式为：

无形资产评估值=重置成本×（1−贬值率）×转让成本分摊率+转让的机会成本　　　　（7-20）

式中：

$$转让成本分摊率=\frac{购买方运用无形资产的设计能力}{运用无形资产总的设计能力}×100\%　　　　　（7-21）$$

无形资产转让的机会成本=无形资产转让的净减收益+无形资产再开发的净增费用　（7-22）

上述公式中，购买方运用无形资产的设计能力和运用无形资产总的设计能力可根据设计产量或按设计产量计算的销售收入计算确定。无形资产转让的净减收益一般是指在无形资产尚能发挥作用期间减少的净现金流量。无形资产再开发的净增费用包括保护和维持无形资产追加的科研费用和其他费用。无形资产转让的净减收益和无形资产再开发的净增费用通常运用边际分析法进行分析测算。

由于无形资产自身的特点，其价值主要不是取决于它的"物化"的量，而是其带来的经济利益的量。因此，只有确信评估对象确有超额获利能力，运用成本法评估其价值才不至于出现重大失误。

【例7-5】某企业为小规模纳税人。该企业有一项专利技术（实用新型），两年前自行研制开发并获得专利证书。

根据委托方提供和评估人员调查分析，有关资料如下：（1）该专利研发过程中的直接成本费用（包括材料费、人工费及其他费用等）合计为15.8万元；（2）间接成本费用（包括分摊的管理费、非专用设备折旧费及其他费用等）合计为2.6万元；（3）由于人工费占研发成本的比重较小，按生产资料价格指数调整原始成本，近两年同类生产资料价格变动指数分别为5%和8%；（4）同类专利技术现行平均的成本利润率为200%；（5）增值税征收率为3%，城市维护建设税为增值税的7%，教育费附加为增值税的3%；（6）该专利技术剩余经济寿命为6年。试评估该专利权在2022年5月31日的所有权价值。

评估计算过程如下：

（1）计算无形资产重置成本

直接成本现值=15.8×（1+5%）×（1+8%）=17.92（万元）

间接成本现值=2.6×（1+5%）×（1+8%）=2.95（万元）

研发利润=（17.92+2.95）×200%=41.74（万元）

增值税=（17.92+2.95+41.74）×3%=1.88（万元）

城市维护建设税=1.88×7%=0.13（万元）

教育费附加=1.88×3%=0.06（万元）

重置成本=17.92+2.95+41.74+1.88+0.13+0.06=64.68（万元）

（2）计算无形资产的贬值率

$$贬值率=\frac{2}{2+6}\times100\%=25\%$$

（3）计算无形资产的评估值

评估值=64.68×（1−25%）=48.51（万元）

评估对象专利权在2022年5月31日的所有权价值为48.51万元。

【例7-6】某公司转让某项专利技术许可使用权，有关资料如下：（1）该项专利技术是该公司两年前购买的，当时的购买价格及有关购置费用合计为400万元；（2）近两年同类无形资产的转让价格上涨了15%；（3）经分析，该专利技术的剩余经济寿命为8年；（4）根据合同规定，该专利转让的是排他使用权，即使用权仅为买卖双方所拥有，不再转让给第三者使用，买卖双方运用无形资产生产产品的设计生产能力分别为60 000件和80 000件；（5）预计由于专利权的转让，该公司未来的收益净损失额现值合计为80万元，需要投入的再开发及保护费用的现值合计为16万元。试评估该专利技术许可使用权的转让价值。

评估计算过程：

（1）计算无形资产重置成本净值（现值）

$$重置成本净值=400\times（1+15\%）\times（1-\frac{2}{2+8}\times100\%）=368（万元）$$

（2）计算无形资产转让成本分摊率

$$转让成本分摊率=\frac{60\,000}{60\,000+80\,000}\times100\%=42.86\%$$

（3）计算无形资产使用权转让价值评估值

评估值=368×42.86%+80+16=253.72（万元）

评估对象专利技术许可使用权转让价值为253.72万元。

7.4　市场途径在无形资产评估中的应用

7.4.1　市场途径的基本思路

无形资产评估中的市场途径是指通过市场调查，选择与被评估无形资产相同或类似的近期交易实例作为参照物，并通过对交易情况、交易时间、交易价格类型、无形资产的先进性、适用性、可靠性、使用范围、经济寿命等各方面因素的比较、量化和修正，将参照物无形资产的市场交易价格调整为评估对象价值的评估思路和技术方法。

无形资产的个别性、垄断性、保密性等特点决定了无形资产的市场透明度较低，加之我国无形资产市场不发达，交易不频繁，使得运用市场途径及其方法评估无形资产有诸多的困难。因此，我国目前的条件下运用市场途径评估无形资产的情况并不普遍。

7.4.2　参照物的选择

同有形资产一样，无形资产采用市场途径评估首先也要收集资料和合理选择参照物。根据无形资产评估准则的规定，收集资料时应确定具有合理比较基础的无形资产；收集类似的无形资产交易市场信息和被评估无形资产以往的交易信息；价格信息具有代表性，且在评估基准日是有效的；根据宏观经济、行业和无形资产情况的变化，考虑时间因素，对被评估无形资产以往信息进行必要调整。在对所收集资料进行分析、整理和筛选的基础上合理选择参照物，参照物的选择要注意：（1）所选择的参照物应与评估对象在功能、性质、适用范围等方面相同或基本相同；（2）参照物的成交时间应尽可能接近评估基准日，或其价格可调整为评估基准日价格；（3）参照物的价格类型要与评估对象要求的价格类型相同或接近；（4）有三个以上的参照物可供比较。

7.4.3　可比因素的确定

可比因素就是影响被评估对象和参照物之间价格差异的因素。从大的方面来看，这些影响因素包括交易情况因素、交易时间因素、无形资产状况因素等。其中，交易情况因素包括交易类型、市场供求状况、交易双方状况、交易内容（如所有权转让或使用权转让）、交易条件、付款方式等；交易时间因素主要分析参照物交易时同类无形资产的价格水平与评估时点是否发生变化，变化的幅度以及对无形资产价格的影响程度；无形资产的类型不同，无形资产状况因素也不完全相同，技术型无形资产的状况因素主要包括无形资产的产权状况，无形资产的适用性、先进性、安全可靠性和配套性，无形资产的剩余经济寿命，无形资产受法律保护和自我保护的程度，无形资产的保密性和扩散性，无形资产的研发和宣传成本等。评估时，应对上述因素进行全面分析，合理确定可供比较的各种因素，并通过对可比因素的量化和调整最终估测出被评估对象的价值。

【相关链接7-3】　　《资产评估执业准则——无形资产》（节选）

第五章　评估方法

第二十一条　确定无形资产价值的评估方法包括市场法、收益法和成本法三种基本方法及其衍生方法。

执行无形资产评估业务，资产评估专业人员应当根据评估目的、评估对象、价值类型、资料收集等情况，分析上述三种基本方法的适用性，选择评估方法。

第二十二条　采用收益法评估无形资产时应当：

（一）在获取无形资产相关信息的基础上，根据该无形资产或者类似无形资产的历史实施情况及未来应用前景，结合无形资产实施或者拟实施企业经营状况，重点分析无形资产经济收益的可预测性，考虑收益法的适用性；

（二）估算无形资产带来的预期收益，区分评估对象无形资产和其他无形资产与其他资产所获得的收益，分析与之有关的预期变动、收益期限，与收益有关的成本费用、配套资产、现金流量、风险因素；

（三）保持预期收益口径与折现率口径一致；

（四）根据无形资产实施过程中的风险因素及货币时间价值等因素估算折现率；

（五）综合分析无形资产的剩余经济寿命、法定寿命及其他相关因素，确定收益期限。

第二十三条　采用市场法评估无形资产时应当：

（一）考虑该无形资产或者类似无形资产是否存在活跃的市场，考虑市场法的适用性；

（二）收集类似无形资产交易案例的市场交易价格、交易时间及交易条件等交易信息；

（三）选择具有比较基础的可比无形资产交易案例；

（四）收集评估对象近期的交易信息；

（五）对可比交易案例和评估对象近期交易信息进行必要调整。

第二十四条　采用成本法评估无形资产时应当：

（一）根据无形资产形成的全部投入，考虑无形资产价值与成本的相关程度，考虑成本法的适用性；

（二）确定无形资产的重置成本，无形资产的重置成本包括合理的成本、利润和相关税费；

（三）确定无形资产贬值。

第二十五条　对同一无形资产采用多种评估方法时，应当对所获得的各种测算结果进行分析，形成评估结论。

根据不同的资产评估业务，采用收益法、成本法或市场法对无形资产价值进行评估后，按照评估报告准则的要求撰写无形资产评估报告。评估报告中应明确说明无形资产评估的价值类型及其定义，评估方法的选择及其理由，各重要参数的来源、分析、比较与测算过程，对初步评估结论进行分析，形成最终评估结论的过程，评估结论成立的假设前提和限制条件等内容，使评估报告使用者能够合理理解评估结论。

本章小结

无形资产是被特定主体拥有或控制，不具有物质形态，对生产经营长期发挥作用且能带来经济利益的资源。无形资产评估首先应该明确评估的基本事项，包括明确评估目的、评估对象、评估价值类型和评估基准日等。无形资产评估一般以产权变动为前提。

收益途径是无形资产评估的主要方法，无形资产超额收益的估测方法主要有直接估算法、分成率法和差额法。无形资产的收益期限是无形资产发挥作用，并具有超额收益能力的时间。无形资产收益期限的确定一般按照剩余经济寿命与法律保护年限以及合同年限孰短的原则。成本途径评估中主要是估测无形资产的重置成本和功能性贬值、经济性贬值。自创无形资产重置成本的估测方法有核算法和倍加系数法；外购无形资产重置成本的估测方法有类比法和价格指数法。市场途径评估中主要注意的是合理选择参照物和恰当确定可比因素。

主要概念

无形资产 无形资产评估 超额收益 分成率法 边际分析法 约当投资分成法

基本训练

一、单项选择题

1.无形资产评估的前提一般为（   ）。

A.产权变动   B.资产重组   C.股份经营   D.资产抵押

2.下列属于不可确指无形资产的是（   ）。

A.商标权   B.专利权   C.土地使用权   D.商誉

3.无形资产有效期限是无形资产获得（   ）。

A.正常收益的时间   B.超额收益的时间

C.客观收益的时间   D.实际收益的时间

4.行业平均销售利润率为10%，企业销售利润率为15%，当技术转让费为销售收入的5%时，无形资产转让的销售利润分成率为（   ）。

A.50%   B.33%   C.5%   D.67%

5.确定无形资产收益期限通常按照剩余经济寿命与法律保护年限以及合同年限（   ）。

A.孰长原则   B.孰短原则   C.平均原则   D.任选原则

二、多项选择题

1.按无形资产的性质划分，无形资产可分为（   ）。

A.知识型无形资产   B.权利型无形资产   C.关系型无形资产

D.促销型无形资产   E.金融型无形资产

2.无形资产鉴定的内容包括（   ）。

A.确认无形资产的存在   B.确认无形资产的权利状况

C.鉴定无形资产的效用   D.确定无形资产的收益

E.确定无形资产的有效期限

3.无形资产超额收益的估测方法有（   ）。

A.直接估算法   B.功能比较法   C.分成率法

D.价格指数法   E.差额法

4.无形资产分成率的估测方法有（   ）。

A.分成率换算法   B.边际分析法   C.约当投资分成法

D.市场比较法   E.功能比较法

5.无形资产转让的机会成本包括（   ）。

A.转让的重置成本   B.转让的重置成本净值   C.转让的净减收益

D.转让的净增费用   E.转让的税费

三、判断题

1.无形资产评估一般应以产权变动为前提。   （   ）

2.受市场条件制约，无形资产评估的价值类型只能是市场价值以外的价值。

（   ）

3.无形资产有效期限是无形资产能够获得超额收益的时间。   （   ）

4.无形资产的超常获利能力通常表现为企业的超额利润或垄断利润。   （   ）

5.无形资产的贬值主要体现在实体性贬值、功能性贬值和经济性贬值等方面。

（   ）

四、思考题

1.无形资产主要有哪些分类？

2.无形资产的鉴定包括哪些内容？

3.影响无形资产价值的因素有哪些？

4.无形资产评估需要搜集哪些方面的资料？

5.如何理解和确定无形资产的收益期限？

6.运用市场途径评估无形资产价值应如何选择参照物？

五、计算题

1.甲企业拥有一项专利，该专利保护期限还有8年，评估人员调查分析认为该专利的剩余经济寿命为6年。乙企业拟购买该项专利，预计乙企业运用该项专利后每年可新增税前利润120万元，该专利对新增利润的贡献度为60%，所得税税率为25%，折现率为15%。

要求：根据上述资料，估测该项专利的转让价值。

2.甲企业将其商标权通过许可使用合同许可给乙企业使用，合同期限为5年。双方约定乙企业按照使用商标后每年销售收入的4%支付给甲企业，预计乙企业未来5年的销售收入分别为1 100万元、1 150万元、1 180万元、1 200万元和1 220万元，所得税税率为25%，折现率为12%。

要求：根据上述资料，估测该商标许可使用权的价值。

3.甲企业拟将可视电话专利技术使用权转让给乙企业，有关资料如下：

（1）该专利技术是甲企业2年前获得的，历史成本为260万元；

（2）与2年前相比该类技术的价格上涨了8%；

（3）该专利技术的剩余经济寿命为6年；

（4）该专利为甲乙企业共享使用，甲乙企业设计生产能力分别为500万部和

220万部；

（5）专利转让后，甲企业未来净减收益现值为60万元，增加研发费用现值为18万元。

要求：根据上述资料，估测该项专利使用权的转让价值。

第7章基本训练参考答案

第8章

企业价值评估（上）

8.1 企业价值评估概述

8.1.1 企业及企业价值

1）企业及其特点

在古典经济学中，企业被看作一个追求利润最大化的理性经济人，企业的存在就是为了把土地、资本和劳动力等生产投入要素按照利润最大化的原则转化为产出。但是现代西方经济学家更倾向于认为企业是一个合同关系的集合，在这个合同关系集合中，企业的资本所有者（股东）、债权人、管理者、职工、供应商、客户、政府以及相关社会团体等不同利益集团通过一系列合同联系在一起，每个利益团体在企业中都有不同的利益。所有者和债权人希望得到投资收益，管理者希望得到企业家才能的报酬和荣誉，员工希望得到好的工资待遇和工作条件，供应商要得到销售的收入，客户要得到好的产品，政府要得到税收，不同社会团体要企业承担社会责任等。正是这一系列利益相关者促成了企业的形成和运转。从资产评估和企业价值评估的角度，可以把企业看作以营利为目的，按照法律程序建立起来的经济实体，从形式上它体现为在固定地点的相关资产的有序组合，从功能上和本质上讲，企业是由构成它的各个要素资产围绕着一个系统目标，保持有机联系，发挥各自特定功能，共同构成一个有机的生产经营能力载体和获利能力载体，以及由此产生的相关权益的集合。从这个角度的企业定义中不难发现，现代企业不仅是一个经营能力和获利能力的载体，以及由此产生的相关权益的集合，而且是按照法律程序建立起来的并接受法律法规约束的经济组织。企业作为一类特殊的资产也有其自身的特点：

（1）合法性。企业首先是依法建立起来的经济组织，它的存在必须接受法律法规的约束。对企业的判断和界定必须首先从法律法规的角度，从合法性、产权状况等方面进行界定。

（2）盈利性。企业作为一类特殊的资产，其存在的目的性就是盈利。为了达到盈利的目的，企业需具备相应的功能。企业的功能是以企业的生产经营范围为依据，以其工艺生产经营活动为主线，将若干要素资产有机组合起来形成的。

（3）整体性。构成企业的各个要素资产虽然各具有不同的性能，但它们是在服从特定系统目标前提下而构成的企业整体。可能构成企业的各个要素资产并不个个完整无缺，但它们可以综合在一起，成为具有良好整体功能的资产综合体。当然，即使构成企业的各个要素资产的个体功能良好，如果它们之间的功能不匹配，它们组合而成的企业整体功能也未必很好。企业强调它的整体性。

（4）持续经营与环境适应性。企业要实现其盈利目的，就必须保持持续经营，在持续经营中不断地创造收入，降低成本。而企业要在持续经营中保证实现盈利目的，企业的要素资产不仅要有良好的匹配性和整体性，还必须能够适应不断变化的外部环境及市场结构，并适时地做出调整，包括生产经营方向、生产经营规模，即保持企业生产结构、产品结构与市场结构的协调。

（5）权益的可分性。从企业作为生产经营能力和获利能力载体的角度，企业具有整体性的特点。虽然企业是由若干要素资产组成的，作为一个整体企业，从经营能力和获利能力载体的角度来看，企业的要素资产是不能随意拆分的。但是，与企业经营能力和获利能力载体相关的权益却是可分的。因此，企业的权益可划分为股东（投资者）全部权益和股东（投资者）部分权益。

2）企业价值及其决定

企业价值可以从不同的角度来看待和定义。大家比较常见的是从政治经济学的角度、从会计核算的角度、从财务管理的角度，以及从市场交换的角度来说明企业的价值。

（1）从政治经济学的角度，企业价值是指凝结在其中的社会必要劳动时间。

（2）从会计核算的角度，企业价值是指建造或取得企业的全部支出或全部耗费。

（3）从财务管理的角度，企业价值是企业未来现金流的折现值，即所谓的企业内在价值。

（4）从市场交换的角度，企业价值是企业在市场上的货币表现。

如果从资产评估的角度，企业价值需要从以下几个方面考虑和界定：第一，资产评估揭示的是评估对象在交易假设前提下的公允价值，企业作为一类特殊资产，在评估中其价值也应该是在交易假设前提下的公允价值，即企业在市场上的公允货币表现。第二，由企业特点所决定，企业在市场上的货币表现实际上是企业所具有的获利能力可实现部分的货币化和资本化。第三，重新建造（取得）企业需要支付的全部费用，包括机会成本。概括地讲，企业价值是企业在市场上的公允价值，是企业获利能力可实现部分的市场表现及货币化和资本化，或重建企业的全部费用。企业作为一种特殊的商品，之所以能在市场中进行转让和交易，不仅因为企业是劳动产品，有社会必要劳动时间凝结在其中，更重要的是企业具有持续获利能力，这种持续获利能力是企业具有交换价值的根本所在。当然，企业具有持续获利能力所代表的价值，只能说是企业的潜在价值或内在价值，还不一定就是企业在评估基准日可实现的交换价值。资产评估强调的是企业内在价值的可实现部分，是企业内在价值在评估基准日条件下的可实现部分。关于企业在非持续经营情况下是否有价值的问题，可以从另一个方面来看，即企业本身就是一个以营利为目的持续经营的经济实体，如果企业持续经营不能产生获利能力而是亏损，企业就不能持续经营了。清算或变现可能是企业的一个明智的选择。那时，作为一个持续经营的企业价值就不存在了，企业也只是一些要素资产的堆积，显然不能按持续经营的企业对待，当然也谈不上正常意义上的整体企业市场交换价值了。如果那时的"企业"有价值，也只是企业的拆零变现价值，已经不是真正意义上的整体企业价值。

在这里，我们强调资产评估中的企业价值通常是一种持续经营条件下的价值，并且其价值是由企业获利能力决定的，目的在于提醒评估人员在企业持续经营价值评估过程中把握住企业价值评估的关键，即企业的获利能力。

评估实践中的执业人员对企业也有不同的理解，他们不仅把对一个持续经营中的企业进行评估叫企业价值评估，有时将破产清算中的"企业"的价值评估也称作企业价值评估。从理论上讲，企业价值评估（Business Valuation）是指对持续经营条件下的企业的经营能力和获利能力转化为（公允）市场价值的评估，而不包括由破产清算或其他原因引起的非持续经营"企业"的价值评估（要素资产变现价值评估）。这并不是说非持续经营企业没有价值，非持续经营企业有价值，但非持续经营企业的价值并不是本章所讨论的企业价值，它并不是由企业的获利能力决定的，而是由构成企业的各个要素资产的变现价值决定的。它可能是企业的产权价值，但不一定是企业作为获利能力载体的市场表现价值。鉴于评估实践中人们习惯把一个企业作为评估对象，而无论它是否继续经营，都将评估实践活动称为企业价值评估的这一事实，要求评估人员在企业价值评估中必须说明企业价值评估的前提条件，即持续经营或非持续经营。本章前面所强调的企业价值评估的核心是企业的获利能力，这主要是针对持续经营条件下的企业价值评估而言的。

8.1.2　企业价值评估的对象、范围和价值类型

1）企业价值评估的对象和范围

在当今世界范围内，还没有一个权威的企业价值评估定义。有时人们也将企业价值评估称为企业整体价值评估或整体企业价值评估等。这大概与企业价值评估具体目标多样性的特点有关，根据人们的理解，企业价值经常被理解为企业总资产价值、企业整体价值、企业投资资本价值、企业股东全部权益价值和企业股东部分权

益价值等。上述概念可以大致理解如下：

①　企业总资产价值是企业流动资产价值加上固定资产价值、无形资产价值和其他资产价值之和。

②　企业整体价值是企业总资产价值减去企业负债中的非付息债务价值后的余值，或用企业所有者权益价值与企业的全部付息债务价值之和表示。

③　企业投资资本价值是企业总资产价值减去企业流动负债价值后的余值，或用企业所有者权益价值加上企业的长期付息债务价值表示。

④　企业股东全部权益价值就是企业总资产价值减去企业全部负债价值后的余值，即企业的所有者权益价值或企业的净资产价值。

⑤　企业股东部分权益价值就是企业的所有者权益价值或净资产价值的某一部分。

根据《资产评估执业准则——企业价值》对企业价值评估对象的界定，企业价值评估对象应该是企业整体价值、股东全部权益价值和股东部分权益价值等。

企业总资产价值、企业投资资本价值作为企业价值的表现形式，可能并不是企业价值评估的直接对象。但在采用间接法评估企业价值的时候，企业总资产价值、企业投资资本价值等也经常会被用作确定企业整体价值、股东全部权益价值，以及股东部分权益价值的过渡形式。

企业价值评估范围是指企业价值评估对象载体（资产）的权益边界和数量边界，即企业价值评估对象载体的产权（权益）范围和资产数量范围。在实务中，企业价值评估范围还可以划分为一般评估范围和具体评估范围等。

2）企业价值评估中的价值类型

从企业价值评估的目的、评估条件和委托方对评估报告使用的需求等对价值类型要求的角度，企业价值可分为市场价值和市场价值以外的价值（非市场价值）。而非市场价值又主要包括了持续经营价值、投资价值和清算价值等。

企业的市场价值是指企业在评估基准日公开市场上正常经营状态下所表现出来的市场交换价值估计值，或者说是整个市场对企业认同的价值。

企业的非市场价值是指不满足企业市场价值定义和条件的所有其他企业价值表现形式的集合。企业的非市场价值是对同类企业价值表现形式的概括，而不是具体的企业价值表现形式。企业非市场价值只在价值类型分类时使用，它并不直接出现在评估报告中。

持续经营价值是非市场价值的一种具体价值表现形式，具体是指企业作为一个整体的价值。由于企业的各个组成部分对该企业整体价值都有相应的贡献，可以将企业总的持续经营价值分配给企业的各个组成部分，即构成企业持续经营的各局部资产的在用价值。持续经营价值是根据企业在评估基准日正在使用（经营）的地点、惯常的经营方式和经营管理水平等条件继续经营下去所表现出的市场交换价值估计值。企业的持续经营价值可能等于、大于或小于企业的市场价值。

投资价值也是非市场价值的一种具体表现形式，具体是指企业对于特定投资者所具有的市场交换价值的估计值，它通常有别于企业的市场价值。

清算价值是指企业在非持续经营条件下的各要素资产的变现价值。这里可能包含了快速变现的因素。因而，企业的清算价值包括了有序清算价值和强制清算价值等。

【小资料8-1】 企业价值评估

中国资产评估协会颁布并于2019年1月1日开始实施的《资产评估执业准则——企业价值》对企业价值评估做出了如下表述：资产评估机构及其资产评估专业人员遵守法律、行政法规和资产评估准则，根据委托对评估基准日特定目的下的企业整体价值、股东全部权益价值或者股东部分权益价值等进行评定和估算，并出具资产评估报告的专业服务行为。

8.1.3 企业价值评估的特点

当把企业作为一种独立的整体评估标的进行评估时，它有以下特点：

（1）从评估对象载体的构成来看，评估对象载体是由多个或多种单项资产组成的资产综合体。

（2）从决定企业价值高低的因素看，其决定因素是企业的整体获利能力。

（3）企业价值评估是对企业具有的潜在获利能力所能实现部分的估计。

（4）企业价值评估是一种整体性评估，它充分考虑了企业各构成要素资产之间的匹配与协调，以及企业资产结构、产品结构与市场结构之间的协调，它与企业的各个要素资产的评估值之和既有联系，也有区别。一般来说，企业的各个要素资产的评估值之和是整体性企业价值的基础，在此基础上考虑企业的商誉或综合性经济性贬值，就是整体性企业价值了。当然，企业价值与企业的各个要素资产的评估值之和之间还是有区别的，这些区别主要表现为：

① 评估具体标的上的差别。企业整体性价值评估与企业各个要素资产评估值（贡献值）加总的评估，两类评估的具体标的是不同的。企业价值整体性评估的具体评估标的是资产的整体获利能力及其市场表现。而企业各个要素资产的评估值（贡献值）之和的评估，其具体评估直接标的却是企业的各个要素资产。就具体评估标的而言，两者是有差别的。

② 由于具体评估标的上的差别，在评估过程中所考虑的影响因素是不完全相同的。企业价值整体性评估是以企业的获利能力为核心，围绕着影响企业获利能力，以及企业面临的各种风险进行评估。而将构成企业的要素资产贡献值加总的评估，是针对影响各个单项资产价值的各种因素展开的，两者所考虑的价值影响因素具有明显的差异。

③ 评估结果的差异。由于企业价值整体性评估和构成企业的要素资产的贡献值评估加总在具体评估标的上的差异，以及由此引起的在评估时考虑的因素等方面的差异，两种评估的结果通常会有所不同。两者的差异通常会表现为企业的商誉

（即企业的整合效应产生的不可确指的无形资产）或企业的综合性经济性贬值（企业要素资产之间的不匹配、产品结构与市场需求之间的不匹配形成的贬值）。

在这里通过企业价值的整体性评估与要素资产贡献值加总评估的比较，不是说企业要素资产贡献值加总的评估方法（资产基础法）不能使用，而是要说明简单地使用企业要素资产贡献值加总评估的方法（资产基础法）可能并不一定能够完全客观地将持续经营前提下的企业价值反映出来。所以在一般情况下，尽量不要单独使用资产基础法评估企业价值。如果只能单独运用资产基础法评估企业价值，需要在明确评估对象是企业整体价值、股东全部权益价值和股东部分权益价值而不是企业要素资产的前提下，通过必要的技术手段来完成。

8.1.4　企业评估价值辨析

对企业价值的界定主要从两个方面进行考虑：第一，就一般意义而言，资产评估揭示的是评估标的的公允价值，企业作为资产评估中的一类评估标的，其评估价值也应该是公允的；第二，企业又是一类特殊的评估标的，其价值取决于要素资产组合的整体盈利能力，企业的公允价值是其现实或潜在盈利能力在各种市场条件下的客观反映。

1）企业的评估价值是企业的公允价值

这不仅是由企业作为资产评估的标的所决定的，而且是由对企业进行价值评估的一般目的所决定的。企业价值评估的一般目的是为企业产权交易提供服务，使交易双方对拟交易企业的价值有一个较为清晰的认识，所以企业价值评估应建立在有效市场假设之上，其揭示的是企业的公允价值。当然，由于企业价值评估都有其特定目的，具体的企业价值评估也应该是企业特定条件下的公允价值，它们的具体表现形式，如市场价值、投资价值或其他价值等。

2）企业的评估价值基于企业的盈利能力

企业在广义上可以被认为是生产同一种产品，即利润（现金流）的组织。人们创立企业或收购企业的目的不在于获得企业本身具有的物质资产或企业生产的具体产品，而在于获得企业生产利润（现金流）的能力并从中受益。因此，企业之所以存在价值并且能够进行交易是由于它们具有产生利润（现金流）的能力。

3）资产评估中的企业价值可能有别于账面价值、公司市值和清算价值

企业的账面价值是一个以历史成本为基础进行计量的会计概念，可以通过企业的资产负债表获得。由于企业的账面价值没有考虑或没有及时考虑市场供求变化因素或政策变化等重要因素的影响，所以企业的账面价值可能会区别于资产评估中的企业价值。

公司市值是指上市公司的股票价格与总股本的乘积。在成熟的资本市场上，信息相对充分，市场机制相对有效，公司市值与企业价值具有趋同性。但是，由于股票的市场价格通常是少数股份的交易价格，同时股票的市场价格经常会受到市场情

绪和短期因素变化的影响而忽高忽低，资产评估中的企业价值并不一定就等于股票价格与总股本的乘积。我国资本市场尚处在完善之中，因而需要慎重考虑和分析将公司市值直接作为企业评估价值的合理性。

清算价值是指企业停止经营，变卖所有的企业资产减去所有负债后的现金余额。这时企业资产价值应是可变现价值，其不满足整体持续经营假设。破产清算企业的价值评估，不是对企业一般意义上的价值的揭示，该类企业作为生产要素整体已经丧失了盈利能力，因而也就不具有通常意义上的企业所具有的价值。对破产清算企业进行价值评估，实际上是对该企业的单项资产的公允价值之和进行判断和估计。

资产评估人员应当知晓，在某些情况下，企业在持续经营前提下的价值并不必然大于在清算前提下的企业变现价值。如出现了这种情况，评估人员可以向委托方提出咨询建议，如果相关权益人有权启动被评估企业清算程序，资产评估人员应当根据委托，分析评估对象在清算前提下的价值大于在持续经营前提下的价值的可能性和评估价值。

8.1.5 企业价值评估在经济活动中的重要性和复杂性

1）企业价值评估的重要性

企业价值评估是市场经济和现代企业制度相结合的产物，经过多年的长期发展，已形成多种模式，并日趋成熟。目前我国正处于深化经济体制改革与经济转型期，企业价值评估在促进深化经济体制改革与经济转型中的作用将会越来越突出。

（1）企业价值评估是企业利用资本市场实现产权转让的基础性专业服务

无论是公司改制上市，还是创新企业上市，抑或企业兼并重组都应该或需要专业评估机构按照客观、公正、合理的原则，运用科学的评估方法，评估出企业特定目的下的合理价值，为资本市场参与者提供具有说服力的专业价值判断。企业价值评估在企业利用资本市场进行融资或兼并重组以谋求更大规模或更有效的发展的过程中，无论是在资本市场尚未成熟的阶段还是在资本市场已逐步完善之际，也无论是针对主体企业还是潜在投资者，抑或资本市场完善本身等都是不可或缺的基础性专业服务。

【思政课堂】

在党的"二十大"中国特色社会主义已经进入新时代以及强调包括加快完善社会主义市场经济体制在内的新发展理念等一系列基本方略的精神指引下，资本市场监管部门提出的建设"中国特色的资本市场"和探索"中国特色的估值体系"的倡议，对企业价值评估提出了更高的要求，即如何看待现实资本市场中那些对国计民生有着重要影响的大型国有上市公司的现行估值水平，以及如何更好地服务于实体经济，支持并促进高科技企业、现代化产业的发展。资产评估模拟市场是它的行为属性或本质属性，而我国资本市场尚不完善也是客观事实，这两者的相互交织就给资产评估在建设"中国特色的资本市场"和探索"中国特色的估值体系"发挥其作用提出了新的更高的要求，即资产评估既需要模拟市场估值但又不能盲随市场估值，既要能够发现价值又不能脱离市场或代替市场。企业价值评估如何在充分尊重市场规律和市场定价机制的基础上，最大限度发挥主观能动性来弥补或修正尚不完善市场的某些盲点或缺陷，将是企业价值评估未来相当长时期内的重要研究课题和实践重点。

（2）企业价值评估能在企业评价和管理中发挥重要作用

以开发企业潜在价值为主要目的的价值管理正在成为当代企业管理的新潮流。管理人员的业绩越来越多地取决于他们在提高企业价值方面的贡献。企业价值管理强调对企业整体获利能力的分析和评估，通过制定和实施合适的发展战略及行动计划以保证企业的经营决策有利于增加企业股东的财富价值。

企业价值管理将使习惯于运用基于会计核算的财务数据的企业管理人员的工作发生重大变化，使其不再满足于要求财务数据反映企业的历史，而应运用企业价值评估的信息展望企业的未来，并运用企业价值评估检验企业不同阶段和时期的经营管理水平及其效果，从而总结企业经营管理中的经验和不足，以形成和提高利用企业当前资产在未来创造财富的能力。

2）企业价值评估的复杂性

企业本身就是一个浓缩的概念。企业可以是不同行业和不同规模的企业。不同行业的企业，其要素资产构成、经营模式、盈利模式都有差异。不同规模的企业的市场占有率、统治力及经营模式和盈利模式也有差异。不同行业和不同规模的企业有现时盈利和亏损的，且盈利和亏损的原因又极其复杂，这些原因可以分为行业层面、政策层面、技术层面、管理层面、资产要素层面、市场层面等。企业价值评估方法运用也呈现多样化的特点，不仅包括传统的三大评估途径，而且需要运用许多衍生的评估技术思路和方法。从上得知，企业价值评估所需要的相关信息数据是极其广泛的，对上述信息数据的分析辨别工作也是大量的。评估人员需要依据评估特定目的，对收集的信息数据进行充分的分析和筛选以确定它们对本次估值的可靠性和可利用性，并在此基础上形成评估目的、价值目标、信息数据、评估思路及具体技术方法之间的逻辑联系。因此，在进行企业价值评估时，应该在明确评估目的、企业类型、行业特点、经营模式和盈利模式的基础上，清楚地界定评估对象、评估范围、影响企业价值的主要因素等，选择恰当的评估方法进行评估。

8.2 企业价值评估的基本程序

企业价值评估的基本程序包括：明确评估基本事项、选择评估途径与方法、收集信息资料、运用评估技术分析判断企业价值、撰写企业价值评估报告。

8.2.1 明确评估基本事项

根据企业、企业价值及企业价值评估的特点，评估人员在进行企业价值评估时，应当明确下列事项：

（1）委托人的基本情况；

（2）被评估单位的基本情况；

（3）评估目的；

（4）评估对象和评估范围；

（5）价值类型；

（6）评估基准日；

（7）资产评估报告使用范围；

（8）评估假设；

（9）需要明确的其他事项。

8.2.2 选择评估途径与方法

评估人员在进行企业价值评估时，应当根据评估目的、被评估企业的情况、评估时的限定条件和评估的价值类型，以及可收集到的信息资料和相关条件，分析收益途径及其方法、市场途径及其方法、成本途径及其方法和其他评估技术方法的适用性与可操作性，选择适用于本次企业价值评估的一种或多种评估途径及其方法。

由于企业价值的特殊性和复杂性，一般情况下不宜单独使用成本途径及其方法评估企业价值。因此，在评估途径及其方法的选择过程中，应尽可能选择多种评估途径及其方法。如果确受条件限制，只能选择成本途径及其方法或者选择了三大评估途径之外的评估方法，应在企业价值评估报告中做出说明。

8.2.3 收集信息资料

通常情况下，评估人员在进行企业价值评估时，应当根据评估目的及其所选择的评估途径和方法等相关条件，收集被评估企业以及与被评估企业相关的信息资料（当然，也不排除根据评估目的及其可以收集到的信息资料选择评估途径和方法的情况）。就一般情况而言，通常包括但不限于以下资料：

① 反映被评估对企业益状况相关的协议、章程、股权证明等有关法律文件、被评估企业涉及的主要资产权属证明资料；

② 被评估企业历史沿革、控股股东及股东持股比例、经营管理结构和产权架构资料；

③ 被评估企业的业务经营、资产管理、财务管理、人员配备及盈亏状况资料；

④ 被评估单企业的经营现状、短期发展计划、长期发展规划和未来收益预测资料；

⑤ 被评估单企业以往的评估及交易资料；

⑥ 与被评估企业经营管理相关的国内宏观经济因素、区域经济因素和国际经济因素等资料；

⑦ 被评估企业所在行业的发展现状与发展前景资料；

⑧ 证券市场、产权交易市场等市场的有关资料；

⑨ 可比企业的经营情况、财务信息、股票价格或者股权交易价格等资料。

8.2.4　运用评估技术分析判断企业价值

根据评估目的与收集的相关信息以及对企业价值评估结果的价值类型选择，分析被评估企业在评估时点的经营状况和面临的内外部条件对企业未来经营的影响，在对影响企业价值的各种因素进行全面系统的分析筛选的基础上，利用所选择的多种评估途径及其方法综合判定企业价值。

评估人员应当知晓股东部分权益价值并不必然等于股东全部权益价值与股权比例的乘积。当评估股东部分权益价值时，应当在适当及切实可行的情况下考虑由于控股权和少数股权等因素产生的溢价或折价，同时也应当考虑股权的流动性对评估对象价值的影响。

8.2.5　撰写企业价值评估报告

评估人员在完成上述企业价值评估程序后，可根据评估项目的性质、评估过程，以及委托方和相关当事人的要求，选择恰当的报告形式出具企业价值评估报告，并在评估报告中披露评估结果的价值类型和定义，在评估过程中是否考虑了控股权和少数股权等因素产生的溢价或折价，以及流动性对评估对象价值的影响。

【小资料8-2】　　　　　　　企业价值评估报告的基本形式

企业价值评估报告的基本形式主要有两类：其一是完整型评估报告；其二是简明型评估报告。完整型评估报告和简明型评估报告之间的区别主要表现在报告披露的详尽程度不同。到目前为止，我国的资产评估管理制度对资产评估报告形式（包括企业价值评估报告的形式）的要求，实际上是要求出具完整型评估报告。

8.3　企业价值评估的范围界定

从资产评估准则的角度，企业价值评估范围是指企业价值评估对象的具体表现形态及其权利边界和数量边界。而从企业价值评估实务的层面看，企业价值评估的范围包含了两个层面：企业价值评估的一般范围和企业价值评估的具体范围。

8.3.1　企业价值评估的一般范围

企业价值评估的一般范围是指一般意义上的企业价值评估对象载体的权益边界及其相关的要素资产数量边界。从产权的角度界定，企业股东全部权益价值评估范围，应该是企业拥有的全部权益以及企业产权涉及的相关要素资产，可以或可能包括企业产权主体自身占用及经营的部分，企业产权主体所能控制的部分，如全资子公司、控股子公司，以及非控股公司中的投资部分等。企业股东部分权益价值评估的范围，应该是企业拥有的部分权益以及企业产权涉及的相关要素资产，可以或可能包括企业产权主体自身占用及经营的部分，企业产权主体所能控制的部分，如全资子公司、控股子公司，以及非控股公司中的投资部分等。在具体界定企业价值评估的一般范围时，以下有关文件、合同等数据资料是其中最重要的界定依据：

（1）企业的资产评估申请报告及上级主管部门批复文件所规定的评估范围；

（2）企业有关产权转让或产权变动的协议、合同、章程中规定的企业资产变动的范围。

8.3.2　企业价值评估的具体范围

企业价值评估的具体范围是指在具体采用多种评估途径或一种评估途径及其多种技术方法评估企业价值时，为了保持多种评估途径评估结论的合理性和可比性，以及一种评估途径中多种评估技术方法评估结论的合理性，而对企业价值评估一般范围中的要素资产数量边界技术性处理和界定。一般情况下，企业产权范围内的资产，可能包括经营性资产、非经营性资产，或有效资产和溢余资产等。特别是当企业资产中存在着有效资产和溢余资产的区别时，在实际评估企业价值时，就需要在企业价值评估一般范围界定基础上（之后），将企业价值评估一般范围内的有效资产和溢余资产（无效资产）进行正确的界定与区分。其中，对企业盈利能力的形成做出贡献、发挥作用的资产就是有效资产，而对企业盈利能力的形成没有做出贡献的资产就是无效资产或溢余资产。企业的盈利能力是企业的有效资产发挥作用的结果，企业价值的形成主要是企业有效资产发挥作用形成盈利能力的结果，虽然无效资产或溢余资产也可能具有一定价值，但无效资产或溢余资产所具有的价值并不是通过对企业盈利形成的，而只能通过市场变现来实现其价值。在被评估企业存在溢余资产的情况下，要正确揭示企业价值，就要将企业资产范围内的有效资产和无效资产及溢余资产进行正确的界定与区分，将企业的有效资产和溢余资产作为两个不同的评估技术分区（单元），而有效资产评估技术分区（单元）形成了企业价值评估的具体范围。企业价值评估具体范围的区分，可以保障多种评估途径一致的企业资产数量边界和评估结果的可比性，在很多情况下是进行企业价值评估的重要环节。

在被评估企业存在溢余资产的情况下，将被评估企业的产权资产区分为有效资产和溢余资产，既可以提高企业价值评估的效率，又可以避免在运用各种评估途径及其具体技术方法过程中，因有效资产与溢余资产的混存，造成评估结论的失真（高估或低估企业价值）的情况发生。

从根本上讲，企业价值是企业整体盈利能力的市场体现。而企业又是由各类要素（单项）资产组合而成，这些要素（单项）资产对企业盈利能力的形成具有不同的表现。通过企业盈利能力的角度评价企业价值，实际上是对企业有效资产的评估，可能并未反映企业存在着的溢余资产价值。在持续经营前提下，通过重建的角度评价企业价值，如果不对企业资产进行有效资产与溢余资产进行划分，其评估结果可能会高估企业的溢余资产，而使企业价值失真。

在相当长的一段时间里，企业价值评估中一直存在同一企业采用不同评估途径评估，其评估结论相差巨大的现象。从而导致"评估途径不同评估结论不同"的观点和声音。就企业价值评估而言，同一企业采用不同评估途径评估产生评估结论相差很大或巨大的现象。有很多案例是由于在企业价值评估中没有对企业评估范围进行一般范围和具体范围的划分，没有将企业资产划分为有效资产和溢余资产，导致按不同评估途径及方法评估出的同一条件下的同一企业的价值出现巨大差异，并使许多评估人员误将此现象理解为不同的评估途径及方法可能造成同一企业在相同的条件下具有截然不同的评估价值。事实上，在未对企业价值评估范围和资产范围进行界定的前提下，不同评估途径及方法评估的企业价值评估范围和资产范围可能存在着差别，企业价值评估范围和资产范围的差异可能是造成不同评估途径及其方法评估企业价值存在差异的主要原因之一。只有将企业价值评估范围和资产范围界定清楚，将不同评估途径及方法的评估对象范围界定清楚，保证运用不同的评估途径及方法评估的企业价值评估范围具有可比性，它们之间的评估结论才有可比性。不同评估途径及方法评估企业价值的共同范围基础是企业的有效资产，而企业溢余资产的评估则要根据评估目的及委托方要求单独进行，并妥善处理溢余资产的评估值。

在界定企业价值评估的具体范围时，应注意以下几点：

（1）对于在评估时点产权不清的资产，应划为"待定产权资产"，不列入企业价值评估的资产范围。

（2）在产权清晰的基础上，对企业的有效资产、溢余资产进行区分。在进行区分时应注意把握以下几点：第一，对企业有效资产的判断，应以该资产对企业盈利能力形成的贡献为基础，不能背离这一原则；第二，在有效资产的贡献下形成的企业的盈利能力，应是企业的正常盈利能力，由于偶然因素而形成的短期盈利及相关资产，不能作为判断企业盈利能力和划分有效资产的依据；第三，评估人员应对企业价值进行客观揭示，如企业的出售方拟进行企业资产重组，则应以不影响企业盈利能力为前提。

（3）在企业价值评估中，对溢余资产有两种处理方式：一是进行"资产剥离"，即将企业的溢余资产在进行企业价值评估前剥离出去，不列入企业价值评估的范围；二是在溢余资产不影响企业盈利能力的前提下，用适当的方法对其进行单独评估，并将评估值加总到企业价值评估的最终结果之中，或将其可变现净值进行单独列示披露。

（4）如企业出售方拟通过"填平补齐"的方法对影响企业盈利能力的薄弱环节

（生产能力或技术工艺等）进行改进时，评估人员应着重判断该改进对正确揭示企业盈利能力的影响，以及必要改进所要付出的成本及代价。就目前我国的具体情况而言，该改进应主要针对由工艺瓶颈和资产匹配瓶颈等因素所导致的企业盈利能力无法正常发挥的薄弱环节。

【小提示8-1】　　　　　　　　　　"填平补齐"

本章中提到的"填平补齐"特指针对企业因工艺瓶颈或资产匹配瓶颈造成潜在生产能力和获利能力无法正常发挥，假设进行局部工艺更新、扩张，弥补或解除瓶颈制约，恢复企业正常生产能力和获利能力，以便正确评估企业价值的评估技巧。在企业价值评估中使用"填平补齐"时，需要有详细的说明，并且要在所评估的企业价值中将"填平补齐"费用扣除。

8.4　企业价值评估的假设前提

企业价值评估同其他类型资产的价值评估一样，其理论体系和方法体系的确立也是建立在一系列假设的基础之上的。通常涉及的最重要的基本假设有：交易假设、市场条件假设、持续经营假设和清算假设等。

8.4.1　交易假设

交易假设是假定待评企业已经处在交易过程中，评估师根据待评企业的交易条件等模拟市场进行估价。引起企业价值评估的经济事项其实既包含了产权变动（交易）类的经济活动，又包括了非产权变动类的经济活动，如资产抵押、财产课税等。如果没有一个虚拟的市场和交易平台，非产权变动类经济活动涉及的企业价值评估就缺少了市场基础和条件。

8.4.2　市场条件假设

市场条件假设包括了公开市场条件假设和非公开市场条件假设。

大部分的企业价值评估是在公开市场假设前提下进行的，即在一个有众多自愿的买者和卖者的竞争性市场的公开生产条件下进行。并假设在这个市场上，买者和卖者的地位是平等的，彼此都有获取足够市场信息的机会和时间，买卖双方的交易行为都是在自愿的、理智的，而非强制或不受限制的条件下进行的。如果评估人员选择了公开市场条件假设评估企业价值，其评估结果的价值类型应该选择市场价值。

在某些情况下，企业价值评估也会在非公开市场条件假设下进行，这些非公开市场条件主要体现在交易时间（包括展示时间）不充分和交易主体数量有限或者两者兼而有之的情况。例如，交易时间充分而参与交易的主体数量有限（特定投资者）的情况；再如，交易时间受限而参与交易的主体数量很多或参与交易的主体数量也有限的情况。第一种情况可以称其为有限或特定交易主体假设，第二种情况将其称为快速变现假设（也有人将其称为清算假设）。在有限或特定交易主体假设前提下评估企业价值，需要关注评估目的、特定投资者的购买动机以及被评估企业与特定投资者（拥有的企业）的业务或经济关联，考虑选择投资价值价值类型的允当性以及恰当选用评估参数与评估技术方法。采用快速变现假设评估企业价值通常是在企业处于清算或难以持续经营的情况下进行，评估结论的价值类型应当选择清算价值以及运用与该价值类型相匹配的参数与评估技术方法。

8.4.3　持续经营假设

持续经营假设是企业价值评估中最常用的假设前提，笼统地讲，该假设假定被评估企业在评估基准日后仍将按照既定的经营目的、经营方式持续经营下去，它意味着企业在出售、兼并、重组、合并以后，其继续使用的价值前提没有发生变化，提供的产品或服务仍能满足市场需求并产生一定的效益。在进行企业价值评估时，是否选择持续经营假设需要考虑下列几方面的因素：

第一，评估目的：引起企业价值评估的经济活动是否要求或隐含着企业持续经营，或评估结果的具体用途是否需要以企业持续经营为前提。

第二，企业提供的产品或服务是否能满足市场需求。若企业的产品或服务不能满足市场需求，企业无预期收益，则不适用持续经营假设。

第三，组成企业的资产要素的功能和状态。若组成企业各个要素资产破损严重，工艺落后或严重比例失调而不能满足企业正常生产经营和盈利的需要，也需要慎重判断持续经营假设的适用性。

如果细化企业持续经营的各种情景，企业价值评估中的持续经营假设还可以分为以下几种情况：维持原有经营模式、经营规模及产品结构的持续经营假设；适当调整经营模式、经营规模及产品结构的持续经营假设（最佳经营假设）；投入增量资本弥补企业经营短板的持续经营假设（填平补齐假设）；并购重组产生协同效应后的持续经营假设等。

（1）维持原有经营模式、经营规模及产品结构的持续经营假设

维持原有经营模式、经营规模及产品结构的持续经营假设，是持续经营假设中最普遍的一种情况。这一假设是在宏观环境方面假设国家现行的有关法律、法规及产业政策无重大变化，行业的准入制度、市场竞争状况等维持目前格局；在微观环境方面假设被评估企业的资本结构、经营模式和产品结构得以维持现状，企业的会计政策和税赋状况的主要方面与撰写评估报告时没有发生变化，企业继续具有独立的生产经营地位，其现有规模的资产可继续使用下去。

选择维持原有经营规模及产品结构的持续经营假设评估企业价值，通常要求被评估企业符合下列条件：

① 评估目的中的经济行为实现后，企业的控股权不发生变化或虽有控股权的变化但企业的主要经营方向和经营策略不发生重大变化；

②企业现有的财务政策、定价政策和市场份额不会因为评估目的中所涉经济行为的实现而发生重大变化；

③评估目的中的经济行为实现后没有大量的资本投入，亦不会造成企业的生产经营能力产生很大的变化；

④评估目的中的经济行为实现后企业不会发生转产或经营方向的根本性改变。

（2）适当调整经营模式、经营规模及产品结构的持续经营假设（最佳经营假设）

适当调整经营模式、经营规模及产品结构的持续经营假设，也是持续经营假设中较为普遍的一种情况。这一假设通常是针对被评估企业在评估时点时，其生产经营方向、结构等与市场需求已经发生背离或发生背离的迹象比较明显，如果按照原有的经营模式、经营规模和产品结构继续经营企业可能面临较大的不确定性或风险。在法律、技术和经济条件允许的前提下（满足一般市场需求，企业转型可行的条件下），就需要考虑参照市场供求变化趋势及企业现有状况和未来可以适应市场变化的情况对企业现有的经营模式、经营规模和产品结构等做出适当的调整的可能性。如果存在这种可能性，即满足企业适应未来市场的经营情况，模拟该企业在满足未来市场竞争条件下的最佳使用持续经营状况来评估企业价值。选择适当调整经营模式、经营规模及产品结构的持续经营假设评估企业价值，通常要求被评估企业符合下列条件：

①调整后的产品或服务的定价是参照正常市场条件设定的，企业的产品或服务能够为市场所接受，但产品或服务的产量及价格将受到市场供求关系的影响；

②调整经营后提供产品或服务的成本是企业为提供这些产品或服务所必须承担的完全成本，而不是企业现有账面反映的不完全成本，这个成本同时包括了企业调整及其在调整转型后的市场条件下必须承担的相关正常费用；

③企业的税赋必须考虑未来可能的税赋水平变化。

（3）投入增量资本弥补企业经营短板的持续经营假设（填平补齐假设）

投入增量资本弥补企业经营短板的持续经营也是持续经营假设中可能出现的一种情况。这一假设通常是针对被评估企业具有潜在扩张潜力，或企业存在明显的工艺或生产能力瓶颈制约了企业正常的获利能力。在此种情况下，如果仍然以企业维持原有生产经营规模为前提进行收益预测和企业价值评估，显然与企业未来的真实情况不符。事实上，当被评估企业存在明显的潜在扩张潜力或明显的工艺及生产能力瓶颈时，股东或投资者通常会对企业投入资本并使其在短期内实现其潜在生产经营能力或填平补齐企业的生产经营能力。在使用投入增量资本的持续经营假设时，需要企业满足以下条件：

①企业投入资本能够顺利形成新增生产能力，不会受到土地、厂房、设备、人员、管理等诸多因素的制约；

②企业的新增生产能力能够通过市场的考验，即生产的产品或服务能够被市

场所接受；

③企业投入资本的回报率能够高于同期贷款利率，并成为其新增的获利能力。

（4）企业并购重组产生协同效应后的持续经营假设

企业并购重组产生协同效应后的持续经营也是持续经营假设中较为普遍的一种情况。这一假设通常是针对被评估企业以企业并购重组评估目的并能产生协同效应的前提下，例如规模效应、产业链效应和财务效益等可以考虑使用的一种假设，即在考虑企业未来的持续经营状况时，可以考虑重组后的协同效应对被企业现金流的影响。例如，企业现有非经营性资产在重组后变为经营性资产，资本增加带来增量效益，新的管理者对成本、费用的预期控制，新的财务政策、融资条件及税赋改善等情况，所有这些因素都将影响企业的经营业绩，进而影响企业价值。

8.4.4　清算假设

清算假设假定被评估企业面临清算或具有潜在的被清算的事实或可能性，再根据相应数据资料推定被评估资产处于被迫出售或快速变现的状态。由于清算假设假定被评估企业处于被迫出售或快速变现条件之下，因此，在清算假设前提下的资产评估结果的适用范围是非常有限的。

在企业价值评估中要科学合理地设定和使用评估假设，需要与企业价值评估目的及其对市场条件的宏观限定情况、企业目前自身经营状况和产权变动后企业经营状态，以及评估所要实现的价值类型和价值目标等相联系和匹配。因此，评估人员需要对收集的企业资料进行充分分析并判断，合理设定企业价值评估的基本假设。

8.5　转型经济与企业价值评估

经济转型或改革使得许多东西处在变化和完善当中，这就使得包括企业价值评估在内的资产评估问题变得复杂起来。当然，这些问题也会随着经济转型的不断完善而逐渐消失，但是，评估人员在当前还必须十分注意以下问题对企业价值评估的影响。

8.5.1　企业价值评估中的风险估计问题

在企业价值评估中，收益途径是国内外公认的企业价值评估主要的评估技术方法，我国评估界也开始从之前过多地运用成本途径及其资产基础法评估企业价值转向了运用多评估途径，特别是运用收益途径评估企业价值。在运用收益途径评估企业价值时，一个关键的因素就是需要测算与企业预期获利所面临或承担的风险相符的折现率。在成熟市场经济条件下，企业面临的宏观微观经济环境可能较为稳定，大多数行业中的企业的市场运行数据较为丰富，资本市场及其相关信息数据较为完善，企业面临的未来风险相对更易预期和估计。但在转型经济条件下，企业价值评估中测算折现率所面临的市场环境、所需要的市场信息等可能存在着某些不足，企业价值评估中的折现率测定也变得较为困难。在转型经济中，企业面临的风险不仅包括了一般意义上是通货膨胀或通货紧缩、经济周期变化造成的经济不稳定、资本控制权变动，还包括国家引导经济转型而出台的各种法律法规、财政货币政策、相关产业政策的变化与更新等。对这些不断变化更新因素的估计和判断不同，对企业的预期收益及其面临风险的估测就会大相径庭。因此，在企业价值评估中，企业面临的风险的预测始终是一个技术难点。

在相当长的评估实践中，人们通常采用传统的评估思维和技术方法来估测企业价值评估中的风险，即将企业价值评估中的风险通过单一折现率集中反映。如果评估人员有把握通过单一折现率反映被评估企业面临的风险，评估人员仍可以坚持利用这种方式。当然，企业价值评估中的风险也可以通过现金流量未来受不确定性因素影响的变化加以反映，即通过加权平均风险概率的分析，在现金流预测中将预期风险直接反映在现金流数量上。事实上，单一折现率或加权平均风险概率下的现金流量都可以反映企业价值评估中的风险。至于是选择单一折现率反映，还是选择加权平均风险概率下现金流量数量的变化反映，评估人员可以根据被评估企业的预期情况、宏观及行业未来可能面临的变化及其时期分布建立不同的假设情境，并对各种假设情境下单一折现率或加权平均风险概率的量化难度进行分析，在此基础上，选择恰当的技术方法来估测企业价值评估中的风险。无论采用什么评估技术方法估计企业面临的风险，都应注意经济转型时期企业面临的某些特殊风险。

8.5.2 高新技术企业产权变动引发的评估技术方法创新

随着我国高新技术企业的快速发展，与之相关的各种投融资、并购、上市、交易等活动也日益活跃。其中，高新企业在我国创业板和科创板上市以及在主板并购的数量和价值总量呈逐年递增趋势。高新技术企业上市以及并购重组已经成为其扩大规模、提高核心竞争力、实现价值增值的战略选择。许多高新企业的并购或上市等经济活动需要企业价值评估的专业支持，对高新技术企业及其所具有的价值的深刻认识和准确计量，对高新技术企业并购上市的成功起着关键性的作用。近年来，大量相对成熟或仍处于创业期的信息平台企业、半导体技术企业、生物制药企业、新兴医疗设备企业等的大量上市和并购，给企业价值评估提出了许多新的挑战。高新技术企业的经营模式、盈利模式和盈利周期等与传统产业的企业存在着很大的不同。高新技术企业的高成长性和高风险性同时并存，简单地运用传统的企业价值评估方法和技术模型评估高新技术企业价值的缺陷已经显现，评估行业探索新的评估技术方法的脚步正在加快。模糊现金流量折现法、期权定价法等许多新的评估方法和模型正在逐步引入到企业价值评估中，新的评估技术方法逐渐成为传统的评估方法的有效补充。充分关注国内外对企业价值评估技术方法的研究非常重要，在已经运用的收益途径及其方法、市场途径及其方法和成本途径及其方法的基础上探索新的评估技术方法的适用性和可操作性，是摆在评估行业面前的一个非常重要的课题。

本章小结

在资产评估业务当中，企业价值评估是相对复杂的评估项目，充分了解被评估企业的特点、企业价值评估的特点，企业价值评估的程序、企业价值评估范围界定，以及在我国经济转型时期企业价值评估的特殊性，是合理运用企业价值评估技术的重要基础和前提。

主要概念

企业价值评估　企业整体价值　溢余资产　有效资产　持续经营假设　企业价值评估范围

基本训练

一、单项选择题

1.当企业的整体价值低于企业单项资产评估值之和时，通常的情况是（　　　　）。

　　A.企业的资产收益率低于社会平均资金收益率

　　B.企业的资产收益率高于社会平均资金收益率

　　C.企业的资产收益率等于社会平均资金收益率

　　D.企业的资产收益率趋于社会平均资金收益率

2.在企业价值评估中，投资资本是指（　　　　）。

　　A.所有者权益+负债　　　　　　　　B.所有者权益+流动负债

　　C.所有者权益+长期负债　　　　　　D.长期投资

3.企业价值评估的一般范围即企业的资产范围是从企业（　　　　）的角度界定。

　　A.资金　　　　　B.规模　　　　　C.技术　　　　　D.产权

4.运用收益途径评估企业价值，其前提条件是（　　　　）。

　　A.企业具有生产能力　　　　　　　B.企业各项资产完好

　　C.企业能够持续经营　　　　　　　D.企业具有商誉

5.从市场交换角度，决定企业价值的因素是（　　　　）。

　　A.社会必要劳动时间　　　　　　　C.建造企业的原始投资额

　　C.企业获利能力　　　　　　　　　D.企业生产能力

二、多项选择题

1.在下列内容中，属于企业价值评估一般范围的资产有（　　　　）。

　　A.被评估企业本部拥有的资产

　　B.被评估企业全资子公司资产

　　C.被评估企业产业链上的企业资产

　　D.被评估企业控股子公司中拥有的相关资产

E.被评估企业拥有非控股子公司相关资产

2.运用收益途径评估企业价值时，通常需要剥离的溢余资产有（　　）。

    A.非生产性资产   B.自身功能与整体企业功能不协调资产

    C.能耗、料耗大的资产   D.闲置资产

    E.融资租赁资产

3.企业价值评估对象通常包括（　　）。

    A.企业整体价值   B.企业全部要素资产

    C.企业股东全部权益价值   D.企业商誉

    E.企业股东部分权益价值

4.从投资回报的角度，企业投资资本收益体现的权益包括（　　）。

    A.所有者的权益   B.劳动者的权益   C.债权人的权益   D.政府的权益

5.在企业价值评估中，在处理企业存在的溢余资产时，通常可以采取（　　）等方式进行。

    A.零值处理   B.不予考虑   C.资产剥离   D.单独评估

三、判断题

1.企业价值取决于其要素资产组合的整体盈利能力，不具备现实或潜在盈利能力的"企业"也就不存在持续经营前提下的企业价值。（　　）

2.上市公司的内在价值应该等同于该公司全部股票市值之和。（　　）

3.用收益途径评估企业价值时，评估时点企业的实际收益可以直接用来评估企业价值。（　　）

4.评估企业市场价值时，对企业价值的判断，通常只能基于对企业存量资产运作的合理判断，而不能考虑新的产权主体行为因素。（　　）

5.企业是企业各项可确指资产的汇集，企业整体价值一定等于企业各项可确指资产价值之和。（　　）

四、思考题

1.企业价值评估对象和评估范围的关系。

2.划分企业价值评估一般范围与具体范围的意义是什么？

3.在企业价值评估中如何处理企业溢余资产？

4.转型经济条件下企业价值评估风险估计需要注意哪些问题？

第8章基本训练参考答案

第 9 章

企业价值评估（下）

9.1 收益途径在企业价值评估中的应用

9.1.1 收益途径评估企业价值的核心问题

在运用收益途径对企业价值进行评估时，一个必要的前提是判断企业是否具有持续的盈利能力。只有当企业具有持续的盈利能力时，运用收益途径对企业进行价值评估才具有意义。运用收益途径对企业进行价值评估，关键在于对以下三个问题的解决：

首先，要对企业的收益予以界定。企业的收益能以多种形式出现，包括净利润、净现金流量（股权自由现金流量）、息前净利润和息前净现金流量（企业自由现金流量）。选择以何种形式的收益作为收益法中的企业收益，可能会直接影响企业价值评估的效率和最终结论的判断。

其次，要对企业的收益进行合理的预测。要求评估人员对企业的将来收益进行精确预测是不可能的。但是，由于企业收益的预测直接影响对企业盈利能力的判断，是决定企业最终评估值的关键因素之一。所以，在评估中应全面考虑影响企业盈利能力的各种有利因素、不利因素和不确定性因素，建立一个能够相对客观、合理地反映企业预期收益变化的模型，对企业的收益做出合理的预测。

最后，在对企业的收益做出相对合理的预测后，要选择和测算合适的折现率。合适的折现率的选择直接关系到对企业取得未来收益的风险的判断，进而影响对企业价值的判断。由于世界经济的一体化程度越来越高，国内国际经济中的不确定性因素越来越多，加之创新企业和创业企业的大量涌现，对企业获得未来收益的风险进行判断的难度有增无减。能否对企业取得未来收益的风险做出恰当的判断，从而选择合适的折现率，对企业的最终评估值具有较大影响。前一章已经提到，根据被评估企业的特点和内外部环境，企业价值评估中的折现率可以选择单一的适用于企业未来各个时期的折现率，也可以选择适用于企业不同时期的加权平均折现率。无论选择什么形式的折现率，都要使选择的折现率能够反映被评估企业面临的预期风险。

9.1.2 收益途径中若干具体方法的说明

1）持续经营假设前提下的具体方法

（1）年金法

年金法的估值模型为：

$$P=A/r \tag{9-1}$$

式中：P——企业评估价值；

A——企业未来每年的年金收益；

r——资本化率。

用于企业价值评估的年金法，是将已处于供需均衡状态，其未来收益具有充分的稳定性和可预测性的成熟企业的预期收益进行年金化处理，然后再把已年金化的企业预期收益进行收益还原来估测企业的价值。因此，估值模型（9-1）又可以写成：

$$P = \sum_{i=1}^{n} \left[R_i \times (1 + r)^{-i} \right] \div \sum_{i=1}^{n} \left[(1 + r)^{-i} \right] \div r \tag{9-2}$$

式中：$\sum_{i=1}^{n} \left[R_i \times (1 + r)^{-i} \right]$——企业未来前 n 年预期收益折现值之和；

$\sum_{i=1}^{n} \left[(1 + r)^{-i} \right]$——年金现值系数；

r——资本化率。

【例 9-1】待估企业是传统行业中的成熟企业，预计未来 5 年的预期收益额分别为 100 万元、120 万元、110 万元、130 万元、120 万元，假定折现率和资本化率均为 10%，试用年金法估测待估企业价值。运用模型（9-2）有：

$$P = \sum_{i=1}^{n} \left[R_i \times (1 + r)^{-i} \right] \div \sum_{i=1}^{n} \left[(1 + r)^{-i} \right] \div r$$

= （100×0.9091+120×0.8264+110×0.7513+130×0.6830+120×0.6209）÷（0.9091+0.8264+

0.7513+0.6830+0.6209）÷10%=（91+99+83+89+75）÷3.7907÷10%

=437÷3.7907÷10%

=1 153（万元）

（2）分段法

分段法是将持续经营的企业的收益预测分为前后两段。将企业的收益预测分为前后两段的理由在于：在企业发展的前一个阶段，企业每年的经营和收益都处于相对不稳定的状态，因此企业的预期收益是需要年年测算的。而当企业渡过这个发展阶段之后，企业的产供销处于相对均衡的状态，其收益是相对稳定的或按某种规律变化。前段企业的预期收益，采取逐年预测并折现累加的方法，以求得第一段的企业价值。后段的企业价值，则需要根据企业的具体情况并按企业的第二段收益变化规律，对企业后段的预期收益进行年金化还原或用其他恰当的估值方法处理并折现到评估基准日。企业前后两段的收益现值（企业价值）加在一起便构成企业的收益现值（企业价值）。

假设以前段（第一段）最后一年的预期收益作为后段（第二段）各年的预期年金收益，分段法的估值模型可写成：

$$P = \sum_{i=1}^{n}\left[R_i \times (1+r)^{-i}\right] + \frac{R_n}{r} \times (1+r)^{-n} \tag{9-3}$$

假设企业未来第一段收益期的收益年限为 n，从第二段收益期的第一年（n+1年）起，以后各年的预期收益将按一固定比率（g）增长，则分段法的估值模型可写成：

$$P = \sum_{i=1}^{n}\left[R_i \times (1+r)^{-i}\right] + \frac{R_n(1+g)}{(r-g)} \times (1+r)^{-n} \tag{9-4}$$

【例9-2】待估企业预计未来5年的预期收益额分别为100万元、120万元、150万元、160万元、200万元。根据企业的实际情况推断，从第6年开始，企业的年收益额将维持在200万元水平上，假定折现率和资本化率为10%，使用分段法估测企业的价值。

运用模型：

$$P = \sum_{i=1}^{n}\left[R_i \times (1+r)^{-i}\right] + \frac{R_n}{r} \times (1+r)^{-n}$$

＝（100×0.9091+120×0.8264+150×0.7513+160×0.6830+200×0.6209）+200÷10%×0.6209

=536+2 000×0.6209

=1 778（万元）

假如评估人员根据企业的实际情况推断，企业从第6年起，收益额将在第5年的水平上以2%的增长率保持增长，其他条件不变，试估测待估企业的价值。

运用模型：

$$P = \sum_{i=1}^{n}\left[R_i \times (1+r)^{-i}\right] + \frac{R_n(1+g)}{r-g} \times (1+r)^{-n}$$

＝（100×0.9091+120×0.8264+150×0.7513+160×0.683+200×0.6209）+200×（1+2%）÷

（10%-2%）×0.6209

=536+204÷8%×0.6209

=536+2 550×0.6209

=536+1 583

=2 119（万元）

2）企业有限持续经营假设前提下的具体方法

（1）关于企业有限持续经营假设的应用。对企业而言，它的价值在于其所具有的持续的盈利能力。一般而言，对企业价值的评估应该在持续经营前提下进行。只有在特殊的情况下，才能在有限持续经营假设前提下对企业价值进行评估。如企业章程已对企业经营期限做出规定，而企业的所有者无意逾期继续经营企业，则可在该假设前提下对企业进行价值评估。评估人员在运用该假设对企业价值进行评估时，应对企业能否适用该假设做出合理判断。

（2）企业有限持续经营假设是从最有利于回收企业投资的角度，争取在不追加资本性投资的前提下，充分利用企业现有的资源，最大限度地获取投资收益，直至企业无法持续经营为止。

（3）对于有限持续经营假设前提下企业价值评估的具体方法，其评估思路与分段法类似。首先，将企业在可预期的经营期限内的收益加以估测并折现；其次，将企业在经营期限后的残余资产的价值加以估测并折现。最后，将两者相加。其估值模型为：

$$P = \sum_{i=1}^{n} \left[R_i \times (1 + r)^{-i} \right] + P_n \times (1 + r)^{-n} \tag{9-5}$$

式中：P_n——第 n 年（企业终止经营的年份）资产的变现值；

其他符号含义同前。

9.1.3 企业收益及其预测

1）企业收益额

收益额是运用收益途径及其方法评估整体企业的基本参数之一。在资产评估中，收益是根据投资回报的原理，资产在正常情况下所能得到的归产权主体的所得额。在企业价值评估中，收益额是指企业在正常条件下获得的归企业所有的收益额。由于企业价值评估中的收益额是用来反映企业获利能力的指标，在企业价值评估过程中，评估人员通常会选择会计学上的净利润和净现金流量作为企业的收益额。

（1）企业收益的界定与选择

以会计学上的净利润和净现金流量作为企业价值评估中的企业收益是评估实践中的一般选择，但在具体界定企业收益时还应注意以下几点：

① 从性质上讲，不归企业权益主体所有的企业收益不能作为企业评估中的企业收益，如税收，包括流转税和所得税。

② 凡是归企业权益主体所有的企业收支净额，可视同企业收益。无论是营业收支、资产收支，还是投资收支，只要形成净现金流入量，就应视同为收益。企业收益界定是将企业发生产权变动为确定企业交易价格这一特定目的作为出发点，从潜在投资者参与产权交易后企业继续经营和收益分享的角度来看，企业收益可以是企业所有者投资于该企业所能获得的净收入。它的基本表现形式是企业净利润和企业净现金流量（还可以有其他表现形式）。企业净利润和净现金流量是判断和把握企业获利能力及其价值最重要、最基本的财务数据和指标。

③ 从企业价值评估操作的层面上讲，即在运用收益途径的各种估值模型中，企业收益额不仅是反映企业获利能力的一个重要参数和指标，还是估值模型中与折现率或资本化率相关相匹配的技术参数之一。由于企业价值评估的对象范围包括企业整体价值、股东全部权益价值和股东部分权益价值等多重目标，因此，从估值模型实际运用的角度来看，企业价值评估的收益额又不仅限于企业的净利润和净现金流量两个指标。也就是说，企业价值评估实际操作中使用的收益额与理论上的企业收益可能并不完全等同。用于企业价值评估的企业收益既可以是理论上的企业收益，如企业净利润和净现金流量，也可以是其他口径的企业收益，如息前净现金流量和息税前净现金流量等。只要它能够反映企业的获利能力并与收益途径估值模型所选用的折现率或资本化率相匹配，净利润和净现金流量以外口径的企业收益也可以作为企业价值评估的收益额。

（2）关于收益额的口径

从投资回报的角度，企业收益的边界是可以明确的。企业净利润是所有者的权益，利息是债权人的权益。针对企业发生产权变动而进行企业价值评估这一事项，企业价值评估的目标可能是企业的总资产价值、企业股东全部权益价值或企业股东部分权益价值，企业价值评估目标的多样性是选择收益额口径的客观要求之一。另外，由于不同企业之间资本结构的不同会对企业价值产生什么样的影响，以及由此产生的利息支出、股利分配等对企业价值的影响问题，都造成了关于企业价值评估中不同口径收益额选择的必要。根据企业价值评估的口径，即企业整体价值、企业股东全部权益价值（企业所有者权益）和企业股东部分权益价值，与之相对应的收益口径也是有差异的。

明确企业收益的边界和口径对于运用收益途径及其估值模型评估企业价值是极其重要的。不同的投资主体在企业中的投资或权益在资产实物形态上是难以划分的。只有在明确了企业收益的边界和口径，以及不同边界和口径的企业收益与企业价值评估结果的口径的对应关系的基础上，才能根据被评估企业的具体情况，采取各种切实可行的收益折现方案或资本化方案实现企业价值评估目标。

从企业价值评估的目标和过往的评估实践来看，企业的股东全部权益价值是使用频率最高的企业价值评估对象和估值目标，即评估企业的净资产价值或所有者权益价值。当然，也存在着对企业整体价值，以及企业股东部分权益价值的评估。由于企业整体价值、股东全部权益价值和股东部分权益价值之间的内在联系，或者说是企业总资产、净资产（所有者权益）和部分净资产（股东部分权益）之间的内在联系。在企业价值评估实践中，评估股东全部权益价值可以采取先评估企业整体价值（总资产），再减去负债的方式实现。评估股东部分权益价值可以通过先评估股东全部权益价值，再根据该股东部分权益比例以及是否具有控制权或少数股权估测其价值。这种并不直接选择与评估对象及评估价值目标对应的企业收益额评估企业价值，例如用股东自由现金流量和适当的折现率或资本化率直接评估出企业的股东全部权益价值（直接法），而是通过迂回的方式评估特定价值目标的做法通常被称作"间接法"。由于企业价值评估对象及评估价值目标的多样性和评估方式的直接法和间接法的存在，熟悉企业各种收益形式、收益口径及其折现或资本化后的企业价值形式与口径就显得十分重要了。因此，根据被评估企业价值评估对象和评估价值目标，选择最优的评估方式和适当的企业的收益形式（口径）以及对应的折现率与资本化率进行评估是企业价值评估的基本程式。在企业价值评估中经常使用的收益口径主要包括：净利润、净现金流量（股东自由现金流量）、息前净利润、息前净现金流量（企业自由现金流量）等。假定折现率口径与收益额口径一致，即不存在统计口径或核算口径上的差别的话，不同形式、口径或结构的收益额，其折现的价值内涵和目标是不同的。

如：

净利润或净现金流量 $\xrightarrow{\text{折现或还原为}}$ 股东全部权益价值（净资产价值、所有者权益）

净利润或净现金流量 ＋ 长期负债利息 ×(1 - 所得税税率) $\xrightarrow{\text{折现或还原为}}$ 投资资本价值（所有者权益 + 长期负债）

净利润或净现金流量 ＋ 利息 ×(1 - 所得税税率) $\xrightarrow{\text{折现或还原为}}$ 企业整体价值（所有者权益 + 长期负债 + 流动负债）

选择什么口径的企业收益作为收益法评估企业价值的基础，首先应服从企业价值评估的目的和目标，即企业价值评估的目的和目标是评估反映股东全部权益价值（企业所有者权益或净资产价值），还是反映企业所有者权益及长期债权人权益之和的投资资本价值或企业整体价值。其次，对企业收益口径的选择，应在不影响企业价值评估目的的前提下，选择最能客观反映企业正常盈利能力的收益额作为对企业进行价值评估的收益基础。对于某些企业，净现金流量（股权自由现金流量）就能客观地反映企业的获利能力，而另一些企业可能采用息前净现金流量（企业自由现金流量）更能反映企业的获利能力。如果企业评估的目标是企业的股东全部权益价值（净资产价值），使用净现金流量（股权自由现金流量）最为直接，即评估人员直接利用企业的净现金流量（股权自由现金流量）评估出企业的股东全部权益价值（净资产价值）来。当然，评估人员也可以利用企业的息前净现金流量（企业自由现金流量）首先估算出企业的整体价值，然后再从企业整体价值中扣减掉企业的付息债务得到股东全部权益价值（企业的净资产价值）。是运用企业的净现金流量（股权自由现金流量）直接估算出企业的股东全部权益价值（净资产价值），还是采用迂回的方法先估算企业的整体价值或投资资本价值，再估算企业的股东全部权益价值（净资产价值），取决于是企业的净现金流量还是企业的息前净现金流量更能客观地反映出企业的获利能力。掌握收益口径和表现形式与不同层次的企业价值的对应关系，以及不同层次企业价值之间的关系是企业价值评估中非常重要的事情。

当然，在评估实践中往往折现率也是有层次或口径的。因为折现率是一种期望投资回报率，也是一个相对数或比率，这个比率的分子一定是某种口径的收益额。例如，当使用行业收益率作为企业价值评估的折现率或资本化率时，就存在总资产收益率、投资资本收益率和净资产收益率等不同含义的折现率或资本化率。而每一种含义的折现率或资本化率又可以有不同的口径。如计算净资产收益率中的收益额既可以是净利润，也可以是净现金流量，还可以是无负债净利润等不同形式和口径的收益额。此时，用于折现或资本化的收益额的选择就必须与折现率或资本化率中所使用的收益额保持统一或核算口径上的一致性。否则，评估结果就没有任何经济意义和实际意义。

上述关于企业价值评估中的收益额边界的界定思路，是建立在现有的产权制度框架下的。事实上，企业价值是资本、人力、技术和管理诸要素有机结合、共同作用的结果。而在目前的产权制度下，企业价值评估值的归属通常只考虑了企业的所有者权益和债权权益，显然忽略了人力、技术和管理主体在企业中的贡献和权益。就是说，目前的企业价值评估是把所有对企业价值有贡献的因素都考虑进去了，但是在产权界定时却把企业价值全部归于资本所有者和债权人。企业评估价值的合理分配尚有待于要素分配理论的确立、进一步完善和被广泛接受。

2）企业收益预测

从评估准则要求的意义上讲，企业收益预测可以由被评估企业管理层完成，即企业管理层可以提供企业的预期经营规划和完整的收益预测数据，并对上述预测数据做出必要的说明。在此种情况下，评估人员和评估机构的责任和义务是对管理层提供的企业收益预测进行必要的分析和判断，并与管理层进行必要沟通协调确定。如果被评估企业不能或无法提供预期经营规划和完整的收益预测数据，则评估人员及其评估机构就需要承担企业未来收益的预测工作，并与管理层进行必要沟通协调确定。

无论是对企业管理层提供的收益预测，还是评估师自行做出的收益预测，具体实施过程大致都分为三个阶段：首先是企业收益现状和历史的分析和判断；其次是对企业未来可预测的若干年的预期收益预测的分析和判断；最后是对企业未来持续经营条件下的长期预期收益趋势的判断。

（1）企业收益现状的分析和判断

企业收益现状的分析和判断的重点是了解和掌握企业评估基准日的正常获利能力水平，为分析企业管理层提供的预测收益建立一个平台。

了解和判断一个企业的获利能力现状可以通过一系列财务数据并结合对企业生产经营的实际情况加以综合分析判断。还有必要对企业以前年度的获利能力情况做出考察，以确定企业现时的正常获利能力。可作为分析判断企业获利能力参考依据的财务指标主要有：企业资金利润率、投资资本利润率、净资产利润率、成本利润率、销售利润率、企业资金收益率、投资资本收益率、净资产收益率、成本收益率、销售收益率。企业资金利润率与企业资金收益率之间的区别如下：前者是企业的利润总额与企业资金占用额之比，而后者是企业净利润与企业资金占用额之比。其他各对应项利润率与收益率之间的差别同上，也是分子项上的利润总额与净利润之差。

评估人员不可以单凭上述企业的有关财务数据来断定企业现时的正常获利能力。要想较为客观地把握企业的正常获利能力，必须结合企业内部及外部的影响企业获利能力的各种因素进行综合分析。例如，企业产品或服务的市场需求、企业产品或服务的市场竞争力和市场份额。这些可以通过企业的生产经营能力的利用率与产销率等指标略见一斑。当然评估人员也要十分注意企业产品或服务的成长性，以便对企业的市场因素做出正确的判断。再如，企业资金融通渠道、能源、动力、原材料等的供给情况、企业的产品和技术开发能力、企业的经营管理水平和管理制度、企业存量资产的状况及匹配情况，还有国家的政策性因素等。只有结合企业内部的和外部的具体条件来分析企业的财务指标，才有可能正确地认识企业的获利能力。

（2）企业收益预测的基础的分析

用于衡量企业获利能力的企业收益不仅具有层次性和不同的口径，同时还存在着收益预测的基础问题。企业的预期收益的基础有以下两个方面的问题：其一，是预期收益预测的出发点，这个出发点是以企业评估时的收益现状，即企业的实际收益为出发点或以别的什么为出发点。按照普通人的想法，似乎只能以企业在评估时点的实际收益更符合资产评估的客观性原则。实际上，在进行企业价值评估时，既可以用企业在评估时点的实际收益为基础测算的预期收益，也可以用被评估企业所在行业的正常投资收益水平为基础预测的预期收益。如果是以企业实际收益为基础预测的预期收益，一定注意在企业实际收益中如果存在一次性的，或者是偶然的，或者当企业产权发生变动后不复存在的收入或费用因素，应当进行调整。如果把企业评估时点的包含有偶然收入或费用的实际收益作为预测企业未来预期收益的基础而不做任何调整的话，等于将那些不复存在的因素仍然作为影响企业未来预期收益的因素加以考虑。很显然，这将导致企业未来收益预测的失实。因此，企业评估的预期收益的预测基础可以是企业在正常经营管理前提下的正常收益或客观收益（所在行业的正常收益水平），或是排除偶然因素和不可比因素后的企业实际收益。当然，企业价值评估的两种收益预测基础及在此基础上预测的企业未来收益，以及据此对企业价值做出的判断，企业的评估价值类型和定义应该是有差别的。

关于企业预期收益预测的基础的第二个问题是如何客观地把握新的产权主体的行为对企业预期收益的影响。因为企业的预期收益既是企业存量资产运作的函数，同时也是未来新的产权主体经营管理的函数。新的产权主体的行为是评估人员无法确切估测的因素，同时，新的产权主体的个别行为对企业预期收益的影响也不应该称为预测企业预期收益的因素。从这个意义上讲，对于企业预期收益的预测一般只能以企业现实存量资产为出发点，可以考虑存量资产的合理改进，甚至是合理重组，并以企业的正常经营管理为基础，一般不考虑不正常的个人因素或新的产权主体的超常行为等因素对企业预期收益的影响。

关于企业预期收益预测基础的以上论述只是一种原则性的，是从总的方面对企业预期收益预测基础的认识。在企业价值评估的实际操作中，情况可能会更为复杂，特别是通过产权变动，例如企业并购所产生的协同效益，如果完全不考虑被评估企业存量资产的作用也是不合适的，这就存在一个协同效益在新老产权主体之间的分配问题。由于企业并购，以及其他类似经济行为产生的协同效益的分配和分成问题十分复杂，这里不做更深层次的讨论。

（3）对企业收益预测分析的基本步骤

对企业预期收益的预测分析大致可分为以下几个步骤：评估基准日企业收益或正常收益的审核（计）和调整；对企业管理层提供的企业未来经营规划、财务预算或预测资料，以及基于评估师自行所做的预期收益趋势进行总体分析和判断；在此基础上对企业预测收益的可靠性做出判断。

如果以企业实际收益为基础预测未来企业收益，评估基准日企业收益审核（计）和调整包括两部分工作：其一是对评估基准日企业收益的审核（计），按照国家的企业财务通则、企业会计准则，以及现行会计制度等对企业于评估基准日的实际收益额进行审核，并按审核结果编制评估基准日企业资产负债表、利润表和现金流量表。其二是对审核后的重编财务报表进行非正常因素调整，主要是利润表和现金流量表的调整（资产负债表以及非经营性资产、闲置资产、溢余资产的调整不在这里论述）。对于一次性、偶发性，或以后不再发生的收入或费用进行剔除，把企业评估基准日的企业利润和现金流量调整到正常状态下的数额，为企业预期收益的趋势分析打好基础。

如果是以被评估企业所在行业正常收益水平为基础预测企业未来收益，实际上是假设企业发生产权变动后，企业能够以行业的正常经营水平和正常获利能力进行运营。这时，首先应对评估基准日的企业实际收益进行分析，在可以得出企业在评估基准日后以行业正常经营水平和获利能力水平预测未来收益是客观的基础上，编制按被评估企业有效资产所对应的用于本次企业价值评估的资产负债表、利润表和现金流量表。

企业预期收益趋势的总体分析和判断是在对企业评估基准日实际收益或正常收益的审核（计）和调整的基础上，结合被评估企业管理层提供的企业预期收益预测和评估机构调查收集到的有关信息资料进行的。这里需要强调指出：①对企业评估基准日的财务报表的审核（计）和重编，尤其是客观收益的调整仅作为评估人员进行企业预期收益预测的参考依据，不能用于其他目的；②企业管理层提供的关于企业预期收益的预测是评估人员预测企业未来预期收益的重要基础（如果企业能够提供的话）；③尽管对企业在评估基准日的财务报表进行了必要的调整或重编，并掌握了企业提供的收益预测，评估人员仍必须深入到企业现场进行实地考察和现场调研，充分了解企业的生产工艺过程、设备状况、生产能力和经营管理水平，以及市场状况等，再辅之以其他数据资料对企业未来收益趋势作合乎逻辑的总体判断。

企业预期收益的预测是在前两个步骤完成以后的前提下，运用具体的技术方法和手段测算企业预期收益。在一般情况下，企业的收益预测也分两个时间段。对于已步入稳定期的企业而言，收益预测的分段较为简单：一是对企业未来前若干年的收益进行预测；二是对企业未来前若干年后的各年收益进行预测。而对于仍处于发展期，其收益尚不稳定的企业而言，对其收益预测的分段应是首先判断出企业在何时步入稳定期，其收益呈现稳定性。而后将其步入稳定期的前一年作为收益预测分段的时点。对企业何时步入稳定期的判断，应在与企业管理人员的充分沟通和占有大量资料并加以理性分析的基础上进行，其确定较为复杂。下面主要介绍处于稳定期的企业预期收益的预测。

对企业未来前若干年的预期收益进行预测，前若干年可以是3年，也可以是5年，或其他时间跨度。若干年的时间跨度的长短取决于评估人员对预测值的精度要求，以及评估人员的预测手段和能力。对评估基准日后若干年的收益预测是在评估基准日调整的企业收益或企业历史收益的平均收益趋势的基础上，结合影响企业收益实现的主要因素在未来预期变化的情况，采用适当的方法进行的。目前较为常用的方法有综合调整法、产品周期法、时间趋势法等。无论采用何种预测方法估测企业的预期收益，首先都应进行预测前提条件的设定。因为无论如何企业未来可能面临的各种不确定性因素无法一项不漏地纳入评估参数中，因此，科学合理地设定预测企业预期收益的前提条件是必需的。这些前提条件包括：①国家的政治、经济等政策变化对企业预期收益的影响，除已经出台但尚未实施的以外，只能假定其将不会对企业预期收益构成重大影响；②不可抗拒的自然灾害或其他无法预测的突发事件不作为预测企业收益的相关因素考虑；③企业经营管理者的某些个人行为也未在预测企业预期收益时考虑等。当然，根据评估对象，评估目的和评估时的条件还可以对评估的前提条件做出必要的限定。但是，评估人员对企业预期收益预测的前提条件设定必须合情合理。否则，这些前提条件不能构成合理预测企业预期收益的前提和基础。

在明确了企业收益预测前提条件的基础上，就可以着手对企业未来前若干年的预期收益进行预测。预测的主要内容有：对影响被评估企业及所属行业的特定经济及竞争因素的估计；未来若干年市场的产品或服务的需求量或被评估企业市场占有份额的估计；未来若干年销售收入的估计；未来若干年成本费用及税金的估计；完成上述生产经营目标需追加投资及技术、设备更新改造因素的估计；未来若干年预期收益的估计等。关于企业的收益预测，评估人员不得不加分析地直接引用企业或其他机构提供的企业收益预测。评估人员应把企业或其他机构提供的收益预测作为参考，根据可收集到的数据资料，在经过充分分析论证的基础上做出独立的预测判断。

在具体运用预测技术和方法测算企业收益时，无论采用哪种方法大都采取目前普遍使用的财务报表格式予以表现，如利用利润表的形式表现或采用现金流量表的形式表现。运用利润表或现金流量的形式表现预测企业收益的结果通俗易懂、便于理解和掌握。需要说明的是，用企业利润表或现金流量表来表现企业预期收益的预测结果，并不等于说企业预期收益预测就相当于企业利润表或现金流量表的编制。企业收益预测的过程是一个比较具体、需要大量数据并运用科学方法的运作过程。用利润表或现金流量表表现的仅仅是这个过程的结果。所以，企业收益预测不能简单地等同于企业利润表或现金流量表的编制，而是利用利润表或现金流量表的已有栏目或项目，通过对影响企业收益的各种因素变动情况的分析，在评估基准日企业收益水平的基础上，对应表内各项目（栏目）进行合理的测算、汇总分析得到所测年份的各年企业收益。

企业2021—2024年收益预测表（见表9-1）是一张可供借鉴的企业收益预测表。如测算的收益层次和口径与本表有差异可在本表的基础上进行适当的调整。如采用其他构成的企业收益，或采用其他方式测算企业收益，评估人员可自行设计企业收益预测表。

表9-1 　　　　　　　　企业2021—2024年收益预测表 　　　　　　　　单位：万元

项目 ＼ 年份	2021年	2022年	2023年	2024年
一、营业收入				
减：营业成本				
税金及附加				
销售费用				
管理费用				
研发费用				
财务费用				
其中：利息费用				
利息收入				
加：其他收益				
投资收益（损失以"-"号填列）				
其中：对联营企业和合营企业的投资收益				
以摊余成本计量的金融资产终止确认收益（损失以"-"号填列）				

项目 \ 年份	2021年	2022年	2023年	2024年
净敞口套期收益（损失以"–"号填列）				
公允价值变动收益（损失以"–"号填列）				
信用减值损失（损失以"–"号填列）				
资产减值损失（损失以"–"号填列）				
资产处置收益（损失以"–"号填列）				
二、营业利润（亏损以"–"号填列）				
加：营业外收入				
减：营业外支出				
三、利润总额（亏损总额以"–"号填列）				
减：所得税费用				
四、净利润（净亏损以"–"号填列）				
（一）持续经营净利润（净亏损以"–"号填列）				
（二）终止经营净利润（净亏损以"–"号填列）				
五、其他综合收益的税后净额				
（一）不能重分类进损益的其他综合收益				
1.重新计量设定受益计划变动额				
2.权益法下不能转损益的其他综合收益				
3.其他权益工具投资公允价值变动				
4.企业自身信用风险公允价值变动				
……				
（二）将重分类进损益的其他综合收益				
1.权益法下可转损益的其他综合收益				
2.其他债权投资公允价值变动				
3.金融资产重分类计入其他综合收益的金额				
4.其他债权投资信用减值准备				

续表

项目 \\ 年份	2021年	2022年	2023年	2024年
5.现金流量套期储备				
6.外币财务报表折算差额				
……				
六、综合收益总额				
七、每股收益：				
（一）基本每股收益				
（二）稀释每股收益				

无论采用何种方法测算企业收益，都需注意以下几个基本问题：①一定收益水平是一定资产运作的结果。在企业收益预测时应保持企业预期收益与其资产及获利能力之间的协调关系。②企业的销售收入或营业收入与产品销售量（服务量）及销售价格的关系，会受到价格需求弹性的制约，不可以不考虑价格需求弹性而想当然地价量并长。③企业销售收入或服务收入的增长与其费用的变化是有联系的，评估人员应根据不同行业的企业特点，尽可能科学合理预测企业的销售收入及各项费用。④企业的预期收益与企业所采用的会计政策、税收政策关系极为密切，评估人员不可以违背会计政策及税收政策，以不合理的假设作为预测的基础，企业收益预测应与企业未来实行的会计政策和税收政策保持一致。

企业未来前若干年的预期收益测算可以通过一些具体的方法进行。而对于企业未来更久远的年份的预测收益，则难以具体地进行测算。可行的方法是：在企业未来前若干年预算收益测算的基础上，从中找出企业收益变化的规律和趋势，并借助某些手段，诸如采用假设的方式把握企业未来长期收益的变化区间和趋势。比较常用的假设是保持假设，即假定企业未来若干年以后各年的收益维持在一个相对稳定的水平上不变。当然也可以根据企业的具体情况，假定企业收益在未来若干年以后将在某个收益水平上，每年保持一个递增比率等。但是，无论采用何种假设，都必须建立在合乎逻辑、符合客观实际的基础上，以保证企业预期收益预测的相对合理性和准确性。

由于对企业预期收益的预测存在较多难以准确把握的因素和易受评估人员主观的影响，而该预测又直接影响企业的最终评估值，因此，评估人员在对企业的预期收益预测基本完成之后，应该对所做预测进行严格检验，以判断所做预测的合理性。检验可以从以下几个方面进行：第一，将预测的数据与企业历史收益的平均数据进行比较，如预测的结果与企业历史收益的平均数据明显不符，或出现较大变化，又无充分理由加以支持，则该预测的合理性值得质疑。第二，将预测的数据与行业收益的平均数据进行比较，如预测的结果与行业收益的平均数据明显不符，或出现较大变化，又无充分理由加以支持，则该预测的合理性值得质疑。第三，对影响企业价值评估的敏感性因素加以严格的检验。在这里，敏感性因素具有两方面的特征，一是该类因素未来存在多种变化，二是其变化能对企业的评估值产生较大影响。如对销售收入的预测，评估人员可能基于对企业所处市场前景的不同假设而会对企业的销售收入做出不同的预测，并分析不同预测结果可能对企业评估价值产生的影响。在此情况下，评估人员就应对销售收入的预测进行严格的检验，对决定销售收入预测的各种假设反复推敲。第四，对所预测的企业收入与成本费用的变化的一致性进行检验。企业收入的变化与其成本费用的变化存在较强的一致性，如预测企业的收入变化而成本费用不进行相应变化，则该预测值得质疑。第五，在进行敏感性因素检验的基础上，与其他方法评估的结果进行比较，检验在哪一种评估假设下能得出更为合理的评估结果。

9.1.4 折现率和资本化率及其估测

折现率是将未来有限期收益还原或转换为现值的比率。资本化率是指将未来非有限期收益转换成现值的比率。资本化率在资产评估业务中具有不同的称谓：资本化率、本金化率、还原利率等。折现率和资本化率在本质上是相同的，都属于投资报酬率。投资报酬率通常由两部分组成：一是无风险报酬率；二是风险投资报酬率。无风险报酬率亦称为安全利率，它与资金的最低机会成本具有密切的关系，即正常情况下无风险报酬率不能低于该投资的最低机会成本。这个最低的机会成本通常以政府发行的国债利率和银行储蓄利率作为参照依据。风险报酬率的高低主要取决于投资的风险的大小。风险大的投资，要求的风险报酬率就高。由于折现率和资本化率反映了与企业未来有限期和非有限期的持续获利能力和水平相对应的风险，而企业未来的持续获利能力在有限期与永续期面临的风险将决定折现率和资本化率的高低。从理论上讲，折现率与资本化率并不一定相同，它们既可以相同也可以不相同。同样，这里也不存在一定是谁比谁高或低的情况。折现率与资本化率的高低只取决于评估师对企业未来有限经营期与永续经营期的风险的判断。因此，必须强调折现率与资本化率的高低需要根据企业未来有限期和无限期经营面临的风险来定。

1）企业评估中选择折现率的基本原则

在运用收益途径中的具体方法评估企业价值时，折现率起着至关重要的作用，它的微小变化会对评估结果产生较大的影响。因此，在选择和确定折现率或资本化率时，必须注意以下几方面的问题。由于折现率与资本化率的构成相同，测算及选择思路也相同，下面我们就以折现率为代表来说明折现率与资本化率的测算原则和方法。

（1）折现率不低于投资的机会成本。在存在着正常的资本市场和产权市场的条件下，任何一项投资的回报率不应低于该投资的机会成本。在现实生活中，政府发行的国债利率和银行储蓄利率可以作为投资者进行其他投资的机会成本。由于国债的发行主体是政府，几乎没有破产或无力偿付的可能，投资的安全系数大。银行虽大多属于商业银行，但我国的大部分银行仍属国家垄断或严格监控，其信誉也非常高，储蓄也是一种风险极小的投资。因此，国债利率和银行储蓄利率可看成是其他投资的机会成本，相当于无风险投资报酬率。

（2）行业基准收益率不宜直接作为折现率，但行业平均收益率可作为确定折现率的重要参考指标。我国的行业基准收益率是基本建设投资管理部门为筛选建设项目，从拟建项目对国民经济的净贡献方面，按照行业统一制定的最低收益率标准，凡是投资收益率低于行业基准收益率的拟建项目不得上马。只有投资收益率高于行业基准收益率的拟建项目才有可能得到批准进行建设。行业基准收益率旨在反映拟建项目对国民经济的净贡献的高低，包括拟建项目可能提供的税收收入和利润，而不是对投资者的净贡献。因此，不宜直接将其作为企业产权变动时价值评估的折现率。再者，行业基准收益率的高低也可能体现了国家的产业政策。在一定时期，属于国家鼓励发展的行业，其行业基准收益率可以相对低一些；属于国家控制发展的行业，国家就可以适当调高其行业基准收益率，达到限制项目建设的目的。因此，行业基准收益率不宜直接作为企业评估中的折现率。而随着我国证券市场的发展，行业的平均收益率日益成为衡量行业平均盈利能力的重要指标，可作为确定折现率的重要参考指标。

（3）贴现率不宜直接作为折现率。贴现率是商业银行对未到期票据提前兑现所扣金额（贴现息）与期票票面金额的比率。贴现率虽然也是将未来值换算成现值的比率，但贴现率通常是银行根据市场利率和贴现票据的信誉程度来确定的。且票据贴现大多数是短期的，并无固定期间周期。从本质上讲，贴现率接近于市场利率。而折现率是针对具体评估对象的风险而生成的期望投资报酬率。从内容上讲，折现率与贴现率并不一致，简单地把银行贴现率直接作为企业评估的折现率是不妥当的。但也要看到，在有些情况下，如对采矿权评估所使用的贴现现金流量法，正是以贴现率折现评估价值的。但就是在这种场合，所使用的贴现率也包括安全利率和风险溢价两部分，与真正意义的贴现率也不完全一样。

2）风险报酬率及折现率的测算

在折现率的测算过程中，无风险报酬率的选择相对比较容易一些，通常是以政府债券利率和银行储蓄利率为参考依据。而风险报酬率的测度相对比较困难。它因评估对象、评估时点的不同而不同。就企业而言，在未来的经营过程中要面临着经营风险、财务风险、行业风险、通货膨胀风险等。从投资者的角度，要投资者承担一定的风险，就要有相对应的风险补偿。风险越大，要求补偿的数额也就越大。风险补偿额相对于风险投资额的比率就叫风险报酬率。

在测算风险报酬率的时候，评估人员应注意以下因素：

第一，国民经济增长率及被评估企业所在行业在国民经济中的地位；

第二，被评估企业所在行业的发展状况及被评估企业在行业中的地位；

第三，被评估企业所在行业的投资风险；

第四，企业在未来的经营中可能承担的风险等。

在充分考虑和分析了以上各因素以后，风险报酬率可通过以下两种方法估测：

（1）风险累加法。企业在其持续经营过程可能要面临着许多风险，像前面已经提到的行业风险、经营风险、财务风险、通货膨胀等。将企业可能面临的风险对回报率的要求予以量化并累加，便可得到企业评估折现率中的风险报酬率。用数学公式表示：

$$\frac{风险}{报酬率} = \frac{行业风险}{报酬率} + \frac{经营风险}{报酬率} + \frac{财务风险}{报酬率} + \frac{其他风险}{报酬率} \tag{9-6}$$

行业风险主要指企业所在行业的市场特点、投资开发特点，以及国家产业政策调整等因素造成的行业发展不确定性给企业预期收益带来的影响。

经营风险是指企业在经营过程中，由于市场需求变化、生产要素供给条件变化以及同类企业间的竞争给企业的未来预期收益带来的不确定性影响。

财务风险是指企业在经营过程中的资金融通、资金调度、资金周转可能出现的不确定性因素影响企业的预期收益。

其他风险包括了国民经济景气状况、通货膨胀等因素的变化可能对企业预期收益的影响。

量化上述各种风险所要求的回报率，主要是采取经验判断。它要求评估人员充分了解国民经济的运行态势、行业发展方向、市场状况、同类企业竞争情况等。只有在充分了解和掌握上述数据资料的基础上，对于风险报酬率的判断才能较为客观合理。当然，在条件许可的情况下，评估人员应尽量采取统计和数理分析方法对风险回报率进行量化。

（2）β系数法。β系数法用于估算企业所在行业的风险报酬率。其基本思路是，行业风险报酬率是社会平均风险报酬率与被评估企业所在行业平均风险和社会平均风险的比率系数（β系数）的乘积。

β系数法估算风险报酬率的步骤为：

① 将社会平均收益率扣除无风险报酬率，求出社会平均风险报酬率；

② 将企业所在行业的平均风险与社会平均风险进行比较，求出企业所在行业的β系数；

③ 用社会平均风险报酬率乘以企业所在行业的β系数，便可得到被评估企业所在行业的风险报酬率。

用数学公式表示为：

$$R = (R_m - R_f) \times \beta \tag{9-7}$$

式中：R——被评估企业所在行业的风险报酬率；

　　　R_m——社会平均收益率；

　　　R_f——无风险报酬率；

　　　β——被评估企业所在行业的β系数。

在评估某一个具体的企业价值时，可以根据具体情况再考虑被评估企业的规模、经营状况、财务状况及竞争实力等因素，确定该企业在其所在的行业中的地位系数（α）或企业风险调整系数，然后与企业所在行业的风险报酬率相乘或相加，得到该企业的风险报酬率。如下式表示：

$$R_r = (R_m - R_f) \times \beta \times \alpha \tag{9-8}$$

式中：R_r——被评估企业的风险报酬率；

　　　R_m——社会平均收益率；

　　　R_f——无风险报酬率；

　　　β——被评估企业所在行业的风险协变系数；

　　　α——被评估企业的风险协变系数。

3）折现率的测算

如果能通过一系列方法测算出企业的风险报酬率，则企业评估的折现率的测算就相对简单了。其中，累加法、资本资产定价模型和加权平均资本模型是测算企业评估中的折现率的两种较为常用的方法。

（1）累加法。累加法是采用无风险报酬率加企业风险报酬率的方式确定企业价值评估中的折现率或资本化率。如果风险报酬率是通过β系数法或资本资产定价模型估测出来的，此时，累加法测算的折现率或资本化率适用于股权收益的折现或资本化。累加法测算折现率的数学表达式如下：

$$R = R_f + R_r \tag{9-9}$$

式中：R——企业价值评估中的折现率；

　　　R_f——无风险报酬率；

　　　R_r——风险报酬率。

（2）资本资产定价模型。资本资产定价模型是适用于股权自有现金流量的资本成本或折现率。用数学式表达如下：

$$R = R_f + (R_m - R_f) \times \beta \times \alpha \tag{9-10}$$

式中：R——企业价值评估中股权自有现金流量的折现率；

　　　R_f——无风险报酬率；

　　　R_m——市场平均风险报酬率；

　　　β——被评估企业所在行业的β系数；

　　　α——被评估企业的风险协变系数。

（3）加权平均资本成本模型。加权平均资本成本模型是适用于企业自由现金流量评估的折现率，是针对企业的所有者权益和企业付息债务所构成的资本按其各自权重，经加权平均计算获得的企业价值评估所需折现率的一种数学模型。加权平均资本成本模型同时适用于企业的所有者权益与长期负债所构成的投资资本，作为投资资本所要求的回报率。用公式表示：

$$\begin{array}{l}\text{企业评估的}\\\text{折现率}\end{array}=\begin{array}{l}\text{长期负债占}\\\text{投资资本的比重}\end{array}\times\begin{array}{l}\text{长期负债}\\\text{成本}\end{array}\cdot(1-t)+\begin{array}{l}\text{所有者权益占}\\\text{投资资本的比重}\end{array}\times\begin{array}{l}\text{净资产投资}\\\text{要求的回报率}\end{array}\quad(9\text{-}11)$$

其中：净资产投资要求的回报率是指股权投资回报率，可以通过资本资产定价模型确定。

负债成本是指扣除了所得税后的负债成本。

确定各种资本权数的方法一般有三种：

① 以企业资产负债表中（账面价值）各种资本的比重为权数；

② 以占企业外发证券市场价值（市场价值）的现有比重为权数；

③ 以在企业的目标资本构成中应该保持的比重为权数。

9.1.5　收益额与折现率口径一致问题

根据不同的评估目的和评估价值目标，用于企业评估的收益额可以有不同的口径，如净利润、净现金流量（股权自由现金流量）、无负债利润（息前净利润）、无负债净现金流量（企业自由现金流量、息前净现金流量）等。而折现率作为一种价值比率，就要注意折现率的计算口径。有些折现率是从股权投资回报率的角度，有些折现率既考虑了股权投资的回报率同时又考虑了债权投资的回报率，净利润、净现金流量（股权自由现金流量）是股权收益形式只能用股权投资回报率作为折现率，即只能运用通过资本资产定价模型获得的折现率。而无负债净利润（息前净利润）、无负债净现金流量（企业自由现金流量、息前净现金流量）等是股权与债权收益的综合形式，因此，只能运用股权与债权综合投资回报率，即只能运用通过加权平均资本成本模型获得的折现率。如果运用行业平均资金收益率作为折现率，就要注意计算折现率时的分子与分母的口径与收益额的口径的一致的问题。折现率既有按不同口径收益额为分子计算的折现率，也有按同一口径收益额为分子，而以不同口径资金占用额或投资额为分母计算的折现率。如企业资产总额收益率、企业投资资本收益率、企业净资产收益率等。所以，在运用收益法评估企业价值时，必须注意收益额与计算折现率所使用的收益额之间结构与口径上的匹配和协调，以保证评估结果合理且有意义。

【小提示9-1】

在运用收益途径及其方法时，注意收益额与折现率口径的一致是非常重要的。由于企业收益额和折现率可以有多种选择，此时就应注意所选的折现率口径与收益额口径的匹配和一致。

【例9-3】

一、基本情况

××公司的经营范围为自营综合性旅游宾馆及配套服务设施，其分支机构为××

大酒店。××大酒店是一家经营状况良好的五星级大酒店。××公司与某跨国酒店管理公司签订了管理合同，根据合同，该管理公司作为××公司的代理人，按照其经营标准和国家旅游局五星级饭店的标准管理大酒店，并对大酒店的经营和管理有独家控制权和斟酌权。××公司作为业主，无其他经营业务，其分支机构××大酒店为其经营实体。××公司的中方股东目前正在进行国有企业改制，外方股东有实力雄厚的企业集团的背景。由于其外方股东出于对整个亚洲市场业务的战略考虑，希望能收购中方股东持有的全部股权。

二、评估技术说明

（一）预测期限的确定

根据××公司合同、章程，其经营期自 1995 年 9 月 22 日至 2020 年 9 月 21 日止，××公司所占用的土地使用权至 2044 年 9 月 30 日止，而评估人员认为××公司在土地使用权到期前持续经营能体现其最佳使用。因此根据被评估企业特点，我们假设被评估企业的经营期限与其经营用房所占用的土地使用权的出让年限一致。故本次整体资产评估确定收益预测期限至 2044 年 9 月 30 日止（委托方拥有土地使用权的终止日期）。

（二）营业收入、成本测算

1.总体分析

（1）我国旅游业的回顾（略）。

（2）上半年我国旅游业发生的情况（略）。

（3）我国星级饭店概况（略）。

（4）××市概貌（略）。

（5）××市旅游业概况（略）。

（6）××市星级饭店情况。

评估人员对目前××市与××大酒店经营规模相近的A、B、C、D、E等四、五星级的宾馆饭店的情况进行了统计对比。××大酒店与相似宾馆饭店的客房情况比较见表9-2、表9-3。

表9-2　　　　　　　　**客房情况比较：客房数量统计**

时间	类型	××大酒店	A饭店	B酒店	C酒店	D酒店	E酒店
2000年	总客房数	328	356	309	383	182	67
	可供用客房数	307	356	291	381	178	67
	总天数	366	366	366	366	366	366
	总可供用客房数	112 362	130 296	106 506	139 446	65 148	24 522

续表

时间	类型	××大酒店	A饭店	B酒店	C酒店	D酒店	E酒店
2001年	总客房数	328	356	309	383	182	67
	可供用客房数	307	356	291	381	178	67
	总天数	365	365	365	365	365	365
	总可供用客房数	112 055	129 940	106 215	139 065	64 970	24 455
2002年	总客房数	328	356	309	383	182	88
	可供用客房数	315	356	291	381	178	68
	总天数	365	365	365	365	365	365
	总可供用客房数	114 975	129 940	106 215	139 065	64 970	24 820

表9-3　　　　　　　　出租率及历年收入比较出租率及收入竞争分析表

2000年度实际数据　　　　　　　　　　　　金额单位：元

	××大酒店	A饭店	B酒店	C酒店	D酒店	E酒店
出租率	73.69%	67.99%	74.39%	62.41%	84.93%	47.46%
用房数（间）	82 803	88 589	79 225	87 026	55 329	11 638
平均房价	494	203	276	197	331	513
客房收入	40 930 136	18 026 959	21 890 098	17 149 127	18 338 743	5 969 120
餐饮收入	28 899 846	23 826 143	21 894 422	21 277 183	40 026 087	14 889 925
其他收入	7 896 536	2 846 251	2 172 646	4 133 263	4 895 489	1 290 075
酒店总收入	77 726 518	44 699 353	45 957 166	42 559 573	63 260 319	22 149 120
客房收入占市场份额	33.47%	14.74%	17.90%	14.02%	14.99%	4.88%
实际使用客房数量占市场份额	20.46%	21.89%	19.58%	21.51%	13.67%	2.88%

2001年、2002年实际数据略。

经统计数据显示，××大酒店2000年至2002年出租率分别为73.69%、76.11%、82.73%，3年中出租率逐步攀升；2000年至2002年平均出租房价分别为494元/间、610元/间、672元/间，3年内均为各大饭店之首。

××大酒店的高出租率及高平均出租房价使得其虽然实际使用客房数量之市场份额仅为20%，但客房收入占市场比重竟高达33.47%。上述数据充分显示出××公司在××地区竞争中的优势地位。

××大酒店是唯一坐落在××市古城区的五星级大酒店，酒店的价格和档次较高，住客中商务型客人占据的比重较大。该市的外向依赖度很高，随着地区经济的迅速发展，对外经济交流和人员来往日益频繁。酒店的客房出租数量逐年增长正是得益于此。

2.××公司目前经营状况

（1）基本情况介绍。

××大酒店占地、营业面积、风格：（略）。

××大酒店客房规模、客房设施：（略）。

××大酒店提供的各类娱乐及餐饮情况：（略）。

××大酒店其他设施（如商务中心、健身中心等其他设施）情况：（略）。

（2）经营状况。

自1998年9月正式开业以来，××大酒店进入了市场开拓期，从目前酒店提供的财务数据看，经营亏损正逐步减小并于2002年度实现了账面盈利。但从2002年度企业报表来看，其财务风险较大，流动负债已超过流动资产人民币16 134 277元。

3.未来营业收入的测算

从近年实际经营情况看，酒店正在从市场开拓期逐步进入成长期。我们对酒店历年来收入情况进行了统计分析（略）。

从统计分析可以看出，近年来酒店的收入增长较快，2000年至2002年总的营业收入环比增长率为16%、24%。

（1）××大酒店的住客中商务型客人占据的比重较大。××市经济的外向依赖度很高，随着该地区经济的迅速发展，对外经济交流和人员来往日益频繁。而我们对1999年至2002年该市的经济统计数据与酒店营业收入进行了分析表明酒店营业收入的增长与该市经济的发展密切相关（见表9-4）。

我国加入世界贸易组织及其过渡期的结果，经济全球化的不断发展，使该地区迎来了融入国际经济的又一扩大开放期；上海申办世界博览会的成功和国际经济、金融、贸易、航运中心的建设，长江三角洲地区经济一体化的推进，使该市迎来了接受上海辐射带动的又一加快发展期。地区经济的良好发展态势也正是包括××大酒店在内的旅游业持续稳定发展的可靠保证。

（2）分析比较酒店营业收入的构成和各影响因素。客房收入占据了酒店收入总额的五成以上（2002年为57%，2003年1—6月为59%），客房出租率和平均出租房价在稳步增长，客房收入从40 930 136元增长至63 961 351元，环比增长率分别达到27%、23%。餐饮收入历年来占客房收入的比重均相当稳定，从统计数据来看，占客房收入比重分别为71%、59%、64%、59%。其他收入主要为会议厅、宴会厅的出租收入，商务中心和健身中心的服务收入。这部分收入占客房收入比重分别为19%、14%、11%、11%。

表9-4 　　　　　　　　　经济统计数据与酒店营业收入统计分析表

项目	1999年度	2000年度	2001年度	2002年度	相关系数分析
国内生产总值（亿元）	1 358.43	1 540.71	1 760	2 080	0.991683047
财政收入（亿元）	109.38	158.27	208.95	290.82	0.993498863
旅游总收入（亿元）	121.71	141.88	171.49	198	0.989242961
酒店营业收入（元）	57 826 963	77 726 518	90 174 056	111 476 742	

（3）数据也显示，2003年上半年出现"非典"疫情对酒店收入的影响较大，上半年出租率仅为50.54%。2003年1—3月份出租率分别达到了64.69%、79.34%、80.71%；正当旺季即将到来时，"非典"的阴影逼近了，4月份出租率迅速下滑，并于5月份降至谷底的14.81%。6月，随着世界卫生组织正式宣布解除北京的旅行劝诫，同时将北京从疫区名单中删除，中国各地的旅行劝诫已全部解除，6月份酒店客房的出租率已开始出现了回升。7月份全市宾馆饭店的客房平均出租率已经达到67.4%，市区各景点接待游客68万余人次。7月份酒店的出租率同样开始迅速上升，并且已超过了1月份的64.69%，达到了70.87%。酒店2003年1—7月份出租率及RGI指数统计图，如图9-1所示。

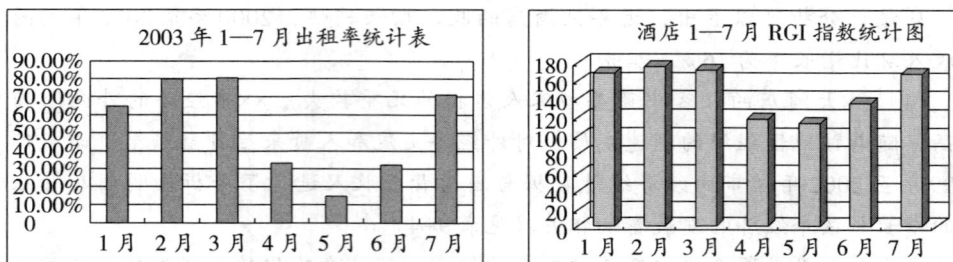

图9-1　酒店2003年1—7月份出租率及RGI指数统计图

"非典"疫情结束后，除国内旅游业出现了恢复迹象，周边国家和地区的旅游业也正在复苏。据相关报道，中国香港6月份旅客达73万人次，比5月上升70%；7月上半月约有55万旅客，比6月同期上升7成。酒店入住率也迅速回升，从5月的18%回升到70%左右。最近，新加坡旅游局的一位官员表示，有"令人鼓舞的迹象"显示，到该国旅游的人数可望在2004年年初达到SARS暴发前的水平，目前的水平相当于SARS出现前的75%，而酒店入住率也从5月份的35%上升到6月的60%。

不仅亚太地区的旅游业出现了复苏的迹象，欧洲也是如此。西班牙经济部长表示，今年上半年到西班牙旅游的外国游客估计可达2 290万人，比去年同期上升2.8%。欧洲中部国家的旅游业则受天气良好及"接近家乡"旅游趋势的影响而热度不减。

假设2003年下半年起，"非典"疫情不再出现反复，国内、外旅游市场将会复苏。但我们认为旅游市场的复苏，特别是国际旅游市场，是一个缓慢的过程，"非典"的阴影不会马上散去。

（4）据××公司提供的资料，目前酒店正在扩建85间客房，总预算32 900 247元，据称该项目于2004年初完工，计划于2004年2月起投入使用。

（5）我们在测算未来客房收入时，将预测第一年分成两个时间段分别进行了测算，即2003年7月至2004年1月，以及2004年2月至2004年6月。预测过程和预测数据略。

4.未来营业成本、费用的测算

酒店的营业成本、费用按客房部、餐饮部、其他部（健身中心、商务中心）等营利部门归集，主要分为营业税金（营业税、教育费附加）、营业成本（材料成本）、工资及福利、营业费用等。我们分析了酒店历年营业成本、费用水平，对未来5年进行了分别预测，并假定预测期第5年后保持在第5年的水平上。营业税金预测时已考虑了政府因"非典"疫情对2003年7—9月份的税收减免因素。营业成本费用的测算结果略。

5.不分配费用的预测

酒店的不分配费用为除客房部、餐饮部、其他营利部门以外公共部门费用，公共部门主要包括行政管理部门、市场推广部门、能源维修部门等。我们对上述各部门费用及工资、福利水平进行了分析比较和分类测算（测算过程和数据略）。

我们对未来5年进行了分别预测，并假定预测期第5年后保持第5年水平不变，具体预测结果略。

（三）非经营费用的测算

1.固定资产折旧的测算

××公司根据财政部于2001年11月29日颁布的《外商投资企业执行〈企业会计制度〉有关问题的规定》（财会〔2001〕62号）的规定，自2002年1月1日起执行《企业会计制度》。固定资产按账面余额与可收回金额孰低计价，并将年末账面余额高于可收回金额的差额计提固定资产减值准备。2002年末固定资产原值为726 030 735元，共计提固定资产减值准备288 829 697元。固定资产折旧根据管理层估计的预计使用年限和预计净残值率按直线法计提折旧。我们根据××的固定资产折旧政策对未来每年应计提的折旧进行了预测，直至折旧完为止。前五年计算结果见表9-5（5年后未列出）。

表9-5　　　　　　　　　　××公司的固定资产折旧前5年计算结果　　　　　　　金额单位：元

类别	尚可折旧年限	第一年	第二年	第三年	第四年	第五年
土地使用权	18	4 056 879	4 056 879	4 056 879	4 056 879	4 056 879
房屋	18	6 603 501	6 603 501	6 603 501	6 603 501	6 603 501
机器设备	16	3 424 562	3 424 562	3 424 562	3 424 562	3 424 562
家具及办公设备	4	8 084 126	8 084 126	8 084 126	8 084 126	
运输工具	2	179 629	179 629			
新增85间客房	22	747 727	1 495 455	1 495 455	1 495 455	1 495 455
总计		23 096 424	23 844 152	23 664 523	23 664 523	15 580 397

2.借款利息的测算

截至评估基准日，××公司的长期借款包括向外方投资者A与B的借款（略）。在借款期内我们假设酒店按照上述借款合同执行，预测了借款利息支出。在借款期到期后，为确保酒店有足够的运营资金使其能够持续经营，我们假设酒店能通过资金市场借入与目前状况同等数额的借款，借款利息按照中国人民银行近期公布的5年期贷款利率5.76%确定，预测了未来经营期内的借款利息支出。

3.其他非经营费用的测算

其他非经营费用主要为房产税、保险费、办公费用、审计咨询费用、董事会费等，并假定预测期第5年后保持第5年水平不变（测算过程和数据略）。

上述其中三项非经营费用的前5年预测结果见表9-6（5年后未列出）。

表9-6　　　　　　　　　　非经营费用的前5年预测结果　　　　　　　单位：元

	预测第1年	预测第2年	预测第3年	预测第4年	预测第5年
固定资产折旧	23 096 424	23 844 152	23 664 523	23 664 523	15 580 397
发生的利息支出	17 390 392	17 390 392	21 952 813	26 515 233	26 515 233
其他	3 109 855	3 265 348	3 428 616	3 600 046	3 780 049
合计	43 596 671	44 499 892	49 045 952	53 779 802	45 875 679

（四）所得税的测算

××公司适用的所得税税率为33%，故本次评估所得税税率按33%计算。

××公司于2002年1月1日起执行《企业会计制度》，与税法规定的固定资产折旧及土地使用权、开办费用摊销的方法存有差异。

具体见表9-7。

表9-7　　　　　　　　　　　××公司资产所得税测算表

项目	企业会计政策		税法政策	
	预计使用年限	预计净残值率	预计使用年限	预计净残值率
土地使用权	22年	0	22年	0
房屋	22年	0	22年	10%
机器设备	20年	0	10年	10%
家具及办公设备	5~10年	0	5年	10%
运输工具	5年	0	5年	10%
开办费用	一次摊销	0	5年	0

我们根据税法规定的折旧、摊销政策对未来预测期内的折旧、摊销金额进行了重新估算，并据以调整应纳税所得额。前5年按税法规定计算的折旧及摊销结果见表9-8（5年后未列出）。

表9-8　　　　　　前5年按税法规定计算的折旧及摊销结果表　　　　　金额单位：元

类别	按税法折旧金额	尚可折旧年限（年）	第1年	第2年	第3年	第4年	第5年
土地使用权	7 516 531	13.00	7 516 531	7 516 531	7 516 531	7 516 531	7 516 531
房屋	13 358 986	17.25	13 358 986	13 358 986	13 358 986	13 358 986	13 358 986
机器设备	13 067 105	5.25	13 067 105	13 067 105	13 067 105	13 067 105	13 067 105
家具及办公设备	15 721 614	0.25	3 930 403				
运输工具	179 628	0.25	44 907				
开办费等摊销	7 732 751	0.25	1 933 188				
新增85间客房	1 345 909	22	672 955	1 345 909	1 345 909	1 345 909	1 345 909
税法折旧总计			40 524 075	35 288 531	35 288 531	35 288 531	35 288 531

我们测算出酒店按税法计算的开始营利年度为未来第3年，结合2002年年末税务局核准可结转下一年未弥补完的亏损额223 919 283.92元，以及2003年上半年度本年利润科目反映的盈亏数-7 796 651.39元，自开始盈利年度起连续5年弥补以前年度亏损，由于5年未能全额弥补，故自未来第8年起正常计算所得税。

（五）净收益（净现金流量）的测算

本次评估中，我们使用净现金流量作为企业资产收益的指标，其定义为：

净现金流量=净利润+折旧-追加投资　　　　　　　　　　　　　　　　　　　（9-12）

（1）净利润：净利润等于营业收入减去营业税金、成本、费用，再减去不分配费用、非经营费用、所得税费用的差。

（2）折旧：根据目前××的折旧政策及上年度折旧费用来确定每个预测年度的折旧费用。具体数据同非经营费用中的固定资产折旧一致。

（3）追加投资：据××公司提供的资料，目前酒店正在扩建85间客房，总预算32 900 247元，据称该项目于2004年初完工，计划于2004年2月起投入使用。截至2003年6月30日××公司为该项工程已经支付了1 329 433.53元，尚需支付工程款31 570 813元。若工程款在预测期第1年内全部付清，则追加投资导致现金流出31 570 813元。

××未提供土地使用权出让期限届满后的经营和投资计划，本次预测以××公司现有投资规模和经营能力为基础，并假定收益预测期限与××公司营业用房所占用土地使用权的出让年限一致（至2044年9月30日止），固定资产的维修成本和办公设备的更新成本已在不分配费用中考虑，故不再考虑其他追加投资。

（六）折现率的测算

折现率是将未来有限期的预期收益（2003年7月至2044年9月的价值）换算成现值的比率。

折现率=无风险收益率+风险收益率

1.无风险收益率的确定

评估人员认为，在投资者可以按意愿自由选择取得投资品的基础上，其无风险收益率应选择较高的安全利率。评估人员依据中长期国债的利率确定本评估报告选用的无风险收益率。

根据2002年记账式（十五期）国债（发行总额600亿元，发行期为2002年12月6日至2009年12月6日），七年期利率为2.93%，2002年记账式（十四期）国债（发行总额300亿元，发行期为2002年10月24日至2007年10月24日），五年期利率2.65%，评估人员确定无风险收益率为3%。

2.风险收益率的确定

评估人员对星级酒店的行业情况、酒店经营的外部环境、企业自身的综合情况等各种因素进行了较全面的分析，认为本报告风险收益率的确定主要考虑如下因素：

（1）行业竞争的风险（略）。

（2）企业经营风险（略）。

（3）市场风险（略）。

宏观经济形势的变化及其引起的市场购买力的波动均会导致市场总量的下降，这将影响经营者的信心，对酒店的经营发展有间接的影响。

（4）政策性风险（略）。

（5）财务风险（略）。

（6）消防风险（略）。

（7）其他不可预见风险（略）。

综上所述，评估人员确定风险收益率为x%。

折现率=无风险收益率+风险收益率=3%+x%=y%

（七）整体资产收益现值的确定

根据上述测算结果，我们确定××整体资产收益现值为：××××万元（精确到万元），具体过程见企业整体资产收益现值测算表（略）。

（八）整体资产收益现值评估假设及限制条件

（1）根据××公司合同、章程，其经营期自1995年9月22日至2020年9月21日止，酒店所占用的土地使用权至2044年9月30日止，而评估人员认为酒店作为一独立、完整的经济运行体在土地使用权到期前继续经营能体现其最佳使用。土地使用权到期后，根据《中华人民共和国土地管理法》和《中华人民共和国城镇国有土地使用权出让和转让暂行条例》，可以采用补缴出让金的方式申请延期，从而重新获得土地使用权，使企业继续经营下去，但其金额难以确定，这使得未来现金流量存在较大的不确定性，故本次评估按土地使用权到期年限作为预测年限进行评估，即本次整体资产评估确定收益预测期限至2044年9月30日止（委托方拥有土地使用权的终止日期）。

（2）外方投资者A公司与B公司向××公司提供了借款。我们假设在借款期内酒店按照原借款合同执行；在借款到期后，为确保酒店有足够的运营资金使其能够持续经营，酒店能通过资金市场借入与目前状况同等数额的借款，借款利息按照中国人民银行近期公布的5年期贷款利率5.76%确定，据此预测未来经营期内的借款利息支出。考虑到预测期结束后，企业账面资产的实际价值与借款金额差额难以确定且现值较低，故我们不再考虑借款本金的归还。

（3）除新建85间套房以外，未考虑××公司其他为扩大经营而进行的重大投资行为。

（4）假设未来经营期内××公司与跨国酒店管理公司的管理合同不发生变化，酒店管理公司或其他类似的酒店管理公司继续按现行标准对酒店进行管理、经营。

（5）假定××公司所遵循的国家及地方现行法律、法规、政策无重大改变。

（6）假定××公司所在行业及其目标市场不发生重大变化。

（7）假定可能影响××公司发展的客观政策无重大变化，国家现有汇率、利率、税率保持相对稳定。

（8）无其他人力不可抗拒及不可预见的因素造成重大不利影响。

（九）整体资产收益现值评估基本依据

（1）××公司历年审计报告、财务报表及相关财务资料；

（2）××公司提供的在建新增客房的建设合同及投资预算；

（3）××公司重要的协议、合同；

（4）国家颁布的有关税法及其他法律、法规、规定等；

（5）其他有关资料。

三、案例分析

（1）××公司系中外合资企业，其经营管理制度较完善，自开业起就由跨国酒店管理公司对其酒店经营进行管理，每年由五大会计师事务所之一的事务所对其进行审计。评估人员可以方便地查阅其历年统计数据，使评估预测有较好的资料基础。

（2）××公司除作为酒店业主外并无其他经营业务，其分支机构××大酒店为其经营实体，故评估时我们将××公司作为一独立、完整的经济运行体来考虑，××大酒店的经营收支合计并入××公司。

（3）××公司所处的行业为旅游业中的星级饭店行业，其行业与地区经济、旅游有很大联系，评估人员通过分析地区经济和旅游情况以及分析比较了××酒店在该地区星级饭店中的地位，对收入预测有了总体的把握。

（4）由于今年上半年发生了"非典"，使得该公司原来较稳定的历史数据于2003年1—6月出现了大幅波动，通过分析了"非典"来临前后该酒店的经营情况以及收集分析了全国、东南亚甚至欧美地区旅游业的情况，评估人员对评估基准日以后的收入情况进行了预测。

（5）××公司章程规定的经营期为2020年，但如按此日期作为预测期截止日，必然涉及经营期结束时酒店资产的价值问题，而事实上，即使章程规定的经营期结束，持续经营无疑仍是该酒店的最佳使用方式，因此我们认为预测期确定为酒店土地使用权截止日更合理。

（6）由于酒店资产的特点，其投资实物资产价值量较大，因而其借款金额也较大，但由于合理占用借款资产有助于酒店投资人合理运用财务杠杆取得较高的收益，我们预测期内酒店保持现有借款水平。

（7）由于案例的时间背景较早，制度背景、经济环境、行业状况等相对于现实已经发生了较大的变化。此案例旨在说明运用收益途径评估企业价值的技术思路、基本步骤、相关参数之间关系、获取方式和该类企业价值评估需要注意的问题等。

9.2 市场途径在企业价值评估中的应用

市场途径在企业价值评估中的应用是通过在市场上找出若干个与被评估企业相同或相似的参照企业，分析比较被评估企业和参照企业的重要指标的可比性，在此基础上确定若干价值比率，利用价值比率估测被评估企业的初步价值，然后再做必要的修正和调整，最后确定被评估企业的价值。

1）企业价值评估的市场途径是基于类似资产应该具有类似交易价格的理论推断

企业价值评估市场途径的技术路线是首先在市场上寻找与被评估企业相类似的

企业的交易案例，通过对所寻找到的交易案例中相类似企业交易价格进行分析，从而确定被评估企业的评估价值。于2019年1月1日实行的《资产评估执业准则——企业价值》指出，企业价值评估中的市场法[①]，是指将评估对象与可比上市公司或者可比交易案例进行比较，确定评估对象价值的评估方法。

市场途径常用的两种具体方法是上市公司比较法和并购案例比较法。

上市公司比较法是指通过对资本市场上与被评估企业处于同一或类似行业的上市公司的经营和财务数据进行分析，计算适当的价值比率或经济指标，在与被评估企业比较分析的基础上，得出评估对象价值的方法。

并购案例比较法是指通过分析与被评估企业处于同一或类似行业的公司的买卖、收购及合并案例，获取并分析这些交易案例的数据资料，计算适当的价值比率或经济指标，在与被评估企业比较分析的基础上，得出评估对象价值的方法。

2）运用市场途径及其具体方法评估企业价值存在两个障碍

一是企业的个体差异。每一个企业都存在不同的特性，除了所处行业、规模大小等可确认的因素各不相同外，影响企业形成盈利能力的无形因素更是纷繁复杂。因此，几乎难以找寻到能与被评估企业直接进行比较的类似企业。二是企业交易案例的差异。即使存在能与被评估企业进行直接比较的类似企业，要找到能与被评估企业的产权交易相比较的交易案例也相当困难。首先，目前我国市场上不存在一个可以共享的企业交易案例资料库，因此，评估人员无法以较低的成本获得可以应用的交易案例；其次，即使有渠道获得一定的案例，但这些交易的发生时间、市场条件和宏观环境又各不相同，评估人员对这些影响因素的分析也会存在主观和客观条件上的障碍。因此，运用市场途径及其具体方法对企业价值进行评估，不能基于直接比较的简单思路，而要通过间接比较分析影响企业价值的相关因素，对企业价值进行评估。其思路可用模型表示如下：

$$\frac{V_1}{X_1} = \frac{V_2}{X_2} \tag{9-13}$$

即：

$$V_1 = X_1 \times \frac{V_2}{X_2} \tag{9-14}$$

式中：V_1——被评估企业价值；

V_2——可比企业价值；

X_1——被评估企业与企业价值相关的可比指标；

X_2——可比企业与企业价值相关的可比指标。

$\frac{V}{X}$ 通常又称为可比价值倍数。式中 X 参数通常选用的财务变量有：①利息、折旧和税收前利润，即 EBIDT；②无负债的净现金流量；③销售收入；④净利润；⑤净现金流量；⑥净资产等。

---

① 这里提到的市场法指的就是本书中的市场途径。

3）用相关因素间接比较的方法评估企业价值的关键

用相关因素间接比较的方法评估企业价值的关键在于两点：

第一，对可比企业的选择。运用相关因素的间接比较法虽然不用在市场上寻找能直接进行比较的企业交易案例，但仍然需要为评估寻找可比企业。判断企业的可比性存在两个标准。首先是行业标准。处于同一行业的企业存在着某种可比性，但在同一行业内选择可比企业时应注意，目前的行业分类过于宽泛，处于同一行业的企业所生产的产品和所面临的市场可能完全不同，在选择时应加以注意。即使是处于同一市场、生产同一产品的企业，由于其在该行业中的竞争地位不同、规模不同，相互之间的可比性也不同。因此，在选择时应尽量选择与被评估企业的地位相类似的企业。其次是财务标准。既然企业都可以视为是在生产同一种产品——现金流，那么存在相同的盈利能力的企业通常具有相类似的财务结构。因此，可以从财务指标和财务结构入手，对企业的可比性进行判断。

第二，对可比指标的选择。对可比指标的选择要遵循以下原则：一是可比指标应与企业的价值直接相关。在企业价值的评估中，现金流量和利润是最主要的基本候选指标，因为企业的现金流量和利润直接反映了企业的盈利能力，企业的盈利能力与企业的价值直接相关。当然，企业的销售收入、净资产等也与企业价值有一定的关联性，也可以作为可比指标使用。二是可比指标的多样性。任一指标都不可避免地具有某种局限性或片面性，采用市场途径评估企业价值时，可比指标的选择应有一定宽度，即多样性。就是说，运用市场途径评估企业价值，不仅参考企业或交易案例企业需要有一定的数量（不少于3个），可比指标也需要一定的数量（不少于3个）。

基于成本和便利的原因，目前运用市场途径对企业价值进行评估主要在证券市场上寻找与被评估企业可比的上市公司作为可比企业，并且通常选用市盈率、市净率和市销率作为价值比率。下面我们就用类似上市公司的市盈率指标评估目标企业价值，以此来说明上市公司比较法的应用。市盈率比率法（倍数法或乘数法）的思路是将上市公司的股票年收益和被评估企业的利润作为可比指标，在此基础上评估企业价值的方法。具体思路是：首先，从证券市场上搜寻与被评估企业相似的可比企业，按企业的不同的收益口径，如息前净现金流、净利润等，计算出与之相应的市盈率。其次，确定被评估企业不同口径的收益额。再次，以可比企业相应口径的市盈率乘以被评估企业相应口径的收益额，初步评定被评估企业的价值。最后，对于按不同样本计算的企业价值分别给出权重，加权平均计算出以市盈率作为价值比率的企业初步价值。可以用同样的思路评估出按其他指标作为价值比率的企业初步价值，再将这些按不同价值比率估算出来的企业初步价值按权重或其他标准综合确定企业评估价值。在被评估企业为非上市公司，而运用了上市公司作为参考企业时，还需对评估结果进行适当调整，以充分考虑被评估企业与上市公司的差异。

由于企业的个体差异始终存在，把某一个相似企业的某个关键参数作为比较的唯一标准，往往会产生一定的误差。为了降低单一样本、单一参数所带来的误差和变异性，目前国际上比较通用的办法是采用多样本、多参数的综合方法。例如评估 W 公司的价值，我们从市场上找到了 3 个（一般为 3 个以上的样本）相似的公司 A、B、C，然后分别计算各公司的市场价值（格）与账面价值的比率以及与净现金流量的比率，这里的价值比率即为可比价值倍数（V/X），得到结果见表 9-9。

表9-9　　　　　　　　　　　相似公司价值比率汇总表

	A公司	B公司	C公司	平均
市价/账面价值	1.3	1.2	2.0	1.5
市价/净现金流	20	15	25	20

把 3 个样本公司的各项可比价值倍数分别进行平均，就得到了应用于 W 公司评估的两个倍数。需要注意的是，计算出来的各个公司的比率或倍数在数值上相对接近是十分重要的。如果它们差别很大，就意味着平均数附近的离差是相对较大的，所选样本公司与目标公司在某项特征上就存在着较大的差异性，此时的可比性就会受到影响，需要重新筛选样本公司。

表 9-9 得出的数值结果具有较强的可比性。此时，假设 W 公司的账面价值为 6 000 万元，净现金流量为 500 万元，然后我们使用从上表得到的两个倍数计算出 W 公司的指示价值，再将两个指示价值进行算术平均，见表 9-10。

表9-10　　　　　　　　　　　W公司的评估价值　　　　　　　　　　金额单位：万元

项目	W公司实际数据	可比公司平均比率	W公司指示价值
账面价值	6 000	1.5	9 000
净现金流量	500	20	10 000
W公司的平均价值			9 950

表 9-10 中得到的两个可比价值倍数分别是 1.5 和 20，然后以 W 公司的两个指标 6 000 万元和 500 万元分别乘以这两个可比价值倍数，得到 W 公司的两个指示价值为 9 000 万元和 10 000 万元，再将两个指示价值进行平均得到 W 公司的评估价值为 9 950 万元。

4）运用市场途径评估企业价值时需要注意的几个问题

（1）在运用上市公司比较法评估非上市企业价值时，在可能的情况下需要考虑上市公司与非上市公司之间的流动性差异。

（2）在运用上市公司比较法评估股东部分权益价值时，在可能的情况下需要考虑控股权溢价与少数股权折价因素。

9.3　成本途径在企业价值评估中的应用

　　成本途径在企业价值评估中的应用是通过资产基础法的具体应用实现的。资产基础法其实是成本途径在企业价值评估中的具体应用方法或衍生方法，资产基础法是基于企业重建评估技术思路下的企业价值评估评估方法。具体是指，在合理评估企业各项资产价值和负债价值的基础上确定企业价值的评估技术方法。

　　资产基础法实际上是通过对企业表内资产和表外资产的评估加和得到企业价值。其操作基础也是"替代原则"，即任何一个精明的潜在投资者，在购置一项资产时所愿意支付的价格不会超过建造一项与所购资产具有相同用途的替代品所需的成本。正是基于评估思路的考虑，资产基础法也被视为成本途径中的一种具体技术方法。由于资产基础法以企业单项资产为具体评估标的和出发点，企业的表内和表外资产及负债的可识别性是其应用的重要前提。《资产评估执业准则——企业价值》第三十七条指出："采用资产基础法进行企业价值评估，各项资产的价值应当根据其具体情况选用适当的具体评估方法得出，所选评估方法可能有别于其作为单项资产评估对象时的具体评估方法，应当考虑其对企业价值的贡献。资产评估专业人员应当知晓，在对持续经营前提下的企业价值进行评估时，单项资产或者资产组合作为企业资产的组成部分，其价值通常受其对企业贡献程度的影响。"也正是由于资产基础法是对企业单项资产的评估值加和，有忽视企业的获利能力的可能性，以及很难考虑那些未在财务报表上出现的项目，如企业的管理效率、自创商誉、销售网络等。因此，以持续经营为前提对企业进行评估时，资产基础法一般不应当作为唯一使用的评估途径和方法。

　　在具体运用资产基础法评估企业价值时，可以有两种具体方法加以选择，其一是资产加和法，其二是有形资产评估价值加整体无形资产评估价值法。其中，资产加和法最为常用。

9.3.1　资产加和法

　　资产加和法是指将构成企业的各种要素资产（负债）的评估值加总求得企业价值的具体评估方法。

　　1）运用资产加和法应注意的有关事项

　　在运用资产加和法评估之前，应对企业的盈利能力以及相匹配的单项资产进行认定，以便在委托方委托的评估一般范围基础上，进一步界定纳入企业盈利能力范围内的有效资产和闲置资产的界限，明确企业价值评估的具体范围及其具体评估对象和评估前提。作为一项原则，评估人员在对评估具体范围内构成企业的各个单项资产进行评估时，应该首先明确各项资产的评估前提，即持续经营假设前提和非持续经营假设前提。在不同的假设前提下，运用资产加和法评估出的企业价值是有区别的。对于持续经营假设前提下的各个单项资产的评估，应按贡献原则评估其价值。而对于非持续经营假设前提下的单项资产的评估，则按变现原则进行。

在正常情况下，运用资产加和法评估持续经营的企业应同时运用收益途径及其方法进行验证。特别是在我国目前的条件下，企业的社会负担和非正常费用较多，企业的财务数据难以真实反映企业的盈利能力，影响了基于企业财务数据进行的企业预期收益预测的可靠性。因此，将资产加和法与收益途径及其具体方法配合使用，可以起到互补的作用。这样既便于评估人员对企业盈利能力的把握，又可使企业的预期收益预测建立在较为坚实的基础上。

2）资产加和法在企业价值评估中的应用

由于房地产、机器设备、无形资产的评估已经在前述各章进行了较为详细的讨论，这里只就流动资产和长期投资性资产等运用资产加和法评估的情况作梗概的介绍。

（1）流动资产的评估

将流动资产作为企业的组成部分或要素资产进行评估时需要注意以下特点：

① 合理确定流动资产评估的基准时间对流动资产评估具有非常重要的意义。由于流动资产有别于其他资产的显著特点在其资产的流动性和价值的波动性，不同形态的流动资产随时都在变化，而评估则是确定其某一时点上的价值，不可能人为地停止流动资产的周转。因此，评估基准日应与企业价值评估基准日保持一致并尽可能选择在会计期末，并且必须在规定的时点进行资产清查、登记和确定流动资产数量和账面价值，避免重登和漏登现象的发生。

② 既要认真进行资产清查，同时又要分清主次，掌握重点。由于流动资产一般具有数量大、种类多的特点，清查工作量大，所以流动资产清查应考虑评估的时间要求和评估成本。对流动资产评估往往需要根据不同企业的生产经营特点和流动资产的分布情况，对流动资产分清主次、重点和一般，选择不同的方法进行清查和评估，做到突出重点，兼顾一般。清查采用的方法有抽查、重点清查和全面清查。当抽查核实中发现原始资料或清查盘点工作可靠性较差时，应扩大抽查面，直至核查全部流动资产。

③ 流动资产的账面价值基本上可以反映其现值。由于流动资产周转快、变现能力强，在物价水平相对比较稳定的情况下，流动资产的账面价值基本上可以反映出流动资产的现值。因此，在特定情况下，可以采用企业账面价值作为其评估值。同时，评估流动资产时一般可以不考虑资产的功能性贬值因素，其有形损耗（实体性损耗）的计算只适用于诸如低值易耗品、呆滞或积压存货类流动资产的评估。

流动资产评估涉及的主要具体对象的评估可参照以下建议：

①库存现金。

除对库存现金进行点钞核数外，还要通过对库存现金及企业运营的分析，判断企业的资金流动能力和短期偿债能力，以及是否存在溢余现金的情况，为准确判断企业价值整体评估了解必要的信息。

②应收账款及预付账款。

在评估应收账款及预付账款时，要关注并分析债务方的经营情况，合理判断其风险。在对应收账款及预付账款这些资产进行估算时，一般应从两方面进行：一是清查核实应收账款数额，二是估计可能的坏账损失。应收账款及预付账款的评估可用下列基本公式概括：

$$\begin{matrix}\text{应收账款及预付} \\ \text{账款评估价值}\end{matrix} = \begin{matrix}\text{应收账款及预付} \\ \text{账款账面余额}\end{matrix} - \begin{matrix}\text{已确定的坏账} \\ \text{损失及费用}\end{matrix} - \begin{matrix}\text{预计可能发生的} \\ \text{坏账损失及费用}\end{matrix} \qquad (9-15)$$

其中，预计坏账损失的估计方法主要有：

A.坏账比例法。

此法是按坏账占全部应收账款及预付账款的比例来判断不可收回的应收账款，从而确定坏账损失的数额。坏账比例的确定，可以根据被评估企业前若干年（一般为3至5年）的实际坏账损失额与其应收账款及预付账款发生额的比例确定。计算公式为：

$$\text{坏账比例} = \text{评估前若干年发生的坏账数额} \div \text{评估前若干年应收账款及预付账款发生额} \times 100\%$$

$$(9-16)$$

当然，如果一个企业的应收账款多年未清理，账面找不到处理坏账的数额，也就无法推算出坏账损失率，在这种情况下就不能采用这种方法。

B.账龄分析法。

此法是根据应收账款账龄的长短，分析应收账款预计可收回的金额及产生坏账的可能性。一般来说，应收账款账龄越长，产生坏账损失的可能性就越大。因此，可将应收账款按账龄长短分成不同的组别，按不同组别估计坏账损失的可能性，进而估计坏账损失的金额。

站在企业财务的角度，应收账款及预付账款都构成企业的资产。而站在企业资金周转的角度，企业的应收账款必须保持一个合理比例。企业应收账款占销售收入的比例，以及账龄的长短大致可以反映一个企业的销售情况、企业产品的市场需求及企业的经营能力等，做好应收账款及预付账款的评估可以为企业价值评估，特别是为预期收益的预测提供参考。

③应收票据。

应收票据的评估可参照下列两种方法进行：

一是按票据的本利和计算，即应收票据的评估价值为票据的面值加上应计的利息。

二是按应收票据的贴现值计算，即应收票据的评估价值为按评估基准日到银行申请贴现的贴现值。

④存货。

企业中的存货可能有许多品种，这里主要以存货中的材料、低值易耗品、在产品、产成品及库存商品为例说明存货的评估。

A.材料的评估。

a.材料的评估内容。

企业中的材料，按其存放地点可分为库存材料和在用材料。在用材料是在生产过程中已形成产成品或半成品，已不再作为单独的材料存在，故材料评估主要是对库存材料进行评估。

b.材料的评估步骤。

进行实物盘点，使其账实相符；根据不同评估目的和待估资产的特点，选择相应的评估方法；在具体评估方法的选择上，更多的是采用重置核算法或现行市价法；运用存货管理的 ABC 分析法，突出重点。

c.材料评估的方法。

近期购进的材料库存时间较短，在市场价格变化不大的情况下，其账面值与现行市价基本接近，可采用账面价值，也可以采用现行市价法。

对购进批次间隔时间长、价格变化较大的库存材料进行评估时，可以采用最接近市场价格的材料价格或直接以市场价格作为其评估值。

企业库存的某些材料可能购进的时间早，市场已经脱销，目前无明确的市价可资参考或使用。对于这类材料的评估，可以通过寻找替代品的价格变动资料来修正材料价格，也可以在分析市场供需的基础上，判断该项材料的供需关系，并以此修正材料价格，还可以通过市场可比同类商品的平均物价指数进行评估。

呆滞材料是指从企业库存材料中清理出来，需要进行处理的材料。首先应对其数量和质量进行核实和鉴定，然后区分不同情况进行评估，对其中失效、变质、残损、报废、无用的，应通过分析计算，扣除相应的贬值数额后，确定其评估值。

B.低值易耗品的评估。

在库低值易耗品的评估，可以根据具体情况，采用与库存材料评估相同的方法；在用低值易耗品的评估，可以重置成本法和现行市价法进行评估。

C.在产品的评估。

对在产品进行评估时，一般可采用重置核算法或约当产量法进行评估。

D.产成品及库存商品的评估。

对产成品及库存商品应依据其变现能力和市场可接受的价格进行评估，应该分析产成品的销售及周转情况，适用的方法有重置核算法和现行市价法，同时应该结合资产评估的经济行为，注意对其可能实现的利润情况进行分析。

存货本身的评估并不复杂，但通过对存货进行评估，可以了解企业的经营状况，至少可以了解企业产品在市场中的竞争地位。畅销产品、正常销售产品、滞销产品和积压产品的比重，将直接反映企业在市场上的竞争地位，并为企业预期收益预测提供基础。

⑤待摊费用和预付费用。

对于待摊费用的评估，原则上应按其形成的具体资产价值来确定。预付费用的评估依据其未来是否可产生效益而定，只有那些在评估日之后仍将发挥作用的预付费用，才是评估的对象。

（2）长期投资性资产的评估

长期投资性资产是指企业不准备随时变现、持有时间超过1年的投资。长期投资性资产按其投资的性质可分为长期股权投资、持有至到期日投资和混合性投资三类。

①债券投资评估。

债券投资本身具有投资风险较小，安全性较强，到期还本付息，收益相对稳定，具有较强的流动性的特点。债券评估主要是指非上市债券的评估。

由于上市债券一般可以直接采用市场中的现行市价进行计量，如果需要评估可以评估基准日上市债券收盘价为准。

对于非上市交易债券不能直接采用现行市价进行评估，而应该采取相应的评估方法进行价值评估。

对距评估基准日1年内到期的债券，可以根据本金加上持有期间的利息之和确定评估值。

超过1年到期的债券，可以根据本利和的现值确定评估值。

对于不能按期收回本金和利息的债券，评估人员应在调查取证的基础上，通过分析预测，合理确定评估值。

通过本利和的现值确定其评估值的债券，宜采用收益途径及其方法进行评估。根据债券付息方法，债券又可分为到期一次还本付息债券和分次付息、一次还本债券两种类型。评估时应采用不同的方法计算。

A.到期一次还本付息债券的价值评估。

对于一次还本付息的债券，其评估价值的计算公式为：

$$P = F/(1 + r)^n \tag{9-17}$$

式中：P——债券的评估值；

　　　　F——债券到期时的本利和；

　　　　r——折现率；

　　　　n——评估基准日与债券到期日的间隔（以年或月为单位）。

本利和F的计算还可区分单利和复利两种计算方式。

在采用单利计算时：

$$F=A（1+m·r） \tag{9-18}$$

在采用复利计算时：

$$F = A(1 + r)^m \tag{9-19}$$

式中：A——债券面值；

　　　　m——计息期限；

　　　　r——债券利息率。

B.分次付息、到期一次还本债券的评估。

前已述及，分次付息、到期一次还本债券的价值评估宜采用收益法，其计算公式为：

$$P = \sum_{i=1}^{n}\left[R_i(1+r)^{-i}\right] + A(1+r)^{-n} \qquad (9-20)$$

式中：P——债券的评估值；

R_i——第 r 年的预期利息收益；

r——折现率；

A——债券面值；

i——评估基准日距收取利息日期限；

n——评估基准日距到期还本日期限。

②股权投资的评估。

长期股权投资的评估包括了股票形式股权的评估和非股票形式股权的评估，股票形式股权的评估又具体分为上市交易股票评估和非上市交易股票评估，整个股权评估又包括了控股股权评估和少数股权评估。

A.股票形式股权的评估。

上市股票评估一般采用评估基准日市场收盘价作为评估价值，非上市交易的股票，一般应采用收益途径及其方法评估，即综合分析股票发行企业的经营状况及风险、历史利润水平和分红情况、行业收益等因素，合理预测股票投资的未来收益，并选择合理的折现率确定评估值。在具体评估非上市股票时又有以下参考方法：

a.固定红利模型。

固定红利模型是假设企业经营稳定，分配红利固定，并且今后也能保持固定水平。在这种假设条件下，普通股股票评估应采用收益途径中的年金法。评估值的计算公式为：

$$P=R/r \qquad (9-21)$$

式中：P——股票评估值；

R——股票未来收益额；

r——折现率。

b.红利增长模型。

红利增长模型适用于成长型股票的评估。成长型企业发展潜力大，收益率会逐步提高。该类型的假设条件是发行企业并未将剩余收益分配给股东，而是用于追加投资扩大再生产，因此，红利呈增长趋势。在这种假设前提下，普通股股票价值评估应考虑将股票收益的预期增长率包含在资本化率中。普通股股票价值评估值公式为：

$$P=R/(r-g) \qquad (r>g) \qquad (9-22)$$

式中：P——股票评估值；

R——股票未来收益额；

r——折现率；

g——股利增长率。

股利增长率 g 的计算方法：一是统计分析法，即根据过去股利的实际数据，利用统计学的方法计算出平均增长率，作为股利增长率；二是趋势分析法，即根据被评估企业的股利分配政策，以企业剩余收益中用于再投资的比率与企业净资产利润率相乘确定股利增长率。

c.分段模型。

分段型股利政策下股票价值评估的原理是：第一段，指能够较为客观地预测股票的收益期间或股票发行企业的某一经营周期；第二段，以不易预测收益的时间为起点，以企业持续经营到永续为第二段。将两段收益现值相加，得出评估值。实际计算时，第一段以预测收益直接折现，第二段可以采用固定红利型或红利增长型，收益额采用趋势分析法或其他方法确定，先资本化再折现。

B.非股票形式股权的评估。

《资产评估执业准则——企业价值》第三十八条要求：采用资产基础法进行企业价值评估，应当对长期股权投资项目进行分析，根据被评估单位对长期股权投资项目的实际控制情况以及对评估对象价值的影响程度等因素，确定是否将其单独评估。

对于非股票形式股权的评估，首先应了解非股票形式股权投资收益的分配形式，再根据投资协议的有关规定及股权比例等因素运用具体评估技术和方法评估其价值。

股权投资收益的分配形式，比较常见的有如下几种类型：一是按投资额占被投资企业实收资本的比例，参与被投资企业净利润的分配；二是按被投资企业销售收入或利润的一定比例提成；三是按投资方出资额的一定比例支付资金使用报酬等。

a.非控股型股权投资评估。

对于非控股型长期股权投资评估，可以采用收益途径及其方法，即根据历史上收益情况和被投资企业的未来经营情况及风险预测未来收益，再用适当的折现率折算为现值，得出评估值。

对于合同、协议明确约定了投资报酬的长期投资，可将按规定应获得的收益折为现值，作为评估值。

对到期收回资产的实物投资情况，可按约定或预测出的收益折为现值，再加上到期收回资产的现值，计算评估值。

对于不是直接获取资金收入，而是取得某种权利或其他间接经济效益的，可通过了解分析，测算相应的经济效益进行折现，作为评估值。

对于明显没有经济利益，也不能形成任何经济权利的投资则按零价值计算。在未来收益难以确定时，有条件的可以通过对被投资企业进行评估来确定净资产数额，再根据投资方所占的份额确定评估值。

如果进行该项投资的期限较短，价值变化不大，被投资企业资产账实相符，则可根据核实后的被投资企业资产负债表上净资产数额，再根据投资方所占的份额确定评估值。

非控股型长期股权投资也可以采取成本途径及其方法评估，如被评估企业长期投资收益相对稳定、收益水平正常，可以被评估企业经审核无误后的长期投资账面价值作为评估值。

无论采用什么方法评估非控股型长期股权投资，都应考虑少数股权因素对评估值的影响。

b.控股型股权投资评估。

对于控股型的股权投资，应对被投资企业进行整体评估后再测算被评估股权投资的价值。整体评估应以收益途径及其方法为主，特殊情况下，可以采用其他途径和方法，对于企业整体价值评估方法这里不再重述。对被投资企业整体评估，评估日与投资方的评估基准日相同。

《资产评估执业准则——企业价值》第三十八条指出：对专门从长期股权投资获取收益的控股型企业进行评估时，应当考虑控股型企业总部的成本和效益对企业价值的影响。对专门从长期股权投资获取收益的控股型企业的子公司单独进行评估时，应当考虑控股型企业管理机构分摊管理费对企业价值的影响。

评估人员评估控股股权价值，应当在适当及切实可行的情况下考虑由于控股权因素产生的溢价。

在对企业各个单项资产实施评估并将评估值加和后，就可以此作为运用资产加和法评估出的企业整体价值。

如果企业价值评估对象是企业的股东全部权益价值，则需要在企业整体价值基础上扣减企业的付息债务。

资产评估人员如对同一企业采用多种评估方法评估其价值时，应当对运用各种评估方法形成的各种初步价值结论进行分析，在综合考虑运用不同评估方法及其初步价值结论的合理性及所使用数据的质量和数量的基础上，形成合理评估结论。

【小提示9-2】

2006年2月5日，财政部颁布了新的企业会计准则，企业的会计资产分类发生了较大的变化。本书关于企业流动资产、长期投资资产等的分类采取了尽量按照现行会计准则和制度进行划分的原则，如有疏漏不当之处请包涵，并请按恰当的分类为准。

9.3.2　有形资产评估值之和加整体无形资产价值法

有形资产评估值之和加整体无形资产价值法是将企业价值分为两个部分：其一是企业的所有有形资产价值；其二是企业的全部无形资产价值。企业所有有形资产的评估可以采取单项资产评估值加总的方式，具体方式方法如前面所述资产加和法。企业整体无形资产价值的评估则采用了将被评估企业投资回报率与行业平均投资回报率的差乘以被评估企业的资产额而得到被评估企业的超额收益，再用行业平均投资回报率作为折现率或资本化率，将被评估企业超额收益资本化，从而得到被评估企业的整体无形资产价值的方法。将被评估企业的所有有形资产价值加上被评估企业的整体无形资产价值，便得到被评估企业的整体价值。

如果企业价值评估对象是企业的股东全部权益价值，则需要在企业整体价值基础上扣减企业的付息债务。

资产评估人员如对同一企业采用多种评估方法评估其价值时，应当对运用各种评估方法形成的各种初步价值结论进行分析，在综合考虑运用不同评估方法及其初步价值结论的合理性及所使用数据的质量和数量的基础上，形成合理评估结论。

本章小结

由于企业本身就是一个资产综合体，对于企业价值评估自然就有多种评估思路，掌握企业价值评估的本质，即企业获利能力是影响和决定企业价值的关键因素，围绕着企业获利能力的判断及预测、企业获利能力面临的不确定性、企业获利能力载体的边界、企业价值评估具体范围等等，来安排评估技术思路，选择具体评估方法和合理的评估经济技术参数，通过缜密的评估过程，得出令人信服的评估结论。

主要概念

固定红利模型　上市公司比较法　并购案例比较法　企业自由现金流量　股权自由现金流量　加权平均资本成本　资本资产定价模型　成本途径

基本训练

一、单项选择题

1.运用直接法评估企业价值，选择什么口径的收益额作为评估参数应当依据（　　）。

A.企业价值评估的方法　　　　　　B.企业价值评估的价值目标

C.企业价值评估的假设条件　　　　D.企业价值评估的价值标准

2.在持续经营假设前提下，运用资产基础法评估企业价值时，对各个单项资产的评估应当采用的经济技术原则是（　　）。

A.变现原则　　　　　　　　　　　B.预期收益原则

C.契约原则　　　　　　　　　　　D.贡献原则

3.某待评估企业未来3年的预期收益分别为100万元、120万元和130万元，根据企业实际情况推断，从第4年开始，企业的年预期收益额将在第3年的水平上以

2% 的增长率保持增长，假定折现率为 8%，则该企业的评估值最接近于（　　）。

    A.1 600 万元　　　　B.1 614 万元　　　　C.1 950 万元　　　　D.2 050 万元

4. 假定市场平均收益率为 10%，企业所在行业基准收益率为 12%，国债利率为 4%。待评估企业的投资资本由所有者权益和长期负债两部分构成，其中所有者权益占投资资本的比重为 60%，长期负债占 40%，长期债务利息率为 6%，所得税税率为 25%，待评估企业的 β 系数为 1.2。该待评估企业（投资资本）的加权平均资本成本最接近于（　　）。

    A.8.52%　　　　　　B.9.53%　　　　　　C.11.12%　　　　　D.12.86%

5. 从理论上讲，企业价值评估的对象是（　　）。

    A. 企业的生产能力　　　　　　　　B. 企业的全部资产

    C. 企业整体价值　　　　　　　　　D. 企业有形资产

二、多项选择题

1. 如果在对各企业各单项资产实施资产基础法进行评估后，再运用收益途径相应方法评估企业价值，这样做的目的是（　　）。

    A. 比较判断哪一种方法是正确的

    B. 判断企业是否存在着商誉

    C. 判断企业是否存在经济性贬值

    D. 为确定企业的最终评估价值提供更多的信息

2. 下列各项中，不宜作为企业价值评估中折现率的经济参数包括（　　）。

    A. 社会平均投资报酬率　　　　　　B. 行业基准收益率

    C. 行业平均投资报酬率　　　　　　D. 银行贴现率

3. 就一般意义而言，可用于企业价值评估的收益额，通常包括（　　）。

    A. 息前净现金流量　　　　　　　　B. 无负债净利润

    C. 净利润　　　　　　　　　　　　D. 利润总额

三、判断题

1. 企业价值评估中的企业自由现金流量对应的折现率是股权资本成本。（　　　）

2. 企业价值评估中的价值比率包括市盈率、市销率、市净率等。（　　　）

3. 折现率在评估业务中具有不同的称谓：资本化率、还原利率等。但其本质都是相同的，都属于期望投资报酬率。（　　　）

4. 目前我国企业产权交易市场的有限性，决定了企业价值评估只能采用非市场价值基础。（　　　）

5. 对于在评估时点产权不清的资产，应划为"待定产权资产"，暂不列入企业价值评估的资产范围。（　　　）

四、思考题

1. 企业价值评估中有哪些不同口径的收益额可以作为评估参数使用？

2. 净现金流量和息前净现金流量在假定折现率的口径与收益额口径一致的前提

下，其折现值的价值内涵是什么？

3.资产基础法与成本途径之间的关系是什么？

4.为什么要保持折现率的口径与收益额口径一致？

五、计算分析题

某企业预计未来5年收益额分别是12万元、15万元、13万元、11万元和14万元。假定从第6年开始，以后各年收益均为14万元，确定的折现率和资本化率均为10%。请分别分析估测该企业在永续经营条件下和经营50年条件下的评估值。

第9章基本训练参考答案

第 10 章

资产评估报告

10.1　资产评估报告概述

资产评估机构及人员在完成资产价值评定估算工作后，需要按照一定程序和形式的要求，撰写资产评估报告书，以书面的形式向委托人及相关当事人报告评估过程和结果。为贯彻落实《资产评估法》，规范资产评估执业行为，保证资产评估执业质量，保护资产评估当事人合法权益和公共利益，中国资产评估协会于 2018 年 10 月 29 日，再次对《资产评估执业准则——资产评估报告》进行了修订（2019 年 1 月 1 日起施行）。新修订的《资产评估执业准则——资产评估报告》，对评估报告的编制要求、内容构成等做了原则性的规定，资产评估机构及人员在编制资产评估报告时需要遵循这一规范。

10.1.1　资产评估报告的基本概念及类型

1）资产评估报告的概念

从一般意义上讲，资产评估报告是指评估机构在完成评估工作后向委托人提交的说明评估过程及结果的书面报告。《资产评估执业准则——资产评估报告》中规定的资产评估报告是指资产评估机构及其资产评估专业人员遵守法律、行政法规和资产评估准则，根据委托履行必要的资产评估程序后，由资产评估机构对评估对象在评估基准日特定目的下的价值出具的专业报告。它是资产评估师根据资产评估准则的要求，在履行必要评估程序后，对评估对象在评估基准日特定目的下的价值发表的，由其所在评估机构出具的书面专业意见，也是评估机构履行评估合同情况的总结，还是评估机构与资产评估师为资产评估项目承担相应法律责任的证明文件。它是按照一定格式和内容来反映评估目的、假设、程序、标准、依据、方法、结果及适用条件等基本情况的报告书。这在资产评估行业中通常被称为狭义的资产评估报告。在不同的国家和地区，政府及行业自律主管部门对资产评估报告的要求并不一致。在一些国家和地区，资产评估报告不仅仅是一种书面文件，还包括一系列相关的备案审核等管理工作，它们共同形成了一种评估报告制度。我国目前实行的就是这种资产评估报告制度，这种资产评估报告制度亦称广义的资产评估报告。

【相关链接10-1】　　　我国资产评估报告制度的发展历程

我国的资产评估报告制度始于我国对国有资产评估实施的资产评估。1991年，国务院以91号令颁布的《国有资产评估管理办法》规定，资产评估机构对委托单位（国有资产占有单位）被评估资产的价值进行评定和估算，要向委托单位提出资产评估结果报告书；委托单位收到资产评估机构的资产评估报告书后，应当报其主管部门审查，主管部门同意后，报同级国有资产管理行政主管部门确认资产评估结果。经国有资产管理行政管理部门授权或委托，国有资产占有单位的主管部门也可以确认资产评估结果。该文件还规定，国有资产管理行政主管部门应当自收到国有资产占有单位报送的资产评估结果报告书之日起45日内组织审核、验证协商和确认资产评估结果，并下达确认通知书。这就是我国最早的资产评估报告制度。

1992年，原国家国有资产管理局制定和发布的《国有资产评估管理办法施行细则》（国资办发〔1992〕36号）中规定了资产评估结果报告书内容包括正文和附件两部分。

1993年，原国家国有资产管理局制定和发布的国资办发〔1993〕55号文件，提出了《关于资产评估报告书的规范意见》。

1995年，原国家国有资产管理局又制定和颁布了《关于资产评估立项、确认工作的若干规范意见》。

1996年5月7日，国资办发〔1996〕23号文件转发了中国资产评估协会制定的《资产评估操作规范意见（试行）》，规定了资产评估报告书及送审专用材料的具体要求，以及资产评估工作底稿的项目档案管理，进一步完善了资产评估报告制度。

1999年，财政部财评字〔1999〕91号文件颁布了关于印发《资产评估报告基本内容与格式的暂行规定》的通知，对原有的资产评估报告有关制度做了进一步修改完善，使资产评估报告制度不仅适用于国有资产评估，也同样适用于非国有资产的评估。

2000年，财政部财企〔2000〕256号文件提出了《关于调整涉及股份有限公司资产评估项目管理权的通知》，其中对涉及股份有限公司资产评估项目的受理审核事权在财政部和省级财政部门之间进行分工。

2001年12月31日，国务院办公厅以国办发〔2001〕102号《国务院办公厅转发财政部关于改革国有资产评估行政管理方式加强资产评估监督管理工作意见的通知》对资产评估项目管理方式进行了重大改革，取消对国有资产评估项目的理想确认审批制度，实行核准制和备案制，并加强对资产评估活动的监管。

2003年，中国注册会计师协会以会协〔2003〕28号文件下发了关于印发《资产评估准则——评估报告（征求意见稿）》的通知，对资产评估报告的内容做出了明确的规定。

2007年11月28日，财政部和中国资产评估协会在人民大会堂举行中国资产评估准则体系发布会，来自政府部门、企业、行业组织、评估界和有关国际及国家产评估组织的代表400余人出席发布会。会议发布了包括资产评估报告准则在内的15项资产评估准则。

2008年7月1日，包括《资产评估准则——评估报告》在内的15项资产评估准则的开始实施。《资产评估准则——评估报告》是资产评估报告的最基本的要求。适用于所有评估目的、资产类别的评估业务。它对于所有资产评估报告的要素、内容等统一进行了规范。

为规范注册资产评估师执行资产评估业务，维护社会公共利益和资产评估各方当事人合法权益，2008年11月28日，根据国有资产评估管理有关规定和《资产评估准则——评估报告》，中国资产评估协会制定了《企业国有资产评估报告指南》，自2009年7月1日起施行。《企业国有资产评估报告指南》适用于非金融企业国有资产评估报告。金融企业因债权转股权等原因持有的非金融企业股权价值评估报告适用本指南。

2010年，为规范注册资产评估师编制和出具金融企业国有资产评估报告行为，维护社会公共利益和资产评估各方当事人的合法权益，中国资产评估协会在财政部指导下，以中评协〔2010〕213号文件制定了《金融企业国有资产评估报告指南》，2011年7月1日起施行。本指南进一步完善了评估报告体系。

2011年，为贯彻落实《资产评估机构审批和监督管理办法》（财政部令第64号）相关规定，满足评估机构执业需要，进一步规范评估机构和注册资产评估师在评估报告和业务约定书上签字盖章的行为，中评协〔2011〕230号文件对评估报告等准则中涉及签字盖章的条款做出了一些修改，自2012年3月1日起施行。

2011年，中国资产评估协会将《资产评估准则——评估报告》、《企业国有资产评估报告指南》和《金融企业国有资产评估报告指南》中有关签章条款进行了修订。

2013年8月，为进一步规范企业国有资产评估项目备案工作，提高评估备案工作效率，国资委制定了《企业国有资产评估项目备案工作指引》（国资发产权〔2013〕64号），规定了资产评估报告的审核要点其他报告审核要点以及境外评估或估值报告审核要点。该指引自印发之日起执行。

2014年3月，中国资产评估协会发布了《首席评估师管理办法》，规定首席评估师应当确保机构内部质量控制体系的建立，推动质量控制体系的实施，监督质量控制体系的运行，组织制定本机构的技术标准，组织开展业务培训，组织对有重大争议的评估报告进行专业评审等。该办法自2014年8月1日起施行。

2015年9月，中国资产评估协会发布了《金融企业首次公开发行上市资产评估方法选用》《寿险公司内部精算报告及价值评估中的利用》《上市公司重大资产重组评估报告披露》等7项资产评估专家指引，为评估机构业务工作中涉及金融企业、寿险公司、上市公司等评估业务做参考，并指导中小评估机构建立健全业务质量控制制度和程序。

2016年7月出台的《资产评估法》对资产评估行为第一次以法律的形式做了规定，其中，对资产评估报告的使用以及违规使用所应承担的法律责任有详细说明。

2017年8月，财政部发布了《资产评估基本准则》，该准则设专章对资产评估报告进行了规范。2017年9月，中国资产评估协会发布了经修订的《资产评估执业准则——资产评估报告》、《企业国有资产评估报告指南》和《金融企业国有资产评估报告指南》。

2018年10月29日，中国资产评估协会根据《资产评估基本准则》，对《资产评估执业准则——资产评估报告》进行了再次修订，自2019年1月1日起施行。

2019年5月7日，为规范资产评估机构及其资产评估师执行人民法院委托司法执行财产处置资产评估业务，根据《资产评估法》《最高人民法院关于人民法院确定财产处置参考价若干问题的规定》《资产评估基本准则》《人民法院委托评估工作规范》等有关规定，中国资产评估协会制定了《人民法院委托司法执行财产处置资产评估指导意见》，指出资产评估报告声明中应当说明"资产评估报告是根据人民法院及相关当事人提供的资料和信息出具，资料和信息的真实性、完整性、合法性对评估结论构成影响，依据同一标的资产的其他资料或者信息可能得出与报告不一致的评估结论"，自2019年7月1日起实施。

2019年12月10日，为贯彻落实《资产评估法》，规范资产评估执业行为，保证资产评估执业质量，保护资产评估当事人合法权益和公共利益，在财政部指导下，中国资产评估协会根据《资产评估基本准则》，制定了《资产评估执业准则——资产评估方法》。此项准则要求评估报告应该对评估方法的选择及其理由进行披露；因适用性受限而选择一种评估方法的，应当在资产评估报告中披露其他基本评估方法不适用的原因；因操作条件受限而选择一种评估方法的，应当对所受的操作条件限制进行分析、说明和披露。《资产评估执业准则——资产评估方法》自2020年3月1日起施行。

2019年12月10日，中国资产评估协会根据《资产评估执业准则——资产评估程序》和《资产评估执业准则——珠宝首饰》，制定了《珠宝首饰评估程序指导意见》。此项指导意见规定了编制出具该类资产评估报告，应当根据法律法规、委托人要求、评估对象特点、评估工作复杂程度等，根据《资产评估执业准则——资产评估报告》和《资产评估执业准则——珠宝首饰》确定资产评估报告的形式、内容和详略程度。《珠宝首饰评估程序指导意见》自 2020 年 3 月 1 日起施行。

2019 年 12 月 10 日，中国资产评估协会发布了《道路运输物流企业授信额度评估咨询操作指引（试行）》，为资产评估机构及其资产评估专业人员执行道路运输物流企业授信额度评估咨询业务提供参考，规范了编制评估咨询报告时的具体内容要求，并于自 2020 年 1 月 1 日起试行。

2020 年 1 月 9 日，中国资产评估协会发布了《资产评估专家指引第 9 号——数据资产评估》为资产评估机构及其资产评估专业人员执行数据资产评估业务时提供参考。该项专家指引结合我国数据资产产权发展现状以及数据资产自身特点对编制数据资产评估报告时应当包含的具体内容给出了明确要求。

2020 年 12 月 7 日，为规范和指导资产评估机构及其资产评估专业人员执行企业并购投资价值评估业务行为，在财政部指导下，中国资产评估协会制定了《企业并购投资价值评估指导意见》，规定了在编写评估报告的时候要重点披露协同效应类型、投资价值定义、相关假设以及履行评估程序受到的限制等。《企业并购投资价值评估指导意见》自 2021 年 3 月 1 日起施行。

2020 年 12 月 7 日，为规范资产评估准则术语使用，促进资产评估准则的理解和执行，在财政部指导下，中国资产评估协会组织研究形成了《资产评估准则术语 2020》，对评估报告、评估报告日、评估报告使用范围和资产评估报告使用人等概念进行书面化的规范。

2021 年 1 月 4 日，中国资产评估协会发布了《资产评估专家指引第 11 号——商誉减值测试评估》，为资产评估机构及其资产评估专业人员执行企业商誉减值测试评估业务时提供参考。该项专家指引对资产评估报告中与商誉减值测试相关的评估要素、关键评估参数以及其他对评估结论有重要影响的信息披露内容做出了具体要求。

2021 年 12 月 31 日，中国资产评估协会发布了《资产评估专家指引第 13 号——境外并购资产评估》以及《资产评估专家指引第 14 号——科创企业资产评估》，为资产评估机构及其资产评估专业人员执行科创企业资产评估业务以及执行境外并购资产评估业务时提供参考。《资产评估专家指引第 13 号——境外并购资产评估》明确了境外并购资产评估报告的编制标准，要求结合境外并购资产评估业务实际情况确定具体披露事项。《资产评估专家指引第 14 号——科创企业资产评估》结合科创企业特定的评估假设和前提条件，对科创企业资产评估报告的内容做出了具体要求，并要求保持多个披露期间信息披露标准的一致性。

2022 年 1 月 14 日，中国资产评估协会发布了《体育无形资产评估指导意见》，对体育无形资产评估业务行为进行了规范，对反映体育无形资产特点的重点披露内容做出详细说明，自 2022 年 3 月 1 日起施行。

2）资产评估报告的类型

资产评估报告按不同的标志可以划分为若干种类，资产评估机构和人员可以根据评估业务的具体情况及委托人的不同要求，选择适当类型的评估报告表达评估意见。在世界范围内，资产评估报告的类型与具体形式是多种多样的，这就为资产评估人员恰当表达评估过程和评估结果提供了选择空间和载体。

资产评估报告书的类型与资产评估机构向委托人或客户表达或披露评估信息的内容和繁简程度直接相关。《资产评估执业准则——资产评估报告》中也指出，资产评估报告的详略程度可以根据评估对象的复杂程度、委托人要求合理确定。资产评估机构可以根据委托人的要求，以及资产评估机构对评估报告披露信息的详略程度和规避风险的要求，选择适宜类型的评估报告表达资产评估师的专业意见。目前，国际上的资产评估报告类型主要是从以下几个角度和标准进行划分的：

（1）按资产评估业务是否为法律要求划分

根据《资产评估法》的规定，涉及国有资产或者公共利益等事项，法律、行政法规规定需要进行资产评估的业务属于法定资产评估业务，所出具的评估报告就是法定评估业务的评估报告，比如国有资产评估报告；反之，法律、行政法规未作要求，由自然人、法人或其他组织自愿选择进行的资产评估业务则属于非法定资产评估业务，出具的评估报告就是非法定业务评估报告。法定评估业务的资产评估报告应当由至少两名承办该项业务的资产评估师签名并加盖资产评估机构印章；非法定业务的资产评估报告应当由至少两名承办该项业务的资产评估专业人员签名并加盖资产评估机构印章。

（2）按评估报告披露内容的繁简程度划分

按评估报告披露内容的详尽程度划分，可将评估报告分为完整型评估报告和简明型评估报告。

① 完整型评估报告

完整型评估报告是指向委托人或客户提供最详尽信息资料的评估报告。以美国《专业评估执业统一准则》对不动产完整型评估报告的要求为例来说明完整型评估报告披露信息的程度。完整型评估报告的内容必须与报告的预期用途一致，且至少包括以下内容：

A.明确说明客户和预期使用者的身份，包括姓名和类型。

B.明确评估的预期用途。

C.明确并用充分的信息资料描述被评估的不动产。这种描述包括与评估业务有关的财产的物理和经济方面的特性。

D.明确说明被评估的不动产权益。如果需要的话，对被评估的不动产权益的说明必须用对不动产具有约束力的权益的描述或者其他已知的文件的概述或者复制件来进行实质性的证明。

E.明确说明评估目的，包括对被评估不动产的价值定义和类型以及其来源的说明。

F.说明评估生效日和报告日。

G.明确叙述足以向评估客户和评估结果使用者说明评估工作范畴的信息。

H.明确说明影响评估分析、意见和结论的所有假设和限制性条件。

I.明确描述评估中所考虑的信息，所采用的程序和支持其分析、意见和结论的推理过程。

J.明确描述评估日期现存不动产的用途，以及明确描述在评估报告中反映出来的不动产的用途。

另外，还需有经资产评估人员签署的证明文件。

②简明型评估报告

简明型评估报告是指资产评估机构在保证不误导评估报告使用者的前提下，委托人或客户提供简明扼要的信息资料的评估报告。它与完整型评估报告的区别，主要是提供信息资料的详略程度不同，不存在报告水准上的差别。以下以美国《专业评估执业统一准则》对不动产简明型评估报告的要求为例，来说明简明型评估报告披露信息的程度。

简明型评估报告的内容必须与评估的预期用途相一致，并且至少包括以下内容：

A.明确说明客户和预期使用者的身份，包括姓名和类型。

B.明确评估的预期用途。

C.明确并用充分的信息资料概述被评估的不动产，这种概述包括与评估业务有关财产的物理和经济方面的特性。

D.明确说明被评估的不动产权益。

E.说明评估的目的，包括对被评估不动产的价值定义和类型以及其来源的说明。

F.说明评估生效日和报告日期。

G.概述足以向评估客户和评估结果使用者说明评估工作范畴的信息。

H.说明影响评估分析、意见和结论的所有假设和限制性条件。

I.概述评估中所考虑的信息，所采用的程序和支持其分析、意见及结论的推理过程。

J.描述评估日现存不动产的用途，并描述在评估报告中反映出来的不动产的用途。

另外，还需有经评估人员签署的证明文件。

（3）按符合资产评估准则的要求的程度划分

按符合资产评估准则的要求的程度划分，可将评估报告划分为正常型评估报告和限制型评估报告。

①正常型评估报告

正常型评估报告，是指评估机构出具的评估报告完全符合评估准则的要求，对评估报告使用者并无格外的特别限制性使用要求的评估报告。完整型评估报告和简明型评估报告都属于正常型评估报告。

②限制型评估报告

限制型评估报告，是指评估机构对限定评估报告使用人出具的，评估过程中有低于或不同于评估准则或指南要求行为的评估报告。限制型评估报告仅限于特定评估客户使用，其他任何使用限制型评估报告的人都被视为非预期使用者。2018年修订的《资产评估执业准则——资产评估报告》中规定："执行资产评估业务，因法律法规规定、客观条件限制，无法或者不能完全履行资产评估基本程序，经采取措施弥补程序缺失，且未对评估结论产生重大影响的，可以出具资产评估报告，但应当在资产评估报告中说明资产评估程序受限情况、处理方式及其对评估结论的影响。如果程序受限对评估结论产生重大影响或者无法判断其影响程度的，不得出具资产评估报告。"下面将以美国《专业评估执业统一准则》对不动产限制型评估报告的要求为例来说明限制型评估报告披露信息的程度。

限制型评估报告的内容必须与评估的预期用途相一致，并且至少包括以下内容：

A.明确说明客户和预期使用者的身份，包括姓名和类型。

B.明确评估的预期用途。

C.明确并用充分的信息资料描述被评估的不动产，这种描述包括与评估业务有关的财产的物理和经济方面的特性。

D.明确说明被评估的不动产权益。

E.说明评估的目的，包括对被评估不动产的价值定义和类型，并参考与评估目的相关的价值定义。

F.说明评估生效日和报告日期。

G.说明数据的收集、检验和报告过程的范围，或者摘引保存在评估人员工作文档中的评估合同对评估工作范围的叙述。

H.说明影响评估分析、意见和结论的所有假设及限制性条件。

I.描述评估中所采用的评估程序、评估结果分析和结论，以及参考工作文档的内容。

J.描述评估日现存不动产的用途，并描述在评估报告中反映出来的不动产的用途。

另外，还需有经评估人员签署的证明文件。

（4）按资产评估的性质划分

资产评估工作的内容不同，由此形成的报告类型也各不相同。按评估服务的性质的不同，评估报告分为一般评估报告、复核评估报告和咨询评估报告。

①一般评估报告

一般资产评估报告是指评估人员接受客户委托，为客户提供的关于资产价值的估价意见的书面报告，如完整型评估报告、简明型评估报告和限制型评估报告等。

②复核评估报告

复核评估报告是指对一般评估报告的充分性和合理性发表意见的书面报告，是复核评估师对一般评估报告进行评估和审核的报告。

评估复核或复核评估不同于一般的资产评估，它更接近于我国国有资产评估中的资产评估确认，只不过复核评估也是由执业的资产评估师完成，而我国的资产评估确认是由政府有关部门进行的。

③咨询评估报告

咨询评估报告是指评估机构在提供评估对象利用价值、利用方式、利用效果等咨询性意见时出具的书面报告。

（5）按评估对象划分

按评估对象的不同种类划分，评估报告可分为单项资产评估报告和整体资产评估报告。对一项资产，或若干项以独立形态存在、可以单独发挥作用或以个体形式进行交易的资产进行评估所出具的资产评估报告称为单项资产评估报告，如单项机器设备评估、房地产评估、专利权评估等。对由单项资产组成的资产组合进行评估所出具的资产评估报告称为整体资产评估报告，如企业整体价值评估、股权价值评估等。

尽管资产评估报告的基本格式是一样的，但因整体资产评估与单项资产评估在具体业务上存在一些差别，两者在报告的内容上也必然会存在一些差别。一般情况下，整体资产评估报告的报告内容不仅包括资产，还包括负债和所有者权益，而单项资产评估报告一般不考虑负债。

（6）按评估基准日划分

按评估基准日的选择的不同划分，评估报告一般分为现时性评估报告、追溯性评估报告和预测性评估报告。

①现时性评估报告

现时性评估报告是对资产现时价值判断的书面报告，其评估基准日与评估报告日期是相同（或接近）。

②追溯性评估报告

追溯性评估报告是对资产过去价值判断的书面报告，其评估基准日早于评估报告日期。如司法诉讼评估涉及的了解诉讼标的在两年前某一时点的市场价值，此时出具的评估报告就属于追溯性评估报告。

③预测性评估报告

预测性评估报告是对资产未来价值判断的书面报告，其评估基准日晚于评估报告日期。如银行发放抵押贷款时，需要了解抵押物在一年后某一时点的市场价值，委托评估机构进行评估，此时出具的评估报告就是预测性评估报告。

（7）按评估目的的不同划分

按评估目的的不同划分，评估报告分为以资产交易为目的的评估报告、以企业兼并为目的的评估报告、以资产抵押为目的的评估报告、以资产征税为目的的评估报告、以编制财务报告为目的的评估报告、以国有资产产权变动为目的的评估报告等。资产评估的目的不同，评估报告的具体内容和侧重点有所不同。

10.1.2 资产评估报告的作用

编制并提交资产评估报告是资产评估工作的最终环节，体现了资产评估工作的成果。资产评估报告不但载明了资产评估的结果，也描述了资产评估的过程。资产评估报告对于委托人、资产评估机构及评估管理机构均具有重要的作用。从资产评估机构和资产评估人员的角度看，资产评估报告书主要有以下几方面的作用：

（1）有利于委托人评估目的的实现

对于资产评估业务的委托人，评估报告是资产价值专家意见的书面表达。资产评估报告书对被评估资产提供较为全面、客观的价值判断和专业意见，是委托人进行资产评估业务的重要作价依据，从而有助于实现资产评估委托的目的。

（2）有利于资产评估机构执业管理的规范

对于资产评估机构而言，资产评估报告用文字的形式对委托评估的资产的使用状况、评估目的、评估范围、评估依据、评估程序、评估方法和评估结果等进行说明，可以反映和体现资产评估工作的具体完成情况，是评估机构对履行评估合同情况的总结，同时也是评估机构及人员为资产评估项目承担相应法律责任的证明文件。另外，资产评估报告是评估档案资料的重要内容，所形成的相关资料和记录对于后续的评估业务有重要的参考作用。同时，资产评估报告也是资产评估机构向委托人或有关当事方收取评估费用的直接依据。因此，资产评估报告对于规范资产评估机构的业务管理具有极为重要的作用。

（3）有利于评估行业管理部门对资产评估机构的监督管理

对于资产评估行业的自律组织和管理机构，资产评估报告是反映评估机构和评估人员职业道德、执业能力情况以及评估质量高低和机构内部管理机制完善程度的重要依据。评估行业管理部门可以通过对评估报告的审查，监督评估机构和人员的执业情况，加强资产评估行业管理，促进资产评估业的发展。

10.1.3 资产评估报告的内容

资产评估机构及人员应当在评估报告中提供必要的信息，反映评估委托的基本情况、评估的理论依据、评估资料的取得情况、评估采用的方法、评估的实施过程及评估结论。根据中国资产评估协会 2018 年 10 月 29 日发布的《资产评估执业准则——资产评估报告》的要求，资产评估报告的内容包括：标题及文号、目录、声明、摘要、正文和附件。具体内容如下：

1) 标题及文号、目录

评估报告的封面应当包括标题及文号。评估报告的标题应当简明清晰，需要涵盖评估对象的名称、评估经济行为关键词等内容。一般采用"委托人名称+经济行为关键词+评估对象+评估报告"的形式，也可适当简化。评估报告文号由文字和数字组成，包括评估机构特征字、种类特征字、年份、报告序号，按一定顺序排列。评估报告要求按一定规律和顺序编排文号。资产评估机构及其资产评估专业人员执行与估算相关的其他业务时，虽然可以参照评估报告准则出具相关报告，但此类报告并不是评估报告，不得以"评估报告"标题出具，以免给委托人和报告使用人造成误解。

目录应当包括每一部分的标题和相应页码。目录一般只列出评估报告的一、二级标题。

2) 声明

资产评估报告的声明通常包括以下内容：

（1）本资产评估报告依据财政部发布的资产评估基本准则和中国资产评估协会发布的资产评估执业准则和职业道德准则编制。

（2）委托人或者其他资产评估报告使用人应当按照法律、行政法规规定和资产评估报告载明的使用范围使用资产评估报告；委托人或者其他资产评估报告使用人违反前述规定使用资产评估报告的，资产评估机构及其资产评估专业人员不承担责任。

（3）资产评估报告仅供委托人、资产评估委托合同中约定的其他资产评估报告使用人和法律、行政法规规定的资产评估报告使用人使用；除此之外，其他任何机构和个人不能成为资产评估报告的使用人。

（4）资产评估报告使用人应当正确理解和使用评估结论，评估结论不等同于评估对象可实现价格，评估结论不应当被认为是对评估对象可实现价格的保证。

（5）资产评估报告使用人应当关注评估结论成立的假设前提、资产评估报告特别事项说明和使用限制。资产评估师出具的评估报告中的分析、判断和结论受评估报告中假设和限定条件的限制，评估报告使用者应当充分关注评估报告中载明的特别事项说明及其对评估结论的影响。评估报告的使用仅限于评估报告中载明的评估目的，因使用不当造成的后果与资产评估师及其所在评估机构无关。

（6）资产评估机构及其资产评估专业人员遵守法律、行政法规和资产评估准则，坚持独立、客观、公正的原则，并对所出具的资产评估报告依法承担责任。这就要求资产评估师与评估报告中的评估对象没有现存或者预期的利益关系；与相关当事方没有现存或者预期的利益关系，对相关当事方不存在偏见。

（7）其他需要声明的内容。

值得注意的是，以上准则的要求属于一般性声明，在执行具体资产评估业务时，资产评估人员还应根据评估项目的具体情况，调整或细化声明内容。

3）资产评估报告摘要

摘要是评估报告的浓缩，提供评估业务的主要信息及评估结论。评估人员在撰写评估报告时，应以较少的篇幅，将评估报告书中的关键内容摘要并刊印在评估报告书正文之前，以便使各有关方了解该评估报告书提供的主要信息。资产评估报告摘要通常提供资产评估业务主要信息及评估结论，主要包括如下内容：

① 评估目的；

② 评估对象和评估范围；

③ 价值类型及其定义；

④ 评估基准日；

⑤ 评估方法；

⑥ 评估结论。

摘要应当与评估报告揭示的结果一致，不能有误导性内容。

4）资产评估报告正文

正文是评估报告的重要组成部分，资产评估报告正文应当包括下列内容：

（1）委托人及其他资产评估报告使用人

资产评估报告使用人包括委托人、资产评估委托合同中约定的其他资产评估报告使用人和法律、行政法规规定的资产评估报告使用人。在评估报告中应当阐明委托人和其他评其他资产评估报告使用人的身份，包括名称或类型。该名称可以是可确指的法人、自然人，也可以是不确指的一类群体，如国有资产管理部门等。评估报告正文当介绍委托人、产权持有单位和业务委托合同约定的其他评估报告使用者的概况。委托人和业务委托合同约定的其他评估报告使用者概况信息一般包括：名称、法定住所及经营场所、法定代表人、注册资本及主要经营范围等。

（2）评估目的

资产评估报告载明的评估目的应当唯一。资产评估是为特定的经济行为服务的，评估报告应当说明本次评估经济行为的相关情况，并说明该经济行为获得批准的相关情况或者其他经济行为依据。目前国内资产评估业务涉及的评估目的主要包括：转让定价评估目的、抵押和质押评估目的、公司设立、改制、增资评估目的、财务报告评估目的、税收评估目的、司法诉讼评估目的等。

（3）评估对象和评估范围

资产评估报告中应当载明评估对象和评估范围，并描述评估对象的基本情况。评估对象和评估范围是两个不同的概念，要评估报告中要注意进行区分。在企业价值评估中，评估对象可以是企业整体价值、股东全部权益价值或股东部分权益价值，与此对应的评估范围是评估对象涉及的资产及负债内容，包括房地产、机器设备、股权投资、无形资产、债权和债务等。在对单项资产的价值评估中，各具体准则都对评估对象进行了规范。比如在《文化企业无形资产评估指导意见》中就规定，文化企业无形资产评估对象，是指文化企业无形资产的财产权益，或者特定无形产组合的财产权益。《资产评估执业准则——机器设备》规定机器设备的评估对象分为单台机器设备和机器设备组合对应的全部或者部分权益。单台机器设备是指以独立形态存在、可以单独发挥作用或者以单台的形式进行销售的机器设备。机器设备组合是指为了实现特定功能，由若干机器设备组成的有机整体。

（4）价值类型

资产评估报告应当说明选择价值类型的理由，并明确其定义。一般情况下可供选择的价值类型包括市场价值、投资价值、在用价值、清算价值和残余价值等。

（5）评估基准日

资产评估报告载明的评估基准日应当与资产评估委托合同约定的评估基准日保持一致，可以是过去、现在或者未来的时点。

（6）评估依据

资产评估报告应当说明资产评估采用的法律法规依据、准则依据、权属依据及取价依据等。

①法律和准则依据

法律依据应包括资产评估的有关法律、法规等，如：《公司法》、《证券法》、《拍卖法》、《国有资产评估管理办法》和《资产评估行业财政监督管理办法》等。准则依据主要包括财政部发布的作为我国资产评估准则体系基础的《资产评估基本准则》，中国资产评估协会发布的《资产评估职业道德准则》《资产评估执业准则——资产评估报告》《资产评估执业准则——资产评估程序》等一系列程序性准则，以及《资产评估执业准则——企业价值》《资产评估执业准则——无形资产》等一系列实体性准则、指南和指导意见。资产评估专业人员应当根据与评估项目相关的原则，在评估报告中说明执行资产评估业务所采用的具体法律和准则依据。

②权属依据

资产法律权属状况本身是个法律问题，对资产的所有权及其他与所有权相关的财产权进行界定或发表意见需要履行必要的法律程序。因此，资产评估专业人员应当根据与评估项目相关的原则，在评估报告中说明执行资产评估业务所依托的评估对象的权属依据。权属依据通常包括国有资产产权登记证书，投资人出资权益的证明文件，与不动产、知识产权资产资源性资产、运输设备等动产相关的权属证书或其他证明文件，债权特有证明文件，从事特定业务所需的经营许可证书等。

③取价依据

取价依据应包括资产评估中直接或间接使用的企业提供的财务会计经营方面的资料，国家有关部门发布的统计资料和技术标准资料，以及评估机构收集的有关询价资料和参数资料等。由于统计口径不同等原因，不同部门发布同一指标的统计资料其结果可能存在差异，因此评估取价依据应当列示相关资料的名称、提供或发布的单位及时间等信息。

（7）评估方法

资产评估报告应当说明所选用的评估方法及其理由，因适用性受限或者操作条件受限等原因而选择一种评估方法的，应当在资产评估报告中披露并说明原因。根据《资产评估基本准则》，确定资产价值的评估方法包括市场法、收益法和成本法三种基本方法及其衍生方法。

（8）评估程序实施过程和情况

资产评估报告应当说明资产评估程序实施过程中现场调查、收集整理评估资料、评定估算等主要内容，一般包括：

① 接受项目委托，确定评估目的、评估对象与评估范围、评估基准日，拟定评估计划等过程；

② 指导被评估单位清查资产、准备评估资料，核实资产与验证资料等过程；

③ 选择评估方法、收集市场信息和估算等过程；

④ 评估结论汇总、评估结论分析、撰写报告和内部审核等过程。

（9）评估假设

资产评估报告应当披露所使用的资产评估假设。评估结论是在一定的假设前提下得出来的。资产评估师执行资产评估业务，应当科学合理地使用评估假设。在国际评估惯例中，资产评估假设主要包括前提假设、基本假设、具体假设、特别假设和非真实性假设等。资产评估人员应当合理使用评估假设，并在资产评估报告中披露所使用的资产评估假设。这既可以让评估结论构建基础更加合理，又可以让评估报告使用人能够正确理解评估结论。

（10）评估结论

资产评估报告应当以文字和数字形式表述评估结论，并明确评估结论的使用有效期。评估结论通常是确定的数值。经与委托人沟通，评估结论可以是区间值或者其他形式的专业意见。

（11）特别事项说明

资产评估报告的特别事项说明包括：

① 权属等主要资料不完整或者存在瑕疵的情形。

② 委托人未提供的其他关键资料情况。

③ 未决事项、法律纠纷等不确定因素。

④ 重要的利用专家工作及相关报告情况。

⑤ 重大期后事项。

⑥ 评估程序受限的有关情况、评估机构采取的弥补措施及对评估结论影响的情况。

⑦ 其他需要说明的事项。资产评估报告应当重点提示资产评估报告使用人对特别事项予以关注。

（12）资产评估报告使用限制说明

资产评估报告的使用限制说明应当载明：

① 使用范围。

② 委托人或者其他资产评估报告使用人未按照法律、行政法规规定和资产评估报告载明的使用范围使用资产评估报告的，资产评估机构及其资产评估专业人员不承担责任。

③ 除委托人、资产评估委托合同中约定的其他资产评估报告使用人和法律、行政法规规定的资产评估报告使用人之外，其他任何机构和个人不能成为资产评估报告的使用人。

④ 资产评估报告使用人应当正确理解和使用评估结论。评估结论不等同于评估对象可实现价格，评估结论不应当被认为是对评估对象可实现价格的保证。

（13）资产评估报告日

资产评估报告载明的资产评估报告日通常为评估结论形成的日期，可以不同于资产评估报告的签署日。评估报告日不同于评估基准日，它是形成最终专业评估意见的日期，这一日期必须在评估报告中明确，以公历年、月、日的形式表现。

（14）资产评估专业人员签名和资产评估机构印章

评估报告编制完成后，经资产评估机构对资产评估专业人员编制的评估报告复核认可，至少由两名承办该业务的资产评估专业人员签名，最后加盖资产评估机构的印章。对于国有资产评估报告，资产评估报告正文应当由至少两名承办该评估业务的资产评估师签名，并加盖资产评估机构印章。声明、摘要和评估明细表上通常不需要另行签名盖章。

5）附件

评估报告附件是附在资产评估报告后面的文件与资料。评估报告阅读者根据评估报告中披露的附件的名称以及附件内容，能够判断评估报告的合法性，并在相应的评估工作底稿以及相关法律、行政法规和部门规章中找到相应的评估依据。评估报告附件的内容应当与评估目的、评估方法、评估结论相关联，在评估中形成的一些无关的操作资料不应当作为评估报告的附件。资产评估报告附件通常包括：

① 评估对象所涉及的主要权属证明资料。权属依据证明材料主要包括企业产权登记证书、房屋所有权证书、专利证书、设备购置发票、交通运输设备的行驶证等。

② 委托人和其他相关当事人的承诺函。委托人和其他相关当事人的承诺函在资产评估中，委托人和其他相关当事人的承诺是评估报告附件中不可缺少的一部分。资产评估专业人员在撰写评估报告时应当收集到针对本次评估项目的委托人和其他相关当事人的承诺函。委托人和相关当事方应当承诺，资产评估所对应的经济行为符合国家规定，出具的资产权属证明文件合法有效，提供的资料真实完整，在

评估操作过程中不干预评估人员独立、客观、公正地执业。

③ 资产评估机构及签名资产评估专业人员的备案文件或者资格证明文件。评估报告应当将评估机构的备案公告、证券期货业务资格证书复印件，资产评估师的职业资格证书登记卡复印件作为评估报告附件进行装订。

④ 资产评估汇总表或者明细表。为了让委托人和其他评估报告使用人能够更好地了解委托评估资产的构成及具体情况，资产评估人员应当以报告附件的形式提供资产评估汇总表或明细表。

⑤ 资产账面价值与评估结论存在较大差异的说明。

评估报告附件置于资产评估报告的正文之后，以目录形式列出附件的名称，并将具体的文件、证明材料、函件、清单、证书等材料的原件或复印件装订其后。相关附件应当清晰、完整，内容应当与评估报告摘要、正文一致。如果附件为复印件，应当保证其真实性，内容与原件一致。

【相关链接10-2】　　　资产评估执业准则——资产评估报告

第一章　总则

第一条　为规范资产评估报告编制和出具行为，保护资产评估当事人合法权益和公共利益，根据《资产评估基本准则》制定本准则。

第二条　本准则所称资产评估报告是指资产评估机构及其资产评估专业人员遵守法律、行政法规和资产评估准则，根据委托履行必要的资产评估程序后，由资产评估机构对评估对象在评估基准日特定目的下的价值出具的专业报告。

第三条　资产评估机构及其资产评估专业人员以"资产评估报告"名义出具书面专业报告，应当遵守本准则。

第二章　基本遵循

第四条　资产评估报告陈述的内容应当清晰、准确，不得有误导性的表述。

第五条　资产评估报告应当提供必要信息，使资产评估报告使用人能够正确理解评估结论。

第六条　资产评估报告的详略程度可以根据评估对象的复杂程度、委托人要求合理确定。

第七条　执行资产评估业务，因法律法规规定、客观条件限制，无法或者不能完全履行资产评估基本程序，经采取措施弥补程序缺失，且未对评估结论产生重大影响的，可以出具资产评估报告，但应当在资产评估报告中说明资产评估程序受限情况、处理方式及其对评估结论的影响。如果程序受限对评估结论产生重大影响或者无法判断其影响程度的，不得出具资产评估报告。

第八条　资产评估报告应当由至少两名承办该项业务的资产评估专业人员签名并加盖资产评估机构印章。

法定资产评估业务的资产评估报告应当由至少两名承办该项业务的资产评估师签名并加盖资产评估机构印章。

第九条 资产评估报告应当使用中文撰写。同时出具中外文资产评估报告的，中外文资产评估报告存在不一致的，以中文资产评估报告为准。

资产评估报告一般以人民币为计量币种，使用其他币种计量的，应当注明该币种在评估基准日与人民币的汇率。

第十条 资产评估报告应当明确评估结论的使用有效期。通常，只有当评估基准日与经济行为实现日相距不超过一年时，才可以使用资产评估报告。

第三章 资产评估报告的内容

第十一条 资产评估报告的内容包括：标题及文号、目录、声明、摘要、正文、附件。

第十二条 资产评估报告的声明通常包括以下内容：

（一）本资产评估报告依据财政部发布的资产评估基本准则和中国资产评估协会发布的资产评估执业准则和职业道德准则编制。

（二）委托人或者其他资产评估报告使用人应当按照法律、行政法规规定和资产评估报告载明的使用范围使用资产评估报告；委托人或者其他资产评估报告使用人违反前述规定使用资产评估报告的，资产评估机构及其资产评估专业人员不承担责任。

（三）资产评估报告仅供委托人、资产评估委托合同中约定的其他资产评估报告使用人和法律、行政法规规定的资产评估报告使用人使用；除此之外，其他任何机构和个人不能成为资产评估报告的使用人。

（四）资产评估报告使用人应当正确理解和使用评估结论，评估结论不等同于评估对象可实现价格，评估结论不应当被认为是对评估对象可实现价格的保证。

（五）资产评估报告使用人应当关注评估结论成立的假设前提、资产评估报告特别事项说明和使用限制。

（六）资产评估机构及其资产评估专业人员遵守法律、行政法规和资产评估准则，坚持独立、客观、公正的原则，并对所出具的资产评估报告依法承担责任。

（七）其他需要声明的内容。

第十三条 资产评估报告摘要通常提供资产评估业务的主要信息及评估结论。

第十四条 资产评估报告正文应当包括下列内容：

（一）委托人及其他资产评估报告使用人；

（二）评估目的；

（三）评估对象和评估范围；

（四）价值类型；

（五）评估基准日；

（六）评估依据；

（七）评估方法；

（八）评估程序实施过程和情况；

（九）评估假设；

（十）评估结论；

（十一）特别事项说明；

（十二）资产评估报告使用限制说明；

（十三）资产评估报告日；

（十四）资产评估专业人员签名和资产评估机构印章。

第十五条　资产评估报告使用人包括委托人、资产评估委托合同中约定的其他资产评估报告使用人和法律、行政法规规定的资产评估报告使用人。

第十六条　资产评估报告载明的评估目的应当唯一。

第十七条　资产评估报告中应当载明评估对象和评估范围，并描述评估对象的基本情况。

第十八条　资产评估报告应当说明选择价值类型的理由，并明确其定义。

第十九条　资产评估报告载明的评估基准日应当与资产评估委托合同约定的评估基准日保持一致，可以是过去、现在或者未来的时点。

第二十条　资产评估报告应当说明资产评估采用的法律法规依据、准则依据、权属依据及取价依据等。

第二十一条　资产评估报告应当说明所选用的评估方法及其理由，因适用性受限或者操作条件受限等原因而选择一种评估方法的，应当在资产评估报告中披露并说明原因。

第二十二条　资产评估报告应当说明资产评估程序实施过程中现场调查、收集整理评估资料、评定估算等主要内容。

第二十三条　资产评估报告应当披露所使用的资产评估假设。

第二十四条　资产评估报告应当以文字和数字形式表述评估结论，并明确评估结论的使用有效期。

评估结论通常是确定的数值。经与委托人沟通，评估结论可以是区间值或者其他形式的专业意见。

第二十五条　资产评估报告的特别事项说明包括：

（一）权属等主要资料不完整或者存在瑕疵的情形；

（二）委托人未提供的其他关键资料情况；

（三）未决事项、法律纠纷等不确定因素；

（四）重要的利用专家工作及相关报告情况；

（五）重大期后事项；

（六）评估程序受限的有关情况、评估机构采取的弥补措施及对评估结论影响的情况；

（七）其他需要说明的事项。资产评估报告应当重点提示资产评估报告使用人对特别事项予以关注。

第二十六条　资产评估报告的使用限制说明应当载明：

（一）使用范围；

（二）委托人或者其他资产评估报告使用人未按照法律、行政法规规定和资产评估报告载明的使用范围使用资产评估报告的，资产评估机构及其资产评估专业人员不承担责任；

（三）除委托人、资产评估委托合同中约定的其他资产评估报告使用人和法律、行政法规规定的资产评估报告使用人之外，其他任何机构和个人不能成为资产评估报告的使用人；

（四）资产评估报告使用人应当正确理解和使用评估结论。评估结论不等同于评估对象可实现价格，评估结论不应当被认为是对评估对象可实现价格的保证。

第二十七条　资产评估报告载明的资产评估报告日通常为评估结论形成的日期，可以不同于资产评估报告的签署日。

第二十八条　资产评估报告附件通常包括：

（一）评估对象所涉及的主要权属证明资料；

（二）委托人和其他相关当事人的承诺函；

（三）资产评估机构及签名资产评估专业人员的备案文件或者资格证明文件；

（四）资产评估汇总表或者明细表；

（五）资产账面价值与评估结论存在较大差异的说明。

第四章　附则

第二十九条　本准则自 2019 年 1 月 1 日起施行。中国资产评估协会于 2017 年 9 月 8 日发布的《关于印发〈资产评估执业准则——资产评估报告〉的通知》（中评协〔2017〕32 号）中的《资产评估执业准则——资产评估报告》同时废止。

10.2　资产评估报告的编制

编制资产评估报告是资产评估工作的一个重要环节。评估机构和人员需要遵循资产评估报告编制的基本要求，按规定的步骤编制评估报告。这对于提升资产评估报告的质量意义重大。

10.2.1　编制资产评估报告的基本要求

资产评估报告是资产评估价值专业意见的书面表达。为了满足不同服务对象的需要，实现报告的编制目的，资产评估机构和人员在履行了必要的评估程序后，应当按照准则和相关规范的要求编制资产评估报告。编制资产评估报告基本要求如下：

（1）编制态度客观端正

资产评估报告必须建立在真实、客观的基础上，得出的评估结论应有充分的依据。资产评估结论是评估人员根据被评估资产的状况及其所处的市场条件，在充分分析的基础上得出的结果。资产评估机构和评估人员应保持形式和实质上的独立。报告拟定人员应是全面了解评估项目情况的主要资产评估人员。

（2）内容完整翔实

资产评估报告应当完整、清晰、准确地表述评估过程及评估结论，不得使用误导性的表述，并保证提供必要信息，使资产评估报告的使用者能够合理理解评估结论。另外，由于市场主体对评估专业服务的需求日趋多样化，资产评估报告使用人可能会要求资产评估专业人员在评估报告中不仅提供评估结论，还要提供相应的过程和说明，因此，评估机构和人员要根据评估对象的复杂程度和委托人的合理要求确定资产评估报告的详略程度。

（3）文字表述及格式规范

资产评估报告是对被评估资产价值具有鉴证和咨询作用的文书。资产评估报告将提供给委托人、评估委托合同中约定的其他资产评估报告使用人和法律法规规定的使用人使用。除委托人以外，其他资产评估报告使用人都要依赖报告中的文字表述来理解和使用评估结论。这就要求资产评估报告的文字表述要做到措辞准确、用语规范、简明扼要。资产评估报告应当使用中文撰写。需要同时出具外文资产评估报告的，以中文资产评估报告为准。资产评估报告一般以人民币为计量币种。使用其他币种计量的，应当注明该币种与人民币的汇率。资产评估报告的格式要按《资产评估执业准则——资产评估报告》等相关准则指南的要求规范排版、装订。

（4）责任明确

资产评估报告是明确评估机构和人员责任的依据。资产评估报告应当由至少两名承办该项业务的资产评估师签名，并由评估机构盖章。资产评估报告是在履行评估程序的基础上完成的。在执行资产评估业务的过程中，如果评估程序受到限制，需要资产评估专业人员采取相关的替代程序。因法律法规规定、客观条件限制，无法或者不能完全履行资产评估基本程序，经采取措施弥补程序缺失，且未对评估结论产生重大影响的，可以出具资产评估报告，但应当在资产评估报告中说明评估程序受限情况、处理方式及其对评估结论的影响，并明确资产评估报告的使用限制。如果程序受限对评估结论产生重大影响或者无法判断其影响程度的，不应出具资产评估报告。此外，评估结论所反映的价值结果仅在评估基准日成立，所以资产评估报告应当明确评估报告的使用有效期。通常，只有当评估基准日与经济行为实现日相距不超过一年时，才可以使用资产评估报告。

10.2.2　资产评估报告的编制步骤

资产评估人员在履行了前期的评估程序，经过资产价值评定估算环节后，即进入了资产评估报告的撰写阶段。资产评估报告的编制包括以下几个步骤：

（1）整理和收集评估报告所需资料

资产评估的前期工作结束后，评估人员需要对评估资料进行整理、分类，形成评估工作底稿，为撰写资产评估报告准备资料。编制资产评估报告所需要的资料主要包括工作记录、现场调查记录资料、收集的评估资料、评定估算过程记录等，并对评估数据进行汇总。在评估资料的整理过程中，如果发现资料不准确，应当进一步落实和核查并进行修正；如果发现资料不完整，应当及时补充。

（2）汇总分析评估数据

在整理资料的基础上，资产评估人员应进行评估数据和评估明细表的数字汇总工作，并召集参与评估工作的有关人员，对资产评估报告初步数据形成的结论进行分析和讨论，对存在作价不合理的部分评估数据进行调整。

（3）撰写资产评估报告

在完成资产评估初步数据和数字的分析与讨论并对有关部分的数据进行调整后，应由具体参加评估的各组负责人员草拟出各自负责评估部分的资产评估说明，同时提交全面负责、熟悉本项目评估具体情况的人员，草拟出资产评估报告。评估机构需要对评估报告书进行多级审核检查，对资产评估报告中存在的疏忽、遗漏和错误之处进行修正。随后，可就评估基本情况和资产评估报告初稿的初步结论与委托人交换意见，听取委托人的反馈意见后，在坚持独立、客观、公正的前提下，认真分析委托人提出的问题和建议，考虑是否应该修改资产评估报告。资产评估报告经检查无误后，形成正式的资产评估报告。

（4）印刷装订资产评估报告

资产评估报告编制完成后，应当印刷装订成册。资产评估报告应当用 A 4 规格纸张印刷。资产评估报告封面应当载明资产评估报告标题及文号、评估机构全称和评估报告日。资产评估报告标题及文号一般在封面上方居中位置，评估机构名称及评估报告日应当在封面下方居中位置。资产评估报告一般分册装订。各册应当具有独立的目录。声明、摘要、正文和附件合订成册。资产评估报告封底或者其他适当位置应当标注评估机构名称、地址、邮政编码、联系电话、传真、电子邮箱等。

10.2.3 资产评估报告的编制实例

根据前文述及的资产评估报告的内容及编制要求和程序，本部分将给出具体事例进行说明。例如，A 股份有限公司（简称"A 公司"）拟将所持 B 有限公司（简称"B 公司"）100% 股权协议转让。为此，需对该经济行为所涉及的 B 公司的股东全部权益进行评估，为本次经济行为的实现提供价值参考依据。C 资产评估有限责任公司接受了 A 公司的委托，经过明确业务基本事项、订立业务委托合同、编制资产评估计划、进行评估现场调查、收集整理评估资料、评定估算形成结论等必要的评估过程后，撰写出资产评估报告，其内容与格式如下：

1）资产评估报告封面

本报告依据中国资产评估准则编制

A公司拟股权转让所涉及的B公司股东全部权益价值资产评估报告

C评报字（2022）第020075号
（共1册，第1册）

C资产评估有限责任公司
2022年11月10日

2）资产评估报告目录

3）资产评估报告声明

评估报告声明

1.本资产评估报告依据财政部发布的资产评估基本准则和中国资产评估协会发布的资产评估执业准则和职业道德准则编制。

2.委托人或者其他资产评估报告使用人应当按照法律、行政法规规定和资产评估报告载明的使用范围使用资产评估报告；委托人或者其他资产评估报告使用人违反前述规定使用资产评估报告的，本资产评估机构及其资产评估专业人员不承担责任。

3.本资产评估报告仅供委托人、资产评估委托合同中约定的其他资产评估报告使用人和法律、行政法规规定的资产评估报告使用人使用；除此之外，其他任何机构和个人不能成为本资产评估报告的使用人。

4.本资产评估机构及其资产评估专业人员提示本资产评估报告使用人应当正确理解评估结论，评估结论不等同于评估对象可实现价格，评估结论不应当被认为是对评估对象可实现价格的保证。

5.本资产评估机构及其资产评估专业人员遵守法律、行政法规和资产评估准则，坚持独立、客观、公正的原则，并对所出具的资产评估报告依法承担责任。

6.本资产评估机构及其资产评估专业人员按委托人指定的评估对象和范围进行了评估，委托评估资产和负债的详细清单由委托人和被评估单位提供，并经其签章确认。我们对可属于评估范围内的其他资产给予了应有的关注，我们敬请有关当事方高度注意交易对象、范围与评估对象、范围的一致性。

7.本资产评估机构及其资产评估专业人员与资产评估报告中的评估对象在过去、现时和将来都没有利益关系；与有关当事方及相关人员没有任何利益关系和偏见。

8.资产评估师已经对资产评估报告中的评估对象及其所涉及资产进行现场调查；已经对评估对象及其所涉及资产的法律权属状况给予必要的关注，对评估对象及其所涉及资产的法律权属资料进行了查验，对已经发现的问题进行了如实披露，并且已提请委托人及其他相关当事人完善产权以满足出具资产评估报告的要求。但我们仅对评估对象及其所涉及资产的价值发表意见，我们无权对它们的法律权属做出任何形式的保证。

9.本资产评估机构及其资产评估专业人员对委托评估资产价值所做的分析、判断受本报告中的假设和限制条件的约束，评估结论仅在这些假设和限制条件下成立。为了合理地正确使用本评估报告，我们敬请资产评估报告使用人应当密切关注本报告的"评估假设"、"特别事项说明"和"资产评估报告使用限制说明"。

10.本资产评估机构及其资产评估专业人员执行本项资产评估业务的目的是对委托评估资产所具有的价值进行分析估算并发表自己的专业意见，我们不会为当事人的决策承担责任。我们敬请报告使用者注意，评估结论仅在本报告载明的假设和限制条件下成立，并且不应该被认为是委托评估资产在市场上可实现价格的保证。

11.本资产评估机构及其资产评估专业人员对实物资产的勘查按常规仅限于其表观质量和使用、保养状况，未触及被遮盖、隐蔽及难于接触到的部位，我们未受委托对它们的质量进行专业技术检测和鉴定，我们的评估以委托人提供的资料为基础，如果这些评估对象的内在质量有瑕疵，评估结论可能会受到不同程度的影响。

12.本资产评估报告仅供委托人为本报告所列明的评估目的服务和送交财产评估主管部门审查使用，本评估报告的使用权归委托人所有。除按规定报送有关政府管理部门或依据法律需公开的情形外，未经本资产评估机构许可，报告的全部或部分内容不得发表于任何公开的媒体上。

C资产评估有限责任公司

2022 年 11 月 10 日

4）资产评估报告摘要

A公司拟股权转让所涉及的B公司股东全部权益价值资产评估报告

C评报字（2022）第020075号

摘　要

A股份有限公司拟将所持B有限公司100%股权协议转。为此，需对该经济行为所涉及的B公司的股东全部权益进行评估，为本次经济行为的实现提供价值参考依据。

C资产评估有限责任公司接受A公司委托，根据国家有关资产评估及企业价值评估的规定，本着独立、客观、公正的原则，按照公认的资产评估方法，对纳入评估范围B公司的股东全部权益进行了评估。在评估过程中，C资产评估有限责任公司评估人员对被评估单位进行了资产清查，对企业提供的法律性文件、会计记录及其他相关资料进行了验证审核，期间还进行了必要的专题调查与询证。在此基础上，分别采用资产基础法、收益法对被评估单位股东全部权益在评估基准日所表现的市场价值进行了评估。

本次评估采用的价值类型为市场价值。根据评估对象特点，本报告最终采用资产基础法的评估结果作为最终评估结果。根据上述评估工作，得出如下评估结论：在评估基准日2022年7月31日持续经营的前提下，B公司涉及本次经济行为范围内的账面总资产为××万元，总负债为××万元，净资产为××万元；评估后总资产为××万元，总负债为××万元，净资产为××万元；净资产评估增值××万元，增值率××。本评估结论在本报告所列的各项前提假设及限制条件下成立，提请报告使用者关注"特别事项说明"对本评估结论的影响。本评估结果自评估基准日起一年内使用有效，即评估结果使用有效期为2022年7月31日至2023年7月30日止。

重要提示，以上内容摘自资产评估报告，欲了解本评估项目的全面情况，请认真阅读资产评估报告全文。

5）资产评估报告正文

A公司拟股权转让所涉及的B公司股东全部权益价值资产评估报告

C评报字〔2022〕第020075号

A公司：

C资产评估有限责任公司接受贵公司的委托，根据相关法律、法规和资产评估准则，按照必要的评估程序，采用资产基础法、收益法，对A股份有限公司拟转让B有限公司100%股权所涉及的B公司股东全部权益在2022年7月31日的市场价值进行了评估。现将资产评估情况报告如下：

一、委托人、产权持有者和其他评估报告使用者

（一）委托人概况

1.单位名称：A公司

2.住所：××省××市××区××路

3.法定代表人：×××

4.注册资本：××万元

5.企业类型：股份有限公司（上市）

6.经营范围：房地产开发、经营；从事各类投资，开办商场、宾馆服务配套设施（具体项目另发执照）；国内商业、物资供销业（不含专营、专控、专卖商品）；房产租赁服务；商务辅助服务等。

7.委托人简介：（略）

（二）被评估单位

1.单位名称：B公司

2.住所：××省××市××区××路

3.法定代表人：×××

4.注册资本：××万元

5.企业类型：有限责任公司（法人独资）

6.经营范围：房产租赁服务；自有物业管理、经营、举办各种产品展销、开展科技交流活动、举办科技学术交流会议；劳务派遣；鉴证咨询服务；商务辅助服务等。

7.产权持有者简介：（略）

二、评估目的

A股份有限公司拟将所持B有限公司100%股权协议转让至D有限公司。为此，需对该经济行为所涉及的B公司的股东全部权益进行评估，为本次经济行为的实现提供价值参考依据。

三、评估对象和评估范围

（一）评估对象

评估对象为B有限公司的股东全部权益价值。

（二）评估范围

评估基准日B有限公司的全部资产及负债，包括流动资产、非流动资产以及流动负债等。评估基准日账面资产总额为××万元，总负债为××万元，净资产为××万元。

纳入评估范围的资产与委托人及被评估单位提供的资产范围一致。

四、评估价值类型

依据本次评估目的，确定本次评估的价值类型为市场价值。

市场价值是指自愿买方和自愿卖方在各自理性行事且未受任何强迫的情况下，评估对象在评估基准日进行正常公平交易的价值估计数额。

五、评估基准日

本项目资产评估的基准日是2022年7月31日。一切计价标准均为基准日有效的价格标准，所有资产均为基准日实际存在的资产。

此基准日是由委托人、财务顾问、律师、审计师及评估师结合此次经济行为实现的进度，共同讨论后确定的。

六、评估依据

我们在本次资产评估工作中所遵循的国家、地方政府和有关部门的法律法规，以及在评估中参考的文件资料主要有：

（一）行为依据

招商局集团有限公司文件《关于核准B有限公司等三家公司股权协议转让的函》（战略发函字〔2021〕55号）。

（二）法规依据

1.《中华人民共和国资产评估法》（2016年7月2日第十二届全国人民代表大会常务委员会第二十一次会议通过）。

2.《中华人民共和国公司法》（2018年10月26日第13届全国人大常委会第六次会议修正）。

3.《中华人民共和国证券法》（2019年12月28日第十三届全国人民代表大会常务委员会第十五次会议第二次修订）。

4.《中华人民共和国土地管理法》（2019年8月26日中华人民共和国主席令第32号）。

5.《中华人民共和国企业国有资产法》（2008年10月28日第十一届全国人民代表大会常务委员会第五次会议通过）。

6.《国有资产评估管理若干问题的规定》（财政部令第14号）。

7.《关于加强企业国有资产评估管理工作有关问题的通知》（国资委产权〔2006〕274号）。

8.《国有资产评估管理办法施行细则》（原国家国有资产管理局发布的国资办发〔1992〕36号）。

9.《关于企业国有资产评估项目备案工作指引》（国资产权〔2013〕164号）。

10.《房地产估价规范》（GB/T 50291-2015）。

11.财政部《企业会计准则》。

12.其他有关法规和规定。

（三）准则依据

1.《资产评估基本准则》（财资〔2017〕43号）。

2.《资产评估职业道德准则》（中评协〔2017〕130号）。

3.《资产评估执业准则——资产评估报告》（中评协〔2018〕135号）。

4.《资产评估执业准则——资产评估程序》（中评协〔2018〕136号）。

5.《资产评估执业准则——资产评估档案》（中评协〔2018〕37号）。

6.《资产评估执业准则——企业价值》（中评协〔2018〕38号）。

7.《资产评估执业准则——资产评估方法》（中评协〔2019〕135号）。

8.《资产评估执业准则——利用专家工作及相关报告》（中评协〔2017〕35号）。

9.《资产评估执业准则——不动产》（中评协〔2017〕38号）。

10.《资产评估执业准则——机器设备》（中评协〔2017〕139号）。

11.《资产评估价值类型指导意见》（中评协〔2017〕147号）。

12.《资产评估对象法律权属指导意见》（中评协〔2017〕48号）。

13.《资产评估专家指引第8号——资产评估中的核查验证》（中评协〔2019〕139号）。

14.《资产评估专家指引第12号——收益法评估企业价值中折现率的测算》（中评协〔2020〕38号）。

15.《投资性房地产评估指导意见》（中评协〔2017〕53号）。

16.财政部、中评协发布的其他相关资产评估准则、资产评估指南和资产评估指导意见。

（四）权属依据

1.营业执照；

2.土地出让合同；

3.不动产权证书；

4重大机器设备订货合同或购置发票；

5.车辆行驶证；

6.其他产权证明资料。

（五）取价依据

1.《资产评估常用数据与参数手册》中国科学技术出版社；

2.全国银行间同业拆借中心发布的贷款市场报价利率（LPR），中国人民银行公布的长期国债利率、汇率等；

3.国家有关部门发布的统计资料、技术标准和政策文件；

4.××会计师事务所出具的专项审计报告；

5.公司提供的部分合同、协议等；

6.公司提供的未来盈利预测资料；

7.评估人员现场勘查记录；

8.评估人员收集的各类与评估相关的佐证资料。

七、评估方法

依据《资产评估执业准则——资产评估方法》的相关规定，资产评估方法是指评定估算资产价值的途径和手段，主要包括市场法、收益法和成本法三种基本方法及其衍生方法。市场法是指将评估对象与可比参照物进行对比，通过调整修正可比参照物的市场价格来确定最终评估对象价值的一种方法。应用市场法的基本前提条件是在公开的交易市场上可以找到与评估对象相比较的可比参照物，可比参照物应具备公开、活跃的交易环境，并且其重要的交易信息能够从市场上获得。收益法是指通过将评估对象的预期收益额折现，进而确定评估对象的价值的一种方法。应用收益法的前提条件是被评估对象的未来预期收益额可以确定并能够运用货币进行计量、预期收益额所对应的风险可以合理计量、收益期限可以合理地确定。成本法（资产基础法）是以企业的资产负债表为基础，对委托评估企业所有可辨认的资产和负债逐一按照其公允价值分别评估后，代数累加求得最终评估价值的一种方法。应用资产基础法评估企业价值最重要的是测算资产负债表上的每一可辨认资产和负债对企业的整体价值的贡献给出相应的评估值。

本项评估为企业整体价值评估，由于目前国内类似企业股权交易案例较少，或虽有案例但相关交易背景信息、可比因素信息等难以收集，可比因素对于企业价值的影响难以量化；同时在资本市场上也难以找到与被评估单位在资产规模及结构、经营范围与盈利能力等方面相类似的可比公司信息，导致市场法难以有效实行。本次被评估单位是一个具有稳定获利能力的企业，其未来经济效益的增长可以量化、预期收益额所承担的风险可以预测、预期收益的年限可以量化，因此能够采用收益法进行本次的评估。在一定条件和范围内的资本市场，以各项资产加总再扣减负债的结果作为企业最终的交易价值是能够被证实的，所以，资产基础法适用于本次的评估。

根据上述对评估方法的适用性的分析以及资产评估准则的规定，评估人员综合考虑形成的各种初步价值结论，最终选用资产基础法作为评估结论。具体方法分述如下：

（一）资产基础法

资产基础法评估是以企业的资产负债表为依据，对委托评估企业所有可辨认的资产和负债逐一按其公允价值评估后代数累加求得总值即为企业整体的市场价值。正确运用资产基础法评估企业价值的关键在于对每一可辨认的资产和负债以其对企业整体价值的贡献给出合理的评估值。

1.关于流动资产的评估。

本次委托评估的流动资产为货币资金、应收账款、其他应收款、存货和其他流动资产等。其中，货币资金包括银行存款；存货的评估包括对开发成本和开发产品的评估。

2.关于可供出售金融资产的评估。

本次对可供出售金融资产的评估在注册资本认缴期内。

3.关于投资性房地产的评估。

本次委托评估运用了市场比较法和收益法对投资性房地产进行评定估算。

4.关于机器设备（车辆）的评估。

机器设备（车辆）的评估以现行市场售价为基础，其评估方法采用市场法。

5.关于递延税款的评估。

递延所得税无论是借方还是贷方，应当根据其产生的原因分别逐一评估。

6.关于负债的评估。

负债评估值根据评估目的实现后的产权持有者实际需要承担的负债项目及金额确认。

（以上各项目的具体评估思路略。）

（二）收益法

收益法是国际上通用的三大资产评估方法之一，这一方法是将评估对象剩余经济寿命期间每年的预期收益用适当的折现率折现，累加得出评估基准日的现值，以此估算被评估资产价值的方法。收益法的基本原理是资产的购买者为购买资产而愿意支付的货币量不会超过该项资产未来所能带来的期望收益的折现值。

收益法的适用前提条件为：

（1）被评估资产必须是能够用货币衡量其未来期望收益的单项或整体资产；

（2）产权所有者所承担的风险也必须是能用货币来衡量的；

（3）被评估资产预期收益年限可以预测。

本次评估的基本思路是：

企业整体价值=经营性资产评估价值+溢余资产评估价值+非经营性资产评估价值

股东全部权益价值=企业整体价值-付息债务

1.收益期的确定。

本次收益期按照无限期计算。

2.未来收益的确定。

本次评估采用的收益类型为企业自由现金流量。

3.折现率的确定。

按照收益额和折现率口径一致的原则，本次折现率的确定是根据加权平均资本成本（WACC）方法计算得出。

4.溢余资产评估价值的确定。

溢余资产是指与企业收益无直接关系、超过企业经营所需的多余资产，主要包括溢余现金、收益法评估未包括的资产等。

5.非经营性资产评估价值的确定。

非经营性资产是指与企业收益无直接关系、不产生效益的资产。

（以上各项目的具体确定方法略。）

八、评估程序实施过程和情况

我们按照法律、行政法规和资产评估准则的规定，本项评估我们实施了必要的评估程序，现简要说明如下：

（一）接受委托，签订资产评估委托合同

本公司评估人员与委托人接洽，在了解了评估目的、委托评估资产范围及评估基准日等评估业务基本事项后与委托人正式签订了资产评估委托合同。

（二）前期准备，组织培训材料拟订相关计划

公司安排适合的项目人员组成项目小组，项目小组在项目经理带领下初步制订资产评估工作计划，并完成前期准备工作。

1.准备培训材料及拟订评估方案；

2.组建评估队伍及工作组织方案；

3.根据需要开展项目团队培训。

（三）收集资料，由被评估单位提供委托评估资产明细表及相关财务数据

评估工作开展以后，由被评估单位提供了委托评估资产的全部清单和有关的会计凭证。我们对企业负责人进行访谈，听取了资产占有单位有关人员对企业情况以及委托评估资产历史和现状的介绍。根据评估目的、评估范围及对象，确定评估基准日，进一步修改评估方案和计划。

（四）对委托评估资产进行清查核实

本公司评估人员随同被评估单位相关人员至委托评估资产所在地对委托评估资产进行了实地勘查和清查核实，并对被评估单位的经营管理状况等进行了必要的尽职调查。

　　期间按企业提供的资产清查评估明细表，根据填报的内容，对实物资产状况进行察看、记录、核对，并与资产管理人员进行交谈，了解资产的经营、管理状况。

　　根据企业申报评估范围内的资产，对实物类资产进行现场勘查和抽查盘点；查阅收集委托评估资产的权属材料并进行权属查验核实；统计瑕疵资产情况，请被评估单位核实并确认这些资产权属是否属于企业、是否存在产权纠纷。

　　根据委托评估资产的实际状况和特点，确定目标企业具体评估方法。

　　评估人员听取了企业工作人员关于业务基本情况及资产财务状况的介绍，了解该企业的资产配置和使用情况，收集有关经营和基础财务数据；分析企业的历史经营情况，特别是前三年收入、成本和费用的构成及其变化原因，分析其获利能力及发展趋势；分析企业的综合实力、管理水平、盈利能力、发展能力、竞争优势等因素；根据企业的财务计划、盈利预测和战略规划及潜在市场优势，与管理层进行沟通交流，并根据经济环境和市场发展状况对预测值进行适当调整；建立收益法评估定价模型。

　　（五）评定估算

　　根据对委托评估资产的清查核实情况、委托评估资产的具体内容和所收集到的有关资料，分析、选择适用的评估方法，并开展逐项市场调研、询价工作。按所确定的方法对委托评估资产的现行价值进行评定估算。

　　（六）编制和提交评估报告

　　在执行必要的资产评估程序、形成资产评估结论后，按规范编制资产评估报告，评估报告经公司内部三级审核后，在不影响对最终评估结论进行独立判断的前提下，将评估结果与委托人（被评估单位）进行必要沟通。根据沟通意见对评估报告进行修改和完善，向委托人提交正式评估报告。

　　九、评估假设

　　（一）基本假设

　　1.持续经营假设

　　持续经营假设即假定 B 委托评估的资产在评估目的实现后，仍将按照原来的使用目的、使用方式，持续地使用下去。企业的供销模式、与关联企业的利益分配等运营状况均保持不变。

　　2.公开市场假设

　　公开市场假设即假定资产可以在充分竞争的市场上自由买卖，其价格高低取决于在一定市场的供给状况下独立的买卖双方对资产的价值判断。

　　公开市场是指一个有众多买者和卖者的充分竞争的市场。在这个市场上，买者和卖者的地位是平等的，彼此都有获得足够市场信息的机会和时间，买卖双方的交易行为都是在自愿的、理智的，而非强制或不受限制的条件下进行的。

　　3.交易假设

　　任何资产的价值来源均离不开交易，无论委托评估资产在与评估目的相关的经济行为中是否涉及交易，我们均假定评估对象处于交易过程中，评估师根据待评估资产的交易条件等模拟市场进行估价。

　　（二）一般假设

　　1.企业所在的行业保持稳定发展态势，所遵循的国家和地方的现行法律、法规、制度及社会政治和经济政策与现时无重大变化；

2.不考虑通货膨胀对评估结果的影响；

3.利率、汇率保持为目前的水平，无重大变化；

4.无其他人力不可抗拒及不可预见因素造成的重大不利影响。

（三）特定假设

1.B的资产在评估基准日后不改变用途，仍持续使用；

2.B在评估目的实现后，仍将按照现有的经营模式持续经营，与关联企业的利益分配等运营状况均保持不变；

3.B的现有和未来经营者是负责的，且企业管理能稳步推进企业的发展计划，尽力实现预计的经营态势；

4.B遵守国家相关法律和法规，不会出现影响企业发展和收益实现的重大违规事项；

5.B提供的历年财务资料所采用的会计政策和进行收益预测时所采用的会计政策与会计核算方法在重要方面基本一致；

6.每年收入和支出现金流均匀流入和流出；

7.本次评估假设公司所租赁的生产经营场地和设备在租赁期满后可正常续租、持续经营。

十、评估结论

（一）资产基础法评估结果

经资产基础法评估，B在评估基准日2022年7月31日的总资产账面值为××万元，评估值××万元，增值××万元，增值率为××。总负债账面值为××万元，评估值为××万元。净资产账面值为××万元，评估值××万元，增值××万元，增值率为××。资产、负债的评估情况表（略）。

（二）收益法评估结果

经收益法评估，B在评估基准日2022年7月31日的股东全部权益价值人民币××万元，减额值××万元。

（三）评估结论的确定

本次评估采用资产基础法得出的股东全部权益价值为××万元，比收益法测算得出的股东全部权益价值××万元高××万元。

本评估项目中，收益法的评估结果与资产基础法的评估结果差异较大，主要原因分析如下：

1.两种方法是从两种不同的途径反映企业股权的价值；

2.公司核心资产——投资性房地产在现在市场环境下租售比水平较低，导致收益途径本身价值较市场途径低；

3.收益法是从企业整体经营角度，扣减了经营过程中的成本、费用、所得税与单项资产存在差异。

资产基础法对各单项资产进行了评估，其中房地产价值中已考虑到项目地理位置、周边区域规划和实际运营情况，评估值更直观地反映了企业的整体价值。因此，本次评估选取资产基础法结果。

十一、特别事项说明

（一）权属等主要资料不完整或者存在瑕疵的情形

根据被评估企业所在地的房地产相关政策，委托评估单位均无法办理产权，因此本次评估范围内车位均无产证，本次评估采用收益法评估。除上述事项外，资产评估师未发现存在其他明显的产权瑕疵事项。委托人与被评估单位亦明确说明不存在其他产权瑕疵事项。

（二）委托人未提供的其他关键资料情况

委托人已按要求提供评估所需的其他关键资料。

（三）未决事项、法律纠纷等不确定因素

资产评估师未获悉企业截至评估基准日存在的未决事项、法律纠纷等不确定因素。委托人与被评估单位亦明确说明不存在未决事项、法律纠纷等不确定事项。

（四）重要的利用专家工作及相关报告的情况

本次评估我们通过合法途径获得了以下专业报告，并审慎参考利用了专业报告的相关内容：××会计师事务所（特殊普通合伙）出具的无保留意见的（文号：××审字〔2021〕第××××号）审计报告。

（五）重大期后事项

自评估基准日至本资产评估报告出具日，我们未发现被评估单位发生了对评估结论产生重大影响的事项，委托人与被评估单位亦未通过有效方式明确告知存在重大期后事项。

（六）评估程序受限的有关情况、评估机构采取的弥补措施及对评估结论影响的情况

本次资产评估不存在评估程序受限的有关情况。

（七）担保、租赁及或有负债（或有资产）等事项

企业经营场所系租赁，其未申报除经营场所租赁外的其他相关事项。评估师通过现场调查，亦未发现相关事项。基于资产评估师核查手段的局限性，我们不能对该公司是否有上述事项发表确定性意见。

（八）本次资产评估对应的经济行为中，我们未发现可能对评估结论产生重大影响的瑕疵事项

（九）其他需要说明的事项

1.评估结论仅反映委托评估资产于评估基准日的市场价值。

2.本报告所称"评估价值"，是指所评估的资产在现有用途不变并继续使用以及在评估基准日的外部经济环境前提下，根据公开市场原则确定的委托评估资产的市场价值，没有考虑业已存在或将来可能承担的抵押、担保事宜，以及特殊的交易方式可能追加付出的价格等对评估价值的影响；同时，本报告也未考虑国家宏观经济政策发生重大变化以及遇有自然力和其他不可抗力对资产价值的影响。

3.本次评估范围及采用的由被评估单位提供的数据、报表及有关资料，委托人及其他相关当事人对其提供资料的真实性、完整性、合法性负责。资产评估报告中涉及的有关权属证明文件及相关资料由被评估单位提供，被评估单位对其真实性、合法性、完整性承担法律责任。本资产评估机构及其资产评估专业人员对评估对象的法律权属状况给予了必要的关注，依法对资产评估活动中使用的资料进行核查和验证，但是我们仅对委托评估资产的价值发表意见，我们无权对它们的法律权属做出任何形式的保证。

4.企业存在的可能影响资产评估值的瑕疵事项，在企业委托时未做特殊说明而评估人员根据专业经验一般不能获悉的情况下，评估机构及评估人员不承担相关责任。

5.本报告对被评估资产所做的评估系为客观反映被评估资产的价值而做，我公司无意要求资产占有单位必须按本报告的结果和表达方式进行相关的账务处理。是否进行、如何进行有关的账务处理需由资产占有单位的上级财税主管部门决定，并应符合国家会计制度的规定。

6.资产评估师获得的被评估单位编制的盈利预测是本评估报告收益法的基础。资产评估师对其提供的盈利预测进行了必要的调查、分析、判断，并与被评估单位的管理层进行讨论沟通，经被评估单位调整和完善后，评估机构采信了被评估单位盈利预测的相关数据及主要假设。盈利预测本身是基于基准日时点的市场环境和企业经营要素基础下，对未来经营业绩最大可能实现状态的估计和判断，资产评估师对被评估单位盈利预测的审慎利用，不应被视为对被评估单位未来盈利能力的保证。例如，市场环境和企业经营发生变化可能导致实际经营与盈利预测出现差异，进而影响评估报告中的结论，提请报告使用人关注使用该评估报告。

7.在评估基准日以后的评估结论有效期内，如果资产数量及作价标准发生变化，应按以下原则处理：

（1）当资产数量发生变化时，应根据原评估方法对资产数额进行相应调整；

（2）当资产价格标准发生变化且对资产评估结果产生明显影响时，委托人应及时聘请有资格的资产评估机构重新确定评估价值；

（3）对评估基准日后，资产数量、价格标准的变化，委托人在资产实际作价时应给予充分考虑，进行相应调整。

8.存货—开发成本为"××"酒店定制项目，由被评估企业所在地的某有限公司向委托评估企业定制并购买定制的"××"酒店全部物业。根据施工总承包合同，原计划20××年××月××日开工，20××年××月××日完工，合同工期××天。根据现场勘查的结果确认目前工程尚处于前期阶段，期间长期停工，施工进度非常缓慢，目前无未来开发的具体时间计划，因此按账面值评估，请报告使用者予以关注。

十二、评估报告使用限制说明

1.本资产评估报告仅限于为本报告所列明的评估目的和经济行为的用途使用。

2.本资产评估报告仅供委托人和本资产评估报告载明的使用者为本报告所列明的评估目的服务和送交财产评估主管部门审查使用，本资产评估报告的使用权归委托人所有。除按规定报送有关政府管理部门或依据法律需公开的情形外，在未征得对方的许可前，本评估公司和委托人均不得将本资产评估报告的内容摘抄、引用或披露于公开媒体。

3.委托人或者其他资产评估报告使用人未按照法律、行政法规规定和资产评估报告载明的使用范围使用资产评估报告的，资产评估机构及其资产评估专业人员不承担责任。

4.除委托人、资产评估委托合同中约定的其他资产评估报告使用人和法律、行政法规规定的资产评估报告使用人之外，其他任何机构和个人不能成为资产评估报告的使用人。

5.资产评估报告使用人应当正确理解评估结论。评估结论不等同于评估对象可实现价格，评估结论不应当被认为是对评估对象可实现价格的保证。

十三、评估报告日

本评估报告提出日期为2022年11月10日。

法定代表人：　　　　杨××　　　（签章）

资产评估师：　　　　钱××　　　（签章）　　　资产评估师：　　　　陈××　　　（签章）

C资产评估有限责任公司（盖章）

2022年11月10日

6）资产评估报告附件

资产评估报告附件

目　录

一、经济行为文件

二、委托人、产权持有者、被评估单位营业执照复印件

三、被评估单位专项审计报告

四、委估资产产权证明文件（国有建设用地使用权出让合同及其他相关权属证明文件）

五、委托人和被评估单位承诺函

六、资产评估师承诺函

七、评估机构营业执照和资格证书复印件

八、评估人员资格证书复印件

12

10.3　资产评估报告的使用

　　资产评估机构出具并提交的资产评估报告后，意味着资产评估工作已基本完成。在资产评估报告的使用中，委托人及其他评估报告使用者应当认真阅读资产评估报告的内容，正确理解评估结果的含义，恰当使用资产评估报告，合理实施评估目的对应的经济行为。《资产评估法》第三十二条要求："委托人或者评估报告使用人应当按照法律规定和评估报告载明的使用范围使用报告。委托人或者评估报告使用人违反前款规定使用评估报告的，评估机构和评估专业人员不承担责任。"资产评估报告的使用人不仅包括委托人，还包括资产评估委托合同中约定和法律、行政法规规定的其他资产评估报告使用人，主要包括资产评估委托合同中约定的其他资产评估报告使用者、资产评估监管部门和其他相关部门等。资产评估机构及人员有义务帮助评估报告使用者正确理解资产评估报告的内容，指引其合理使用资产评估报告。

10.3.1　委托人及合同中约定的其他使用人对资产评估报告的使用

　　委托人是委托评估机构及人员对资产的价值进行分析、估算并发表专业意见的单位或个人。合同中约定的其他资产评估报告使用人，是由委托人提出，经评估机构同意后，列示在业务约定书中的使用人。这主要是因为，引发资产评估的经济行为可能较为复杂，为满足资产业务的需要、实现特定的评估目的，除了委托人、产权持有者以外，还有其他人需要作为资产评估报告的使用者。

　　资产评估机构从事资产评估业务，必须接受委托人的委托，与委托人签订业

务约定书，并最终向委托人提交资产评估报告。委托人在收到受托资产评估机构送交的正式资产评估报告及有关资料后，可以依据资产评估报告所揭示的评估目的和使用范围，合理使用资产评估报告。一般来说，委托人及资产评估委托合同中约定的其他资产评估报告使用者在使用资产评估报告时需要注意以下几个方面的问题：

1）资产评估报告结论的使用

资产评估报告结论只能用于资产评估报告载明的评估目的和用途，为特定的资产业务或经济行为服务。一份评估报告只允许按一个用途使用，不允许用于其他用途。资产评估报告所载明的评估结论，是资产评估师对评估对象价值的专业判断，旨在为委托人或相关当事方的相关经济行为提供价值参考。在正常情况下，委托人可以在资产评估报告限定的条件下和范围内，根据自身的需要合理使用评估结论，不建议直接将评估结论作为资产业务的唯一标准。另外，涉及国有资产产权变动的资产评估报告及有关资料必须经国有资产管理部门或授权部门核准或备案后方可使用。作为企业会计记录和调整企业账项使用的资产评估报告及有关资料须根据国家有关法规规定执行。

2）资产评估报告的使用者限制

资产评估报告只能由其载明的资产评估报告使用者使用。如果其他使用者运用了资产评估报告及结论，可能导致错误的经济行为，因此，资产评估报告及其结论不适用于其他人。

3）资产评估报告的使用期限

资产评估报告的使用有效期通常为一年，有效期从评估基准日开始计算。资产评估报告使用者在运用资产评估报告及结论时应当注意，只有当评估基准日与经济行为实现日相距不超过一年时，才可以使用资产评估报告。超过资产评估报告的有效期，原资产评估结果无效。

4）资产评估报告的结论调整

在资产评估报告的有效期内，如果市场条件、评估对象数量等发生较大变化，对资产价值产生明显影响，应由原评估机构或者资产占有单位按原评估方法对资产评估报告做相应调整，或委托评估机构重新评估，然后才能使用。

委托人若不按资产评估报告揭示的目的、预期使用者、价值类型、有效期等使用评估报告及其结论并造成损失的，需要自行承担相应后果。

10.3.2 资产评估监管机构对资产评估报告的使用

资产评估监管机构主要是指对资产评估行政管理的主管部门和资产评估行业自律管理的行业协会。在我国，资产评估行政管理的主管机关是政府财政部门，资产评估行业自律组织是中国资产评估协会。资产评估监管机构对资产评估报告的使用主要体现在对资产评估机构出具的资产评估报告的检查。《资产评估法》第三十六条规定的评估行业协会履行的职责中包括"规范会员从业行为，定期对会员出具的评估报告进行检查"。《资产评估行业财政监督管理办法》（财政部令第 86 号）规定了财政部和省级财政部门开展资产评估业务和执业质量检查的监督管理职能。资产评估报告是资产评估行政管理部门和行业自律组织履行监督管理职能的重点检查对象。

资产评估行政管理部门和行业自律组织通过对资产评估机构出具的资产评估报告的检查，主要可以实现对资产评估机构的评估质量的客观评价。资产评估监管机构通过检查，能大致了解评估机构从事评估工作的业务能力和组织管理水平，进而能够有针对性地对评估机构的人员构成、技术能力和职业修养进行管理。当然，资产评估监管机构对资产评估报告的使用同样也应该是全面和客观的，资产评估管理机构应结合评估项目的评估目的、评估前提以及评估结果的价值类型和定义等，合理评价资产评估报告及其结论。

10.3.3　其他有关部门对资产评估报告的使用

除了资产评估行政管理部门和行业自律组织可运用资产评估报告外，其他相关管理部门在履行职责时也可能需要查阅相关的资产评估报告，利用资产评估报告的结论。这些部门主要包括法院、证券监督管理部门、保险监督管理部门、市场监督管理部门、税务和金融等有关部门。这些部门大都拥有或可以行使司法或行政权力。它们在使用资产评估报告及其结果时，往往因为司法和行政权力的行使，使得评估结果可能直接成为强制执行的裁决结论，因而容易混淆资产评估的价值咨询意见与评估对象可实现价格之间的区别。因此，拥有司法或行政权力的部门更应该注意正确和合理地使用资产评估报告及其结论。

1）法院对资产评估报告的使用

法院对资产评估报告的使用主要体现在法院在通过司法程序解决财产纠纷和经济纠纷时，大量使用资产评估报告及其结论来处理财产分割等案件。评估结果一经法院裁决就意味着必须依法强制执行。但即便如此，资产评估不会因使用者的不同而改变其自身的性质。必须强调的是，资产评估提供的是专业的价值咨询服务，评估结论是对资产客观价值的估计，它不会因法院的使用就演变成评估机构对资产的定价。因此，包括法院在内的权力机关，无论是作为仲裁者还是作为执法者，都应在综合考虑经济纠纷双方的申辩和理由的基础上，参考资产评估报告及其结论，来最终裁定涉及经济纠纷的资产价值。

2）证券监督管理部门对资产评估报告的使用

证券监督管理部门对资产评估报告的使用，主要体现在以下五个方面：一是对申请上市的公司有关申报材料招股说明书中的有关资产评估数据的审核；二是对上市公司的股东配售发行股票时申报材料配股说明书中的有关资产评估数据的审核；三是对上市公司重大资产重组行为有关申报材料的审核；四是对上市公司及其资产其他产权变动或财务报告编制行为的的监管；五是对取得证券期货从业资格的资产评估机构开展证券期货资产评估业务情况进行监管时，对相关资产评估机构出具的资产评估报告等资料进行检查。

以对首次公开发行股票（IPO）提交的有关申报材料的审核为例，根据有关规定，首次公开发行股票的公司信息披露需要列示以下资产评估信息：

（1）发行人在设立时以及在报告期内进行资产评估的，应简明扼要地披露资产评估机构名称及主要评估方法，资产评估前的账面值、评估值及增减情况。增减变化幅度较大的，应说明原因。

（2）募集资金拟用于向其他企业增资或收购其他企业股份的，应披露增资资金折合股份或收购股份的评估、定价情况。

（3）募集资金拟用于收购资产的，应披露拟收购资产的评估、定价情况。

总的来说，证券监督管理部门对资产评估报告和有关资料的使用，实际上是对取得证券业务评估资格的资产评估机构及其人员的业务监管。因此，这种对于资产评估报告的使用带有更多的管理意味，类似于资产评估管理部门对资产评估报告的使用。这就要求证券监督管理部门对资产评估报告和有关资料的使用要与资产评估管理部门一样，注意全面、客观地使用资产评估报告及其结论，进而实现保护公众投资者的利益和资本市场的秩序的目的。

3）保险、工商、税务和金融等其他部门对资产评估报告的使用

保险监督管理部门、市场监督管理部门、税务和金融等其他部门因相关业务的需要，对资产评估报告的使用也在逐年上升。这些部门在使用资产评估报告时，应充分认识到资产评估结论是针对特定的资产评估目的，依据一系列假设和前提得出的。资产评估报告是资产评估师对评估对象在评估基准日的价值发表的书面专业意见。在使用资产评估报告的过程中，上述这些部门必须恰当理解评估报告中的专业术语，结合本部门的具体资产业务，合理使用资产评估报告及其结论。

【相关链接10-3】 企业国有资产评估报告指南——第二、三、四、六章
第二章 标题及文号、目录、声明和摘要

第七条 资产评估报告标题应当简明清晰，一般采用"企业名称+经济行为关键词+评估对象+资产评估报告"的形式。

资产评估报告文号包括资产评估机构特征字、种类特征字、年份、报告序号。

第八条 目录应当包括每一部分的标题和相应页码。

第九条 资产评估报告声明通常包括以下内容：

（一）本资产评估报告依据财政部发布的资产评估基本准则和中国资产评估协会发布的资产评估执业准则和职业道德准则编制。

（二）委托人或者其他资产评估报告使用人应当按照法律、行政法规规定和资产评估报告载明的使用范围使用资产评估报告；委托人或者其他资产评估报告使用

人违反前述规定使用资产评估报告的，资产评估机构及其资产评估师不承担责任。

（三）资产评估报告仅供委托人、资产评估委托合同中约定的其他资产评估报告使用人和法律、行政法规规定的资产评估报告使用人使用；除此之外，其他任何机构和个人不能成为资产评估报告的使用人。

（四）资产评估报告使用人应当正确理解评估结论，评估结论不等同于评估对象可实现价格，评估结论不应当被认为是对评估对象可实现价格的保证。

（五）资产评估机构及其资产评估师遵守法律、行政法规和资产评估准则，坚持独立、客观、公正的原则，并对所出具的资产评估报告依法承担责任。

（六）资产评估报告使用人应当关注评估结论成立的假设前提、资产评估报告特别事项说明和使用限制。

（七）其他需要声明的内容。

第十条 资产评估报告摘要应当简明扼要地反映经济行为、评估目的、评估对象和评估范围、价值类型、评估基准日、评估方法、评估结论及其使用有效期、对评估结论产生影响的特别事项等关键内容。

资产评估报告摘要应当采用下述文字提醒资产评估报告使用人阅读全文："以上内容摘自资产评估报告正文，欲了解本评估业务的详细情况和正确理解评估结论，应当阅读资产评估报告正文。"

第三章 正文

第十一条 资产评估报告正文应当包括：

（一）绪言；

（二）委托人、被评估单位和资产评估委托合同约定的其他资产评估报告使用人概况；

（三）评估目的；

（四）评估对象和评估范围；

（五）价值类型；

（六）评估基准日；

（七）评估依据；

（八）评估方法；

（九）评估程序实施过程和情况；

（十）评估假设；

（十一）评估结论；

（十二）特别事项说明；

（十三）资产评估报告使用限制说明；

（十四）资产评估报告日；

（十五）签名盖章。

第十二条 绪言一般采用包含下列内容的表述格式："×××（委托人全称）：

×××（资产评估机构全称）接受贵单位（公司）的委托，按照法律、行政法规和资产评估准则的规定，坚持独立、客观和公正的原则，采用×××评估方法（评估方法名称），按照必要的评估程序，对×××（委托人全称）拟实施×××行为（事宜）涉及的×××（资产——单项资产或者资产组合、企业整体价值、股东全部权益、股东部分权益）在××××年××月××日的××价值（价值类型）进行了评估。现将资产评估情况报告如下。"

第十三条　资产评估报告正文应当介绍委托人、被评估单位和资产评估委托合同约定的其他资产评估报告使用人的概况：

（一）委托人和资产评估委托合同约定的其他资产评估报告使用人概况一般包括名称、法定住所及经营场所、法定代表人、注册资本及主要经营范围等；

（二）企业价值评估中，被评估单位概况一般包括：

1.名称、法定住所及经营场所、法定代表人、主要经营范围、注册资本、公司股东及持股比例、股权变更情况及必要的公司产权和经营管理结构、历史情况等；

2.近三年资产、财务、经营状况；

3.委托人和被评估单位之间的关系（如产权关系、交易关系）；

（三）单项资产或者资产组合评估，被评估单位概况一般包括名称、法定住所及经营场所、法定代表人、注册资本及主要经营范围等；

（四）委托人与被评估单位为同一企业，按对被评估单位的要求编写；

（五）存在交叉持股的，应当列示交叉持股图并简述交叉持股关系及是否属于同一控制的情形；

（六）存在关联交易的，应当说明关联方、交易方式等基本情况。

第十四条　资产评估报告应当说明本次资产评估的目的及其所对应的经济行为，并说明该经济行为获得批准的相关情况或者其他经济行为依据。

第十五条　资产评估报告应当对评估对象进行具体描述，以文字、表格的方式说明评估范围。企业价值评估中，应当说明下列内容：

（一）委托评估对象和评估范围与经济行为涉及的评估对象和评估范围是否一致，不一致的应当说明原因，并说明是否经过审计；

（二）企业申报的表外资产的类型、数量；

（三）引用其他机构出具的报告结论所涉及的资产类型、数量和账面金额（或者评估值）。

单项资产或者资产组合评估，应当说明委托评估资产的数量（如土地面积、建筑物面积、设备数量、无形资产数量等）、法律权属状况、经济状况和物理状况等。

第十六条　资产评估报告应当明确价值类型及其定义。选择市场价值以外的价值类型，还应当说明价值类型选择理由。

第十七条　资产评估报告应当说明评估基准日及确定评估基准日所考虑的主要因素，包括下列主要内容：

（一）本项目评估基准日是××××年××月××日；

（二）确定评估基准日所考虑的主要因素（如经济行为的实现、会计期末、利率和汇率变化等）。

第十八条　资产评估报告应当说明本次评估业务所对应的经济行为、法律法规、评估准则、权属、取价等依据。

（一）经济行为依据应当为有效批复文件以及可以说明经济行为及其所涉及的评估对象与评估范围的其他文件资料；

（二）法律法规依据通常包括与国有资产评估有关的法律法规等；

（三）评估准则依据包括本评估业务中依据的相关资产评估准则和相关规范；

（四）权属依据通常包括国有资产产权登记证书、基准日股份持有证明、出资证明、国有土地使用证（或者国有土地使用权出让合同）、房屋所有权证、房地产权证（或者不动产权证书）、采矿许可证、勘查许可证、林权证、专利证（发明专利证书、实用新型专利证书、外观设计专利证书）、商标注册证、著作权（版权）相关权属证明、船舶所有权登记证书、船舶国籍证书、机动车行驶证、有关产权转让合同、其他权属证明文件等；

（五）取价依据通常包括企业提供的财务会计、经营方面的资料，国家有关部门发布的统计资料、技术标准和政策文件，以及评估机构收集的有关询价资料、参数资料等；

（六）其他参考依据。

第十九条　资产评估报告应当说明所选用的评估方法及其理由。

未采用两种以上评估方法进行评估，资产评估报告应当披露其他基本评估方法不适用的原因或者所受的操作限制。

采用两种以上方法进行评估的，还应当说明评估结论确定的方法。

第二十条　资产评估报告应当说明自接受资产评估业务委托起至出具资产评估报告的主要评估工作过程，一般包括以下内容：

（一）接受项目委托，确定评估目的、评估对象与评估范围、评估基准日，拟定评估计划等过程；

（二）指导被评估单位清查资产、准备评估资料，核实资产与验证资料等过程；

（三）选择评估方法、收集市场信息和估算等过程；

（四）评估结果汇总、评估结论分析、撰写报告和内部审核等过程。

第二十一条　资产评估报告应当说明资产评估所使用的假设。

第二十二条　资产评估报告应当以文字和数字形式清晰说明评估结论，并明确评估结论的使用有效期。评估结论通常是确定的数值。境外企业国有资产评估报告的评估结论可以用区间值表达。

（一）采用资产基础法进行企业价值评估，应当以文字形式说明资产、负债、所有者权益（净资产）的账面价值、评估价值及其增减幅度，并同时采用评估结果汇总表反映评估结论；

（二）单项资产或者资产组合评估，应当以文字形式说明账面价值、评估价值及其增减幅度；

（三）采用两种以上方法进行企业价值评估，除单独说明评估价值和增减变动幅度外，应当说明两种以上评估方法结果的差异及其原因和最终确定评估结论的理由；

（四）存在多家被评估单位的项目，应当分别说明评估价值；

（五）评估结论为区间值的，应当在区间之内确定一个最大可能值，并说明确定依据。

第二十三条　资产评估报告应当说明评估程序受到的限制、评估特殊处理、评估结论瑕疵等特别事项，以及期后事项，通常包括下列内容：

（一）引用其他机构出具报告结论的情况，并说明承担引用不当的相关责任；

（二）权属资料不全面或者存在瑕疵的情形；

（三）评估程序受到限制的情形；

（四）评估资料不完整的情形；

（五）评估基准日存在的法律、经济等未决事项；

（六）担保、租赁及其或有负债（或有资产）等事项的性质、金额及与评估对象的关系；

（七）评估基准日至资产评估报告日之间可能对评估结论产生影响的事项；

（八）本次资产评估对应的经济行为中，可能对评估结论产生重大影响的瑕疵情形。

资产评估报告应当说明对特别事项的处理方式、特别事项对评估结论可能产生的影响，并提示资产评估报告使用人关注其对经济行为的影响。

第二十四条　资产评估报告使用限制应当载明：

（一）使用范围；

（二）委托人或者其他资产评估报告使用人未按照法律、行政法规规定和资产评估报告载明的使用范围使用资产评估报告的，资产评估机构及其资产评估师不承担责任；

（三）除委托人、资产评估委托合同中约定的其他资产评估报告使用人和法律、行政法规规定的资产评估报告使用人之外，其他任何机构和个人不能成为资产评估报告的使用人；

（四）资产评估报告使用人应当正确理解评估结论，评估结论不等同于评估对象可实现价格，评估结论不应当被认为是对评估对象可实现价格的保证。

第二十五条　资产评估报告应当载明资产评估报告日。

资产评估报告日通常为评估结论形成的日期，可以不同于资产评估报告的签发日。

　　第二十六条　资产评估报告正文应当由至少两名承办该评估业务的资产评估师签名，并加盖资产评估机构印章。声明、摘要和评估明细表上通常不需要另行签名盖章。

第四章　附件

　　第二十七条　资产评估报告附件内容应当与评估目的、评估方法、评估结论相关联，通常包括下列内容：

　　（一）与评估目的相对应的经济行为文件；

　　（二）被评估单位专项审计报告；

　　（三）委托人和被评估单位法人营业执照；

　　（四）委托人和被评估单位产权登记证；

　　（五）评估对象涉及的主要权属证明资料；

　　（六）委托人和其他相关当事人的承诺函；

　　（七）签名资产评估师的承诺函；

　　（八）资产评估机构备案文件或者资格证明文件；

　　（九）资产评估机构法人营业执照副本；

　　（十）负责该评估业务的资产评估师资格证明文件；

　　（十一）资产评估委托合同；

　　（十二）其他重要文件。

　　第二十八条　资产评估报告附件内容及其所涉及的签章应当清晰、完整，相关内容应当与资产评估报告摘要、正文一致。资产评估报告附件为复印件的，应当与原件一致。

　　第二十九条　按照法律、行政法规规定需要进行专项审计的，应当将企业提供的与经济行为相对应的评估基准日专项审计报告（含会计报表和附注）作为资产评估报告附件。按有关规定无须进行专项审计的，应当将企业确认的与经济行为相对应的评估基准日企业财务报表作为资产评估报告附件。

　　如果引用其他机构出具的报告结论，根据现行有关规定，所引用的报告应当经相应主管部门批准（备案）的，应当将相应主管部门的相关批准（备案）文件作为资产评估报告的附件。

第六章　评估说明

　　第三十五条　评估说明包括评估说明使用范围声明、委托人和被评估单位编写的《企业关于进行资产评估有关事项的说明》和资产评估师编写的《资产评估说明》。

　　第三十六条　关于评估说明使用范围的声明，应当写明评估说明使用单位或部门的范围及限制条款。

　　第三十七条　委托人和被评估单位可以共同编写或者分别编写《企业关于进行资产评估有关事项的说明》。委托人单位负责人和被评估单位负责人应当对所编写的说明签名，加盖相应单位公章并签署日期。

《企业关于进行资产评估有关事项的说明》包括以下内容：

（一）委托人、被评估单位各自概况；

（二）关于经济行为的说明；

（三）关于评估对象与评估范围的说明；

（四）关于评估基准日的说明；

（五）可能影响评估工作的重大事项说明；

（六）资产负债情况、未来经营和收益状况预测说明；

（七）资料清单。

第三十八条 《资产评估说明》是对评估对象进行核实、评定估算的详细说明，应当包括以下内容：

（一）评估对象与评估范围说明；

（二）资产核实总体情况说明；

（三）评估技术说明；

（四）评估结论及分析。

第三十九条 评估对象与评估范围说明应当根据企业价值评估、单项资产或者资产组合评估的不同情况确定内容的详略程度。

第四十条 资产核实总体情况说明通常包括人员组织、实施时间、核实过程、影响事项及处理方法、核实结论。

第四十一条 评估技术说明应当考虑不同经济行为和不同评估方法的特点介绍评定估算的思路及过程。

第四十二条 采用成本法评估单项资产或者资产组合、采用资产基础法评估企业价值，应当根据评估业务的具体情况以及资产负债类型编写评估技术说明。各项资产负债评估技术说明应当包含资产负债的内容和金额、核实方法、评估值确定的方法和结论等基本内容。

第四十三条 采用收益法或者市场法评估企业价值，评估技术说明通常包括以下内容：

（一）影响企业经营的宏观、区域经济因素；

（二）所在行业现状与发展前景；

（三）企业的业务情况；

（四）企业的资产、财务分析和调整情况；

（五）评估方法的运用过程。

第四十四条 采用收益法进行企业价值评估，应当根据行业特点、企业经营方式和所确定的预期收益口径以及评估的其他具体情况等编写评估技术说明。企业的资产、财务分析和调整情况以及评估方法运用过程说明通常包括以下内容：

（一）收益法的应用前提及选择理由和依据；

（二）收益预测的假设条件；

（三）企业经营、资产、财务分析；

（四）收益模型选择理由及基本参数说明；

（五）收益期限及预测期的说明；

（六）收益预测的说明；

（七）折现率的确定说明；

（八）预测期后价值确定说明；

（九）其他资产和负债评估说明；

（十）评估价值。

第四十五条　采用市场法进行企业价值评估，应当根据行业特点、被评估单位实际情况以及上市公司比较法或者交易案例比较法的特点等编写评估技术说明。企业的资产、财务分析和调整情况以及评估方法运用过程说明通常包括以下内容：

（一）具体方法、应用前提及选择理由；

（二）企业经营、资产、财务分析；

（三）分析选取确定可比企业或者交易案例的说明；

（四）价值比率的选择及因素修正说明；

（五）评估对象价值比率的测算说明；

（六）评估价值。

第四十六条　评估结论及分析通常包括以下内容：

（一）评估结论采用两种或两种以上方法进行企业价值评估，应当说明不同评估方法结果的差异及其原因和最终确定评估结论的理由；

（二）评估价值与账面价值比较变动情况及说明；

（三）折价或者溢价情况（如有）。

本章小结

资产评估报告是资产评估过程的反映和总结。本章系统地描述了资产评估报告制度的具体内容，分析了资产评估报告类型，阐述了资产评估报告的编制步骤与编制技术要点，并介绍了利益相关者对资产评估报告的使用。按照国家现行规范的要求撰写资产评估报告，不仅要在形式上符合要求，更重要的是能够清楚地表达评估结果，充分地阐明评估依据。同时，还要注意借鉴国际资产评估行业在资产评估报告方面的科学合理的做法，不断完善我国资产评估报告制度，提高资产评估报告水平，更好地发挥资产评估服务社会、服务市场经济的作用。

主要概念

资产评估报告　资产评估报告的类型　资产评估报告的内容

基本训练

一、单项选择题

1.狭义的资产评估报告是（　　　）。

　　A.一种工作制度　　　　　　　　B.资产评估报告书

　　C.公正性报告　　　　　　　　　D.法律责任文书

2.下列各项不属于按评估基准日划分的评估报告的是（　　　）。

　　A.现时性评估报告　　　　　　　B.追溯性评估报告

　　C.完整型评估报告　　　　　　　D.预测性评估报告

3.下列各项中不应列入资产评估报告摘要的是（　　　）。

　　A.评估目的　　　　　　　　　　B.评估对象和评估范围

　　C.价值类型及其定义　　　　　　D.评估收费

4.下列对于委托人合理使用评估报告说法不正确的是（　　　）。

　　A.一份评估报告允许用于多个用途使用

　　B.评估报告只能由限定的期望使用者使用

　　C.原资产评估结果超过有效期就无效

　　D.在资产评估报告有效期，资产评估数量发生较大变化时，评估结果需要
　　　做出调整方可使用

二、多项选择题

1.按评估报告披露内容的详尽程度划分，资产评估报告可以划分为（　　　）。

　　A.正常型评估报告　　B.完整型评估报告　　　C.限制型评估报告

　　D.简明型评估报告　　E.复核型评估报告

2.资产评估报告的正文应包括的内容有（　　　）。

　　A.评估基准日　　　　B.评估依据　　　　　　C.评估方法

　　D.摘要　　　　　　　E.附件

3.资产评估报告制作的编制技术要求有（　　　）。

　　A.编制态度客观端正　　B.内容完整翔实　　　C.文字表述清晰

　　D.格式规范　　　　　　E.责任明确

4.资产评估报告的编制步骤包括（　　　）。

　　A.整理和收集评估报告所需资料　　B.汇总分析评估数据

　　C.撰写资产评估报告　　　　　　　D.印刷装订评估报告

　　E.资产评估报告呈送

三、判断题

1.资产评估报告对资产业务定价具有强制执行的效力。　　　　　　　　（　　）

2.资产评估报告日为评估师将资产评估报告提交给委托人的日期。　　（　　）

3.资产评估的行政管理的主管机关是政府财政部门。　　　　　　　　（　　）

4.法定评估业务的资产评估报告应当由至少两名承办该项业务的资产评估师签名。　　　　　　　　　　　　　　　　　　　　　　（　　）

四、简答题

1.什么是资产评估报告？

2.资产评估报告的作用是什么？

3.资产评估报告的编制步骤包括哪些？

4.委托人在使用资产评估报告时需要注意什么问题？

人民法院委托司法执行财产处置资产评估指导意见	资产评估执业准则——资产评估方法	珠宝首饰评估程序指导意见	道路运输物流企业授信额度评估咨询操作指引（试行）
资产评估专家指引第9号——数据资产评估	企业并购投资价值评估指导意见	资产评估准则术语2020	资产评估专家指引第11号——商誉减值测试评估
资产评估专家指引第13号——境外并购资产评估	资产评估专家指引第14号——科创企业资产评估	体育无形资产评估指导意见	第10章基本训练参考答案

第11章

资产评估主体与行业管理

11.1 资产评估主体界定与分类

11.1.1 资产评估主体界定

资产评估主体是指资产评估业务的承担者，具体包括资产评估工作的从业人员及由评估人员组成的评估机构。资产评估是一项技术性、政策性很强的专业活动，而且是跨专业、跨学科、跨行业的边缘学科及综合性社会活动。资产评估的质量将影响委托人及有关当事人的经济决策和经济利益。因此，作为资产评估的具体操作机构及从业人员必须具备执业的技术业务素质和职业道德。评估机构是由评估从业人员构成的，评估人员必须具备多方面的专业知识、与资产评估相关的丰富的实践经验以及良好的职业道德。

11.1.2 资产评估主体分类

从目前发展趋势来看，我国的资产评估主体大致可以从以下两个方面进行分类：

1）从评估主体的执业范围的角度划分，包括综合性资产评估机构和专项资产评估机构两种类型

（1）综合性资产评估机构

综合性资产评估机构是指专门从事资产评估业务，而不从事其他中介业务的资产评估事务所或资产评估公司。一般情况下，综合性资产评估机构的评估业务范围比较广泛，评估人员比较固定，评估人员的素质相对较高。

（2）专项资产评估机构

专项资产评估机构是指专门评估某一种或某一类资产的专项评估机构，如土地估价事务所、房地产估价事务所等。专项资产评估机构由于评估范围较窄，评估对

象的性质、功能比较统一，专业性比较强，因而，专项资产评估机构的专业化程度和专业技术水平比较高，具有比较明显的专业优势。

2）从资产评估主体的企业组织形式的角度划分，大致可划分为合伙制的资产评估机构和有限责任制的资产评估机构

（1）合伙制的资产评估机构

合伙制的资产评估机构由发起人共同出资设立，共同经营，对合伙债务承担无限连带责任。

（2）有限责任制的资产评估机构

有限责任制的资产评估机构由发起人共同出资设立，评估机构以其全部财产对其债务承担责任。

为了建立与市场经济相适应、与国际惯例相衔接的资产评估新体制，杜绝资产评估机构在执业中的行政干预、行政垄断、地区垄断，强化资产评估机构风险意识，激励资产评估机构提高服务质量，使资产评估机构真正成为独立、客观、公正的社会中介组织，中国资产评估协会根据相关规定，已全面部署了资产评估机构改制的形式、程序以及管理工作，以促进我国的资产评估事业朝着健康有序的方向发展。

11.2　资产评估师职业资格制度和资产评估机构执业资格制度

11.2.1　资产评估师职业资格制度

在2015年之前，我国实施资产评估师注册管理制度。2015年4月，人力资源和社会保障部与财政部联合颁布了《资产评估师职业资格制度暂行规定》和《资产评估师职业资格考试实施办法》。2016年2月，中国资产评估协会印发了《资产评估师职业资格证书登记办法》。根据上述管理制度，我国开始实施资产评估师职业资格制度。

对于从事资产评估业务的专业人员，国家设立资产评估师水平评价类职业资格制度，面向全社会提供资产评估师能力水平评价服务，纳入全国专业技术人员职业资格证书制度统一规划。资产评估师的职业资格要通过考试取得，通过考试并获得职业资格证书的人员，表明其已具备从事资产评估专业岗位工作的职业能力和水平。

资产评估师职业资格考试实行全国统一大纲、统一命题、统一组织的考试制度。中国资产评估协会负责资产评估师职业资格考试的组织和实施工作。组织成立资产评估师职业资格考试专家委员会，研究拟定资产评估师职业资格考试科目、考试大纲、考试试题和考试合格标准。人力资源和社会保障部、财政部对中国资产评估协会实施的考试工作进行监督和检查，指导中国资产评估协会确定资产评估师职业资

格考试科目、考试大纲、考试试题和考试合格标准。资产评估师职业资格考试合格，由中国资产评估协会颁发人力资源和社会保障部、财政部监制，中国资产评估协会用印的《中华人民共和国资产评估师职业资格证书》，该证书在全国范围有效。

取得资产评估师职业资格证书的人员，应当遵守国家法律、法规及资产评估行业相关制度准则，恪守职业道德，秉承客观公正原则，维护国家和社会公共利益，同时，还应当按照国家专业技术人员继续教育以及资产评估行业管理的有关规定，参加继续教育，不断更新专业知识，提高职业素质和业务能力。

资产评估师职业资格证书实行登记服务制度。登记服务的具体工作由中国资产评估协会负责。中国资产评估协会定期向社会公布资产评估师职业资格证书的登记情况，建立持证人员的诚信档案，并为用人单位提供取得资产评估师职业资格证书人员的信息查询服务。取得资产评估师职业资格证书的人员，应自觉接受中国资产评估协会的管理，其在工作中违反相关法律、法规、规章或者职业道德，造成不良影响的，由中国资产评估协会取消登记，并收回其职业资格证书。

11.2.2　资产评估机构执业资格制度

按照国际惯例和规范的做法，我国现行的资产评估机构管理制度规定，资产评估执业的中介机构，必须满足国家对资产评估机构工商登记、人员构成、内部制度建设等方面的要求和条件，并取得相应资产评估管理行政主管部门的备案。国家对已取得资产评估执业资格的资产评估机构实行等级制度，并采取"统一政策、分级管理"的原则。

11.2.3　资产评估机构的设立

1）资产评估机构设立的条件

根据2016年7月全国人民代表大会常务委员会通过并发布的《资产评估法》的相关条款，资产评估机构的设立除符合国家有关法律法规规定外，还必须具备以下条件：

① 合伙形式的评估机构，应当有两名以上评估师；其合伙人三分之二以上应当是具有三年以上从业经历且最近三年内未受停止从业处罚的评估师。

② 公司形式的评估机构，应当有八名以上评估师和两名以上股东，其中三分之二以上股东应当是具有三年以上从业经历且最近三年内未受停止从业处罚的评估师。

③ 评估机构的合伙人或者股东为两名的，两名合伙人或者股东都应当是具有三年以上从业经历且最近三年内未受停止从业处罚的评估师。

④ 设立评估机构，应当向工商行政管理部门①申请办理登记。评估机构应当自领取营业执照之日起三十日内向有关评估行政管理部门备案。评估行政管理部门应

---

① 现为市场监督管理部门，下同。

当及时将评估机构备案情况向社会公告。

2）资产评估机构的分级制度

资产评估机构的职业资格主要划分为 A 级和 B 级两个等级。A 级资产评估机构可以从事包括股票上市企业资产评估在内的所有资产评估项目；B 级资产评估机构可从事除企业股份化上市外的所有资产评估项目。凡经资产评估行政管理部门审查合格，取得相应等级资产评估资格的机构，均可以从事国有资产及非国有资产评估。其中，非专项资产评估机构，可以从事与其职业资格等级相适应的土地、房地产、机器设备、流动资产、无形资产、其他长期资产及整体资产评估项目；从事土地、房地产或无形资产等专项资产评估业务的机构，其评估资格等级只限于 B 级以下，评估范围只限在各该专项资产相应的范围之内。各等级的资产评估机构开展资产评估业务不受地区、部门的限制，可在全国范围内从事与各该资格等级相适应的资产评估业务。

11.2.4　资产评估机构的年检制度

为了加强对资产评估机构的管理，促进资产评估行业的健康发展，各级资产评估管理行政主管部门对所管辖的资产评估机构，除加强日常管理、监督与检查外，应按照国家规定进行年检。年检内容包括：

（1）资产评估机构持续符合《资产评估法》第十五条规定的评估机构设立条件的情况。

（2）办理备案情况。

（3）资产评估执业质量情况。其主要检查项目的评估依据、过程、方法，结果是否科学、合理，是否符合有关规定和内容。

（4）评估机构内部机构设置及人员配备情况。综合性资产评估机构是否建立了正常的内部治理机制和工作制度，评估人员的数量、年龄结构、专业结构、技术职务结构是否符合规定，评估人员内部培训及参加外部培训的情况。

（5）评估机构业务开展情况，评估的项目类型、数量、执业水平。

（6）资产评估机构信誉情况。

（7）对法律法规的执行情况及遵守职业道德情况。

（8）评估机构的收费情况等。

凡通过年检要求和基本符合要求的评估机构，可作为合格处理。对于年检不合格的评估机构要限期整改。对于经过限期整改仍不合格或者有严重错误的评估机构，要吊销其资产评估资质。

11.3　资产评估行业规范体系

资产评估行业规范是保证我国资产评估行业健康发展的重要制度基础。资产评估行业规范体系主要包括资产评估行业法律规范、行政法规和部门规章以及资产评估准则体系等不同层次的规则和制度安排。

11.3.1 资产评估行业法律规范

目前，我国资产评估师的职业法律规范正在不断完善之中。道德和法律之间存在着密切的关系，职业活动既需要道德规范，也需要法律规范。在现实中，许多重要的职业道德也都被写进了宪法、法律和法规，道德法律化是将道德的软约束变为法律硬约束。与资产评估师职业道德规范的自律形式不同，资产评估师行业法律规范是通过他律的形式来实现的。由于目前我国尚未制定和颁布规范资产评估师职业的专门法律，其法的形式主要体现在法律、行政法规和部门规章某些条款中。

根据《资产评估法》，关于资产评估师行为的法律规定主要有：

第四十七条　评估机构违反本法规定，有下列情形之一的，由有关评估行政管理部门予以警告，可以责令停业一个月以上六个月以下；有违法所得的，没收违法所得，并处违法所得一倍以上五倍以下罚款；情节严重的，由工商行政管理部门吊销营业执照；构成犯罪的，依法追究刑事责任：

（一）利用开展业务之便，谋取不正当利益的；

（二）允许其他机构以本机构名义开展业务，或者冒用其他机构名义开展业务的；

（三）以恶性压价、支付回扣、虚假宣传，或者贬损、诋毁其他评估机构等不正当手段招揽业务的；

（四）受理与自身有利害关系的业务的；

（五）分别接受利益冲突双方的委托，对同一评估对象进行评估的；

（六）出具有重大遗漏的评估报告的；

（七）未按本法规定的期限保存评估档案的；

（八）聘用或者指定不符合本法规定的人员从事评估业务的；

（九）对本机构的评估专业人员疏于管理，造成不良后果的。

评估机构未按本法规定备案或者不符合本法第十五条规定的条件的，由有关评估行政管理部门责令改正；拒不改正的，责令停业，可以并处一万元以上五万元以下罚款。

第四十八条　评估机构违反本法规定，出具虚假评估报告的，由有关评估行政管理部门责令停业六个月以上一年以下；有违法所得的，没收违法所得，并处违法所得一倍以上五倍以下罚款；情节严重的，由工商行政管理部门吊销营业执照；构成犯罪的，依法追究刑事责任。

第四十九条　评估机构、评估专业人员在一年内累计三次因违反本法规定受到责令停业、责令停止从业以外处罚的，有关评估行政管理部门可以责令其停业或者停止从业一年以上五年以下。

　　第五十条　评估专业人员违反本法规定，给委托人或者其他相关当事人造成损失的，由其所在的评估机构依法承担赔偿责任。评估机构履行赔偿责任后，可以向有故意或者重大过失行为的评估专业人员追偿。

　　第五十一条　违反本法规定，应当委托评估机构进行法定评估而未委托的，由有关部门责令改正；拒不改正的，处十万元以上五十万元以下罚款；情节严重的，对直接负责的主管人员和其他直接责任人员依法给予处分；造成损失的，依法承担赔偿责任；构成犯罪的，依法追究刑事责任。

　　第五十二条　违反本法规定，委托人在法定评估中有下列情形之一的，由有关评估行政管理部门会同有关部门责令改正；拒不改正的，处十万元以上五十万元以下罚款；有违法所得的，没收违法所得；情节严重的，对直接负责的主管人员和其他直接责任人员依法给予处分；造成损失的，依法承担赔偿责任；构成犯罪的，依法追究刑事责任：

　　（一）未依法选择评估机构的；

　　（二）索要、收受或者变相索要、收受回扣的；

　　（三）串通、唆使评估机构或者评估师出具虚假评估报告的；

　　（四）不如实向评估机构提供权属证明、财务会计信息和其他资料的；

　　（五）未按照法律规定和评估报告载明的使用范围使用评估报告的。

　　前款规定以外的委托人违反本法规定，给他人造成损失的，依法承担赔偿责任。

　　第五十三条　评估行业协会违反本法规定的，由有关评估行政管理部门给予警告，责令改正；拒不改正的，可以通报登记管理机关，由其依法给予处罚。

　　第五十四条　有关行政管理部门、评估行业协会工作人员违反本法规定，滥用职权、玩忽职守或者徇私舞弊的，依法给予处分；构成犯罪的，依法追究刑事责任。

　　根据《中华人民共和国证券法》、《中华人民共和国公司法》和《中华人民共和国刑法》的相关法律规范，主要条款见二维码。

《中华人民共和国证券法》、《中华人民共和国公司法》和《中华人民共和国刑法》等法律规范相关规定

11.3.2　行政法规和部门规章

　　根据《国有资产评估管理办法》、《国有资产评估管理办法施行细则》、《国务院办公厅转发财政部〈关于改革国有资产评估行政管理方式加强资产评估监督管理工作意见〉的通知》、《国有资产评估违法行为处罚办法》和《资产评估行业财政监督管理办法》等的相关行政法规和部门规章条款的规定，我国目前以法规形式对资产评估师职业的法律规定主要有：

　　（1）国有资产评估应当遵循真实性、科学性、可行性原则，依照国家规定的标准、程序和方法进行评定和估算。

（2）持有国务院或省、自治区、直辖市人民政府国有资产管理行政主管部门颁发的国有资产评估资格证书的资产评估机构，可以接受国有资产占有单位的委托，从事国有资产评估业务。

（3）资产评估机构应当对国有资产占有单位提供的有关情况和资料保守秘密，不得向外泄露。对资产评估中涉及的国家机密，应严格按照国家保密法规的各项规定执行。

（4）资产评估机构作弊或者玩忽职守，致使资产评估结果失实的，国有资产管理行政主管部门可以宣布资产评估结果无效，并可根据情节轻重，对该资产评估机构给予下列处罚：①警告；②停业整顿；③吊销国有资产评估资格证书。

（5）承担资产评估工作的各类中介机构，应严格按照国家有关法律法规规定的评估程序、评估方法和标准，独立、客观、公正地进行资产评估，不得违规执业或出具虚假评估报告。

（6）资产评估机构在国有资产评估活动中违反有关法律、法规和规章，应予以行政处罚的，按《国有资产评估违法行为处罚办法》的规定给予处罚。

（7）省级人民政府财政部门是负责对本地区资产评估机构和设立在本地区资产评估分支机构的违法行为实施行政处罚的执业主体。国务院财政部门可以直接对资产评估机构严重评估违法行为进行处罚。

（8）对资产评估机构违法行为的行政处罚种类有：①警告；②罚款；③没收所得；④暂停执行部分或者全部业务，暂停执业期限为三至十二个月；⑤吊销资产评估资格证书。

（9）资产评估机构有下列情形之一的，予以警告：

① 不按照执业准则、职业道德准则的要求执业的；

② 拒绝、阻挠财政部门依法实施检查的；

③ 泄露委托人或者被评估单位商业秘密的。

对情形③中有违法所得的资产评估机构，并处以违法所得3倍以下的罚款，最高的罚款不超过3万元；对没有违法所得的资产评估机构，处以1万元以下的罚款。

（10）资产评估机构有下列情形之一的，责令改正，并予以警告：

① 冒用其他机构名义或允许其他机构以本机构名义执行评估业务的；

② 向委托人或者被评估单位索取、收受业务约定书约定以外的酬金或者其他财物，或利用业务之便，谋取其他不正当利益的；

③ 对其能力进行虚假广告宣传的；

④ 向有关单位和个人支付回扣或者介绍费的；

⑤ 对委托人、被评估单位或者其他单位和个人进行胁迫、欺诈、利诱的；

⑥ 恶意降低收费的；

⑦ 与委托人或者被评估单位存在利害关系应当回避没有回避的。

同时，对以上①至⑦所列情形有违法所得的资产评估机构，处以违法所得3倍以下罚款，最高的罚款不超过 3 万元；对没有违法所得的资产评估机构，处以 1 万元以下的罚款。

（11）资产评估机构因过失出具有重大遗漏的报告的，责令改正，情节较重的，处以所得收入 1 倍以上 3 倍以下的罚款，并予以暂停执业。

（12）资产评估机构与委托人或被评估单位串通作弊，故意出具虚假报告的，没收违法所得，处以违法所得 1 倍以上 5 倍以下的罚款，并予暂停执业；给利害关系人造成重大经济损失或者产生恶劣社会影响的，吊销资产评估资格证书。

（13）资产评估机构有下列情形之一的，应当从轻、减轻行政处罚：

① 主动改正违法行为或主动消除、减轻违法行为危害后果的；

② 主动向有关部门报告其违法行为的；

③ 主动配合查处违法行为的；

④ 受他人胁迫而有违法行为的；

⑤ 其他应予从轻、减轻处罚的情形。

（14）资产评估机构有下列情形之一的，应当从重处罚：

① 同时具有两种或两种以上应予处罚的行为的；

② 在两年内发生两次或两次以上同一性质的应予处罚的行为的；

③ 对投诉人、举报人、证人等进行威胁、报复的；

④ 违法行为发生后隐匿、销毁证据材料的；

⑤ 其他应予从重处罚的情形。

（15）资产评估师在国有资产评估中有违法行为的，按照有关规定处理。

11.3.3　我国资产评估准则体系

资产评估准则是在资产评估理论和资产评估实践总结的基础上形成的资产评估职业规范和技术标准，是资产评估行业统一的行为和技术指引，是资产评估行业向社会提供高水平专业服务的保证。从 1997 年开始，中国资产评估协会就着手进行资产评估准则的起草和建设工作。到 2001 年 9 月，《资产评估准则——无形资产》正式颁布，标志着我国资产评估执业技术规范建设已经有了实质性的进展。大规模的建设成果完成于 2007 年，共形成 15 项准则。截至 2022 年 1 月，我国已经出台了 33 项评估准则、2 项资产评估操作专家提示、3 项操作指引以及 14 项资产评估专家指引。为了促进资产评估准则的有效实施，中国资产评估协会 2020 年 12 月印发了《资产评估准则术语 2020》。经过多年的规划和建设，我国资产评估准则体系逐步走向完善，为资产评估行业的规范发展提供了十分有力的制度保障。

1）我国资产评估准则建设原则

（1）我国资产评估准则应当是综合性的评估准则体系，包括不动产、动产、机器设备、企业价值、无形资产等各类别资产的评估准则。

（2）我国资产评估准则体系应当高度重视程序性准则与专业性准则。

（3）我国资产评估准则体系中应当将职业道德准则放在与业务性准则同等重要的高度。

（4）我国资产评估准则体系应当层次清晰，逻辑严密，并具有一定的灵活性。

2）我国资产评估准则体系框架

目前，我国资产评估准则体系主要由资产评估基本准则、资产评估职业道德准则和资产评估执业准则构成。其中，资产评估执业由于涉及面广，在纵向关系上划分为3个层次。

（1）资产评估基本准则。资产评估基本准则是资产评估师执行各种资产类型、各种评估目的资产评估业务的基本规范。目前在各国评估准则及国际评估准则中并没有类似的基本准则部分可供我们参考。确切地说，目前我国的资产评估基本准则是第一次试图将各类资产评估的共同规范有机地结合在一起。

（2）资产评估职业道德准则。职业道德是指资产评估机构及其资产评估专业人员开展资产评估业务应当具备的道德品质和体现的道德行为。为规范资产评估机构及其资产评估专业人员职业道德行为，提高职业素质，维护职业形象，根据《资产评估基本准则》制定了《资产评估职业道德准则》。资产评估机构及其资产评估专业人员开展资产评估业务，遵守职业道德是保证评估质量的前提。

（3）资产评估执业准则。资产评估执业准则分为具体准则、评估指南和评估指导意见。

资产评估具体准则可以分为程序性准则和实体性准则两个部分。程序性准则是关于资产评估师通过履行一定的专业程序完成评估业务、保证评估质量的规范，包括评估业务约定书、评估计划、评估工作底稿、评估报告等。程序性准则的制定需要与目前我国资产评估行业的理论研究和实践发展相结合。资产评估师只有履行必要的资产评估程序，才能保证资产评估的质量，至少在程序上避免重大的遗漏或疏忽。同时，在争取司法部门对资产评估准则认可的前提下，程序性准则也是评估师合理保护自身权益的重要依据，将有助于把客户、社会公众和司法部门对资产评估责任的关注点从评估师具体的专业判断引向对评估师履行资产评估程序的充分性和恰当性方面上来。资产评估实体性准则也可以理解为资产评估技术规范，是对资产评估师在资产评估执业过程中所使用的专业术语、执业标准、操作程序和报告披露等所做的统一要求。

资产评估指南包括对特定评估目的、特定资产类别（细化）评估业务以及对评估中某些重要事项的规范。评估师在执行不同目的的评估业务中，所应当关注的事项也是不同的。资产评估指南拟对我国资产评估行业中涉及主要评估目的的业务进行规范，如公司注册、公司股份经营、关联交易、抵押贷款、不良资产处置、法律诉讼等。资产评估指南也将涉及一些具体的资产类别评估业务，如专利、商标等。此外，资产评估指南还将包括一些对资产评估工作中重要特定事项的规范，如评估师在关注评估对象法律权属方面的责任等。资产评估指南将根据评估实践的发展不断增加或进行修订。

资产评估指导意见是针对资产评估业务中的某些具体问题的指导性文件。该层次较为灵活，针对评估业务中新出现的问题及时提出指导意见，待实践一段时间或成熟后再上升为具体准则或指南。

【相关链接 11-1】　　　　　　资产评估准则体系

（1）资产评估基本准则

《资产评估基本准则》

（2）资产评估职业道德准则

① 《资产评估职业道德准则》

② 《资产评估职业道德准则——独立性》

（3）资产评估执业准则

具体的程序性准则有：

① 《资产评估执业准则——资产评估报告》

② 《资产评估执业准则——资产评估程序》

③ 《资产评估执业准则——资产评估委托合同》

④ 《资产评估执业准则——资产评估档案》

⑤ 《资产评估执业准则——利用专家工作及相关报告》

⑥ 《资产评估执业准则——资产评估方法》

具体的实体性准则有：

① 《资产评估执业准则——企业价值》

② 《资产评估执业准则——无形资产》

③ 《资产评估执业准则——不动产》

④ 《资产评估执业准则——机器设备》

⑤ 《资产评估执业准则——珠宝首饰》

⑥ 《资产评估执业准则——森林资源资产》

资产评估指南有：

① 《以财务报告为目的的评估指南》

② 《企业国有资产评估报告指南》

③ 《金融企业国有资产评估报告指南》

④ 《资产评估机构业务质量控制指南》

⑤ 《知识产权资产评估指南》

资产评估指导意见有：

① 《资产评估对象法律权属指导意见》

② 《金融不良资产评估指导意见》

③ 《投资性房地产评估指导意见》

④《实物期权评估指导意见》

⑤《文化企业无形资产评估指导意见》

⑥《商标资产评估指导意见》

⑦《著作权资产评估指导意见》

⑧《专利资产评估指导意见》

⑨《资产评估价值类型指导意见》

⑩《人民法院委托司法执行财产处置资产评估指导意见》

⑪《珠宝首饰评估程序指导意见》

⑫《企业并购投资价值评估指导意见》

⑬《体育无形资产评估指导意见》

11.3.4 资产评估职业道德规范

资产评估师职业道德规范是指资产评估师在资产评估执业过程中应当具有的职业品格和应当遵守的职业标准要求。

1）资产评估师的职业品格

资产评估师职业品格的基本内容主要反映在资产评估师的职业理想、职业态度和职业荣誉等方面。

（1）职业理想是资产评估师对资产评估工作的一种总体认识，即资产评估师是把资产评估作为一种事业看待，还是仅仅作为一种谋生的手段来看待。只有将资产评估作为一种事业来做，才能在资产评估工作中不断地追求，不断地提高，并自觉地遵守资产评估执业纪律和职业规范。

（2）职业态度就是资产评估师的工作态度。资产评估师的执业态度是否端正将直接影响资产评估工作的效果和质量。树立为客户、为社会服务的思想，树立提供高质量的专业服务的工作态度，是资产评估师应有的职业态度。

（3）职业荣誉是指资产评估师在执业过程中形成的职业形象，包括资产评估师个人的社会认同度以及资产评估机构的社会公信度。资产评估师在日常执业过程中不断地培养和塑造职业形象，保持职业荣誉，以取信于民、取信于社会。

2）资产评估师的职业标准和要求

资产评估师的职业标准和要求主要包括资产评估师遵守职业纪律的要求，坚持独立、客观、公正和专业性执业原则的要求，坚持胜任能力的要求以及承担职业责任的要求。

（1）资产评估师遵守职业纪律是指资产评估师应当遵守国家的有关法律法规和资产评估执业准则，保证资产评估在合法和合规的前提下进行。

（2）资产评估师在执业过程中应坚持独立、客观、公正和专业性的执业原则，应主要体现在资产评估机构和资产评估人员两个方面。

① 独立性原则。资产评估中的独立性原则包含两层含义：其一是评估机构本

身应该是一个独立的、不依附于他人的社会公正性中介组织（法人），在利益及利害关系上与资产业务各当事人没有任何联系；其二是评估机构在执业过程中应始终坚持独立的第三者地位，评估工作不受委托人及外界的意图及压力的影响，进行独立公正的评估。

② 客观公正性原则。客观公正性原则是指资产评估人员在执业过程中应以客观的数据资料为依据，而不可以以自己的好恶或其他个人的情感为依据进行评估。资产评估结果是评估人员认真调查研究，通过合乎逻辑的分析、推理得出的，具有客观公正性的评估结论。

③ 专业性原则。资产评估是一项技术性很强的工作。要保证资产评估工作客观公正以及为客户提供良好的咨询服务，资产评估从业人员必须是与资产评估相关的各个方面的专业人士或专家。资产评估机构必须拥有一批专业人士或专家。这些专业人士或专家应该具有良好的教育背景、丰富的实践工作经验和良好的职业道德修养，以保证资产评估结论是一种客观公正的具有专业水准的专家判断或专家意见。

（3）专业胜任能力要求是指资产评估机构与资产评估师在承揽资产评估项目时，要衡量自身的专业胜任能力，以判断评估机构和评估师是否有能力完成该评估项目。任何超过自身能力而承揽评估项目的行为都是违反资产评估职业道德的。

（4）承担职业责任的要求是指资产评估师必须对自己的执业行为和评估结果承担经济责任和法律责任。资产评估师在行使对资产进行鉴证和估值的权力的过程中，也必须承担为客户保守秘密以及公正执业的责任。任何违背资产评估职业道德的行为都将承担相应的民事责任和刑事责任。

3）资产评估师职业道德准则

《资产评估职业道德准则》规定了资产评估机构和评估从业人员在执业过程中的基本要求、专业胜任能力以及与委托方关系等方面的基本道德标准。资产评估职业道德的具体准则《资产评估职业道德准则——独立性》，要求评估机构和资产评估师应当恪守独立性理念，针对不同资产评估业务对独立性的要求，采取相应措施，保证独立性原则得到有效遵守。

11.4 我国资产评估行业的管理

随着社会主义市场经济的发展，我国资产评估行业在不断发展壮大，客观上要求建立健全资产评估行业管理体制，对整个资产评估行业加强管理和监督。资产评估行业管理的核心是政府管理与行业自律的关系的问题。

11.4.1 资产评估的政府管理

根据2017年颁布的《资产评估行业财政监督管理办法》，财政部门对资产评估行业的监督管理，实行行政监管、行业自律与机构自主管理相结合的原则。

财政部统一部署对资产评估行业的监督检查，主要负责以下工作：

① 制定资产评估专业人员、资产评估机构、资产评估协会和相关资产评估业务监督检查的具体办法；

② 组织开展资产评估执业质量专项检查；

③ 监督检查资产评估机构从事证券期货相关资产评估业务情况；

④ 指导和督促地方财政部门对资产评估行业的监督检查，并对其检查情况予以抽查。

省级财政部门开展监督检查，包括年度检查和必要的专项检查，对本行政区域内资产评估机构包括分支机构下列内容进行重点检查，并将检查结果予以公开，同时向财政部报告：

① 资产评估机构持续符合《资产评估法》第十五条规定条件（资产评估机构设立条件）的情况；

② 办理备案情况；

③ 资产评估执业质量情况。

省级财政部门对地方资产评估协会实施监督检查，并将检查情况向财政部汇报，重点检查资产评估协会履行以下职责情况：

① 地方资产评估协会章程的制定、修改情况；

② 指导会员落实准则情况；

③ 检查会员执业质量情况；

④ 开展会员继续教育、信用档案、风险防范等情况；

⑤ 机构会员年度信息管理情况。

财政部门开展资产评估行业监督检查，应当由本部门两名以上执法人员组成检查组，具体按照财政检查工作的有关规定执行。财政部门如果在检查中认定虚假资产评估报告和重大遗漏资产评估报告，应当以资产评估准则为依据，组织相关专家进行专业技术论证，也可以委托资产评估协会组织专家提供专业技术支持。在检查过程中，财政部和省级财政部门发现资产评估专业人员、资产评估机构和资产评估协会存在违法情形的，应当依照《资产评估法》等法律、行政法规、办法的规定处理、处罚。涉嫌犯罪的，移送司法机关处理。当事人对行政处理、行政处罚决定不服的，可以依法申请行政复议或者提起行政诉讼。

11.4.2　资产评估的行业自律管理

我国的资产评估工作是从国有资产开始的，因此它一直是由政府来进行管理的，而且主要是由政府国有资产管理部门来管理的。但随着我国社会主义市场经济的发展，产权流动和资产重组在范围上的日益扩大，资产评估的对象已不仅是国有资产，主要维护所有产权主体的财产权益，这就需要建立全国性的资产评估行业管理组织，对我国资产评估实行社会性的行业管理。因此，我国的资产评估由政府管理逐渐转向在政府指导下的行业自律管理，是形势所迫。这既是社会主义市场经济发展的需要，也是与国际惯例接轨的需要。要充分发挥协会的行业管理作用，必须有一个健全的协会组织体系。为此，1993年12月10日，我国成立了中国资产评估协会。它是一个自我教育、自我约束、自我管理的全国性资产评估行业组织。资产评估协会作为独立的社团组织，具有跨地区、跨部门、跨行业、跨所有制的特点，使资产评估管理工作覆盖整个行业和全社会。它既可以把培训评估人员、研究评估理论方法、制定评估技术标准和执业标准、进行国内外业务交流合作等作为己任，又可以接受政府授权和委托，办理属于政府职能的工作。资产评估协会的建立，标志着我国资产评估行业建设进入了一个新的历史发展阶段。

1) 资产评估协会的工作范围

资产评估协会是资产评估机构和资产评估专业人员的自律性组织，接受有关财政部门的监督，不得损害国家利益和社会公共利益，不得损害会员的合法权益。资产评估协会通过制定章程规范协会内部管理和活动。协会章程应当由会员代表大会制定，经登记管理机关核准后，报有关财政部门备案。根据2016年发布的《中国资产评估协会章程》，资产评估协会的工作范围主要包括：

① 经政府有关部门批准，制定行业发展目标和规划，并负责组织实施；

② 为会员从事资产评估等业务提供服务；

③ 组织开展相关政策理论研究、行业宣传，开展国际交流与合作等活动；

④ 开展行业党建工作；

⑤ 履行《资产评估法》规定的相关职责：

⑥ 办理法律、法规规定和政府有关部门授权或委托的其他工作。

2) 资产评估协会行业自律监管的主要内容

① 资产评估协会应当依法履行职责，向有关财政部门提供资产评估师信息，及时向有关财政部门报告会员信用档案、会员自律检查情况及奖惩情况。资产评估协会对资产评估机构及其资产评估专业人员进行自律检查。资产评估机构及其资产评估专业人员应当配合资产评估协会组织实施的自律检查。资产评估协会应当重点检查资产评估机构及其资产评估专业人员的执业质量和职业风险防范机制。

② 资产评估协会应当结合自律检查工作，对资产评估机构及其分支机构按照相关规定报送的材料进行分析，发现不符合法律、行政法规、办法规定的情况，及时向有关财政部门报告。

③ 资产评估协会应当与其他评估专业领域行业协会加强沟通协作，建立会员、执业、惩戒等相关信息的共享机制。

④ 中国资产评估协会应当会同其他评估专业领域行业协会，根据需要制定共同的行为规范，促进评估行业健康有序发展。

【小资料11-1】 　　　　　　　我国资产评估协会组织机构

资产评估协会最高权力机构为会员代表大会，并由会员代表大会选举产生理事会。理事会是协会的执行机构。协会设会长1名，副会长若干名和秘书长1名、副秘书长若干名。

会员代表大会可行使的职权：（1）选举产生协会理事会理事；（2）制定和修改协会章程；（3）决定协会的工作方针和任务；（4）审查批准理事会的工作报告；（5）其他应由会员代表大会行使的职权。

理事会可行使的职权：（1）召集会员代表大会，向大会报告工作，组织执行大会决议；（2）提交会员代表大会审议的提案；（3）选举会长、副会长、秘书长、副秘书长；（4）审查协会年度经费收支；（5）会员代表大会闭幕期间，增补、撤销理事，报下届会员代表大会追认；（6）其他应由理事会行使的职权。

会长的主要职责：（1）主持会员代表大会，召集主持协会理事会和专业委员会会议；（2）听取秘书长工作汇报，批准协会各种计划和其他重要事项；（3）监督、检查会员代表大会、协会理事会决议的情况；（4）签署协会公布的重要文件；（5）协会章程与会员代表大会及其理事会授予的其他职权。

秘书长的主要职责：（1）在会长领导下主持协会日常管理工作，组织实施会员代表大会和理事会决议及国有资产行政主管部门授权的各项工作；（2）组织制订和实施协会的年度工作计划；（3）向会长请示汇报工作；（4）拟订协会内部管理机构设置方案；（5）组织拟定协会的日常管理制度和具体规章；（6）聘任和解聘正副秘书长以外的协会负责管理人员；（7）协会章程和理事会授予的其他职权。

作为代表性的行业自律组织，中国资产评估协会的重要职能是加强行业自律监管。这一方面有赖于协会组织体系的进一步完善，包括建立地方组织和专业分会；另一方面要通过借鉴国际资产评估行业的有益经验，建立起适应我国国情的资产评估行业操作准则，以及评估人员职业道德守则、资产评估考试和登记制度等一系列规范行业行为的规则和制度，使我国资产评估行业不断走向成熟。

本章小结

资产评估主体是指具体从事资产评估工作的评估人员及其由评估人员组成的评估机构。目前，资产评估主体的基本管理制度主要包括资产评估师职业资格制度、资产评估机构执业资格制度以及资产评估机构的年检制度等。资产评估行业规范体系是促进资产评估行业健康发展的重要制度因素，主要包括资产评估法规体系、评估业务准则以及评估人员职业道德规范。随着资产评估行业的发展壮大，资产评估行业的管理模式也由以政府监管为主向行业自律监管方向发展。

主要概念

资产评估主体　　资产评估师制度　　资产评估准则体系　　资产评估的财政监督

管理
基本训练

一、单项选择题

1.资产评估主体是指（　　）。

  A.资产评估师   B.资产评估机构

  C.资产评估从业人员   D.资产评估师及资产评估机构

2.在下列关于资产评估准则概念的表述中，正确的是（　　）。

  A.纯粹是技术准则   B.是评估惯例的汇总

  C.是一个单独的标准   D.是一种资产评估约定标准

3.针对特定资产类别（细化）评估业务以及对评估中某些重要事项进行规范的资产评估准则层次是（　　）。

  A.资产评估基本准则   B.资产评估具体准则

  C.资产评估指南   D.资产评估指导意见

4.针对资产评估业务中的某些具体问题的指导性文件是（　　）。

  A.资产评估基本准则   B.资产评估指导意见

  C.资产评估指南   D.资产评估具体准则

5.资产评估师采用不同于资产评估执业准则规定的程序和方法时，不得违背（　　）。

  A资产评估基本准则   B.程序性准则

  C.专业性准则   D.资产评估指南和指导意见

二、多项选择题

1.我国目前的资产评估准则体系框架主要由三个部分构成，具体包括（　　）。

  A.程序性准则   B.基本准则   C.执业准则

  D.专业性准则   E.职业道德准则

2.资产评估指导意见所具有的特征包括（　　）。

  A.较为灵活   B.属于指导性文件   C.针对具体评估业务

  D.可能上升为准则   E.针对特定资产类别

3.资产评估师职业品格的主要内容包括（　　）。

  A.职业标准   B.职业荣誉   C.职业态度

  D.职业理想   E.职业原则

三、判断题

1.资产评估指导意见待实践一段时间或成熟后可以上升为具体准则或指南。

                   （　　）

2.中国资产评估协会是我国资产评估行业唯一的行业自律组织。 （　　）

3.资产评估指南包括对特定评估目的、特定资产类别（细化）评估业务以及对

评估中某些重要事项的规范。 （　　）

4.资产评估机构可以从事包括股票上市企业资产评估在内的所有资产评估项目。 （　　）

四、思考题

1.我国资产评估机构如何分类？

2.我国资产评估准则体系由哪几部分组成？有何特点？

3.为什么要加强资产评估行业的自律管理？

4.中国资产评估协会在资产评估行业自律管理方面有怎样的作用？

第11章基本训练参考答案

第12章
资产评估管理制度的国际比较

资产评估在国外已有百余年的发展历史，不仅具有坚实的理论基础，而且建立了较为完善的管理制度。对国外的资产评估管理制度进行分析研究，将有助于理清我国资产评估行业的改革思路，进一步完善我国资产评估管理制度。

12.1　资产评估管理体制的比较

由于政治体制、经济体制、法律体制和资产评估行业发展的程度不同，世界各国对资产评估行业的管理体制也各有不同，从而形成了以德国为代表的政府干预型、以英国为代表的行业自律型和以美国为代表的政府监管下的行业自律型三种主要的管理模式。

12.1.1　以德国为代表的政府干预型管理模式

政府干预型管理模式是指对资产评估行业的管理，在充分发挥资产评估行业协会自我管理的基础上，由政府进行较大范围和程度干预的一种管理模式。德国的资产评估管理体制就是典型的政府干预型管理模式。

在德国，房地产估价及其他产业的估价由独立的专门机构——估价委员会（估价委员会相当于评估事务所，只不过它具有较强的行政色彩）负责实施。估价委员会是联邦政府通过法令授权州政府成立的。估价委员会的办公室一般挂靠在地籍局。每个市、县均设有估价委员会，地区设有高级估价委员会，负责辖区内的估价工作。德国政府管理评估师行业的途径是联邦立法与地方立法。

在德国，行业协会基本不参与评估师的管理，主要从事维护评估行业的形象、为会员组织培训、争取利益最大化等工作。

政府干预型管理模式的特点是：

（1）由国家制定和颁布专门法律，对资产评估的地位、资格、事务所的设立以及从事评估的依据、工作规范等做出明确规定；

（2）政府与协会配合密切，政府参与资产评估执业规范的制定，政府在评估执业规范和评估质量监督中起着重要作用。

政府干预型管理模式的主要优点在于通过政府与协会的相互协作，共同制定执业规范并监督其执行，可以较为全面地考虑双方意愿，协调双方利益，从而使执行规范既有科学性和指导性，又有权威性和严肃性，而能够合理有效地制定和执行评估规范正是行业自律型管理模式所欠缺的。在法律不完善、行业准则未建立的情况下，这种管理模式有其客观必然性。但是，政府干预型管理模式也具有其自身的缺点，主要表现在资产评估行业的独立性受到影响。在该体制下，政府在较大范围和程度上进行了干预，从而导致资产评估行业自身的独立性受到影响，不利于行业的发展。

12.1.2　以英国为代表的行业自律型管理模式

行业自律型管理模式是指主要由民间职业团体对资产评估行业进行监管的一种模式。在这种模式下，政府除了进行一些必要的国家立法之外，很少干预行业的发展。一般不设立专门的资产评估政府监管机构，对行业的管理主要由民间协会实行自律管理。资产评估行业协会具有比较健全的自我管理机制，强调评估业的自我约束、自我管理的作用。行业自律型管理模式适合资产评估依市场需求自发形成的国家和资产评估行业发展比较成熟的国家。该模式以英国为代表。

英国民间评估机构在发展过程中，逐渐建立了行业协会组织。行业协会组织目前有三家，分别是皇家特许测量师协会（Royal Institution of Chartered Surveyors，RICS）、估价师与拍卖师联合协会（ISVA）和税收评估协会（IRRV）。其中，影响最大的是英国皇家特许测量师协会（RICS），该协会成立于1868年。在这之前，英国民间已经存在一些规模较小的、地方性的测量师协会或俱乐部，其成员主要从事不动产管理、土地测量和建筑预算等业务。1868年，他们中的一部分联合在一起，组成了一家规模较大的协会，即RICS的前身。其最初的会员不到200人，但在随后的发展过程中规模不断扩大，影响力也越来越大。目前，该协会已发展成为英国最大、涉及面最广、最具权威性的评估行业专业协会组织。RICS现有13.4万会员和准会员分布在全球148个国家，在各大金融市场设有办公室达40余处。RICS在中国设有北京、上海两个办事处，在国内拥有近6 000名会员。RICS向会员提供涵盖了土地、物业、建造及环境等17个专业领域和相关行业的最新发展趋势。RICS凭借权威的全球标准、领先的专业发展，以及可靠的数据与洞见，在土地、房地产、建筑和基础设施的开发和管理领域，推广和执行最高的专业标准。[1]

行业自律型管理模式具有以下优点：（1）独立性强。采用该模式，由行业协会

---

[1]　参考网站：http://www.rics.org。

对行业实行自律监管，政府干预很少，从而增强了资产评估行业的独立性。（2）适应性强。采用该模式，行业协会能够准确了解从业人员的意愿，及时发现评估环境和评估实践的变化，并通过制定和完善评估准则尽快进行调整，从而既可以保持评估准则的指导性和科学性，又能增强资产评估行业的适应性。（3）能动性强。在该体系下，由于事务所和从业人员不受部门垄断和地区封锁的阻碍，可以开展公平竞争，从而有利于促进资产评估行业整体水平的提高。

但是，行业自律型管理模式也具有一定的缺点，主要表现为行业协会制定的行业监管制度及处罚措施效力等方面具有局限性。一是在适用范围上受到限制。行业协会制定的有关行业监管制度只能适用于其会员，而对会员以外的其他人则无约束力。二是在采取处罚措施的效力上受到限制。行业协会对违规会员最重的处罚是开除会籍，而不能给予吊销资产评估资格及勒令事务所停业或解散等处罚。以上局限性可能会导致较多的评估诉讼案件发生。

12.1.3　以美国为代表的政府监管下的行业自律型管理模式

这种模式既强调政府管理又强调行业自律管理。目前美国和澳大利亚都采用这种模式，以下以美国为例进行阐述。

1）美国政府对资产评估的管理

在20世纪80年代以前，美国政府对资产评估行业不予直接管理；20世纪80年代末期，美国银行贷款呆坏账问题严重，大批金融机构倒闭，损失了上千亿美元的联邦储备基金。一些金融分析家认为，这种状况与资产评估机构高评银行贷款抵押品价值有关。联邦政府于1989年颁布了《不动产评估改革》。这是美国联邦政府有关资产评估最具代表性的法律文件。各州均依据该文件制定了相应的州政府文件。该法令对从事不动产评估人员的资格标准和职业道德规范作了规定。美国联邦政府还依据该法令成立了联邦金融制度监察委员会评估分会（简称"评监委"）。评监委的主要职责是：监督各州评估人员注册制度的实施，监督联邦金融管理机构与联邦信托公司所制定的与国有储备基金利益有关原交易中评估方面法规的实施，推行涉及联邦权益评估人员的注册工作，监督评估促进委员会（美国评估自律管理组织联合体）的工作等。美国各州均设有专职注册机构，为有能力从事与联邦储备基金利益相关资产评估业务的评估人员办理注册手续。同时，美国各州所属郡、县政府以征收不动产税为目的，也都设有资产评估操作部门，为地方征收不动产税提供依据。需要指出的是，这些政府设立的资产评估操作部门并不负责评估行业的管理，而且，他们在从事评估操作时，也须遵守政府有关法规和评估自律管理部门颁布的制度、准则及职业道德规范。

2）行业自律管理

美国的资产评估行业主要实行行业自律管理。全美资产评估行业自律性管理组织主要有：美国注册评估协会（AACA）、美国评估者协会（ASA）、美国评估学会

（AI），以及一些专业性协会，如机器设备、不动产、公路、铁路评估师协会等。这些协会大都成立于20世纪二三十年代，且都有自己的章程和执业标准，并颁发会员证书。随着行业的发展，各协会认识到需要统一资产评估执业标准。1987年，从规范资产评估业务与职业道德的角度出发，美国评估者协会（ASA）联合美国和加拿大其他专业评估机构和协会共同成立了美国评估促进会（The Appraisal Foundation，AF）。美国评估促进会下设评估师资格委员会（The Appraiser Qualifications Board，AQB）和评估准则委员会（The Appraisal Standards Board，ASB）。评估师资格委员会负责对申请加入该协会的会员进行资历审查，按规定的课程进行考试及后续培训；评估准则标准委员会专门负责检查、修订和解释专业评估执业统一准则，即《专业评估执业统一准则》（Uniform Standards of Professional Appraisal Practice，USPAP）。

政府监管下的行业自律型管理模式的特点是：政府监管部门与资产评估行业协会在履行各自的监管职责时，相互配合、相互补充、相互协作。一是管理重点的相互补充。政府监管部门更多的是资产评估行业法律、政策的制定者与执行者，一般拥有对资产评估机构的准入审批（审核）权以及对影响行业发展的有关事件的最终调查权，而资产评估行业协会是有效维护评估市场运作最直接的执行者，主要制定行业准则和规范，对会员实施日常管理，监督行业的执业质量等。二是管理职责的相互补充。资产评估行业协会作为介于政府宏观管理与资产评估市场微观活动之间的自律性组织，通过行使其管理职责发挥着连接政府管理部门与市场中介机构的桥梁与纽带作用，在一定程度上弥补了政府监管的不足。三是管理主体的相互协作。世界主要国家和地区的资产评估监管部门和资产评估行业协会在各自职责范围内实施管理，维持稳定的关系，并在此基础上相互协作，形成监管合力。这主要体现在信息共享方面，对资产评估机构的检查一般由资产评估行业协会的自律组织完成，资产评估行业协会有义务向政府监管部门报告其发现的资产评估机构的违法、违规行为，配合政府监管机构对资产评估部门进行调查，向其提供证据，移交超出其监管职责范围的违法、违规案件。政府监管部门一般按情节轻重分别将案件交由资产评估行业协会和相关政府部门来处理。

12.1.4 对改革我国评估行业管理体制的启示

由于各国的经济发展和法律体制不同，行业的发展阶段不同，评估行业的侧重领域不同，各国或地区的评估管理体制存在较大的差异，政府和行业组织在其中扮演的角色也各不相同。各国或地区评估管理体制既是基于对管理成本、效率的综合考虑，也需要根据各自的基本情况，特别是评估行业的重点发展领域以及对社会公共利益的影响程度进行调整。因此，需要结合特定国家或地区的法律、经济及评估行业发展架构来确定各自的评估管理体制。

上述几种模式是世界评估行业管理体制中比较有代表性的模式。尽管各种模式具有不同的特点，但有以下共同点：

（1）政府对评估行业的管理介入少，而且没有多个部门插手评估管理的现象

从以上几种模式看，美国政府是在经历了20世纪80年代的金融危机以后才开始介入评估管理的，但介入的程度并不深，主要是以政府法令的形式对评估行业进行管理；德国政府对评估行业的管理介入要深一些，但其管理评估师行业的途径也是联邦立法与地方立法。在以上几种模式中，尽管有少数国家的政府对评估行业实行某种程度的管理，但是没有哪一个国家是多个政府部门同时管理评估行业的。

（2）行业自律管理是评估行业管理的主要形式

从以上几种模式看，在评估行业发展比较成熟的国家都有评估行业自律性组织，而且，评估行业自律性组织在评估行业管理中发挥主导作用，由其对评估行业的人员资格、后续培训、执业标准、职业道德等进行相应的规范管理，为评估人员和客户提供相应的服务。在评估行业的发展过程中，评估行业自律性组织也不断完善和成熟，许多国家的评估行业自律性组织（如英国的 RICS、美国的 ASA 和 AF 等）已发展成为具有广泛影响的、世界知名的行业自律性管理组织。这反映了评估行业作为一项市场性的社会中介行业的特点和要求。

（3）评估行业自律性组织都经历了从分散走向联合统一的发展历程

综观上述几种模式，无论是评估行业高度发达的美国、英国等市场经济发达国家，还是评估行业发展起步稍晚的新兴市场经济国家，其评估行业自律性组织都经历了从分散到联合统一这样一个发展历程。实行统一管理，有利于评估行业统一行业准入条件、统一执业行为、统一执业标准、统一服务规范。实行统一管理不仅有利于管理部门对评估行业进行科学、规范的管理，也有利于消除评估行业的内部壁垒，使评估人员在同一起点上，在同一执业准则下，为客户提供更规范、更优质的服务，从而使社会对评估行业更加信任，评估行业自身也能得到更好的发展。从世界范围来看，评估行业管理从分散到统一，是评估行业历史发展的客观现实，也是评估行业进一步发展的必然趋势。

总之，实行统一管理并且主要由行业自律组织进行管理，是世界评估行业发展的趋势。这种管理体制符合评估行业的行业特点，符合市场经济的客观要求。

12.1.5 具有中国特色的评估管理体制

事实上，自1988年3月第一份资产评估报告出炉起，经过三十多年的发展，我国资产评估行业已经成为我国社会主义市场经济建设中不可或缺的重要专业力量。凭借着其专业的资产清查核实、价值衡量尺度功能，资产评估行业为保障国有资产保值增值、维护国家和人民利益、服务经济体制改革发挥了重要作用。

在资产评估管理体制建设方面，目前中国的评估管理体制在尊重国际惯例，借鉴国外的先进经验的基础上，形成具有中国特色的评估行业管理体制。针对行业发展前期多个政府部门参与管理评估，部门分割、多头管理；行业协会在评估行业管理方面的作用有限，且独立性较差；有关资产评估的法律、法规不完善、不统一，

政府评估管理部门管理评估的方式带有浓厚的计划经济色彩的问题，对资产评估管理体制进行改革。我国资产评估管理体制改革的基本思路是：行政监管、行业自律与机构自主管理相结合。

我国于2016年7月2日出台的《资产评估法》，明确了资产评估行业的法律地位并将不同专业评估行为统一在一部法律框架下，为我国资产评估行业体制改革奠定了法律基础。

2017年4月21日，财政部颁发了《资产评估行业财政监督管理办法》（以下简称《办法》），这是资产评估行业监督管理制度的一个历史性文件。主要体现在：

（1）创造性地提出评估机构自主管理的行业监管理念

新的资产评估部门规章将"机构自主管理"纳入行业监督管理的范畴，在一定范围内允许并鼓励资产评估机构自主管理，可以最大限度地发挥资产评估机构的积极性、主动性和创造性。

（2）差异化地设立对评估专业人员的监管规则

《办法》根据《资产评估法》相关条款（第八条和第十二条）的规定，对资产评估专业人员包括评估师和其他具有评估专业知识及实践经验的评估从业人员的监督管理进行了具体规定，使得法律对资产评估专业人员的监管要求落地生根。

（3）呵护式地确立促进评估机构均衡发展的监管内容

《办法》根据中央简政放权、放管结合的要求，以及《资产评估法》的相关规定，取消了资产评估机构设立行政许可，放宽了设立条件，由前置审批改为备案管理。该规定从多方面注重加强对资产评估机构的质量和风险防控，促进资产评估机构多元化均衡发展。

（4）系统性地完善财政部门的行政监督管理职能

《办法》根据《资产评估法》和财政部门的职责分工明确了各级财政部门的行政监管职能。一是明确了财政部的职责，即负责统筹财政部门对全国资产评估行业的财政监督管理，制定有关监督管理办法和资产评估基本准则，指导和督促地方财政部门实施监督管理；二是明确了各省、自治区、直辖市、计划单列市财政厅（局）负责对本行政区域内资产评估行业相应专业领域进行监督管理；三是省级财政部门负责本地区资产评估机构和分支机构的备案管理；四是对省级财政部门开展监督检查做出专门规定。这对于取消资产评估机构行政许可后，加强机构备案和执业质量管理具有重要意义。

（5）有针对性地根据行业特点细化《资产评估法》中的法律责任

《办法》对有关财政部门、资产评估协会及其工作人员在资产评估行业财政监督管理工作中滥用职权、玩忽职守、徇私舞弊和疏于管理应承担的法律责任做出规定。这些规定对评估行政管理部门的行政权力做出了约束。符合"有权必有责，用权受监督，失职要问责，违法要追究"的精神，是资产评估行业监督管理中健全权力运行制约和监督体系的重要依据。

《办法》符合中国资产评估行业实际情况，体现了"简政放权、放管结合"的改革精神和"既不缺位也不越位"的监管原则。该办法的颁布实施，有利于资产评估行业更好地依法执业，在规范资产评估行业财政监督管理行为，维护社会公平正义，保障资产评估专业人员、资产评估机构、资产评估行业协会、资产评估委托人和其他相关人员合法权益，以及保障资产评估执业质量、提升资产评估公信力等方面将发挥重要作用。

12.2　资产评估行业规范的比较

资产评估准则是资产评估理论研究成果和实践经验的高度浓缩，是指导评估实践、保证评估质量、维护评估行业声誉的行业规范。衡量一个国家评估业务水平的标准之一就是其准则体系的成熟度。评估业务越发展，对评估准则的要求就越强烈；同时，资产评估准则体系越完善，资产评估业务就越规范。

在国外的资产评估准则中，最为典型的是《国际评估准则》、《专业评估执业统一准则》和《欧洲评估准则》。

12.2.1　《国际评估准则》

《国际评估准则》（International Valuation Standards，IVS）是由国际评估准则理事会（IVSC[①]，原名"国际评估准则委员会"）制定的，是对世界资产评估业的发展有重要影响的准则之一。

《国际评估准则》的产生有其独特的历史背景，是评估行业发展及外部经济推动等各种因素相互作用的必然结果。第一，20世纪80年代以前，评估业在世界范围内得到了很大发展，美国、英国、澳大利亚、加拿大、新西兰等很多国家成立了评估协会、学会等专业性组织，制定了本国评估准则和职业道德守则，同时评估业在发展中国家也得到了一定的普及和发展。这些都为制定国际性评估准则奠定了行业发展和理论基础。第二，尽管各国评估业取得了长足发展，但评估行业在20世纪80年代以前始终未能形成一个世界性的中心和国际性的行业，各国评估准则以及专业术语上的差异给评估业的国际合作带来了很大困难。为适应评估行业发展的客观需要，急需制定统一的国际评估准则。这是制定《国际评估准则》的内在动力。第三，随着国际经济和市场全球化的迅速发展，专业资产评估在市场经济中的重要性得到了广泛认可。资产评估对各种经济行为者，特别是对跨国投资者来说是十分必要的，国际经济界也迫切需要一部规范统一的国际评估准则。这也就成为制定《国际评估准则》的外部动力。

1985年，国际评估准则委员会第一次公布了《国际评估准则》，并随着经济的

[①]　国际评估准则委员会（International Valuation Standards Committee）现已更名为国际评估准则理事会（International Valuation Standards Council），英文首字母缩写仍为IVSC。

不断发展进行修订，以适应评估实务的变化。经过三十多年的发展，《国际评估准则》从早期的以不动产评估为主的评估准则，演变为一部综合性的评估准则，在国际上得到广泛认可，并已被许多国家的国内评估准则所采纳。

由此可见，《国际评估准则》是在各国评估业发展的基础上适应行业和经济的需要而产生的。《国际评估准则》自发布以来，在推进世界范围内评估理论与实践的交流、促进评估准则国际趋同、提升评估专业在金融体系中的作用等方面发挥了积极作用。

2021年7月30日，国际评估准则理事会（IVSC）发布了新版《国际评估准则》（IVS），自2022年1月31日起生效。《国际评估准则》（2022年1月31日生效）包括5项通用准则（General Standards）和8项资产准则（Asset Standards）。IVS 100系列为通用准则，是普遍适用于大多数评估目的下对各种类型的资产或负债进行评估所需遵循的评估准则，包括IVS 101工作范围、IVS 102调查与遵循、IVS 103报告、IVS 104价值类型、IVS 105评估途径与方法。IVS 200~IVS 500系列为资产准则，适用于不同资产类别的评估准则，包括IVS 200企业和企业权益、IVS 210无形资产、IVS 220非金融工具、IVS 230存货、IVS 300厂房和设备、IVS 400不动产权益、IVS 410开发性不动产、IVS 500金融工具。

IVS（2022年1月31日生效）紧跟国际评估行业现状，与前版IVS 2020相比，主要变化如下[①]：

① 增加了一个新的准则IVS 230存货（IVS 230 Inventory）。这是新版IVS最重大的变化。由于受IVS现有结构的影响，IVS 230放置在IVS 200企业价值评估准则（IVS 200 Businesses and Business Interests）之下，主要规范除开发中不动产以外的存货评估，开发中的不动产评估在IVS 400 Real Property Interests中予以规范。

② 前言：前言部分重新编写，纳入评估准则制定的核心原则（the Core Principles of Valuation Standard Setting）和核心评估原则（the Core Principles of Valuation）。

③ 术语表：IVS的术语表进行了较大更新，包括新增加的术语及额外的诠释。

④ IVS框架：准则遵守、资产与负债、评估师和专业胜任能力等部分略做修改，以提供更好的诠释。

⑤ IVS 104价值类型：在准则中增加了"价值的分配"（Allocation of Value）。

⑥ IVS 105评估途径与方法：修订了介绍部分，对采用一种或多种评估途径形成某价值类型下的价值结论进行诠释。

⑦ IVS 200企业和企业权益：介绍部分增加关于构成企业和企业权益（a Business and a Business Interest）内容的进一步诠释。

⑧ IVS 400不动产权益：介绍部分予以更新，以解释本章节包括农业和土地的

---

① IVSC. The IVS have been updated! ［EB/OL］.［2021-07-30］. https://www.ivsc.org.

评估，并将未注册和公共土地（Unregistered and Communal Land）纳入。这些变化反映了 IVSC 为协调评估准则所持续做出的努力。

【小资料 12-1】　　　　国际评估准则理事会

　　国际评估准则理事会（International Valuation Standards Council，IVSC）的前身为国际评估准则委员会（International Valuation Standards Committee，IVSC）。该委员会于 1981 年成立，总部设在英国伦敦，是一个非营利的全球性资产评估行业自律性组织，目前拥有超过 170 个会员组织，在全球 137 个国家开展业务。国际评估准则理事会的宗旨是研究制定国际资产评估标准，为国际资产市场和商业经营服务，为发展中国家及新兴工业国介绍和实施这些标准服务；研究各国各地区资产评估标准的差异，促进国际标准与地区和国家标准的协调。国际评估准则理事会的最高权力机构为会员代表大会，每年召开一次。

　　为符合不同领域和市场对评估准则的需求，更好地应对国际市场的挑战、进一步扩大国际影响力，国际评估准则理事会自成立以来，几经改组。目前由六个委员会，即管委会（Board of Trustees）、准则审核委员会（Standards Review Board）、企业价值评估委员会（Business Valuation Board）、金融工具委员会（Financial Instruments Board）、有形资产委员会（Tangible Assets Board）、会员资格与准则推广委员会（Membership & Standards Recognition Board），以及评估专业组织咨询论坛（Advisory Forum）、长期工作人员和支持人员组成。

　　其中，管委会主要负责 IVSC 的组织管理、战略导向、筹资以及其他委员会的监督及任命工作；准则审核委员会负责更新并发布国际评估准则，下设企业价值评估、金融工具和有形资产三个专家委员会；会员资格与准则推广委员会负责国际评估准则的推广和使用，并通过当地的评估专业组织帮助各国评估行业的发展；评估专业组织咨询论坛是评估专业组织代表会晤和讨论的平台，也是向各委员会提供建议或进行咨询的窗口，组员来自 IVSC 的评估专业组织会员。

【小资料 12-2】《国际评估准则》（2022 年 1 月生效）的结构和主要内容

Introduction 前言

Glossary 术语表

IVS Framework 框架

IVS 101 Scope of Work 工作范围

IVS 102 Investigations and Compliance 调查与遵循

IVS 103 Reporting 报告

IVS 104 Bases of Value 价值类型

IVS 105 Valuation Approaches and Methods 评估途径与方法

IVS 200 Business and Business Interests 企业和企业权益

IVS 210 Intangible Assets 无形资产

IVS 220 Non-Financial Instruments 非金融工具

IVS 230 Inventory *存货*

IVS 300 Plant and Equipment *厂房和设备*

IVS 400 Real Property Interests *不动产权益*

IVS 410 Development Property *开发性不动产*

IVS 500 Financial Instruments *金融工具*

Index *索引*

12.2.2 《专业评估执业统一准则》

在经历了美国 20 世纪 80 年代中期的不动产泡沫经济引发的评估业危机之后，1989 年美国国会制定的《金融机构改革、复原和强制执行法令》（The Financial Institutions Recovery, Reform, and Enforcement Act, FIRREA）明确规定，评估人员执行与联邦交易相关的资产评估业务，必须遵守《专业评估执业统一准则》；美国各大评估协会也都要求其会员执行资产评估业务需遵守《专业评估执业统一准则》。因此，《专业评估执业统一准则》成为美国评估行业公认的评估准则，并随着资产评估业国际交流的发展，逐渐发展成为国际评估界最具影响力的评估准则之一。

与英国等以不动产评估为主的国家不同，美国资产评估行业呈现综合性的特点。不仅不动产评估具有悠久的发展历史，非不动产评估也具有长足的发展，如企业价值评估、无形资产评估、机器设备评估、动产评估等。美国评估行业的综合性充分体现在准则体系上。《专业评估执业统一准则》是一部典型的综合性评估准则，包含了资产评估行业的各个专业领域。1989 年 1 月，在美国评估促进会（AF）下属的评估准则委员会（ASB）的成立大会上，发布了第一版《专业评估执业统一准则》（USPAP）。此后，为适应评估实务的变化，准则进行了多次修订：1992—1995 年，每年年中对其进行修订；1995 年以后改为每年修订；2008 年以后为每两年修订一次。

《专业评估执业统一准则》由引言（Preamble）、定义（Definitions）、规则（Rules）、准则和准则条文（Standards and Standards Rules）以及评估准则说明（Statements on Appraisal Standards, SMT）五个部分构成。引言部分介绍了 USPAP 的宗旨、目的、意义、作用、要求以及准则和准则说明之间的关系；定义部分介绍了主要术语的含义、注释和说明；规则部分包括职业道德、记录、专业胜任能力、工作范围、管辖除外的职业要求；准则是 USPAP 的主要构成部分，规定了动产、不动产、批量资产、企业价值等资产评估、评估报告以及评估复核的要求；评估准则说明是经美国评估促进会的规定程序审定的，专门对 USPAP 的内容进行澄清、阐释和说明。

USPAP 结构严密、用语严谨、内容科学，同时也具有很大的灵活性。为了便于参考，新出版的 USPAP 中还包括前言（Foreword）和目录（Table of Contents）。

此外，咨询意见（Advisory Opinions，AO）和常见问题（Frequently Asked Questions，FAQs）也作为补充的参考资料。这些参考资料是以"其他沟通（Other Communications）"的方式由评估准则委员会提供的，仅作为参考，不属于USPAP的构成部分。咨询意见是评估准则委员会关于评估准则在某些特定情况下如何运用的建议，仅供参考，不具有约束效力。尽管其在结构、用语上不如准则严格，但更具有灵活性。咨询意见对评估师及客户理解某些评估中的模糊问题有很大的帮助，其本身独特的灵活性又使评估准则委员会能够对评估业中新出现的问题和趋势发表意见，为以后成熟时纳入严格的准则体系奠定了基础。

2019年4月5日，评估准则委员会发布2020—2021版《专业评估执业统一准则》（2020-2021 USPAP）。原定的有效期是2020年1月1日至2021年12月31日。2021年2月19日，评估准则委员会宣布将2020-2021 USPAP的有效期延长一年，至2022年12月31日。主要原因是新型冠状病毒肺炎（Covid-19）对评估行业和日常业务产生了前所未有的影响，评估行业涌现出一些紧迫且至关重要的问题，因而需要更长时间来研究评估行业面临的这些挑战及其对评估准则的影响。2020-2021 USPAP包括以下10个准则（Standards）：

准则1——不动产评估；

准则2——不动产评估报告；

准则3——评估复核；

准则4——评估复核报告；

准则5——批量评估；

准则6——批量评估报告；

准则7——动产评估；

准则8——动产评估报告；

准则9——企业价值评估；

准则10——企业价值评估报告。

【小资料12-3】　　2020—2021版《专业评估执业统一准则》的结构与内容

Foreword 前言

Table of Contents 目录

Preamble 引言

Definitions 定义

Ethics Rule 职业道德规则

Record Keeping Rule 记录规则

Competency Rule 专业胜任能力规则

Scope of Work Rule 工作范围规则

Jurisdictional Exception Rule 管辖除外规则

Standards and Standards Rules 准则和准则条文（10个）

Standard 1：Real Property Appraisal，Development 不动产评估

Standard 2：Real Property Appraisal，Reporting 不动产评估报告

Standard 3：Appraisal Review，Development 评估复核

Standard 4：Appraisal Review，Reporting 评估复核报告

Standard 5：Mass Appraisal，Development 批量评估

Standard 6：Mass Appraisal，Reporting 批量评估报告

Standard 7：Personal Property Appraisal，Development 动产评估

Standard 8：Personal Property Appraisal，Reporting 动产评估报告

Standard 9：Business Appraisal，Development 企业价值评估

Standard 10：Business Appraisal，Reporting 企业价值评估报告

Statements on Appraisal Standards 评估准则说明（目前还没有发布有效的说明）

Advisory Opinions 咨询意见（30 个）

【小资料12-4】　　　　　　　　美国评估促进会

美国评估促进会（The Appraisal Foundation，AF）于 1987 年成立，是一个非营利性质的资产评估行业民间协会，下设评估师资格委员会（The Appraiser Qualifications Board，AQB）和评估准则委员会（The Appraisal Standards Board，ASB）。评估师资格委员会负责对申请加入该协会的会员进行资历审查，按规定的课程进行考试及后续培训；评估准则委员会专门负责检查、修订和解释《专业评估执业统一准则》（USPAP）。该协会将全国主要的自律性评估组织统一到 USPAP 之下。在活动经费方面，AF 不仅得到了金融、保险等其他行业协会的赞助，而且还得到了联邦政府评估委员会的资助，联邦政府认同该协会制定的行业统一标准 US-PAP。

12.2.3 《欧洲评估准则》

《欧洲评估准则》（European Valuation Standards，EVS）是由欧洲评估师协会联合会（TEGoVA）制定的一部适用于欧洲地区的区域性评估准则，也是当前国际评估界具有重要影响力的评估准则之一。欧洲评估师协会联合会和《欧洲评估准则》都与欧盟的公司法特别是会计改革紧密相关，这一点是与美国《专业评估执业统一准则》的明显区别之处。

欧洲评估业受英国等传统评估业发达国家的影响，长期以来主要涉及不动产评估领域，特别是受到欧盟公司法及相关会计改革规则的影响，形成了早期以"固定资产评估"为主的特色。欧洲许多国家很早就受到公允会计理论的影响，既允许采用传统的历史成本减折旧的会计处理方式，也允许在一定情况下以评估后的市场价值作为固定资产的列示价值反映在资产负债表中。1978 年，欧共体正式发布了第 4 号法令公司法（78/660/EEC）。该法适用于除银行、金融机构和非营利性机构以外的公司年度会计报表事项，第 35 条规定了与固定资产评估相关的规则，从立法上

对这种会计改革的方向予以了肯定。为在公司年度会计报表中反映固定资产的公允（市场）价值，许多公司聘请评估师对公司固定资产进行的评估业务，其目的是最终将固定资产的公允（市场）价值纳入年度会计报表。在此基础上，欧洲各国开展了大量的以财务报告为目的而进行的固定资产评估业务。

为指导这一业务的发展，1977年4月，比利时、法国、德国、爱尔兰和英国发起成立了欧洲固定资产评估师联合会（The European Group of Valuers of Fixed Assets），后改名为欧洲评估师协会联合会。1978年，欧洲固定资产评估师联合会为配合欧盟公司法的有关规定，出版了《欧洲评估指南》第一版（Guidance Notes for European Application），1981年修订后又出版了第二版，即被称为"比利时卢森堡经济同盟指南"的《固定资产评估指南》（The Guide BLEU，Guidance Notes on the Valuation of Fixed Assets），1993年经过更新后出版了第三版。1996年，欧洲评估师协会联合会根据《关于保险企业年度会计和合并会计的欧盟法令》（European Council Directive on the Annual Accounts and Consolidated Accounts of Insurance Undertakings（91/647EEC））又出版了《保险公司资产会计目的评估指南》（Guidance on the Valuation of Insurance Company Assets for Accounts）；1997年4月29日，在对原评估指南进行全面修订的基础上，出版了《欧洲资产评估准则》（Approved European Property Valuation Standards），简称《欧洲评估准则》（European Valuation Standards，EVS）。随着评估实务的发展，EVS又经过多次修订，第9版《欧洲评估准则》（EVS 2020）于2021年1月1日起生效。

EVS 2020更加重视向评估师、客户及公共监管部门（the Public Authorities）提供相关的、更易于理解的准则，进一步澄清市场价值的重要概念，弥补了不同语言版本的欧盟法律（EU law）所带来的缺陷，并对评估途径进行更加详尽的解释，包括对收益途径、重置成本途径等重要概念予以澄清。

EVS 2020的主要内容如下：

第一部分　欧洲评估准则和指南（European Valuation Standards and Guidance Notes），包括6个准则和4个指南，分别是：

准则1　市场价值（Market Value）

准则2　市场价值以外的其他价值类型（Valuation Bases Other than Market Value）

准则3　合格评估师（The Qualified Valuer）

准则4　评估程序（The Valuation Process）

准则5　评估报告（Reporting the Valuation）

准则6　评估与能源高效（Valuation and Energy Efficiency）

指南1　资产组合评估（Portfolio Valuation）

指南2　用于财务报告的公允价值（Fair Value for Financial Reporting）

指南3　以保险为目的的评估（Valuation for Insurance Purposes）

指南4 在土地与建筑物之间的价值分配（Apportionment of Value between Land and Buildings）

第二部分 评估途径（Valuation Methodology）

第三部分 评估与可持续性（Valuation and Sustainability）

第四部分 欧洲评估信息文件（European Valuation Information Papers）

第五部分 测量、教育和资格（Measurement，Education and Qualifications）

第六部分 欧洲评估师行为守则（European Valuers' Code of Conduct）

第七部分 欧盟立法与不动产（European Union Legislation and Property）

《欧洲评估准则》在欧洲各国引起了广泛重视。欧洲各国评估界纷纷致力于《欧洲评估准则》的研究和引进工作。虽然《欧洲评估准则》本身并无强制执行力，但欧洲评估师协会联合会要求各会员国积极引进并将其纳入该国的评估准则体系，甚至得到该国法律认可。这为欧洲评估业乃至国际评估业的发展带来了重要的影响。

【小资料12-5】　　　　　　　　欧洲评估师协会联合会

欧洲评估师协会联合会（The European Group of Valuers of Fixed Assets，TEGo-VA）是由来自38个欧洲国家的70个专业评估协会、70 000多名评估师组成的非营利性专业协会[①]。其前身是成立于1977年的欧洲固定资产评估师联合会（The European Group of Valuers of Fixed Assets，TEGoVoFA）。欧洲评估师协会联合会的主要宗旨有两个，一是提升欧洲评估师的教育和培训；二是制定和推广适用于欧洲成员国的评估准则。这些评估准则涉及评估实践、评估领域的教育和资格取得以及公司治理和评估师的道德规范等方面。为此，欧洲评估师协会联合会的主要工作是代表欧洲评估师向欧盟委员会提交评估师意见，以影响其政策和立法；制定、推广欧洲适用的评估准则，推荐规范的评估方法；促进欧洲评估师的教育培训工作。

12.2.4　对完善我国资产评估准则体系的启示

从国际和发达国家资产评估准则的产生和发展来看，资产评估准则往往是一个完整的、系统的体系，它以规范资产评估为目的，包括与评估有关的问题的规定，既有技术准则，又有与评估相关的质量控制等准则。在准则体系中，各部分互相影响、互相作用，共同对评估活动发挥作用。

我国于2001年9月颁布了第一个资产评估准则——无形资产评估准则。经过多次修订、完善与增补，到2022年1月，我国评估准则体系中的准则已达33项，1项基本准则、1项职业道德准则和职业道德准则——独立性、30项执业准则（其中12项具体准则、5项评估指南和13项指导意见）。

---

① 参考http://www.tegova.org。

除基本准则之外，我国的资产评估准则体系从横向关系上划分，包括执业准则和职业道德准则两个部分；从纵向关系上划分，执业准则分为具体准则、资产评估指南和资产评估指导意见三个层次。各层次从内涵来看，依次递进、结构严谨、不同层次、不同目的。基本准则具有统驭性，其他准则各有其规范范围。准则层次的设计既满足了不同类型评估规范的需要，又能体现出不同发展阶段评估业务的要求；既规范机构与评估专业人员的行为，又对委托方和监管部门产生积极影响；既突出对评估主体的职业道德规范，又对评估主体的权益进行合理保护。从外延看，准则体系具有开放灵活的特点，为评估实践中新的评估领域的规范留有空间。随着中国评估理论和实践的发展，可以将最新的研究成果、实践经验纳入资产评估准则体系中来。

总之，我国只有通过借鉴国际资产评估准则的经验和成果，充分考虑我国特有的执业环境和行业现状，才能够形成较为完善的我国资产评估准则体系，以更好地适应规范中国评估实践的需要。同样，也只有在完善的资产评估准则体系的指导和制约下，我国的资产评估行业才能够规范起来，从而得到较快的发展，以适应经济发展形势的要求，在激烈的国际竞争中立于不败之地。

【小资料12-6】　　　　香港测量师学会及其评估准则

香港测量师学会（The Hong Kong Institute of Surveyors，HKIS）是香港唯一的测量专业组织，成立于1984年4月。其后于1990年香港立法局通过了《香港测量师学会条例》，第二年立法局通过《测量师注册条例》，根据该法例而成立测量师注册管理局。截至2022年9月26日，会员人数达10 774人，其中正式会员占7 609人，副会员占62人，见习测量师及学生占3 103人。

该学会在政府制定政策方面担当重要的咨询角色，并十分关注影响测量专业的事务，曾就楼宇安全及僭建问题、物业管理问题、城市规划和发展策略，以及建筑质量和房屋问题等向政府提供意见，并就量度楼宇面积、房地产估价、测量土地边界等标准发布指引，目前已与国际上多个专业测量及估价学会签署协议，互相认可对方的会员资格。此外，香港测量师学会也是多个国际知名测量组织的成员。

香港测量师学会的工作主要是制定专业服务标准，包括制订专业守则，制订加入专业测量师行列的要求，并鼓励会员通过持续专业进修以增强专业技能。该学会的主要职责包括确定各类房地产的价值及其中的各种权利和权益；管理和发展房地产以及与房地产管理有关或附带的所有其他事务；研究、检查、报告及确保土地及其有关资源的最优化运用，以满足社会、经济及其他需求；测量、记录和描述地理资讯；全面管理发展与建筑项目等。香港测量师学会设立理事会，负责统筹及监督香港测量师学会及其辖下的组织，包括专业组别、青年组、会籍委员会、教育委员会、专业发展委员会、测量师时代编辑委员会、Surveying and Built Environment 编辑委员会，以及直接主管的委员会，即执行委员会和常设委员会。理事会、各组别理事会及委员会的决策和实务由会员义务担任，并交学会秘书处所聘用的全职职员办理。

香港测量师学会的会员按专业范畴分为六个组别，分别是建筑测量组、产业测量组、土地测量组、工料测量组、规划及发展组和物业设施管理组。青年组也是香港测量师学会中的一个组别，由所有专业组别中40岁及以下的会员所组成，为香港测量师学会内较年轻的成员，代表了会内年青会员的声音，确保年青会员的意见和利益受到重视。青年组不但包括最近获取资格的会员，还包括迈向专业资格的学生和毕业生。

香港测量师学会于2012年和2017年分别制定和发布了第一版和第二版《香港测量师学会评估准则》（HKIS Valuation Standards）；2020年7月，又发布了第三版《香港测量师学会评估准则》（HKIS Valuation Standards 2020），于2020年12月31日生效。2020版评估准则的制定参考了新版国际评估准则（IVS）和英国皇家特许测量师学会评估准则（RICS Valuation-Global Standards），以确保国际准则的变化反映在最新版本中。

2020版《香港测量师学会评估准则》的结构与内容

Foreword 前言

Acknowledgments 致谢

Part A：Introduction 简介

Part B：Glossary of terms used in the standards 准则中使用的术语表

Part C：General valuations standards 通用评估准则

 VS 1 Compliance With International Valuation Standards And HKIS Valuation Standards 遵守国际评估准则和HKIS评估准则

  VS 2 Qualifications Of a Valuer／Valuation Reviewer 评估师/评估复核人员的资格

  VS 3 Ethics，Professionalism And Conflict Of Interests 伦理、专业和利益冲突

  VS 4 Terms of Engagement 聘用条款

  VS 5 Bases of Value 价值基础

  VS 6 Valuation Approaches and Methods 评估途径和方法

  VS 7 Valuation Processes And Records 评估流程和记录

  VS 8 Assumptions and Special Assumptions 假设和特殊假设

  VS 9 Reporting 报告

  VS 10 Real Property Interests 房地产权益

  VS 11 Development Property 开发性房地产

Part D：Guidance Note 应用指南

 VGN 1 Business Interests and Business Enterprises 商业利益与企业

VGN 2 Intangible Assets 无形资产

VGN 3 Valuation for Financial Statements and Accounts Reporting Purposes 以财务报表和账户报告为目的的评估

VGN 4 Valuations of Real Properties for Secured Lending 担保贷款的不动产评估

Part E：International Valuation Standards （IVS）国际评估准则

【小资料12-7】　　　　　　　　相关的网站

中国资产评估协会（CAS）http：//www.cas.org.cn/

美国评估促进会（AF）http：//www.appraisalfoundation.org/

美国评估师协会（ASA）http：//www.appraisers.org/

国际评估准则理事会（IVSC）http：//www.ivsc.org/

欧洲评估师协会联合会（TEGoVA）http：//www.tegova.org/

香港测量师学会（HKIS）http：//www.hkis.org.hk/

12.3　资产评估法律规范的比较

法律规范一般是由国家制定或认可，体现掌握国家政权阶级的意志，由国家的强制力保证实施的行为规则。评估法律规范，实质上是法律规范在评估中的具体应用，即评估法律规范是指由国家立法机构或国家行政机关依法制定的，体现国家利益和根本意志，强迫评估人员必须实施的行为规则，其最终目标是调整评估法律关系。

资产评估的工作性质和质量均关系到相关各方的切身利益，影响范围广且涉及面宽，因此，必须制定相关的法律和法规，从法律上来规范这项工作的开展。法律规范对于资产评估的合法地位、执业责任和自身改革不但能够起到强制约束作用，而且能够维护资产评估机构和人员的合法权益，有效地保障行业健康发展。

12.3.1　国外资产评估的法律规范

国外资产评估的法律规范有两种类型：一种是具有针对性和独立性的评估法律规范；另一种是散寓于有关法律之中的评估法律规范。

1）具有针对性和独立性的评估法律规范

这种法律规范是针对评估行为而制定的，使评估规范独立于其他法律规范。马来西亚是这种类型的典范，早在1967年就制定了专门的《注册测量师法》，1981年又制定了《评估师、估价师和不动产代理人法令》，从而形成了马来西亚一部法律管理全评估行业的局面。这种法律规范模式的优势是针对性强，便于评估行为有法可依，确立了评估的法律地位，为评估摆脱各种利益的冲突，进行客观、公正的评估行为提供了法律保障。

2）散寓于有关法律之中的评估法律规范

世界上许多国家的评估法律没有单独制定，而是混合在有关的法律中，例如，美国对评估行业的法律规范，主要是《金融机构改革、复原和强制执行法令》《证券法》《公司法》等。韩国也没有统一的资产评估法律，但相关法令却分为五大类，约近五十种，包括有关财产补偿方面、有关税收方面、有关国有财产方面的法律等等。这种类型的法律规范体系的特点是确立了评估的法律地位和相应的权力与责任，社会监督机制比较健全，但缺乏相对的独立性。

12.3.2　我国资产评估的法律规范

2016年之前，我国资产评估法律法规体系尚不健全，滞后于资产评估的快速发展。新中国成立以来第一笔资产评估业务是1989年的大连炼铁厂中外合资项目。同年，由国家国有资产管理局下发了《关于国有资产产权变动时必须进行资产评估的若干暂行规定》，这是我国第一个提到评估问题的政府文件。1991年11月，国务院以91号令发布了《国有资产评估管理办法》，成为我国资产评估行业的一个纲领性文件，此后，国有资产管理部门等围绕91号令陆续制定了一系列配套规章，如《国有资产评估管理办法实施细则》（1992）、《关于资产评估立项、确认工作的暂行规定》（1999）以及《关于改进资产评估确认工作的补充通知》（1999）等。随着对政府部门在市场经济中应发挥什么作用、资产评估业务特点等认识的深入，财政部、国资委等部门于2001年起又颁布了一系列文件，调整了对资产评估的监管重心、方式，其中包括《关于改革国有资产评估行政管理方式、加强资产评估监督管理工作的意见》《国有资产评估违法行为处罚办法》《国有资产评估项目备案管理办法》《国有资产评估项目核准管理办法》等。这些法规的颁布实施对加强国有资产管理起到了积极的作用。

我国于2016年7月2日出台的《资产评估法》，彻底改变了我国资产评估法律体系不健全的局面。《资产评估法》由八章五十五条组成，包括总则、评估专业人员、评估机构、评估程序、行业协会、监督管理、法律责任与附则等内容。这部法律将不同专业评估行为统一在一部法律框架下，促进不同评估专业协会制定统一规则，加深各协会间沟通与协作；降低了资产评估行业资格准入门槛，有利于专业人才的流入；加强了对评估机构及评估专业人员从业行为的规范，有利于提高资产评估行业服务的质量；明确了评估行业的法律责任，促使从业人员依法开展评估业务。

目前我国资产评估相关的法律还有《中华人民共和国刑法》、《中华人民共和国公司法》、《中华人民共和国证券法》、《城市房地产管理法》、《企业国有资产法》和《拍卖法》等，见表12-1。

表12-1　　　　　　　　　　　资产评估相关的法律规范

法律名称	颁布时间	最新版生效时间
《中华人民共和国资产评估法》	2016年7月2日	2016年12月1日
《中华人民共和国企业国有资产法》	2008年10月28日	2009年5月1日
《中华人民共和国公司法》	1993年12月29日	2018年10月26日
《中华人民共和国证券法》	1998年12月29日	2020年3月1日
《中华人民共和国城市房地产管理法》	1994年7月5日	2020年1月1日
《中华人民共和国政府采购法》	2002年6月29日	2014年8月31日
《中华人民共和国公路法》	1997年7月3日	2017年11月4日
《中华人民共和国合伙企业法》	1997年2月23日	2007年6月1日
《中华人民共和国拍卖法》	1996年7月5日	2015年4月24日
《中华人民共和国刑法》	1979年7月1日	2021年3月1日

　　关于资产评估主体的法律责任，各法均做出了明确的规定。《资产评估法》规定：评估专业人员违反本法规定，给委托人或者其他相关当事人造成损失的，由其所在的评估机构依法承担赔偿责任。评估机构履行赔偿责任后，可以向有故意或者重大过失行为的评估专业人员追偿。《中华人民共和国公司法》规定：对作为出资的实物、工业产权、非专利技术或者土地使用权，必须进行评估作价，核实财产，并折合为股份。不得高估或者低估作价。《中华人民共和国公司法》还规定：承担资产评估的机构提供虚假证明文件的，予以没收违法所得，处以违法所得1倍以上5倍以下的罚款。《中华人民共和国拍卖法》规定：拍卖国有资产，依照法律或者按照国务院规定需要评估的，应当依法由评估机构评估，并根据评估结果确定拍卖标的的保留价。《中华人民共和国合伙企业法》规定货币以外的出资需要评估作价的，可以由全体合伙人协商确定，也可以由全体合伙人委托法定评估机构进行评估。《中华人民共和国刑法》规定：国有公司、企业或者其上级主管部门直接负责的主管人员，徇私舞弊，将国有资产低价折股或者低价出售，致使国家利益遭受重大损失的，处三年以下有期徒刑或者拘役；致使国家利益遭受特别重大损失的，处三年以上七年以下有期徒刑。除上述法律之外，一些行政法规、地方性法规和部门规章对于资产评估主体的法律责任也进行了相关规定。我国现行的资产评估法律规范虽然已经直接或者间接地说明了资产评估的法律责任，强化了评估人员的责任意识，提高了资产评估的执业质量，使评估人员有法可依。但是，这些法律规范广泛而零星地分布在各个法律、法规、文件中，这些法律、法规的规定中或多或少地还存在一些相互不够衔接的情况，从而不利于资产评估法律责任的处理。

为此，应本着"一个法律为主，兼顾其他法律"的原则和"从新"的原则，协调各个法律、法规之间的关系，并制定一部详细的解释性规则，解释法律、法规中含混不清和相互抵触的问题；对资产评估相关的法律、法规进行重新审视，剔除过时的、已不适用的条款，增加新形势下可行的、必要的条款。总之，现行法律、法规的协调与完善，不是一蹴而就的，需要相关各方的积极努力。评估机构应该加强与有关司法部的联系，积极参加相关法律、法规的调整和制定，主动加强对本行业有关法律、法规条款之间协调性的研究，以及加强现行法律、法规对资产评估行业适用性的研究。

本章小结

相对于我国而言，国外的资产评估起步较早，其资产评估管理体制、行业规范和法律规范等资产评估管理制度都比较成熟，因此，有许多可供借鉴之处。但是，由于各国的国情、市场条件等差异很大，因此应在结合我国国情的基础上，对其进行恰当的取舍，以保证和促进我国资产评估管理制度持续、健康地发展和完善。

主要概念

资产评估管理体制　资产评估行业规范　资产评估法律规范

基本训练

一、单项选择题

1.德国的资产评估管理体制是（　　）。

A.混合型管理模式　　　　　　　　B.行业自律型管理模式

C.政府干预型管理模式　　　　　　D.政府监管下的行业自律型管理模式

2.衡量一个国家评估业务水平的标准之一是（　　）。

A.资产评估师的人数　　　　　　　B.资产评估机构的数量

C.资产评估行业发展的时间　　　　D.资产评估准则体系的成熟度

二、多项选择题

1.行业自律型管理模式的优点有（　　）。

A.独立性强　　　　B.适应性强　　　　C.能动性强

D.公正性强　　　　E.约束力强

2.属于《专业评估执业统一准则》构成部分的是（　　）。

A.定义　　　　　　B.引言　　　　　　C.规则

D.准则　　　　　　E.评估准则说明

三、判断题

1.行业自律型管理模式是主要由民间职业团体对资产评估行业进行监管的一种

模式。　　　　　　　　　　　　　　　　　　　　　　　　　　（　　）

2.政府干预型管理模式的优点是资产评估行业的独立性较强。　（　　）

3.与英国等以不动产评估为主的国家不同，美国资产评估行业呈现综合性的特点。　　　　　　　　　　　　　　　　　　　　　　　　　　（　　）

四、思考题

1.资产评估行业的管理模式有哪些？各种模式的特点是什么？

2.国外的资产评估行业管理体制对我国资产评估业有何启示？

第12章基本训练参考答案